라틴어-영어-한국어
한국어-라틴어-영어
소사전

Latin-English-Korean
Korean-Latin-English
Dictionary
(Vergil's Aeneid Vocabulary Edition)

용인한국외국어대학교부설고등학교
라틴어 연구회 편저

라틴어-영어-한국어 소사전
Latin-English-Korean Dictionary
(Vergil's Aeneid Vocabulary Edition)

초판 3쇄 인쇄 2023년 5월 20일
초판 3쇄 발행 2023년 6월 5일

편저자 용인한국외국어대학교부설고등학교 라틴어연구회
펴낸이 서덕일
펴낸곳 도서출판 문예림

출판등록 1962년 7월 12일 제 2-110호
주소 경기도 파주시 회동길 366(파주출판단지)
전화 (02) 499-1281~2 / **팩스** (02) 499-1283
홈페이지 www.moonyelim.com
전자우편 info@moonyelim.com

ISBN 979-89-7482-528-7(13790)

값 25,000원

이 책은 저작권법에 의해 보호를 받는 저작물이므로 무단 복제 · 전재 · 발췌할 수 없습니다.
잘못된 책은 구입하신 곳에서 교환해 드립니다.

머리말

미국 대학 진학을 준비하면서, 세계에 있는 많은 라틴어 학습들은 SAT II와 AP Virgil과 같은 시험들을 통해 라틴어를 공부하고 있습니다. 이들 중 대다수는 기본 문법책을 보면서 문법을 차근차근 공부하고, SAT를 대비한 학도들이 대학선수학습 과목인 AP Latin Virgil(영어식 발음인 버질)을 공부하는 경우가 많습니다. 이 Latin Virgil은 기원전 70년에 태어나 활동했던 푸블리우스 웨르질리우스 마로(Publius Vergilius Maro)라는 시인의 작품들을 주로 다루게 되는데, 이 시인은 전 유럽의 시성으로 추앙받았던 시인으로 단테가 저승의 안내자로 선정할 만큼 위대한 인물로 현대에 까지도 손꼽히고 있습니다. AP 시험을 준비하는 학생들이 공부하는 아에네이드(Aeneid)는 이 서사시인 웨르질리우스의 대표작으로, 전 12편으로 구성되어 있고 라틴어 6각운으로 쓰여 져 있으며 그 각운을 맞추기 위해 생략이나 도치가 자주 사용되었다는 특징 때문에 그 학습이 수월하지 않습니다.

이러한 서사시를 3년 동안 동아리로 함께 스터디하는 과정에서 틈틈이 모으고 정리한 내용을 바탕으로 동아리 후배 부원의 학습에 도움을 줄 수 있는 소사전으로 바꾸자는 동아리 내의 의견을 모아 작업을 시작한지 2년이 지난 지금 작은 결실을 보게 되었습니다. 아직은 바다로 가기에는 너무도 멀리 떨어져 있는 물줄기 입니다. 이 책을 가지고 공부 하시는 모든 학습자님들의 고견과 동아리 내에서의 지속적인 스터디를 통해 계속 수정보완을 해 나갈 것임을 약속드립니다.

이 소사전이 나오기 까지 계속 쉬지 않고, 스터디하며 정리 작업을 했던용인한국외대부설고등학교 라틴어 연구동아리 (Modus Sapientis)의 모든 연구부원들의 노고에 감사드리며, 어려운 여건 속에서도 사전이 나올 수 있도록 든든한 후원자의 역할을 해주신 문예림 서덕일 사장님과 직원여러분께 감사드립니다.

2009년 12월
조 경 호

참고문헌

- 꿩먹고 알먹는 라틴어 첫걸음, 조경호, 문예림, 서울 2007
- 라틴어분류소사전, 최창무, 카톨릭대학교, 서울 1992
- 라틴-한글사전, 카톨릭대학교 고전라틴어 연구소, 카톨릭대학교, 서울 1995
- 아에네아스, 유영 역, 혜원출판사, 서울 1994
- Aeneid, P. Vergilius Maronis, Perseus Digital Library, USA 1910
- AENEID, Barbara Weiden Boyd, Bolchazy-Crducci Publisher, USA 2008
- Beginner's Latin, George Sharpley, Teach yourself books, London 1997
- Diccionario ilustrado Latín, Palaestra Latina, VOX, Spain 2006
- Latin and English Dictionary, John C. Traupman, Bantam books, Philadelphia 2007
- Latin for Beginners, Benjamin L. D'ooge, GINN and Company, USA 1909
- Oxford Latin Dictionary, Oxford University press, London 1968
- Parsed Vergil, Archibald A. Maclardy, Bolchazy-Crducci Publisher, USA 2005
- Pocket Oxford Latin Dictionary, James Morwood, Oxford, New York 2005
- EA SAT Subject Test Latin, Ronald B. Palma, REA, USA 2005
- Special Vocabulary to Virgil, J. B. Greenough, Ginn & Company, Boston 1885
- 501 Latin Verbs, Richard E. Prior and Joseph Wohlberg, Barrons, USA 2008

목차

- **발 음**

- **약 어**

- **라틴어-영어-한국어 사전**

- **변화형 정리**
  명사, 대명사, 형용사, 부사, 동사, 숫자

- **한국어-라틴어-영어 사전**

- **신화 인물명 병렬표기**
  라틴-그리스

- **인물 설명**
  주요 인물들에 대한 배경지식

▶ 라틴어 알파벳(Alphabētum)과 발음(Pronuntiātio) ◀

► a A
라틴어 알파벳의 첫 번째 문자. 어디에 쓰이건 「아, ㅏ」로 발음한다.
- rapitas 신속, 빠름 — 라피타스
- amicus 친구 — 아미쿠스
- aqua 물 — 아쿠아

► b B
라틴어 알파벳의 두 번째 문자. 어디에 쓰이건 「ㅂ」로 발음한다.
- barba 턱수염 — 바르바
- balnea 목욕탕 — 발네아
- bonum 선(善) — 보눔

► c C
라틴어 알파벳의 세 번째 문자. 뒤에 오는 모음에 따라 「ㅋ, ㅊ」로 발음한다. 뒤에 오는 모음이 /e, i/음이 올 때, [ㅊ] 소리가 나며, 뒤에 오는 모음이 /a, o, u/가 오면 [ㅋ] 소리가 난다.
- Cicerō 키케로 — 치체로
- circā ~의 주위에 — 치르카
- cūr 왜(의문사) — 쿠르

► d D
라틴어 알파벳의 네 번째 문자. 어디에 쓰이건 「ㄷ」로 발음한다.
- dēbeo 소유하다 — 데베오
- decimus 열 번째 — 데치무스
- diem 낮, 날(日) — 디엠

► e E
라틴어 알파벳의 다섯 번째 문자. 어디에 쓰이건 「ㅔ」로 발음한다.
- equus 말(馬) — 에쿠스
- ego 나 — 에고
- elephantus 코끼리 — 엘레판투스

► f F
라틴어 알파벳의 여섯 번째 문자. 어디에 쓰이건 「ㅍ」로 발음한다.
- fābula 말하다 — 파불라
- facilis 쉬운 — 파칠리스
- fatīgō 지치다 — 파티고

► g G
라틴어 알파벳의 일곱 번째 문자. 뒤에 오는 모음에 따라 「ㅈ, ㄱ」로 발음한다. 뒤에 오는 모음이 /e, i/음이 올 때, [ㅈ] 소리가 나며, 뒤에 오는 모음이 /a, o, u/가 오면 [ㄱ] 소리가 난다.
- gēns 민족, 부족 — 젠스
- Gigantēs 거인 — 기간테스
- globus 둥근 덩어리 — 글로부스

► h H
라틴어 알파벳의 여덟 번째 문자. 어디에 쓰이건 「ㅎ」로 발음한다.
- habitō 살다 — 하비토
- homō 사람 — 호모
- honor 영예 — 호노르

► i I
라틴어 알파벳의 아홉 번째 문자. 어디에 쓰이건 「ㅣ」로 발음한다. 자음의 'i'는 「야」음을 취한다.

| iam 지금 | īdem 동의 | imitātiō 흉내, 모조 |
| 얌 | 이뎀 | 이미타시오 |

► j J
라틴어 알파벳의 아홉 번째 문자('i'와 같은 글자로 취급). 어디에 쓰이건 「ㅣ」로 발음한다. 이 글자는 여덟 번째 문자인 'i'와 같은 음가를 가지고 있으며, 아예 'j' 대신에 'i'로 교체하여 사용함.

| jactantia 자만 | jējūnium 공복, 금식 | jocus 농담 |
| 야크탄시아 | 예유니움 | 요쿠스 |

► k K
라틴어 알파벳의 열 번째 문자. 어디에 쓰이건 「ㅋ」로 발음한다.

| kalendārium 달력 | Karthâgō 카르타고 | kalium 칼륨(화학원소) |
| 칼렌다리움 | 카르타고 | 칼리움 |

► l L
라틴어 알파벳의 열한 번째 문자. 어디에 쓰이건 「ㄹ」로 발음한다.

| labor 노력, 노동 | laudō 칭찬하다 | lavō 씻다 |
| 라보르 | 라우도 | 라우오 |

► m M
라틴어 알파벳의 열두 번째 문자. 어디에 쓰이건 「ㅁ」로 발음한다.

| manus 손 | māter 어머니 | mātrimōnium 결혼 |
| 마누스 | 마테르 | 마트리모니움 |

► n N
라틴어 알파벳의 열세 번째 문자. 어디에 쓰이건 「ㄴ」로 발음한다.

| nāris 코 | nātiō 부족, 국가 | nātūra 자연 |
| 나리스 | 나시오 | 나투라 |

► o O
라틴어 알파벳의 열네 번째 문자. 어디에 쓰이건 「ㅗ」로 발음한다.

| obiectus 사물, 목적물 | obligātus 의무의 | observō 관찰하다 |
| 오비엑투스 | 오블리가투스 | 오브세르우오 |

► p P
라틴어 알파벳의 열다섯 번째 문자. 어디에 쓰이건 「ㅍ」로 발음한다.

| palma 손바닥 | parātus 준비된 | pater 아버지 |
| 팔마 | 파라투스 | 파테르 |

► q Q
라틴어 알파벳의 열여섯 번째 문자. 반드시 u와 함께 다른 모음 앞에서만 쓰인다.「ㅋ」로 발음한다.
  quando 언제   quis 누구   quantus 얼마나 큰
  콴도   퀴스   콴투스

► r R
라틴어 알파벳의 열일곱 번째 문자. 어디에 쓰이건「ㄹ」로 발음한다. 약간 혀를 굴리듯 발음한다.
  rosa 장미   rāna 개구리   receptō 받아들이다
  로사   라나   레쳅토

► s S
라틴어 알파벳의 열여덟 번째 문자. 어디에 쓰이건「ㅅ」로 발음한다.
  sacer 성스러운   sāl 소금   salvēte 안녕
  사체르   살   살웨테

► t T
라틴어 알파벳의 열아홉 번째 문자. 어디에 쓰이건「ㅌ」로 발음한다.
  studium 열렬함   absolutus 완전한   castellum 요새; 성(城)
  스투디움   압솔루투스   카스텔룸

※ 주의:
  '-tio'형태와 같이 다음에 모음이 따라오면, -tia '시아', -tie '시에', -tii '시이', -tio '시오'로 발음하지만 -ti 앞에 s, x, t가 오면 본래 발음대로 'ㅌ' 또는 약한 'ㄸ'으로 발음한다.
  예) bēstia 짐승   ōrātiō 말, 담화
      베스티아   오라시오

► u U
라틴어 알파벳의 스무 번째 문자. 어디에 쓰이건「ㅜ」로 발음한다. 자음의 경우는 'v'로 대용된다.
  sanguis 피   lingua 혀, 언어   suādeō 권고하다
  산귀스   린과   수아데오

► v V
라틴어 알파벳 문자로는 'u'와 같은 순서의 글자로 취급한다.. 어디에 쓰이건「ㅜ」로 발음한다. 이 글자는 'u'의 자음이므로 'u'와 똑같이 읽는다.
  valēns 강한   vēritās 진리   vertō 돌리다
  왈렌스   웨리타스   웨르토

► x X
라틴어 알파벳의 스물 한 번째 문자. 어디에 쓰이건 「ㄱ(=ㅋ)ㅅ」로 발음한다.

nox 밤	exaudiō 이해하다	excellencia 우수
녹스	엑사우디오	엑스첼렌시아

► y Y
라틴어 알파벳의 스물 두 번째 문자. 라틴어에서 y는 그리스어에서 들어 온 말을 표기할 때 사용되는 모음으로 「ㅣ」라고 발음이 된다.

pyelus 욕조	mythicus 신비적	phylaca 죄수
펠루스	뮈티쿠스	필라카

► z Z
라틴어 알파벳의 스물 세 번째 문자. 어디에 쓰이건 「ㅈ」로 발음한다.

zēlotypus 질투하는	zōna 구역	zōdiacus 12궁도의
젤로튀푸스	조나	조디아쿠스

▶ 라틴어 강세(Accentus) ◀

강세가 있는 음절은 다른 음절 보다 높고 강하게 발음된다.
1. 한 음절의 단어는 물론 그 음절에 강세가 있다.
   예) vir 남자[위르]

2. 두 음절로 된 단어는 언제나 그 처음 음절에 강세가 있다.
   예) pa-ter 아버지[파-테르]

3. 세 음절 또는 그 이상의 음절로 된 단어는 뒤에서 두 번째 음절(paenultima)의 발음이 길 때는 그 음절에 강세가 붙으며, 짧을 때는 뒤에서 세 번째 음절(antipaenultima)의 발음에 강세가 붙는다.
   예) de-mon-strā-re 나타내다 [데-몬-스트라-레]
       ce-le-ri-tas 신속, 속력 [체-레-리-타스]
       e-ven-tus 결과 [에-웬-투스]

※ 참고
① 라틴어에서는 음절의 수가 아무리 많아도 뒤에서 3번째 이상으로 올라가는 강세는 없음.
② 3개의 후접어(enclitic): -que(및), -ve(또한), -ne(의문사).
   위의 후접어를 가지고 있는 단어는 무조건 그 후접어의 앞 음절에 강세가 온다.
   예) mu-sa-que 노래와...   re-go-ve 올바르게 알려준다. 또한...
       무-사-퀘   레-고-웨

▶ 라틴어 이중모음(Diphthongi) ◀

이중모음은 두 개의 모음을 한 개의 장모음으로 취급하는 것을 말한다. 이중모음이 아닐 경우, 고전 라틴어에서는 모음 위에 우물라우트(..)를 사용해 표시했다. 그리고 'qui'에서 'u'는 발음이 되지 않는 음임으로 'ui'는 단모음 취급한다.

① ae[아에]   예) por-tae 입구(복수형)
                      포르-타에
② au[아우]   예) au-rum 금(金)
                      아우-룸
③ eu[에우]   예) Eu-rō-pa 유럽
                      에우-로-파
④ oe[오에]   예) poe-na 벌(罰)
                      포에-나

▶ 약어 ◀

abl............*ablative*(탈격)
acc............*accusative*(대격)
adj............*adjective*(형용사)
adv...........*adverb*(부사)
conj.........*conjunction*(접속사)
dat..........*dative*(여격)
defect....*defective verb*(결여동사)
f................*feminine noun*(여성명사)
f.pl..........*feminine plural noun*(여성복수명사)
gen........*genitive*(속격)
impers..*impersonal verb*(비인칭동사)
impv.......*imperative*(명령법)
ind..........*indicative*(직설법)
indef.......*indefinite*(부정과거)
loc..........*locative*(위치격)
m............*masculine noun*(남성명사)
mf...........*masculine or feminine noun*
mpl........*masculine plural noun*(남성복수명사)
n.............*neutral noun*(중성명사)
npl..........*neutral plural noun*(중성복수명사)
p.............*participle*(분사)
pass.......*passive*(수동)
perf........*perfect*(완료과거)
pl............*plural*(복수)
pp...........*past participle*(과거완료)
prep.......*preposition*(전치사)
pron.......*pronoun*(대명사)
singl......*singular*(단수)
subj.......*subjuntive*(접속법)
sup........*supine*(동사상 명사)

라틴어 · 한국어 · 영어
LAT – KOR – ENG

Dictionārium Latīno

A a

ā (E from, away from, out of) *prep.* [일반적으로 h를 제외한 자음 어휘 앞에 사용][+탈격] ~에서, ~로부터; ~에게서부터, ~한테서.

ab (E by, at the hands of) *prep.* [모음 앞에서 사용][+ 탈격] ~에서, ~로부터; ~에게서부터, ~한테서.

abāctus *-a -um* (E driven away)[**abigō**의 과거분사] 몰아 간, 없앤.

abactus *-ūs* (E booty) *m.* [가축 등] 탈취, 노획.

abacus *-ī* (E tray, sideboard) *m.* 선반, 대.

abaliēnātiō *-ōnis* (E legal transfer of property) *f.* (재산권의 법적) 변경, 명의 변경.

abaliēno *-avi -atum -āre* (E dispose of; remove) *vt.* [재산, 소유를] 양도하다, 넘기다; 떼어놓다, 제거하다.

abante (E in front of) *prep.* [+탈격] 앞에. ¶ abante oculis 눈 앞에

Abantēus *-a -um* (E of Abas) *adj.* Abās의.

Abaris *-idis* (E companion of Phineus) *m.* Phineus의 동료.

Abās *-antis* (E 12th king of Argos) *m.* Acrisius의 아버지. Argos의 제 12대 왕.

abavus *-ī* (E great-great father, ancestor) *m.* 고조할아버지; 증조부; 선조, 조상.

abbatia *-ae* (E abbey) *f.* 대 수도원, 자치 수도원.

abbreviatiō *-ōnis* (E abbreviation) *f.* 생략, 간략, 축약.

abbreviō *-avi -atum, -āre* (E abbreviate) *vt.* 줄이다, 단축시키다.

abbās *-atis* (E abbot) *m.* 대 수도원장.

abbātissa *-ae* (E abbess) *f.* 여자 대 수도원장.

Abdēra *-ōrum (-ae)* (E coastal city of Thracia) *f.* Thracia 해안도시.

Abdērītānus *-a -um* (E of Abdera) *adj.* Abdera의.

abdicātiō *-ōnis* (E renunciation, disowning) *f.* 자진사퇴, 사임, 포기; 법적 단절.

abdicātrix *-icis* (E retired woman) *f.* [여자] 퇴즉자.

abdicō *-avi -atum -āre* (E resign, abolish, disinherit) *vt.* 거부하다, 부인

하다, 배척하다; 사퇴하다.

abdit (E hide) *vt.* [abdō 동사 직설법 현재 3인칭 단수] 숨겨놓다, 옮기다, 치우다.

abditus *-a -um* (E hidden, concealed, secret) *adj.* 숨긴, 속인, 비밀인.

abditē (E secretly) *adv.* 비밀스럽게, 숨겨서, 몰래

abditīvus *-a -um* (E hidden, isolated) *adj.* 숨겨진, 격리된.

abdō *-didī -ditus -dere* (E put away, remove, set aside) *vt.* 숨겨놓다, 옮기다, 치우다.

abdōmen *-inis* (E lower part of the belly, paunch) *n.* 아랫배, 복부, 배; 식도락.

abdūcō *-dūxī -ductus -dūcere* (E lead away, take away, carry off, remove, lead aside) *vt.* 데리고 가다, 인솔하다, 끌어가다; 이탈시키다, 제거하다, 곁으로 이끌다.

abductus *-a -um* (E taken away) *adj.* [**abducō**의 과거분사] 끌려간, 데리고 간; 이탈된.

abecedārium *-iī* (E alphabet) *n.* 알파벳, 자모(법).

abe(e)quitō *-avi -atum -āre* (E ride away) *vt.* [말 타고] 떠나다.

Abella *-ae* (E city of Campania) *f.* Campania의 도시.

abeō *-ivi -itum -īre* (E go from, go away, go off, go forth, go, depart) *vi.* 가다, 물러나다, 떠나가다; 없어지다, 사라지다. ¶ sic abeō (E turn out like this) 이처럼 물러나다.

aberrātiō *-ōnis* (E diversion) *f.* 제거, 해방; 기분전환.

aberrō *-avi -atum -āre* (E go astray, deviate from) *vi.* 길을 잃다, 방황하다; 멀리 떨어지다.

abesse (E be away) *v.* [absum의 동사원형] 떨어져 있다, 결석하다.

abhinc (E from this time, since, ago, from this place) *adv.* [시간] 지금으로부터, 전에, 이제부터 ~후에; [장소] 여기서부터. ¶ abhinc annis quindecim 지금으로부터 15년 전에.

abhorrens *-entis* (E looked away from) *adj.* 서먹서먹한, 외면하는; 부적당한, 맞지 않는.

abhorreō *-ui -ere* (E be averse to, shudder at) *vi.* 싫어하다, 기피하다, 지겨워하다; 거역하다, 거부하다; 맞지 않다, 모순되다.

abī (E go away) abeō 참조. abeō동사의 현재 2인칭 단수 명령형[참조: 복수명령형 abīte]

abiciō *-iēcī -iectus -icere* (E throw from one, cast away, throw away, throw down) *vt.* 버리다, 포기하다, 소홀히 하다.

abiectus -a -um (E despondent, contemptible) *adj.* 의기소침한, 낙담한; 경멸할만한.

abiectē (E in a spiritless manner, slight, give up) *adv.* 비천하게, 비열하게, 의기소침하여.

abiēgnus -a -um (E of fir) *adj.* 전나무의.

abiēns *abeuntis* (E going away) *adj.* 가는, 사라지는.

abiēs -etis (E fir; ship) *f.* 전나무; 선박; 창(槍)

abigō -ēgī -āctus -igere (E drive away, drive off) *vt.* 멀리 밀쳐버리다, 쫓아내다; 몰고 가다; 훔쳐가다.

abitiō -ōnis (E departure, removal) *f.* 출발, 외출, 퇴거; 사망.

abitō -ī -itus -ere (E go out, go away) *vi.* 나가다, 훌쩍 떠나버리다.

abitus -us (E departure, removal) *m.* 퇴거, 떠나가 있음, 제거.

abiūdicō -āvī -ātus -āre (E deprive by judical verdict) *vt.* 기각 판결하다, [공식 재판으로] 소유권을 박탈하다.

abiungō -iunxi -iunctum -ere (E cast off a yoke; unload the burden) *vt.* 멍에를 벗기다; 짐을 내려주다.

abiūrō -āvī -ātus -āre (E deny under oath) *vt.* [위증으로] 부인하다, [거짓 맹세로] 부정하다.

ablactātiō -ōnis (E ablactation) *f.* 젖 뗌, 이유(離乳).

ablātivus -a -um (E ablative case) *adj.* 탈격의. ¶ prepositiō ablātiva *ablative preposition* 탈격(지배) 전치사.

ablātivus -ī (E ablative case) *m.* 탈격.

ablātus -a, -um (E taken out) *adj.* [auferō의 과거분사] 가져간, 뺏어간.

ablēgātiō -ōnis (E isolation, expulsion; remove) *f.* 멀리 보냄, 격리; 추방, 제거.

ablēgō -āvī -ātum -āre (E send away, remove) *vt.* 멀리 보내다, 떼어놓다; 제거하다.

abligurriō -īvī -itus -īre (E lick, eat up) *vt.* 핥다, 다 먹어버리다, 다 써버리다.

ablocō -āvī -ātus -āre (E lend, lent) *vt.* 빌려주다, 세놓다.

ablūdō -lusi -lusum, -ere (E disaccord, collide; differ) *vi.* 일치하지 않다, 다르다, 틀리다.

abluō -luī -lūtus -luere (E wash away, remove by washing) *vt.* 씻어버리다, 깨끗이 씻다; 씻어 지우다.

ablūtiō -ōnis (E washing, bathing) *f.* 세척, 목욕; 세례.

ablutor (E washed away, removed by washing) *vi.* [직설법 수동형 현재

1인칭 단수] 깨끗이 씻어지다, 씻어 지워지다, 지워 없어지다.

abnegō *-āre -āvī -ātus* (E refuse, deny) *vt.* 단호히 부인하다, 거절하다; 끊어버리다.

abnepōs *-ōtis* (E great-great-grandson) *m.* 고손, 현손(玄孫).

abnormis *-e* (E abnormal) *adj.* 규칙에 어긋나는, 규모를 벗어난; 변칙적인.

abnuentia *-ae* (E negation, rejection) *f.* 부인, 거절, 기각, 각하.

abnuō *-nuī -uere* (E refuse by a sign, deny, refuse, reject, decline) *vt.* 거절하다, 반대하다, 부인하다; 방해하다.

abnūto *-āvī -ātum -āre* (E deny consecutively) *vt.* 연거푸 거절하다, 말리다.

aboleō *-ēvī -itum -ere* (E destroy, abolish, efface, put out of the way, annihilate) *vt.* 폐지하다, 폐기하다, 지워버리다, 없애버리다.

abolēscō *-evī -ivum -ere* (E cease, be extinct, fall into disuse) *vi.* 없어지다, 사라지다, 소멸하다.

abolitiō *-ōnis* (E abolition) *f.* 철폐, 폐지.

abolla *-ae* (E cloak) *f.* 망토, 소매 없는 외투; 덮개.

abōminābilis *-e* (E bored, heinous, abominable) *adj.* 지겨운, 징그러운, 가증스러운.

abōmīnandus *-a -um* (E ill-omened, detestable, abominable) *adj.* 가증스러운, 징그러운, 지겨운; 혐오할 만한, 몹시 싫은; 가공할.

abōminātiō *-ōnis* (E detestation, abhorrence) *f.* 증오, 혐오, 가증.

abōminō *-avi -atum -āre* (E detest, abhor) *vt.* 몹시 싫어하다, 혐오하다.

abōminor *sum -ātus -ārī* (E loathe, detest) *vt.* 몹시 싫어하다, 지겨워하다, 질색하다.

aborior *sum -ortus -orīrī* (E miscarry, fail) *vi.* 실패하다, 성공하지 못하다.

abortiō *-ōnis* (E abortion) *f.* 유산, 낙태; 조산.

abortīvus *-a -um* (E prematurely born) *adj.* 미숙한, 조산의; 조숙한.

abortus *-ūs* (E miscarriage) *m.* 실패, 실책, 과실.

aborīgines *-um* (E natives) *m.pl.* 원주민, 토착민.

abra *-ae* (E maidservant) *f.* 여종, 하녀.

abrādō *-rasī -rāsus -rādere* (E scrape off, shave; squeeze out) *vt.* 벗겨내다; 면도하다; 쥐어짜 내다.

abrenuntiō *-avi -atum -āre* (E throw away, renounce) *vi.* 버리다, 그만두다, 포기하다, 단념하다.

abrenuntiātiō *-ōnis* (E swear) *f.* 선서.

abreptus *-a -um* (E taken away) *adj.* [**abripiō**의 과거분사] 빼앗긴, 떼어

놓은.

abripiō -*ripuī* -*reptus* -*repere* (E take away by force, kidnap) *vt.* 빼앗다, 떼어놓다; 납치하다.

abrōdō -*rōsī* -*rosūs* -*rōdere* (E gnaw off) *vt.* 가버리다, 없어지다; 갉아 없애다.

abrogātiō -*ōnis* (E repeal) *f.* 폐지, 폐기, 취소, 철회.

abrogō -*āvī* -*ātus* -*āre* (E repeal, annul) *vt.* 폐기[지]하다, 무효로 하다.

abrotonum -*ī* (E southernwood) *n.* 남쪽 숲.

abrumpō -*rūpī* -*ruptus* -*rumpere* (E break off, break away, tear, rend, burst, sever) *vt.* 찢다, 벗겨 내다, 떼어놓다.

abruptiō -*ōnis* (E breaking off; divorce) *f.* 결렬, 파열; 이혼.

abruptus -*a* -*um* (E abrupt, steep) *adj.* 가파른, 험준한.

abs (E by, from)[+탈격] *prep.* ~로부터, ~의해.

abscēdō -*cessī* -*cessum* -*cēdere* (E give way, go off, move away, retire, withdraw, depart) *vi.* 멀리 떠나다, 가버리다; 사라지다; 은퇴하다; 포기하다.

abscessiō -*ōnis* (E diminution, loss) *f.* 감소, 축소; 손실, 분실.

abscēssus -*sūs* (E going away, departure, absence) *m.* 이탈, 출발; 부재, 불참.

abscidō -*cīdī* -*cīsus* -*cīdere* (E cut off, chop off) *vt.* 잘라내다, 떼어내다; 중단하다.

abscindō -*scidī* -*scissus* -*cīdere* (E tear off, break away, break off) *vt.* 찢어내다, 잘라내다, 잡아 뜯다; 갈라놓다, 떼어놓다.

abscissus (E torn off) *adj.* [**abscindō**의 과거 분사] 잘라진, 찢어진.

abscisus -*a* -*um* (E cut off, chopped off) *adj.* [**abscidō**의 과거분사] 잘라진, 떼어낸.

absconditē (E secretly, obscurely) *adv.* 비밀스럽게, 숨은 상태로; 모호하게.

absconditus -*a* -*um* (E concealed, secret, abstruse) *adj.* 숨겨진, 비밀스러운; 심오한, 난해한.

abscondō -*dī* -*ditus* -*dere* (E put out of sight, hide, conceal) *vt.* 숨겨놓다, 감추어 놓다; 속이다, 은폐하다.

absconsio -*ōnis* (*m.* disguise; invisibility) *f.* 숨겨놓음; 보이지 않음.

absēns -*entis* (E absent, non-existent) *adj.* 부재(不在)한, 결석한, 없는.

absentia -*ae* (E absence, non-appearance in court) *f.* 부재, 결석; (법정에) 불 출두[정].

absentō -āvi - atum -āre (E send away, make a person stay away) *vt.* 결석시키다, 멀리 보내버리다, 멀리하다. (E be in ones absence) *vi.* 부재중이다; 멀리하다.

absiliō -iī -īre (E jump away) *vi.* 뛰어 달아나다.

absimilis -is -e (E unlike) *adj.* [+여격] 같지 않은, 다른.

absinthium -iī (E wormwood) *n.* [식물] 다북쑥속(屬)의 식물.

absis -idis (E vault, arch) *f.* 궁형(弓形), 궁륭(穹窿), 둥근 천장.

absistō -stitī -sistere (E withdraw from, depart, go away) *vi.* 물러가다,

absolvō -vī -ūtus -vere (E release, set free; detach) *vt.* 풀어주다, 해방시키다; 떼어주다.

absolūtē (E absolutely, perfectly, completely) *adv.* 완전하게, 완벽하게, 철저하게.

absolūtiō -ōnis (E exhaustiveness, completeness) *f.* 사면, 면제, 석방; 완결, 완료.

absolūtōrius -a -um (E acquittal, granting acquittal) *adj.* 무죄 방면, 석방; 책임 해제, (부채의) 변제.

absolūtus -a -um (E perfect, complete) *adj.* 완벽한, 철저한, 완전한, 완성한.

absonus -a -um (E discordant, harsh, unpleasant) *adj.* (생각이) 조화하지 않는, 일치하니 않는, 사이가 나쁜; (소리가) 귀에 거슬리는, 불쾌한.

absorbeō -buī -ptus -bēre (E swallow, devour, absorb, engross) *vt.* 빨아드리다, 흡수하다, 삼켜버리다, 집어삼키다.

absque (E without, apart from) [+탈격] *prep.* 없이, 제외하고, 따로.

abstergeō -sī -sus -gēre (E wipe off, wipe dry, expel, banish) *vt.* 닦아내다, 말리다; 제거하다, 몰아내다.

absterreō -uī -itus -ēre (E scare away, deter) *vt.* 위협하여 내쫓다, 쫓아버리다; 단념시키다, 제지하다.

abstinēns -entia (E temperate, forbearing, chaste) *adj.* 절제하는, 금not greedy for)[+속격 또는 탈격] ~에 관련하여 억제력을 보이는, ~에 대해 욕심을 내지 않는.

abstinenter (E with restraint, incorruptibly) *adv.* 절제하며, 부패하지 않은, 욕심 없이.

abstinentia -ae (E restraint, self-control, integrity) *f.* 절제, 금욕, 억제; 완전, 무결.

abstineō -tinuī -tentus -tinēre (E keep back, keep off, hold back) *vt.* 멀리하게 하다, 삼가게 하다; 금하다, 제어하다; 자제하다; 삼가다.

abstō *-avi -atum -āre* (E stand at a distance, stand aloof) *vi.* 멀리 떨어져 있다, 떨어져 있다.

abstrahō *-xī -ctus -here* (E pull away, draw away, remove) *vt.* 끌어내다, 떼어놓다; 방해하다, 못하게 하다; 제거하다.

abstrūdō *-sī -sus -dere* (E thrust away, push into concealment, hide, conceal) *vt.* 밀쳐 내다, 감추다, 숨기다.

abstrūsus *-a -um* (E hidden, concealed, secret) *adj.* [abstrūdō의 과거분사] 숨겨진, 감춰진; 비밀스러운.

abstulī (E took away, removed) *vt.* [**auferō**의 부정과거] 치웠다, 제거했다.

absum *-āfuī -āfutūrus -abesse* (E be away, be absent) *vi.* 결석하다, 떠나 있다, 있지 않다; 떨어져 있다.

absūmō *-psī -ptus -ere* (E take away, diminish, use up, consume, exhaust) *vt.* 가져가다, 감소시키다; 다 써버리다, 소진되다, 소비하다.

absumptus *-a -um* (E used up, consumed) *adj.* [**absūmō**의 과거분사] 소진된, 소비된.

absurdē (E out of tune, absurdly) *adv.* 음조가 맞지 않는, 비협조적인, 불합리한, 부조리한.

absurdus *-a -um* (E out of tune, absurd, illogical, senseless) *adj.* 제소리가 않는, 거슬리는, 불유쾌한; 체계적이지 않은, 비논리적인; 감각이 없는.

Absyrtus *-ī* (E brother of Medea and son of Aeëtes, the king of Colchis) *m.* Medea의 동생이자 Aeëtes의 아들. Colchis의 왕.

abundāns *-antis* (E abundant, overflowing, affluent) *adj.* 많은, 풍부한, 넘쳐흐르는, 남아도는.

abundanter (E abundantly, profusely) *adv.* 풍부하게, 풍족하게, 넘치게.

abundantia *-ae* (E abundance, affluence, lavishness) *f.* 풍족, 풍요, 풍부; 다량, 많음; 과잉.

abundē (E in profusion, more than enough, abundantly, amply) *adv.* 풍족하게, 풍부하게, 넉넉하게; 필요 이상으로.

abundō *-avi -atum -āre* (E overflow, stream over) *vi.* 풍부하다, 많다; 넘치다, 넘쳐흐르다, 범람하다.

abūsiō *-ōnis* (E incorrect use) *f.* 용어의 오용, 비유의 남용.

abūsque (E all the way from) [+ 탈격] *prep.* ~부터 시작하여 계속. ¶ abusque mane ad vesperum (E *all the way from morning to evening*) 아침부터 저녁까지.

abūsus *-a -um* (E used up) *adj.* [**abūtor**의 과거분사] 다 쓴, 소모한.

abūtor *-ūsus -sum -ūtī* (E use up, misuse, abuse) *vi.* 다 사용하다, 소

비하다; 오용하다, 잘못 사용하다.

abydēnus -ī (E people of the town on the Hellespont) *m.* Hellespont 지역 마을의 사람.

Abydus -ī (E town on the Hellespont) *f.* Hellespont(오늘날의 다르다넬스 해협의 옛 이름)에 있는 마을.

abyssus -ī (E abyss, abysmal chasm, inferno, endlessness) *f.* 심연, 지옥; 무한, 무극.

ac (E and, and so, and moreover) *conj.* [자음 어휘 앞에서 사용되는 접속사] 그리고, 그래서, 그러므로, 그래서 더욱이.

Acadēmia -ae (E Academy) *f.* 학술원, (Platon이 여기서 제자들을 가르쳤음) 학사원.

Acadēmus -ī (E heroic god of Attica) *m.* Attica의 영웅 신.

acalanthis -idis (E goldfinch) *f.* [조류] 오색방울새, 황금방울새.

Acamās -antis (E Acamas) *m.* Theseus와 Phoedra의 아들. 트로이 전쟁의 용사.

acanthus -ī (E acanthus) *m.* [식물] 아칸서스; [건축] (코린트식 기둥머리의) 아칸서스 잎 장식.

Acarnān -ānis (E of Acarnania) *adj.* 아카르나니아(Acarnānia)지역의.

Acarnān -ānis (E Acarnania's native) *m.* 아카르나니아(Acarnānia) 원주민. -*pl.* 아카르나니아 주민.

Acarnānia -ae (E district in N.W. Greece) *f.* 그리스 북서부의 지역.

Acastus -ī (E son of Pelias) *m.* Pelias의 아들.

Acbarus -ī (E Acabarus) *m.* Edessa의 Arabia왕들의 지방에서의 칭호.

Acca -ae (E Acca) *f.* Vergilius의 Aeneid에 나오는 Camilla의 동료.

accēdō -cessī -cessum -cedēre (E come up to, approach, go along with) *vi.* 가까이 가다, 접근하다, 다가서다

accēdō -cessī -cessum -cedēre (E approach, come up to) *vt.* [+장소] 다가가다, 도착하다, 들어가다.

accelerātio -ōnis (E hurry, acceleration) *f.* 서둘음, 가속, 촉진.

accelerō -avi -atum -āre (E speed, quicken) *vt.* 속력을 내다, 서두르다.

accelerō -avi -atum -āre (E hurry) *vi.* 서두르다, 서둘러 가다.

accendō -dī -sus -dere (E kindle, set on fire, light) *vt.* 불을 붙이다, 불 켜다; 자극하다, 선동하다.

accēnseō -uī -us -ēre (E reckon to, count among) *vt.* 가입하다, 축에 끼워주다, 가입시키다.

accēnsus -a -um (E on fire) *adj.* [accendō의 과거분사] 불을 지핀, 불을 켠.

accēnsus -ī (E attendant of a magistrate, apparitor, orderly) *m.* (법정의) 정리(廷吏), 집 달리; 보충병, 예비군.
accentus -ūs (E accent, intonation) *m.* 강세, 억양.
accēpi (E received) *vt.* [**accipiō**의 부정 과거] 받았다, 용납했다.
acceptābilis -e (E acceptable) *adj.* 받아들일 수 있는, 수락할 수 있는.
acceptātio -ōnis (E acceptation) *f.* 수락, 승낙, 받아들임.
acceptātor -ōris (E acceptor) *m.* 수락자, 가납자; 받아들이는 사람.
acceptilātio -ōnis (E acceptilation) *f.* (부채 청산) 수납 기입, 수입란 기입.
acceptiō -ōnis (E accepting, receiving) *f.* 받음, 받아들임, 수납.
acceptō -āvī, -ātus -āre (E accept, receive) *vt.* 받다, 자주 받다; 수락하다.
acceptor -ōris (E recipient, approver) *m.* 인수인, 받는 사람; 인정하는 사람.
acceptrīx -īcis (E recipient (female)) *f.* 인수인(여자), 받는 사람(여자).
acceptus -a -um (E welcome, pleasing, acceptable) *adj.* 환영받는, 좋아하는, 바람직한; 받은, 들어온.
accersō -īvī -ītum -ere (E call, summon, bring) *vt.* 부르다, 소환하다; 데리고 오다.
accessi (E approached) *vi.* [**accedō**의 부정과거] 가까이 갔다. 다가갔다.
accessiō -ōnis (E approach, addition, increase) *f.* 접근, 가까이 감; 성장, 증가, 증대.
accessus -ūs (E coming near, approach, attack) *m.* 접근, 근접, 도달; 증가, 증대; 공격.
accessus -a -um (E approached) *adj.* [**accedō**의 과거분사] 다가간, 가까이 간, 근접한.
Accianus -a -um (E of Accius) *adj.* Accius의.
accidēns -ēntis (E happening) *n.* 부수 사정, 일이 일어나는 양상; 우연한 사건.
accidō -cidī -cidere (E happen, occur, come to pass) *vi.* 발생하다, 우연히 일어나다, 생기다; 떨어지다, 낙하하다.
accinctus -a -um (E girded) *adj.* [**accingō**의 과거분사] 묶인, 둘러진.
accingō -cīnxi -cīnctus -cingere (E gird to, gird on, bind on, put on with a girdle, gird round) *vt.* 띠로 묶다, 졸라매다, 두르다; 차다, 채비하다.
acciō -cīvī -cītus -cipere (E call, summon, send for, invite) *vt.* 부르다, 불러내다, 불러오다; 초청하다.
accipiō -cēpī -ceptus -cipere (E take without effort, receive, get,

accept) *vt.* 받다, 영수하다, 입수하다; 수용하다; 대우하다, 모시다.
accipiter -*tris* (E bird of prey, falcon, hawk) *m.* 사냥하는 새, 매, 사냥 매.
accīsus -*a* -*um* (E happened) *adj.* [accidō의 과거분사] 일어난, 발생한.
accītus -*ūs* (E summon, call) *m.* 부름, 소환, 호출; 불러 냄.
accītus -*a* -*um* (E called, summoned) *adj.* [acciō의 과거분사] 부른, 소
acclīnis *(ad-)* -*e* (E eaning on) *adj.* 기대고 있는, 기댄; 기울어진.
acclīvis -*e*(-*us* -*a* -*um*) (E slanting upwards; inclining upwards, ascending, up hill) *adj.* 치받이의, 오르막의, 올라가는; 가파른.
accola -*ae* (E a man who dwells near, a neighbor) *m.* 이웃 사람, 이웃에 사는 사람.
accolō -*colui* -*cultum* -*ere* (E dwell near, be a neighbor to) *vt.* 근처에 살다; 이웃에 살다.
accommodātē *adv.* (E suitably) 적응하여, 알맞게, 적합하게.
accommodātus -*a* -*um* (E suitable for) *adj.* 맞추어진, 적응한, 알맞은; 적절한.
accommodō -*āvī,* -*ātus* -*āre* (E fit, adapt, put on, apply) *vt.* 맞추다, 알맞게 만들다; 맞게 하다, 적용하다.
accommodus -*a* -*um* (E fit for, suitable for) *adj.* 적당한, 적합한, 알맞은.
accubō -*āvī,* -*ātus* -*āre* (E lie at, lie beside) *vi.* 가로 눕다, 옆에 눕다; 다가앉다.
accumbō -*āvī,* -*ātus* -*āre* (E lay oneself down, lie beside)[+cum] *vi.* 가로 눕다, 옆에 눕다; 둘러앉다.
accumlātē (E abundantly) *adv.* 풍부하게, 충분하게.
accumulō -*āvī,* -*ātus* -*āre* (E heap upon, heap up, accumulate, load) *vt.* 쌓아 올리다, 틀어 올리다; 거듭하다, 증가시키다, 축적하다.
accūrātē (E accurately, carefully) *adv.* 정성들여서, 신중하게, 정밀하게.
accūrātiō (E carefulness) *f.* 신중, 정성들임, 정밀, 면밀.
accūrātus -*a* -*um* (E careful) *adj.* 정성들인, 정확히 한, 정밀한, 상세한.
accūrō -*āvī,* -*ātus* -*āre* (E take care of) *vt.* 정성들여 하다, 정확하게 준비하다, 면밀하게 하다.
accurrō -*currī,* -*itus* -*ere* (E run to, hasten to) *vi.* [+ad 또는 +in +대격] 향해 달려가다[오다], 급히 달려가다[오다].
accursus -*us* (E running) *m.* (급히) 달려감[달려옴].
accūsātiō (E accusation) *f.* 고발, 문책, 비난; 고소, 기소.
accūsātīvus -*a* -*um* (E accusative) *adj.* 고발에 관한; 대격의, 4격의.
accūsātōriē (E like an accuser) *adv.* 고발자 모양으로, 격렬하게.

ācer *-cris -cre* (E sharp, pointed, edged) *adj.* 뾰족한, 날카로운, 예리한; 매운, 코를 찌르는, 따가운.
acer *-eris* (E maple) *n.* 단풍나무.
acerbē (E betterly, harshly) 쓰게, 거칠게.
acerbō *-āvī, -ātus -āre* (E aggravate) *vt.* 악화시키다.
acerbus *-a -um* (E pointed) *adj.* 날카로운.
acernus *-a -um* (E made of maple) *adj.* 단풍나무 재질의.
acerra *-ae* (E incense-box) *f.* 향이 나는 상자.
Acerrac *-ae* (E town of Campania) *f.* 나폴리의 캄파니아 부근의 마을
acervus *-ī* (E pointed mound) *m.* 우뚝 솟은 언덕
Acesta *-ae (-ē, -ēs)* (E town of Sicily) *f.* 시칠리아의 마을
Acestēs *-ae* (E son of the river-god Crimisus) *m.* 크리미수스의 아들.
Achacmenidēs *-ae* (E supposed companion of Ulysses) *m.* 오디세우스의 동료, 시칠리아에 남겨진다.
Achāicus *-a -um* (E Achaean) *adj.* 아카이아 사람의, 그리스 사람의.
Acātēs *-ae* (E trusty squire of Aeneas) *m.* 아에네아스의 충직한 동료.
Achelōīus *-a -um* (E of the river Acheloiis) *adj.* 그리스의 아켈로이스 강에 속한.
Achclōus *-ī* (E Acheloiis) *m.* 그리스의 강, 지금의 아스프로포타모.
Acherōn *-ntis* (E river in Epirus) *m.* 에피루스의 강, 암브라시안 만으로 흐른다.
Acherūns *-untis* (E infernal regions) *m.* 지하세계.
Achīllēs *-is (-ī or -cī)* (E famous hero) *m.* 일리아드에 등장하는 영웅.
Achīleus *-a -um* (E of Achilles) *adj.* 아킬레스의.
Achīvus *-a -um* (E Achæan) *adj.* 아카이아인, 그리스인.
Acīdālia *-ae* (E Venus) *f.* 비너스.
acidus *-a -um* (E sharp) *adj.* (맛 등이) 자극적인
aciēs *-eī* (E edge) *f.* 모서리; 검의 날.
aclis *-idis* (E small javelin) *f.* 작은 투창
Acmōn *-ōnis* (E companion of Aeneas.) *m.* 아에네아스의 동료
Acoctēs *-is* (E armorbearer of Evander) *m.* 에반더의 갑옷 운반자.
aconītum *-ī* (E aconite) *n.* 독성이 강한 풀.
Aconteus *-eī* (E Latin warrior) *m.* 라틴민족의 전사.
Acquīro adquirō 참조.
Acragās *-antis* (E mountain and town in Sicily) *m.* 시칠리의 산, 지금의 지르젠티.

Ācrisiōnē -ēs (E daughter of Acrisius) f. 아크리시우스의 딸.
Ācrisiōnēus -a -um (E of Acrisione) adj. 아크리시우스의.
Ācrisius -ī (E Acrisius) m. 아크리시우스. 아르고스의 네 번째 왕.
Acrōn -ōnis (E Etruscan warrior slain by Mezentius) m. 메젠티우스에게 죽은 에트루리아 전사.
acta -ae (E sea-shore) f. 해안, 해변.
Actaeus -a -um (E of Attica, Attic) adj. 아티카의.
Actias -adis (E Attic) adj. 아테나의; 아티카의.
Actias -adis (E Athenian) f. 아테나인.
Actium -ī (E of Actius) adj. [중성형태] 악티움의.
Actium -ī (E promontory and town of Greece on the Ambracian gulf) n. 암브라시아의 갑이나 마을.
Actius -a -um (E of Actium) adj. 악티움의.
Actor -ōris (E Trojan) m. 트로이 인.
āctum -ī (E act, deed) n. 행동, 행위.
āctus -a -um (E finished, driving) adj. [agō의 과거분사] 끝낸, 운영하는.
āctus -ūs (E act, impulse) m. 행동, 행위; 추진력; 충동.
āctūtum (E with speed) adv. 빠르게.
acuō -uī -ūtum -ere (E make sharp) vt. 날카롭게 하다.
acus -ūs (E pointed thing) f. 날카로운 물건.
acūtus -a -um (E sharp) adj. [acuō의 과거분사] 날카롭게 된.
ad (E to, toward) prep. 향하여, 반하여. 대격과 함께 쓴다.
adāctus -a -um (E sent) adj. [adigō의 과거분사] 보내진.
adamas -antis (E adamant) m. 매우 단단한 광석.
Adamastus -ī (E father of Achæmenides) m. 아키메네스의 아버지.
adc- acc- 참조.
adcēdō accēdō 참조.
adcersō arcessō 참조.
addēnscō no perf., no sup., -ere (E thicken) vt. 두껍게 하다.
addīcō -dīxī -ictus -dīcere (E assign) vt. 양도하다; 할당하다, 배당하다.
addīeō -xī -etum -ēre (E speak in favor of) vt. 칭찬하다, 좋게 말하다.
additus -a -um (E added, attached) adj. [addō의 과거분사] 가까이 둔; 부착된.
addō -didī -ditum -ere (E put near, attach) vt. 가까이 두다, 부착하다.
addūcō -xī -etum -ere (E lead to) vt. 이끌다; 자라다, 성장하다.
addūctus -a -um (E led up, brought up) adj. [adducō의 과거분사] 이

끌리게 된, 자라게 된.
adedō *-ēdī -ēsum -edere* (E eat into) *vt.* 먹다; 소비하다.
ademptus *-a -um* (E taken away from) *adj.* [**adimō**의 과거분사] 후퇴한.
ademtus ademptus 참조.
adeō *-iī (-īvī) -itum -īre* (E approach) *vi.* 접근하다.
adcō (E to that point) *adv.* 그 지점에.
adēsus *-a -um* (E wasted, eaten up) *adj.* [**adedō**의 과거분사] 먹힌; 소비된.
ādfābilis*(aff-) -e* (E courteous) *adj.* (말투가) 정중한.
adfātus*(aff-) -ūs* (E address) *m.* 다가와서 말을 걸기.
adfātus*(aff-) -a -um* (E addressed, accosted) *adj.* [**adfor**(=affor)의 과거분사] 말한; 말을 걸린.
adfectō*(aff-) -āvī -ātum -āre* (E strive for) *vt.* 얻으려고 애쓰다.
adferō*(aff-) -tulī (att-) -lātum (all-)* (E bring to) *vt.* 가져 오다.
adficiō*(aff-) -fēcī -fectum -ere* (E affect) *vt.* 영향을 주다; 다루다; 무언가를 주다.
adfīgō*(aff-) -fīxī -fīxum -ere* (E fasten to) *vt.* 고정하다.
adfīxus*(aff-) -a -um* (E assigned to) *adj.* [**adifigō**의 과거분사][+여격] 고정된.
adflātus*(aff-) -a -um* (E blast, breeze) *adj.* [**adflō**의 과거분사] 날아가 버린.
adflīctus*(aff-) -a -um* (E damaged, shattered) *adj.* [**adfligō**의 과거분사] 부서진; 뒤엎어진.
adflīgo*(aff-) -flīxī -flīctum -ere* (E dash against) *vt.* 달려들다; 부서지다; 뒤엎다.
adfiō*(af-) -āvi -ātum -āre* (E blow on) *vt.* 불어넣다.
adfluō*(aff-) -fluxī -fluxum -ere* (E flow to) *vi.* 흐르다
adfor*(aff-) -ātus -ārī* (E speak to) *vi.* 말을 걸다.
adforc*(aff-)* adsum 참조.
adfui adsum 참조.
adgerō*(agg-) essī -estum -erere* (E heap upon) *vt.* 쌓아 두다.
adglomerō*(ag-) -āvī -ātum -āre* (E roll together) *vt.* 모이다, 집합하다; 쌓다.
adgnoseō*(ag-) -nōvī -uitum -ēre* (E recognize) *vt.* 인식하다.
adgredior*(agg-) -gressus -gredī* (E approach) *vi.* 접근하다.
adgessus*(agg-) -a -um* (E approached) *adj.* [**adgredior**의 과거분사] 접근한.

adhacreō -haesī -haesum -ēre (E stick to) vi. 고수하다; 달라붙다.
adhibeō -buī -bitum -ēre (E employ) vt. 고용하다, 곁에 두다.
adhūc (E to this point) adv. 이정도로, 이 점으로
adiciō(adj-) -iēcī -icctum -ere (E throw) vt. 던지다.
adigō -ēgī -āctum -ere (E drive to) vt. 강요하다; 던지다.
aditus -ūs (E approach) m. 접근하다.
adiunctus -a -um (E yoked, added) [**adiungō**의 과거분사] 부착된. 첨부되다.
adiungō -unxi -unctum -ere (E fasten) vt. 부착하다.
adiūrō -āvī -ātum -āre (E swear to) vt. 맹세하다.
adiuvō -invī iūtum -āre (E give help to) vt. 돕다. 도움을 주다.
adlābor(all-) -lāpsus -lābī (E glide to) vi. 떨어지며 접근하다.
adlacrimō -āvī -ātum -āre (E weep) vi. 울다.
adlāpsus(all-) -a -um (E slithering) adj. [**adlabor**의 과거분사] 미끄러지는; 접근한.
adllgō(all-) -āvī -ūtum -āre (E bind to) vt. 속박하다.
adloqnor(all-) locūtus -loquī (E speak to) vi. 말을 걸다.
adlūdō(all-) -lūsī -lūsum -ere (E play with) vt. 같이 놀다, 놀다.
adluō(all-) -luī -ere (E wash against) (강의 기슭을) vi. 씻다; 물이 밀려오다.
admīrānduis -a -um (E wonder) adj. 놀라운, 경이로운.
admiror -ātus -ārī (E wonder at) vt. 놀라다; 감탄하다, 경탄하다.
admisceō -iscuī -ixtum(-istum) -ēre (E mix with) vt. 섞다, 혼합하다.
admissus -a -um (E admitted) [**admittō**의 과거분사] adj. 허가받은.
admittō -mīsī -missum -ere (E admit) vt. 허가하다, 허용하다, 인정하다.
admoneō -nuī -nitum -ēre (E warn) vt. 경고하다; 상기시키다.
admordeō -momordī -morsum -ēre (E gnaw) vt. 물어뜯다.
admorsus -a -um (E bitten at) adj. [**admordeō**의 과거분사] 물린, 물어뜯긴.
admoveō -mōvī -mōtum -ēre (E conduct) vt. 실행하다; 적용하다.
adnīsus(ann-) -a -um (E given support) adj. [**adnitor**의 과거분사] 지원을 받는.
adnītor(ann-) -nīsus (-uīxus) -tī (E struggle to) vt. 지원하다; 싸우다.
adnīxus(ann-) -a -um (E struggled) adj. [**adnitor**의 과거분사] 싸우게 된.
adnō(ann-) -āvī- -ātum -āre (E swim to) vt. 수영하다; 떠다니다.
adnuō -uīm -ūtum -uere (E nod to) vi. 끄덕 이다; 승낙하다.

adoleō *-uī -ultum -ēre* (E burn) *vt.* 숭배하다; 화장하다, 불에 태우다; 재물로 바치다; 파괴하다.

adolēscō*(adul-) -ēvī -uī) -ultum -ere* (E grow up) *vi.* 자라다, 성숙하다.

Adōnis *-is (-idis)* (E youth beloved by Venus) *m.* 비너스의 젊은 연인. 비너스에 의해 꽃으로 변한다.

adoperiō *-eruī -ertum -īre* (E cover over) *vt.* 뒤덮다, 덮다.

adopertus *-a -um* (E covered, veiled) [**adoperiō**의 과거분사] 씌어진, 베일에 싸인.

adoreus*(-ius) -a -um* (E of spell) *adj.* 로마인이 먹던 곡식.

adorior *-ortus -īrī (cf, orior)* (E rise up against) *vi.* (기습에서) 뛰어 나오다, 습격하다.

adōrō *-āvī -ātum -āre* (E pray to) *vt.* 기도하다; 숭배하다.

adortus *-a -um* (E spelt) *adj.* [**adorior**의 과거분사] 써진, 쓰게된.

adpāreō*(app-) -uī -itum -ēre* (E appear) *vi.* 나타나다, 등장하다.

adparō*(app-) -āvī -ātum -āre* (E prepare for) *vt.* 준비하다.

adpellō*(app-) -pulī -pulsum -pellere* (E drive) *vt.* 움직이다, 억지로 시키다.

adpellō*(app-) -āvī -ātum -āre* (E address) *vt.* 말을 걸다.

adpetō*(app-) -īvī or -iī -ītum -ere* (E fall upon) *vt.* 행동을 시작하다; 습격하다.

adplicō*(app-) -āvī or -uī -ātum or -itum -āre* (E fix) *vt.* 합치다; 부착하다; 고정하다.

adpōnō*(app-) -posm -positum -pōnere* (E put) *vt.* 두다, 놓다.

adquīrō*(ac-) -sīvī -sītum -rere* (E add to) *vt.* 추가하다, 더하다.

Adrastus *-ī* (E king of Argos, father-in-law of Tydeus) *m.* 아르고스의 왕.

adrectus *-a -um* (E set up) *adj.* [**adrigō**의 과거분사] 세워진.

adreptō *-āvī -ātum -āre* (E crawl, creep) *vi.* 기어 다가가다, 기다.

adreptus *-us* (E crawling) *m.* 기어 다가감.

Adriacus *-ae* (E Southeastern city of Picenum) *f.* [= Hadria] 동남 피체눔(Picenum)의 도시.

Adriacus *-a -um adj.* [= Hadriacus] 동남 피체눔(Picenum)의 도시의.

adrigō*(arr-) -rexī -rectum -rīgere* (E set up) *vt.* 세우다, 똑바로 세우다.

adripiō*(arr-) -ripuī -rcptum -ripere* (E snatch) *vt.* 잡다, 낚아채다.

adscendō*(asc-) -sccndī -scensum -scendere* (E ascend) *vi.* 오르다, 올라타다.

adscēnsus *-a -um* (E ascended) *adj.* [**adscendō**의 과거분사] 오르는, 상

승하는.

adscēnsus -ūs (E ascending) *m.* 상승, 오름.

adsciō (asc-) *no perf. no sup.* -scīre (E take to oneself) *vt.* 가지다, 받다; 용인하다.

adscīscō (asc-) adscīvī adscītum adscīscere (E receive) *vt.* 받다, 적용하다, 받아들이다.

adsēnsus (ass-) -a -um (E assent, approval) *adj.* [**assentiō**의 과거분사] 동의하는, 찬성하는.

adsēnsus (ass-) -ūs (E assenting) *m.* 동의.

adsentiō (ass-) -sēnsī -sēnsum scutīre (E think in accordance with) *vi.* 동의하다.

adservō (ass-) -āvī -ātum -āre (E watch over) *vt.* 돌보다, 지키다; 지켜보다.

adsfdeō (ass-) -sēdī -scssum -ēre (E sit by or near) *vt.* 가까이 앉다.

adsiduē (ass-) (E continually) *adv.* 계속해서.

adsiduus -a -um (E permanent) *adj.* 지속적인, 계속되는.

adsimilis (ass-) -e (E similar) *adj.* 닮은.

adsimulō (ass-) -āvī -ātum -āre (E compare, copy) *vt.* 비교하다, 견주다; 모사하다, 베끼다.

adsistō (as-) -titī *no sup.* -sistere (E stand at) *vi.* 거리끼다, 망설이다.

adspectō -āvī -ātum -āre (E gaze at (with some emotion)) *vt.* 자주바라보다, 주시하다, 쳐다보다.

adspectus -a -um (E glanced, watched) *adj.* [**adspiciō**의 과거분사] 보여지는, 비춰지는.

adspectus (asp-) -ūs (E glance) *m.* 바라봄, 쳐다봄.

adspergō (asp-) -ersī -ersum -ergere (E spread) *vt.* 뿌리다, 퍼뜨리다.

adspergō -inis (E sprinkling) *f.* [= aspergō] 뿌림, 살포.

adspernor -ūtus, -ūrī (E disdain, scorn) *vt.* 경멸하다, 수치로 여기다.

adspersus -a -um (E scattered, sprinkled) *adj.* [**adspergō**의 과거분사] 뿌린; 퍼뜨린

adspiciō (asp-) -exī -ectum -icere (E look upon or at, see) *vt.* [= asperciō] 보다, 바라보다, 자세히 보다, 쳐다보다.

adspīrō (asp-) -āvī -ātum -āre (E breathe or blow to or upon, aspire) *vi.(vt.)* 숨을 쉬다, 불다.

adstō (ast-) -stitī -stitum -āre (E stand by) *vi.* 준비하다; 옆에 서있다.

adstringō (ast-) -inxī -ietum -ingere (E bind) *vt.,* 묶어놓다.

adsuēscō *(ass-) -ēvī -ētum -ēscere* (E accustom to) *vt.(vi.)* 적응되다.
adsuētus *(ass-) -a -um* (E accoustomed to) *adj.* [**adsuescō**의 과거분사] 적응된.
adsultus *-ūs* (E an attack) *m.* 침략.
adsum *(ass-) -fuī(aff-) -futurus(aff-) -esse* (E be at) ~에 있다; 가까이에 있다.
adsurgō *(ass-) -rexī -rectum -gere* (E rise up) *vi.* 일어서다; 오르다.
adulter *-era -crum* (E going beyond) *adj.* ~너머로; ~이상으로.
adulterium *-ī* (E adultery) *n.* 간통, 불의, 불륜.
adultus *-a -um* (E grown up) *adj.* [**adolescō**의 과거분사] 자란, 어른이 된.
aduneus *-a -um* (E curved inward) *adj.* 안쪽으로 기울여진, 안쪽으로 휘어진.
adūrō *-ūssī -ūstum -ere* (E burn into) *vt.*, 타들어간, 태워진.
adūsque (E all the way to, right up to) *prep.* [+ 대격] ~까지 내내, ~로 곧장. [usque 참조]
advectus *-a -um* (E conveyed) *adj.* advehō의 과거분사.
advehō *-vexī -vectum -ere* (E convey) *vt.* 구사하다.
advēlō *-āvī -ātum -āre* (E veil, wreathe) *vt.* 둘러싸다; 베일로 가리다.
advena *-ae* (E a stranger, foreigner, new-comer) *m.* 신입, 외국인.
adveniō *-venī -ventum -īre* (E come to, arrive) *vi.* ~로 오다, 도달하다.
adventō *-āvī -ātum -āre* (E come to often, frequent) *vi.* 가끔 오다.
adventus *-ūs* (E a coming to, arrival, approach) *m.* 도착하다, 접근하다.
adversātus *-a -um* (E opposed) *adj.* [**adversor**의 과거분사] 반대되는, 대항하는.
adversor *-ātus -ārī* (E turn or act against, oppose) *v. dep.*, 뒤돌아보다, 반대하다.
adversus *-a -um* (E turned towards) *adj.* [**advertō**의 과거분사] 반대로 향하는, 뒤돌아서는.
adversus (E facing, opposite) *prep.* [+대격] 맞은 (건너)편에, 반대편에.
advertō *-vertī -versum -ere* (E turn towards or against) *vt.* 바라보다, 반대하다.
advocō *-āvī -ātum -āre* (E call to one, summon) *vt.* 부르다, 소환하다.
advolō *-āvī -ātum -āre* (E fly to, come flying) *vi.* 날아오다.
advolvō *-volvī -volūtus -ere* (E roll to or towards) *vt.* 굴러오다, ~쪽으로 오다.
adytum *-ī* (E the sanctuary of a temple) *n.* 신전의 보호.

Aeacidēs -ae (E son of Aeacus, Achilles and his son Pyrrhus, and Perscus) *m.* 아에아쿠스(Aeacus)의 아들.

Aeacns -a -um (E of Aea, an island of the river Phasis, in Colchis) *adj.* 파시스(Phasis)강에 있는 섬.

aedēs -is (E lit fireplace) *f.* 불 켜진 화로.

acdifieō -āvī -ātum -āre (E build) *vt.* 지어지다, 만들어지다.

Aegaeōn -ōnis (E giant, called also Briarcus, who attempted to scale the heavens) *m.* 하늘을 재는 걸 시도한 거인 족. 브리아르쿠스(Briarcus)라고도 불린다.

Aegaens (-ēns) -a -um (E Ægean, of the Ægean Sea, between Greece and Asia Minor) *adj.* 그리스와 소아시아 사이의 에게 해.

aeger -gra -grum (E sick, weak) *adj.* 아픈, 병든.

Aegeria Ēgeria 참조.

aegis -idis (E the shield or breastplate of Zeus, worn also by Pallas) *f.* 제우스의 방패.갑옷; 팔라스(Pallas)가 쓰기도 함.

Aegiē -ēs (E a Naiad) *f.* 숲속의 요정.

Aegōn -ōnis (E a shepherd) *m.* 양치기, 목자.

aegrē (E weakly, hardly) *adv.* 간신히, 힘들게.

aegrēscō -ere (E grow sick) *vt.* 병들다.

Aegyptius -a -um (E of Egypt, Egyptian) *adj.* 이집트의.

Aegyptus -ī (E Egypt) *f.* 이집트.

Aemonidēs Haemonides 참조.

aemuins -a -um (E In good sense) *adj.* 좋은 느낌의, 좋은 생각의.

Aeneadēs -ae (E descendant of Aeneas) *m.* 아이네이아스의 후손.

Aenēās -ae (E the hero of the Aeneid) *m.* 아이네이드의 주인공.

Aenēis -idis (E the Aeneid, Virgil's great epic) *f.* 아이네이드.

Aeuēïus -a -um (E belonging to Aeneas) *adj.* 아이네이아스의 소유.

Aenīdēs -ae (E son of Aeneas) *m.* 아이네이아스의 아들.

aēnus (ahē-) -a -um (E of copper or bronze) *adj.* 납의; 구리의.

Aeolidēs -ae (E son of Aeolus) *m.* Aeolus의 아들.

Aeolius -a -um (E belonging to Aeolus) *adj.* Aeolus의 소유.

Aeolus -ī (E god of the winds; companion of Aeneas) *m.* 바람의 신; 아이네이아스의 동지.

aequaevus (-os) -a -um(-om) (E of equal age) *adj.* 동갑의, 나이가 같은.

aequālis -e (E even, equal) *adj.* 같은, 동급의.

aequātus -a -um (E made equal) *adj.* [**aequō**의 과거분사] 똑같아 지는,

동급이 되는.
aequē (*-ius -īssimē*) (E evenly, equally) *adv.* 똑같이; 균등하게.
Aequi Faliseus 참조.
Aequieulus *-a -um* (E Aequian, belonging to the Aequi) *adj.* 아에퀴 (Aequi)의.
aequiparō *-āvī -ātum -āre* (E make equal) *vt.* 똑같이 하다; 동등하게 하다.
aequō *-āvī -ātum -āre* (E make equal) *vt.(vi.)* 똑같이 하다; 동등하게 하다.
aequor *-oris* (E the smooth sea) *n.* 부드러운 바다; 평평한 바다.
aequus (*-os*) *-a -um*(*-om*)(*-ior, -īssimus*) (E even, equal) *adj.* 비슷한, 같은.
āēr *-eris* (E the air) *m.* 공기의, 공중의.
aerātus *-a -um* (E provided with bronze) *adj.* 청동의.
aereus *-a -um* (E brazen, of bronze, copper) *adj.* 청동의, 구리의.
aeripēs *-edis* (E bronze-footed) *adj.* 동으로 된 발의.
āērius *-a -um* (E belonging to the air) *adj.* 공기의, 공기와 관련된.
aes *aeris* (E copper, bronze) *n.* 구리, 동.
aesculns (*esc-*) *-ī* (E oak (of a particular kind)) *f.* 떡갈나무.
aestās *-ātis* (E heat, summer, summer air) *f.* 여름, 여름의 열기.
aestifer *-era -erum* (E heat-bringing, burning, hot) *adj.* 뜨거운, 열기의.
aestīvus *-a -um* (E of summer, hot) *adj.* 여름의; 뜨거운.
aestuō *-āvī -ātum -āre* (E be hot, boil) *vi.* 뜨거워지다, 끓다.
aestus *-ūs* (E heat, boiling, the sun) *m.* 태양; 열, 뜨거움, 끓음.
aetās *-ātis* (E age (young or old)) *f.* 나이.
aeternus *-a -um* (E everlasting, eternal) *adj.* 영원한, 영원의.
aether *-eris* (E the upper air conceived as a fiery element) *m.* (위쪽의 뜨거운) 공기, 불의 원소.
aetherius *-a -um* (E heavenly, celestial) *adj.* 하늘같은, 하늘의.
Aethiops *-opis* (E an Ethiopian (inhabitant of Africa)) *m.* 에티오피아인, 아프리카인.
Aethōn *-ōnis* (E originally a name of one of the horses of the sun) *m.* 원래 태양신 헬리오스의 말 이름.
aethea *-ae* (E clear weather) *f.* 깨끗하고 맑은 날씨.
Aetna *-ae* (E Mt.Etna, the famous volcano in Sicily now Monte Gibello) *f.* 에트나 화산.

Aetnaeus -a -um (E belonging to Mt, Etna, of Etna) *adj.* 에트나 화산의.
Aetōlia -ae (E a district of Central Greece ; see Aetoius) *f.* 그리스 중앙부의 한 부분.
Aetōius -a -um (E Aetolian, of Aetolia) *adj.* 아에톨리아(Aetolia)의; 아에톨리아인(의).
aevum -ī (E age (young or old), life) *n.* 나이, 삶.
Āfer -fra -frum (E African) *adj.* 아프리카의, 아프리카와 관련된.
aff- adf- 참조.
affore adsum 참조.
affui adsum 참조.
Afriens -a -um (E African) *adj.* 아프리카의, 아프리카와 관련된.
Agamemnonius -a -um (E of Agamemnon) *adj.* 아가멤논(그리스 연맹의 총사령관)의.
Aganippē -ēs (E a fountain in Bœotia) *f.* 보에오티아의 샘물.
Agathyrsus -a -um (E a people in Scythia) *adj.* 스치티아(Scythia)의 사람들.
age agō 참조.
agellus -ī (E a little field or farm) *m.* 작은 들판 또는 농장.
Agēnor -oris (E a king of Phœnicia, father of Cadmus and ancestor of Dido) *m.* 포에니치아(Phoenicia)의 왕. 카드머스의 부친이자 디도(Dido)의 조상.
ager -rī (E a field) *m.* 들판.
agger -ēris (E a mound, heap) *m.* 무덤; 무더기.
aggerō adgerō 참조.
aggrerō -āvī -ātum -āre (E heap up, pile up) *vt.* 쌓다; 쌓아올리다.
agglomerō adglomerō 참조.
aggrediro adgredior 참조.
Āgis -īdis (E a Lycian warrior) *m.* 리치아(Lycia)의 병사. 무사.
agitō -āvī -ātum -āre (E of ago, drive violently) *vt.* 꽤 오래된; 거칠게 운전하다.
agitātor -ōris (E a driver, charioteer) *m.* 전차 또는 마차 운전사.
agitātus -a -um (E driven violently) *adj.* agitō의 과거분사.
agmen -inis (E a driving, a march, course) *n.* 운전; 행진, 진군하는 경로.
agna -ae (E a ewe, lamb) *f.* 어린 양.
agnoscō adgnoscō 참조.
agnus -ī (E a lamb) *m.* 어린 양.

agō *ēgī āctum -ere* (E drive, lead) *vt.* 운전하다, 이끌다.
agrestis *-e* (E of the field) *adj.* 들판의, 초원의.
agricola *-ae* (E farmer) *m.* 농부.
Agrippa *-ae* (E M. Vipsanius Agrippa) *m.* 아그리파(Agripa). 가우구스투스(Augustus)의 사위이자 가장 촉망받던 장군.
Agyllīnus *-a -um* (E of Agylla) *adj.* 아킬라(Agylla)의. [에트루리아(Etruria)의 마을, 카에레(Caere)로 더 잘 알려짐. 지금의 체르웨트리(Cervetri)]의.
āh *(ā)* (E ah) *interj.* 아, 오.
ahēnus aēnus 참조.
Āiāx *-ācis* (E Ajax) *m.* 아이악스(Ajax). 트로이전쟁에서의 두 명의 영웅인 텔라모니우스(Telamonius)와 올레우스(Olleus)의 이름
āiō (E say) *vt.* 말하다.
āla *-ae* (E wing) *f.* 날개.
alacer *(-cris) -cris -cre (-crior, -ccrrimus)* (E active) *adj.* 활발한.
ātātus *-a -um* (E winged.) *adj.* 날개달린.
Alba *-ae* (E Alba Longa) *f.* 알바 론가(Alba Longa). 로마의 모국으로 추정되는 도시.
Albānus *-a -um* (E Alban) *adj.* 알바(Alba)에 속한.
albeō *-ēre* (E be white) *vi.* 하얗게 되다.
albēscō *-ere* (E grow white) *vi.* 하얗게 변하다.
Albulus *-a -um* (E dim) *adj.* 희미한.
Albūnea *-ae* (E Tivoli) *f.* 티부르(Tibur)의 분수.
Alburnus *-ī* (E Alburnus) *m.* 루카니아(Lucania)에 있는 산. 지금의 몽뜨 디 뿌스띠글리오네(Monte di Postiglione).
albus *-a -um* (E pale white) *adj.* 창백한.
Aleander *-drī* (E Aleander) *m.* 아에네아스(Aeneas)의 동료.
Aleānor *-ōris* (E Aleanor) *m.* 알레아노르(Aleanor). 판다루스(pandarus)의 아버지이자 트로이인.
Aleathous *-oī* (E Aleathous) *m.* 아에네아스의 동료.
Alcīdēs *-ae* (E Alcīdēs) *m.* 알카에우스(Alcaeus)의 후손.
Alcimedōn *-ontis* (E Alcimedōn) *m.* 알치메돈(Alcimedōn).유명한 나무깎이).
Alcinous *-oī* (E Alcinous) *m.* Alcinous (Phaeacians 의 왕).
Aleippē *-ēs* (E Aleippē) *f.* 알레입페(Aleippē). 여자노예.
Alcōn *-ōnis* (E Alcon) *m.* 알콘(Alcon). 크레타(Creta)의 궁수.
aleyōn *-ōnis* (E the kingfisher) *f.* 물총새.

Aleyonē -ēs (E Aleyonē) f. 알레이오네(Aleyone). 테티스에 의해 물총새로 변한 여자.
Ālectō allectō 참조.
āles -itis (E winged.) adj. 날개달린.
Alēsus Halacsus 참조.
Alētēs -is (E Aletes) m. 알레테스(Aletes). 아에네아스(Aeneas)의 동료.
Alexis -is (E Alexis) m. 알렉시스(Alexis). 양치기 코리돈(Corydon)이 사랑한 아름다운 노예.
alga -ae (E seaweed) f. 해초.
alīns (E elsewhere.) adv. 다른 곳에.
alibī (E in another place) adv. 다른 곳에.
alienus -a -um (E belonging to another) adj. 다른 곳에 속한.
aliger -era -erum (E winged) adj. 날개달린.
allō (E elsewhither, to another place) adv. 다른 곳으로.
ālipēs -edis (E with winged feet) adj. 날개달린 발을 가진.
aliquā (E somehow) adv. 어떻게든.
aliquī aliquis 참조.
allquandō (E at sometime) adv. 언제인가.
aliquis(quī) -qua -auid(auod) (E some) indef. adj. 몇 개의.
aliquot (E several, a number) adj. 몇 가지의.
aliter (E otherwise) adj. 다르게, 다른 방법으로.
alitus -a -um (E nourished) adj. [**alō**의 과거분사] 영양이 있는, 영양이 공급되는.
ālituum (E from another) irr. gen. 다른 곳에서.
allus -a -um (-īus) (stem alio, often ali) (E other) 다른.
allābor adlabor 참조.
Allēctō -ūs (E Fury) f. 복수의 여신.
Allia -ae (E Allia) f. 알리아(Allia). 로마 근처의 강.
alligō adlligō 참조.
allium (ăl-) -ī (-iī) (E garlic) n. 마늘.
alloquor adloquor 참조.
allūdō adludō 참조.
alluō adluō 참조.
Almō -ōmis (E Almo) m. 알모(Almo). 티우르후스(Tyurhus)의 아들.
almus -a -um (E nourishing) adj. 육성하는.
alnus -ī (E vessel) f. 배.

alō *aluī alitum (altum) -ere* (E nourish) *vt.* 기르다.
Alōidēs *-ae* (E Aloides) *m.* 알로이데스(Aloides). 알로에우스(Aloeus)의 후손.
Alpēs *-ium* (E the Alps) *m.* 알프스(Alps).
Alplicsibocus *-ī* (E herdsman.) *m.* 목자.
Alphēus *-eī* (E Alpheus) *m.* 알페우스(Alpheus). 땅속으로 사라진 엘리스(Elis)의 강.
Alphēus *-a -um* (E of the river Alphēus) *adj.* 알페우스(Alpheus)강의.
Alpīnus *-a -um* (E of the Alps) *adj.* 알프스(Alps)의.
Alsus *-ī* (E latin) *m.* 라틴인.
altē *(-ius, -īs-simē)* (E deeply) *adv.* 깊게; 높게.
alter *-era -erum -ius* (E other) *pron. adj.* 다른.
alternō *-āvī -ātum -āre* (E alternate) *vi.* 번갈아하다.
alternus *-a -um* (E belonging to the other) *adj.* 다른 곳에 속한.
altrīx *-īcis* (E nurse) *f.* 간호사.
altus *-a -um* (E high[grown up]) *adj.* 높은.
alumnus *-ī (-a -ae)* (E foster child) *m.f.* 양육하는 아이.
alveārium *-ī* (E beehive.) *n.* 벌집.
alveus *-ī* (E hollow) *m.* 구멍.
alvus *-ī* (E the belly) *f.* 배.
amāns *-antis* (E loving) *adj.* amō의 현재분사.
amāracus *-ī* (E marjoram.) *m.f.* 마요라나(향신료로 쓰이는 식물). 박하의 한 종류.
amarantus *-ī* (E amaranth) *m.* 아마란트(amaranth). 지지 않는 꽃.
amārē (E bitterly) *adv.* 쓰게; 몹시.
amāror *-ōris* (E bitterness) *m.* 씀, 쓴맛.
amārus *-a -um* (E bitter) *adj.* 쓴.
Amaryllis *-idis* (E Amaryllis) *f.* 아마릴리스(Amaryllis). 수수한 하녀.
Amasēnus *-ī* (E river in Latium.) *m.* 아마세누스(Amasenus). 라시움(Latium)에 있는 강.
Amaster *-trī* (E Trojan) *m.* 아마스테르(Amaster). 트로이인.
Amāta *-ae* (E Amata) *f.* 아마타(Amata). 라티누스(Latinus)왕의 아내.
Amathūs *-ūntis* (E Amathus) *f.* 아마투스(Amathus). 치프루스(Cyprus)의 한 마을.
amātus *-a -um* (E loved) *adj.* [amō의 과거분사] 사랑받는.
Amāzōn *-ōnis* (E Amazon) *f.* 아마쏜(Amazon). 여자로만 구성된 스치티

아(Scythia)의 신화속의 나라).

Amāzonicus *-a -um* (E of the Amazons) *adj.* 아마쏜(Amazon)의.

Amāzonius *-a -um* (E Amazonian) *adj.* 아마쏜(Amazon)의.

Amāzonis *-idis* (E Amazonian) *adj.* 아마쏜(Amazon)인의.

amb- *(am- an-)* (E Only in composition, around, on both sides, double.) *prep.* 둘의, 쌍의, 양쪽의

ambāgēs *-is* (E circuit) *f.* 우회로.

ambedō *-ēdī -ēsum -edere* (E consume) *vt.* 소비하다.

ambēsus *-a -um* (E consumed) *adj.* [**ambedō**의 과거분사] 사용되는, 소비되는.

ambiguus *-a -um* (E uncertain) *adj.* 불확실한.

ambiō *-iī (-īvī) -ītum* (E go around) *vi.(vt.)* 돌아서가다.

ambō *-ae -ō* (E both) *pron. adj.* 둘다.

ambrosius *-a -um* (E divine) *adj.* 신성한.

ambūrō *-ūssī -ūstum -ūrere* (E burn) vt. 태우다.

ambūstus *-a -um* (E burned) *adj.* [**amburō**의 과거분사] 탄, 태운; 그슬린.

amelius *-ī* (E wild aster) *m.* 야생 쑥부쟁이.

āmēns *-entis* (E senseless) *adj.* 무감각한.

amentum *-ī* (E thong) *n.* 끈, 가죽 끈.

Amerīnus *-a -um* (E of America) *adj.* America의.

amīcē (E in a friendly manner) *adv.* 친절하게.

amiciō *-icuī(-ixī) -ictum -īre* (E throw around) *vt.* 뿌리다, 흩뜨리다; 두르다, 감다.

amīcitia *-ae* (E friendship) *f.* 우정.

amictus *-a -um* (E thrown around) *adj.* [**amiciō**의 과거분사] 덮힌, 쌓인, 가려진.

amictus *-ūs* (E outer garment) *m.* 겉옷.

amīcus *-a -um* (E loving) *adj.* 정다운, 애정 있는.

Amīnaeus *-a -um* (E of Aminaea) *adj.* 아미나에아(Aminaea)의.

āmissus *-a -um* (E let have gone) *adj.* [**amittō**의 과거분사] 없어진, 분실된; 가버린.

Amiternus *-a -um* (E of Amiternum) *adj.* Amiternum의.

āmittō *-mīsī -missum -ere* (E let go) *vt.* 해방하다, 놓아주다.

Ammōn Hammon 참조.

amnis *-is* (E river) *m.f.* 강, 하천; 시내, 개울.

amō *-āvī -ātum -āre* (E love) *vt.* 사랑하다, 소중히 하다.

amoenus *-a -um* (E lovely) *adj.* 즐거운, 멋진.
amōmum *(-on) -ī* (E aromatic shrub) *n.* 향료.
āmoveō *-mōvī -mōtum -ēre* (E remove) *vt.* 치우다; 제거하다, 없애다.
Amphīōn *-ōnis* (E Amphion) *m.* 암피온(테베의 왕이자 니오베의 남편).
Amphitryōniadēs *-ae* (E descendant of Amphitryo) *m.* 암피트리온의 후손.
Amphrysius *-a -um* (E belonging to Amphrysus) *adj.* 암프리소스의.
Amphrysus *(-os) -ī* (E Amphrysus) *m.* 암프리소스(프티오티스의 강).
amplē (E amply) *adv.* 충분히; 널따랗게; 상세하게.
amplector *-exus -cctī* (E surround) *vt.* 둘러싸다, 에워싸다.
amplexus *-a -um* (E surrounded) *adj.* [**amplector**의 과거분사] 둘러싸인, 에워싼
amplexus *-ūs* (E encircling) *m.* 에워쌈, 포위.
amplus *-a -um (-ior, -issimus)* (E of large extent) *adj.* 큰, 넓은.
Amsanctus *-ī* (E lake in Italy) *m.* (지하 세계의 입구로 알려진) 이탈리아의 호수.
amurea *-ae* (E *the scum of oil*) *f.* 기름 찌끼.
Amyclae *-ārum* (E town in Latium) *f.* 라티움의 마을; 라코니아의 마을.
amyclaeus *-a -um* (E of Amyclae) *adj.* 아미클라에(Amyclae)의.
Amyeus *-ī* (E Trojan, father of Mimas) *m.* 트로이인(미마스의 아버지).
Amyntās *-ae* (E shepherd) *m.* 양치기.
Amythāōnius *-a -um* (E of Amythaon) *adj.* 아미타온의.
An (E or, whether) *conj.* 또는, ~인지 아닌지. [여러 질문에서 두 번째 또는 더 자세한 직, 간접 질문을 할 때, 사용]
Anagnia *-ae* (E town of Latium) *f.* 라티움의 마을.
aneeps *-itis* (E with two heads) *adj.* 머리가 두 개인.
Anchemolus *-ī* (E son of Rhœtus) *m.* 로투스의 아들.
Anchīsēs *-ae* (E son of Capys) *f.* 카피스의 아들.
Anchīsēus *-a -um* (E belonging to Anchises) *adj.* 안키세스의.
Anchora ancora 참조.
ancīle *(-ūle) -is* (E a small oval shield) *n.* 작고 둥근 방패.
ancora *(anch-) -ae* (E anchor) *f.* 닻.
Ancus *-ī* (E Ancus Martius) *m.* 앙쿠스 마르티우스(로마의 네 번째 왕).
Androgeōs *(-eus) -ī* (E a son of Minos) 미노스의 아들.
Andromachē *-ēs (-a, -ae)* (E wife of Hector) *f.* 헥토르의 아내.
anēthum *-ī* (E dill) *n.* 이논드[냄새가 좋은 풀].
ānfractus *(am-) -ūs* (E bending) *m.* 굴곡; 구부러지는 곳, 굽이.

Angitia *(Angui-) -ae* (E sorceress) *f.* 마법사[메데아와 키르케의 자매].
angō *-xī -ctum (-xum) -gere* (E squeeze) *vt.* 압착하다, 죄다, 짜내다.
Anguitia Angitia 참조.
angustus *-a -um* (E close) *adj.* 좁은, 갑갑한.
anthēlitus *-ūs* (E panting) *m.* 헐떡거림.
anhētō *-avī -ātum -āre* (E breathe with difficulty) *vi.(vt.)* 헐떡거리다.
anhēlus *-a -um* (E panting) *adj.* 헐떡거림.
Aniēn Anio 참조.
Aniēnus *-a -um* (E pertaining to the Anio) *adj.* 아니오의.
anīlis *-e* (E of an old woman) *adj.* 노파의.
anima *-ae* (E *breeze*) *f.* 산들바람.
animādversus animadvertō 참조.
animādvertō *(vort-) -tī -sum -tere* (E turn the mind, attention to) *vt.* 주의를 기울이다.
animal *-ālis* (E animal) *n.* 동물.
animālis *-e* (E pertaining to life) *adj.* 생명의; 생명 있는, 살아 있는.
animō *-āvī -ātum -āre* (E animate) *vt.* 생기 있게 하다, 활기 띄게 하다.
auimōsus *-a -um* (E courageous) *adj.* 용기 있는; 대담한.
animus *-ī* (E breath) *m.* 생명, 생명력.
Aniō *(Aniēn) -ēnis or -ōnis, also Aniēnus -ī* (E tributary stream of the Tiber) *m.* 타이버강의 시내.
Anius *-ī (-iī)* (E king and priest of Delos) *m.* 델로스의 왕이자 성직자.
Anna *-ae* (E Anna) *f.* 안나(디도의 자매).
annālis *-e* (E yearly) *adj.* 매년의; 1년간의.
anne (E or, whether) *conj.* an 참조.
annīsus adnisus 참조.
annītor adnitor 참조.
annō *-āvī -ātum -āre* (E swim to[toward]) *vi.* [+여격 또는 +ad] ~로 수영해가다; 수영해 나가다.
annōsus *-a -um* (E *full of years*) *adj.* 오래된; 늙은.
annuō adnuō 참조.
annus *-ī* (E *a year*) *m.* 1년.
annous *-a -um* (E *pertaining to a year*) *adj.* 1년의.
ānsa *-ae* (E *handle*) *f.* 손잡이.
ānser *-eris* (E *goose*) *m.* 거위.
Autaeus *-ī* (E *Libyan giant slain by Hercules*) *m.* 헤라클레스가 살해한

리비아의 거인.
Antandros *(-us)* *-ī* (E *maritime town of Mysia*) *f.* 무시아의 해안 도시.
ante (E *before*) *adv.prep.* [+ 대격] 전에, 이전에; ~의 앞에.
anteferō *-tulī* *-lātum* *-ferre* (E *carry before*) *vt.* 먼저 나르다.
Antemnae *-ārum* (E *town of the Sabines*) *f.* 사빈 사람들의 마을.
antenna *(-mna)* *-ae* (E *a sailyard*) *f.* 돛의 활대.
Antēnor *-oris* (E *a noble Trojan*) *m.* 고귀한 트로이인(그리스인들과의 화해를 주장함; 트로이의 멸망 이후, 이탈리아로 가서 파두아를 설립함)
Antēnoridēs *-ae* (E *a son or descendant of Antenor*) *m* 안테노르의 아들 또는 후손.
antequam (E *sooner than*) *adv.* 먼저; ~보다 전에.
antēs *-ium* (E *rows or ranks of vines*) *m.* 포도
anteveniō *-vēnī* *-veutum* *-ve* *-nīre* (E *arrive before*) *vi.(vt.)* 먼저 도착하다.
antevolō *-āvī* *-ātus* *-āre* (E fly before) *vt.* 먼저 날다.
Antheus *-ī* (E *Antheus*) *m.* 안테우스(Antheus). [아에네아스의 동료].
Antigenēs *-is* (E *shepherd*) *m.* 양치기.
Antiphatēs *-ae* (E *Antiphates*) *m.* 안티파테스(Antiphates). [사르페돈(Sarpedon)의 아들로 투르누스(Turnus)에 의해 죽임을 당함]
antīquus *(-os)* *-a* *-um* *(-om)* (E *ancient*) *adj.* 이전의, 오래된.
Antōnius *-ī* *(-iī)* (E *Antonius*) *m.* 안토니우스(Antonius). 로마 씨족의 이름.
Antōrēs *-ae* (E *Antores*) *m.* 안토레스(Antores). [에반데르(Evander)의 전사로 메센시우스(Mezentius)에 의해 죽임을 당함]
antrum *-ī* (E *cave*) *n.* 동굴, 굴.
Anūbis *-is* *(-īdis)* (E *Anubis*) *m.* 아누비스. 개의 머리를 가진 이집트의 신.
anus *-ūs* (E *old woman*) *f.* 늙은 여자.
anxius *-a* *-um* (E *anxious*) *adj.* 걱정하는, 긴장한.
Anxur *-uris* (E *Anxur*) *n.* 안쑤르(Anxur). 볼스치(Volsci)의 마을로 이후 테라치나(Terracina)로 불림.
Anxur *-uris* (E *Anxur*) *m.* 안쑤르(Anxur). 아에네아스에 의해 죽임을 당한 이탈리아인.
Anxurus *-a* *-um* (E *of Anxur*) *adj.* 안쑤르(Anxur)의; 주피터 [안쑤르(Anxur)에서 숭배를 받음]
Āones *-um* (E *Aonian*) *adj.* 이오니아의. *-m.* 이오니아인.
Āonius *-a um* (E *Aonian*) *adj.* 이오니아의, 보이오티아의 (고대 아테네의 북서 지방).

Aoruos -ī (E Lake Avernus) *m.* 아베르누스(Avernus) 호수. 오늘날의 아베르노 호수(Lago d'Averno).

Āpennīnicoia -ae (E Apenninicoia) *m.f.* 아펜니니이아인(Apenninicoia). 아펜니네(Apennine)의 거주자.

Apennīnus *(app-)* -ī (E the Apennines) *m.* 아펜니네스(Apennines). 이탈리아를 대각선으로 가로지르는 높은 산맥.

aper *aprī* (E wild boar) *m.* 멧돼지.

aperiō -*uī* -*tum* -*īre* (E uncover) *vt.* 열다, 벗기다.

apertus -*a* -*um* (E uncovered) *adj.* [**aperiō**의 과거분사] 밝혀진, 벗겨진, 열린.

apex -*icis* (E lip) *m.* 입술; (불길의) 혀.

Apimdnus -*ī* (E Apimdnus) *m.* 아핌드누스(Apimdnus). 트로이인.

apis *(-ēs)* -*is* (E bee) *f.* 벌.

apium -*ī(-iī)* (E parsley, celery) *n.* 파슬리, 셀러리.

Apollō -*iuis* (E Apollo) *m.* 아폴로. 주피터와 라토나의 아들이자 다이아나의 쌍둥이 오빠.

appāreō adparcō 참조.

apparō sadparō 참조.

Appennīuus Apenninus 참조.

appetō adpetō 참조.

applicō adpiicō 참조.

appōnō sadponō 참조.

aprīcus -*a* -*um* (E uncovered) *adj.* 가려지지 않은, 열려있는.

āptō -*āvī* -*ātum* -*āre* (E adapt) *vt.* 맞추다, 적응하다.

āptus -*a* -*um* (E joined) *adj.* 이어진, 조여진, 붙어있는.

apud (E near) *prep.* [+대격] 가까이에, 곁에; 중에, 사이에

aqua -*ae* (E water) *f.* 물, 민물.

aquārius -*a* -*um* (E of or relating to water) *adj.* 물의, 물과 관련된.

Aquicoius -*ī* (E Aquicoius) *m.* 아퀴코이우스(Aquicoius).

aquila -*ae* (E eagle) *f.* 독수리.

aquilō -*ōnis* (E North wind) *m.* 북풍.

aquōsus -*a* -*um* (E rainy, watery, moist) *adj.* 물기가 많은, 습기 찬, 비 오는.

āra -*ae* (E elevation, structure) *f.* 입면도, 구조물, 건물.

Arabs -*abis* (E Arabian) *m.* 아라비아인.

Arabus -*a* -*um* (E Arabian) *adj.* 아라비아의.

Araeynthus *-ī* (E Araeynthus) *m.* 아라에인투스(Araeynthus). 보에시아(Boeotia)와 아티카(Attica) 사이에 있는 산.
arānea *-ae* (E spider) *f.* 거미.
Arar *(Araris) -is* (E Arar) *m.* 아라르(Arar). 골 지방의 강으로 오늘날의 사오네(Saone).
arātor *-ōris* (E ploughman) *m.* 쟁기질 하는 사람.
arātrum *-ī* (E *plough*) *n.* 쟁기.
Araxēs *-is* (E Araxes) *m.* 아라세스(Araxes). 대(大) 아르메니아의 강.
arbor *-ōris* (E tree) *f.* 나무.
arboreus *-a -um* (E of a tree) *adj.* 나무의.
arbōs arbor 참조.
arbustus *-a -um* (E provided with a tree or with trees) *adj.* 나무 혹은 나무들이 갖추어져 있는, 준비되어 있는.
arbustum arbustus 참조.
arbuteus *-a -um* (E of the strawberry) *adj.* 딸기의.
arbutum *-ī* (E strawberry) *n.* 딸기.
arbutus *-ī* (E wild strawberry) *f.* 산딸기.
Arcadia *-ae* (E Arcadia) *f.* 아르카디아(Arcadia). 펠로폰네소스 안쪽의 산맥 지역.
Arcadius *-a -um* (E Arcadian) *adj.* 아르카디아(Arcadia)의.
arcānus *-a -um* (E secret, private) *adj.* 비밀의, 사적인.
Arcas *-adis* (E Arcas) *m.* 아르카스(Arcas). [쥬피터와 칼리스토의 아들로 아르카디아(Arcadia) 사람들의 선조로 여겨짐]
Arcēus *-entis* (E Arceus) *m.* 아르체우스(Arceus). 시칠리아 사람.
arceō *-uī -ēre* (E enclose) *vt.* 둘러싸다, 에워싸다.
accessō *(accersō) -sīvī -sītum -sere* (E call, summon) *v.* 부르다, 소환하다.
Archetius *-ī* (E Archetius) *m.* 아르케시우스(Archetius).
Archippus *-ī* (E Archippus) *m.* 아르칩푸스(Archippus). 움브리아 사람.
Arcltenēns *-entis* (E holding a bow) *adj.* 활을 들고 있는.
arctos *(-us) -ī* (E the Great and Little Bear) *f.* 큰 곰자리와 작은 곰 자리.
Arctūrus *-ī* (E Arcturus) *m.* 아륵투루스(Arcturus). [목자자리의 주성으로, 이 별이 뜨면 나쁜 날씨가 뒤따를 것임을 예상할 수 있음]
arctus *-a -um* (E close, tight) *adj.* artus 참조.
arcus *-ūs* (E bow) *m.* 활.[고어형태: *-quus, -os*]
ardeō *arsī arsum ardēre* (E burn; be in love with) *vi.* 타다, 불이 붙다, 타오르다. *-vt.* ~와 사랑에 빠지다.

ardēscō *arsī ardēseere* (E catch fire, gleam) *vi.* 불이 붙다, 타오르다; (희망, 생각 등이) 번뜩이다.

ardor *-ōris* (E flame) *m.* 불, 불꽃, 열기.

arduus *-a -um* (E high, lofty, difficult) *adj.* 높은, 키 큰; 어려운.

area *-ae* (E court, yard) *f.* 안뜰, 뜰.

arēna *(harē-) -ae* (E sand) *f.* 모래; (마른) 흙.

arēnōsus *-a -um* (E sandy) *adj.* 모래가 가득 찬, 모래의, 모래투성이의.

ārēns *-ēntis* (E dry) *adj.* 마른, 바싹 마른, (목이) 타는.

āreō *-uī no sup. -ēre* (E dry up) *vi.* 마르다, 타다.

Arethūsa *-ae* (E Arethusa) *f.* Arethusa (시라큐즈 근처의 샘 혹은 뮤즈로 불리는 샘의 님프).

argenteus *-a -um* (E of silver) *adj.* 은의.

argentum *-ī* (E silver) *n.* 은.

Argī *-ōrum* (E Argos) *m.pl.* [특이형태] Argos 참조.

Argīlētum *-ī* (E Argiletum) *n.* Argiletum (로마의 일부).

argilia *-ae* (E white clay) *f.* 흰 점토, 도공의 흙.

argītis *-idis* (E vine bearing white grapes) *m.* 흰 포도가 달린 포도 덩굴.

Argīvus *-a -um* (E of Argos) *adj.* 아르고스의 [그리스 남부의 고대도시].

Argō *-ūs* (E Argo) *f.* 아르고호 [이아손이 황금 양털을 찾기 위해 콜키스로 항해했을 때 사용한 선박].

Argolicus *-a -um* (E of Argos, Grecian) *adj.* 아르고스의; (용모, 자세, 머리형, 건축, 미술품 등이) 그리스 식인.

Argos (E Argos) *n.* [주격 혹은 대격으로만 쓰임] 아르고스. [그리스 남부의 고대도시로 펠로폰네소스 아르골리스(Argolis) 지방의 수도이자 유노에게 바쳐진 도시임].

argūmentum *-ī* (E argument, proof) *n.* 주장, 증거, 성명.

arguō *-uī -ūtum -uere* (E show, prove) *vt.* 보이다, 증명하다, 알리다.

Argus *-a -um* (E Argive) *adj.* 아르고스의, 그리스의.

Argus *-ī* (E Argus) *m.* 아르고스. [이오(Io)가 쥬피터에 의해 어린 암소로 변한 이후에 유노(Juno)가 감시를 위해 붙여둔 100개의 눈을 가진 거인].

argūtus *-a -um* (E proved) *adj.* [**arguō**의 과거분사] 증명된, 고증된.

Arguripa *(-ippa) -ae* (E Arguripa) *f.* 아르구리파(Arguripa) [아풀리아(Apulia)의 마을로 아르고스(Argos)의 디오메데스(Diomedes)에 의해 세워짐].

Arīcia *-ae* (E Aricia) *f.* 아리치아(Aricia). [아피아 가도 위에 있던 라시움(Latium)의 마을로 오늘날의 릭치오(Riccio)].

aridus *-a -um* (E *dry, arid*) *adj.* 마른, 건조한, 불모의.
ariēs *-ietis* (E ram) *m.* (거세하지 않은) 숫양.
arietō *-āvī -ātum -āre* (E strike violently) *v. a. n.* 잔인하게 때리다, 맹렬하게 두드리다.
Ariōn *-ōnis* (E Arion) *m.* 아리온(Arion)[레스보스 메팀나(Lesbos Methymna)의 유명한 치타라(cithara)연주자로, 돌고래를 음악으로 홀려 익사할 위험에서 벗어남].
Arisba *-ae* (E *Arisba*) *f.* Arisba(Troas의 마을).
Arista *-ae* (E *top of an ear of grain*) *f.* 곡식 이삭의 꼭대기 부분.
Aristaeus *-ī* (E *Aristaeus*) *m.* Aristaeus(아폴로와 키레네의 아들).
Ariūsius *-a -um* (E of Ariusia) *adj.* 아리우시아의.
arma *-ōrum* (E weapon) *n.pl.* 무기, 장비.
armātus *-a -um* (E armed) *adj.* armō의 과거분사.
Armentius *-a -um* (E Armenian) *adj.* 아르메니아의.
armentālis *-e* (E of the herd) *adj.* 목동의.
armentārius *-ī* (E herdsman) *m.* 목동.
armentum *-ī* (E herd) *n.* 가축.
armiger *-era -erum* (E armed) *adj.* 무장한, 호전적인.
armipotēns *-entis* (E powerful) *adj.* 강력한.
armisonus *-a -um* (E resouding in arms) *adj.* 무기끼리 부딪히는.
armō *-āvī -ātum -āre* (E arm) *vt.* 무장하다.
armus *-ī* (E shoulder) *m.* 어깨.
arō *-āvī -ātum -āre* (E plough) *vt.* 쟁기질하다.
Arpī *-ōrum* (E Arpi) *m.* 아풀리아의 마을, 처음에는 아르고스 히피움(Argos Hippium)으로 불렸음.
arr- adr- 참조.
Arrūns *-ūntis* (E Arruns) *m.* 에트루리아의 이름.
ars *artis* (E art) *f.* 예술, 기술.
artifex *-icis* (E artist) *n.* 예술가, 장인.
artus *-a -um* (E close, tight) *adj.* 가까운, 빈틈없는.
arundineus *(har-) -a -um* (E reedy) *adj.* 풀로 뒤덮인.
aruspex haruspex 참조.
arvīna *-ae* (E *grease*) *f.* 기름, 유지.
arvum arvus 참조.
arvus *-a -um* (E ploughed) *adj.* 쟁기질된.
arx *arcis* (E castle) *f.* 성, 요새.

Asbytēs *-ae* (E Asbytes) *m.* 어떤 트로이 인.
Ascanius *-ī* (E Ascanius) *m.* 아스카니우스(아에네아스의 아들, Iulus로도 불렸음).
ascendō adscendō 참조.
ascēnsus adscensus 참조.
ascīscō adsciscō 참조.
Ascraeus *-a -um* (E of Ascra) *adj.* 아스크라의(보에티아의 마을)
asellus *-ī* (E donkey) *m.* 당나귀.
Āsia Asius 참조.
Asīlās *-ae* (E Asilias) *m.* 에트루리아 인 전사.
asīlus *-ī* (E gadfly) *m.* 쉬파리.
Āsius *-a -um* (E Asian) *adj.* 아시아의.
aspectō adspectō 참조.
aspectus adspectus 참조.
asper *-era -erum(-ior -crrimus)* (E rough) *adj.* 거친.
aspergō adspergō 참조.
asperō *-āvī -ātum -āre* (E make rough) *vt.* 거칠게 하다.
aspersus adspersus 참조.
aspiciō adspiciō 참조.
aspīrō adspirō 참조.
asportō *(abs-) -āvī -ātum -āre* (E carry away) *vt.* 가져가다, 수송해 가다.
Assaracus *-ī* (E Assaracus) *m.* 앗사라쿠스(프리기아의 왕).
assēnsus adsensus 참조.
assentiō adsentio 참조.
asservō adservo 참조.
assideō adsideō 참조.
assiduē adsidue 참조.
assīduus adsiduus 참조.
assimilis adsimilis 참조.
assimulātus ads- 참조.
assimulō adsimulō 참조.
assistō adsistō 참조.
assuēscō adsuescō 참조.
assuētus adsuetus 참조.
assultus adsultus 참조.
assum adsum 참조.

assurgō adsurgō 참조.
Assyrius *-a -um* (E of Assyria) *adj.* 앗시리아의.
ast (E yet) *conj.* 하지만[at의 고어체].
astō adstō 참조.
astringō adstringō 참조.
astrum *-ī* (E star) *n.* 별, 성운.
Astur *-uris* (E Astur) *m.* 어떤 에트루리아 인.
astus *-ūs* (E craft) *m.* 책략, 교활함.
Astyanax *-actis* (E Astranax) *m.* 헥토르의 아들[대격형태: Astyauacta].
asylum *-ī* (E Asylum) *n.* 대피처, 피난처.
at (E yet) *conj.* 하지만(대비되나 상반되지는 않는 내용을 덧붙일 때 사용).
atavus *-ī* (E great-great-great-grandfather) *m.* 현조부(玄祖父); 선조.
ater *-tra -trum(-trior)* (E black) *adj.* 검은, 어두운; 암울한.
Athesis *-is* (E Athesis) *m.* 이탈리아의 어느 강.
Ātīna *-ae* (E Atina) *f.* 라티움의 도시.
Ātīnas *-ātis* (E Atinas) *m.* 어떤 라틴 사람.
atque *āe* (E besides) *conj.* 게다가(강조의 뜻으로 내용을 더하고자 할 때 사용).
atquī (E notwithstanding) *conj.* ~에도 불구하고.
Atrīdēs *-ae* (E Atrides) *m.* 아트레우스의 아들.
atrium *-ī (-iī)* (E maincourt) *n.* 아트리움(로마식 집의 중앙 홀).
atrōx *-ōcis* (E terrible) *adj.* 끔찍한; 맹렬한.
attactus *(adt-) -ūs* (E touching) *m.* 접촉.
atterō *(adt-) -trīvī -trītum -terere* (E rub) *vt.* 문지르다.
attingō *(ad-) -tigī -taetum -tingere* (E tough against) *vt.(vi.)* 접촉하다.
attollō *(adt-) no perf. no sup. -ere* (E lift up) *vt.* 끌어올리다; 제거하다.
attondeō *(adt-) -tondī -tōnsum -tondēre* (E shave) *vt.* 깎다, 제거하다.
attonitus *(adt-) -a -um* (E struck with lighting) *adj.* [**attonō**의 과거분사] 벼락맞은, 얼빠진, 망연자실한; 크게 놀란.
attonō *(ad-) -uī -itum -āre* (E strike with lighting) *vt.* 정신을 혼란하게 하다; 충격을 주다.
attorqueō *(adt-) no pref. no sup. -ēre* (E hurl) *vt.* 던지다.
attractus *-a -um* (E gathered) *adj.* [**attrahō**의 과거분사] 모인, 모여진, 끌어 모으게 된.
attrahō *(ad-) -xī -etum -ere* (E attract) *vt.* 끌어오다, 모으다.
attrectō *(adt-) -āvī -ātum -āre* (E handle) *vt.* 다루다, 만지다.

attrītus *(adt-)* *-a -um* (E rubbed) *adj.* [**atterō**의 과거분사] 문질러 닳아진, 해진, 갈린.

Atys *-yos* (E Atys) *m.* 어떤 젊은 트로이 인.

auctor *-ōris* (E father) *m.* 아버지, (가문의) 시조.

audāx *-ācis* (E daring) *adj.* 용감한.

audēns *-entis* (E daring, venturing) *adj.* [**audeō**의 현재분사] 용감한, 감행하는, 과감한.

audeō *ausus sum -ēre* (E dare, venture) *vt.* 감히 ~을 하다; 모험하다.

audiō *-īvī(-iī) -ītum -īre* (E hear) *vt.* 듣다, 청취하다.

audītus *-a -um* (E heard) *adj.* [**audiō**의 과거분사] 듣게 된, 들은, 청취한.

auferō *abstuli ablātum auferre* (E remove) *vt.* 가져가다, 뺏다.

Aufidus *-ī* (E Aufidus) *m.* 아우피두스 강(아풀리아에 있는 강; 현재는 오판토 강).

augeō *-xī -etum -gēre* (E increase) *vt.* 증가시키다, 늘리다.

augur *-uris* (E seer) *m.f.* 점성술사.

augurium *-ī (-iī)* (E augury) *n.* 점성술.

augurō *-āvī -ātum -āre* (E take auguries) *vt.* 점성술하다, 미래를 예측하다.

Augustus *-ī* augustus 참조.

aula *-ae(gen.aulāī)* (E courtyard) *f.* 홀, 안마당, 안뜰.

aulacum *-ī* (E a splendidly wrought) *n.* 화려한 세공품.

Auiestēs *-ae* (E an Etruscan) *m.* 에트루리아 인.

Aulētēs Aulestes 참조.

Aulis *-idis* (E a seaport of Bœotia) *m.* 보에티아의 항구[그리스의 함대가 트로이로 출발함].

Aunus *-ī* (E a Ligurian) *m.* 리구리아인.

aura *-ae(gen. sing. aurāī)* (E air, a breeze) *f.* 숨, 미풍.

aurātus *-a -um* (E set with gold, ornamented) *adj.* 금으로 장식된.

aureus *-a -um* (E golden, of gold) *adj.* 금으로 된, 황금의.

aurieomus *-a -um* (E with golden hair) *adj.* 금발의.

aurīga *-ae* (E driver, charioteer) *m.f.* 운전수, 마차 운전수.

auris *-is* (E ear) *f.* 귀.

aurītus *-a -um* (E having large ears) *adj.* 큰 귀를 가진.

aurōra *-ae* (E the morning, dawn, daybreak) *f.* 새벽, 아침, 황혼.

aurum *-ī* (E gold) *m.* 황금, 금.

Auruneus *-a -um* (E of Aurunca) *m.* 아우룬카의, 캄파니아의 오래된 마을.

ausim (E may have dared) *vt.* audeō 참조, 접속법 부정과거 능동형의 고어체.

Ausones *-um* (E very ancient name of the people of Southern Italy) *m.* 남부 이탈리아인의 옛 이름.

Ausonidae *-ārum* (E Italians) *m.* 이탈리아인.

Ausouius *-a -um* (E Ausonian, Italian, Latin) *adj.* 이탈리아의, 라틴의.

auspex *-icis* (E diviner) *m.f.* 점쟁이, 예언가.

auspicium *-ī* (E augury) *n.* 새로 치는 점.

auster *-trī* (E south wind) *m.* (뜨겁고 건조한) 남풍.

austrīnus *-a -um* (E pertaining to the south) *adj.* 남부의.

ausum *-ī* (E attempt) *n.* 시도; 기획.

ausus *-a -um* (E heard) *adj.* [**audiō**의 과거분사] 청취한, 듣게된.

aut (E or) *conj.* 또한.

autem (E but, on the contrary) *conj.* 그러나, 반면에.

Automedōn *-ontis* (E Automedon) *m.* 디오레스의 아들이자 아킬레스의 마차 운전수.

autor *-ōris m.* auctor 참조.

autumnus(*auct-*) *-ī* (E autumn) *n.* 가을

auxilium *-ī* (E help) *n.* 도움, 원조, 지원.

avārus *-a -um* (E eager) *adj.* 열정적인, 열망하는.

āvectus *-a -um* (E born, carried) *adj.* 타고난, 선천적인.

āvehō *-xī -etum -ere* (E bear) *vt.* 나르다, 운반하다.

āvellō *-vellī*(*-vulsī*) *-vulsum -vellere* (E tear or pull away) *vt.* 찢다, 나누다.

avēua *-ae* (E oats) *f.* 귀리

Aventīnus *-ī* (E the Aventine) *m.* 로마의 언덕 중 하나.

Aventīnus *-ī* (E supposed son of Hercules) *m.* 헤라클레스의 아들.

Avernus *-a -um* (E of Avernus) *adj.* 아베르누스의

Averna *-ōrum* (E neighborhood of Avernus) *n.pl.* 아베르누스에 인접한.

āversus *-a -um* (E averted) *adj.* [**avertō**의 과거분사] 돌려진, 등진.

āvertō (*avor- abv-*) *tī -sum -tere* (E turn away, avert) *vt.* 돌다, 돌아서다; 전환하다.

ānersus *-a -um* (E turned or turning away) *adj.* 돌아간, 역전된.

aviārius *-a -um* (E pertaining to birds) *adj.* 새의, 새에 연관된.

avidus *-a -um* (E longing, desirous) *adj.* 원하는, 열망하는.

avis *-is* (E bird) *f.* 새.

avītus *-a -um* (E of or belonging to a grandfather) *adj.* 할아버지의.

āvius *-a -um* (E that is at a distance from the way) *adj.* 멀리 떨어진; 행로를 벗어난; 길을 잃은.
āvolō *-āvī -ātum -āre* (E fly away) *vt.* 날아가다.
avūnculus *-ī* (E mother's brother, maternal uncle) *m.* (외가 쪽) 삼촌.
avus *-ī* (E grandfather, an ancestor) *m.* 조상의, 조부모의.
axis *-is* (E axle-tree) *m.* 나무 축.

B b

bāca -ae (E small round fruit, berry) f. (딸기, 올리브 따위의) 둥근 열매. 올리브 열매; 진주

bācātus -a -um (E set with pearls) adj. 진주 달린

bācca -ae f. bāca 참조.

baccar -aris (E plant with a fragrant root) n. 쥐오줌풀

bacchātus -a -um adj. bacchor의 과거완료

Bacchcius -a -um (E pertaining to Bacchus, Bacchic) adj. Bacchus의.

bacchor -ātum sum -āri (E celebrate the festival of Bacchus, rave like Bacchae, revel) vi. 마시고 떠들다; 디오니소스(Bacchus)축제를 거행하다.

Bacchus -ī (E the son of Jupiter and Semele, the god of wine, of intoxication and inspiration) m. 제우스(Jupiter)와 세멜레(Semele) 사이에서 난 아들; 포도주의 신; 흥분과 영감의 신.

Bactra -ōrum (E the chief city of Bactria) n.pl. 박트리아(Bactria) 지역의 수도; 박트라(Bactra) 지역.

Bāiae -ārum (E watering-place in Campania) f.pl. 캄파니아(Campania)의 작은 해안도시.

bālātus -ūs (E bleating) m. [양 또는 염소의] 울음소리

Baleāris -e (E Balearic, of the Baleares) adj. 발레아레스(Baleares) 군도(群島)의

bālō -avī -ātum -āre (E bleat) vt. [양, 염소 따위가] 울다; 시끄럽게 재잘거리다

balsamum -ī (E fragrant gum of the balsam-tree) n. 발삼 나무 향유; 발삼 나무

balteus -ī (E shoulder-belt for carrying a sword) n. 검(劍)을 차고 다니기 위한 허리띠, 띠, 벨트

barathrum -ī (E abyss, chasm, gulf, pit) n. 심연; 깊거 갈라진 폭 넓은 틈; 깊은 구렁, 구덩이

barba -ae (E beard) f. (사람 또는 동물의) 수염, 턱수염; 구렛나루.

barbarleus -a -um (E pertaining to a barbarian, foreign, strange) adj. 야만인에 속하는; 이국적인; 이상한

barbarus -a -um (E of strange speech, speaking jargon, unintelligible) adj. 미개한, 야만의; 이상한 말투의, 속어적; 무지의

Bareaeī -ōrum (E Barcæans) m. 리비아의 마을 바르세(Barce) 사람.

Bareē -ēs (E the nurse of Sichæus) f. 시케우스의 간호사.

Batulum -ī (E Campanian) n. 캄파니아(Campania) 도시의.

Bavius -ī (E A poet in Virgilius' time) m. 위르길리우스(Virgilius) 시대의 아마추어 시인; 어색한 표현을 사용하는 시인.

beātus -a -um (E happy, prosperous, blessed, fortunate) adj. 행복한, 축복 받은, 은혜 받은; 풍족한, 부유한; 번영하는.

Bebrycius -a -um (E Bebrycian) adj. 베브리치아(Bebrycia)의, 베브리치아 인(人)의.

Belgicus -a -um (E Belgian) adj. 벨지아에(Belgiae)의, 벨지움(Belgium)의.

bēlidēs -ae (E descendants of Belus) m. 벨루스(Belus)의 자손.

bellātor -ōris (E warrior, soldier, fighting-man) m. 군인, 투사, 용사; 호전적인 사람, 싸움꾼.

bellātor -ōris (E that wages or carries on war) adj. 용감한, 전투적인; 호전적인.

bellātrīx -īcis (E that wages or carries on war, warlike; warrior (female)) adj. 여자 투사, 여자 용사, 여전사.

bellipotēns -entis (E powerful or valiant in war) adj. 전쟁에 강한.

bellipotēns -entis (E valiant in war) m. 군신.

bellō -āvī -ātum -āre (E wage or carry on war, war) vt. 전쟁하다, 싸우다.

Bellōna -ae (E the goddess of war, and sister of Mars) f. 전쟁의 여신, 군신(軍神)인 마르스(Mars).

bēllua -ae f. belua 참조.

bellum -ī (E war, warfare) n. 전쟁; 불목, 싸움, 미움.

bēlua -ae (E a beast(large or ferocious), a monster) f. 짐승, (커다랗거나 포악한) 야수, 맹수; 괴물.

Bēlus -ī (E a mythic name of several Eastern kings, among others, of several ancestors of Dido) m. 동방의 여러 왕 중의 신화적 이름, Dido의 조상; 바빌론(Babylon)의 건설자.

Bēnācus -ī (E deep and rough lake in Gallia Transpadana, near Verona, through which the Mincius (Mincio) flows) m. 베로나(Verona) 근처 갈리아 트란스파다나(Gallia Transpadana)의 깊고 물살이 거친 호수; 북부 이탈리아(Italia)의 호수.

bene (melius, optimē) (E Of every kind of excellence, well, beautifully, ably, rightly, honorably, favorably, prosperously, fully, completely) adv.

잘, 훌륭하게, 좋게 착하게.

benefactum -ī (E thing well done, absolutely), a good, honorable, praiseworthy act ; good, honorable action ; heroic deed) *n.* 좋은 말, 축복.

benignus -a -um (E Of persons as to feelings or behavior, good, kind, friendly, pleasing, favorable, mind, benignant, kindly) *adj.* 호의를 가진, 친절한, 인정 많은; 관대한, 너그러운.

Berecyntius -a -um (E of or pertaining to Berecyntus, a mountain in Phrygia, sacred to Cybele, on the river Sangarius, Berecyntian) *adj.* 베레친투스(Berecyntus)의.

Berecyntus -ī (E mountain in Phrigia) *m.* 피리지아(Phrigia)의 산, 치벨레(Cybele) 여신에게 봉헌된 산.

Beroē -ēs (E One of the Oceanidæ, or ocean nymphs; The wife of Doryclus of Epirus, in the Trojan company) *f.* (대양의 요정들 중의) 요정, 트로이아 군대 속의 도리클루스(Doryclus)의 아내.

Biānor -oris (E ancient hero, the founder of Mantua) *m.* 비아노르(Bianor), 고대의 영웅, 만투아(Mantua)의 설립자.

bibō *bibī bibitum bibere* (E drink) *vt.* 마시다, 흡수하다 ¶Bibo aquam 나는 물을 마신다.

bibulus -a -um (E drinking readily or freely) *adj.* 쉽게 마시는, 마시기 좋은; 빨아들이는.

bicolor -ōris (E of two colors, two-colored) *adj.* 두 색의, 두 색깔의.

bicornis -e (E with two horns, two-horned) *adj.* 뿔 둘 가진, 끝이 둘로 갈라진.

bidēus -entis (E with two teeth) *adj.* 두 개의 이빨을 가진, 이빨이 두 개가 난

bifer -fera -ferum (E bearing twice a year, twice-bearing) *adj.* (일년에) 두 번 결실이 맺히는; 두 번 꽃이 피는.

biforis -e (E with two doors: bifores valvae [double doors]) *adj.* 문짝이 쌍으로 된, 두 개의 구멍이 있는.

biformis -e (E two-formed, two-shaped) *adj.* 두 가지 형태를 가진, 두 모양의.

bifrōns -ontis (E with two foreheads ; or, in a wider sense, with two faces, double-faced) *adj.* 두 개의 머리를 가진, 두 개의 얼굴을 가진.

bīgae -ārum (E a pair of horses, a span, double team. - Fig., a car or chariot drawn by two horses) *f.pl.* 1쌍의 말; 1쌍의 팀; 두 말에 의

해 이끌어지는 마차.

biiugis -e (E yoked two together : equi[pair of horses]) *adj.* 쌍두(마)의.

biiugus -a -um (E yoked two together. leones[yoked in pairs]) *adj.* (나란히 메운) 쌍두(마)의.

billinguis -e (E with two tongues) *adj.* 두 혀를 가진; 두 가지 언어를 아는; 애매하게 말하는.

bilīx -īcis (E with a double thread, two-threaded, double) *adj.* 겹실의, 두 번 짠.

bimenibris -e (E having double members) *adj.* 두 회원을 가지고 있는.

bīmus -a -um (E two years old, of two years, continuing two years, two-year-old) *adj.* 2년의, 두 살 된, 2년 된.

bīnī -ae -a (E two (distributively), two apiece or for each) *adj.* 둘씩, 한 쌍의, 두 개의.

bipatēns -entis (E opening in two ways, open in two directions, swinging) *adj.* 양쪽으로 열리는; 입구가 둘인.

bipennis -e (E having two edges, two-edge) *adj.* 쌍날개의, 양쪽에 날개 둘씩 가진.

bipēs -edis (E two-footed) *adj.* 두발 가진, 두발의; 어리석은 사람.

birēmis -e (E twooared, having two oars) *adj.* 두 개의 노를 가진, 노 두 개 있는 배, 두 열 노의.

bis (E twice, in two ways, in a two-fold manner) *adv.* 두 번; 노 두 개가 있는 배. ¶bis in hora (E *twice an hour*) 한 시간에 두 번.

Bīsaltaē -ārum (E Thracian people on the Strymon) *m.* 스트리몬 (Strymon) 강변에 살고 있는 트라시아(Thracia)의 사람들.

bissēnī bis와 seni 참조.

bissextus bis와 sextus 참조.

Bītiās -ae (E trojan, son of Alcanor; Carthaginian nobleman) *m.* 알카노르(Alcanor)의 아들, 트로이아 인; 카르타고의 귀족.

bitūmen -inis (E bitumen) *n.* 아스팔트, 역청.

bivius -a -um (E having two ways or passages) *adj.* 두 갈래 길의, 두 기로의.

blandus -a -um (E of smooth tongue, flattering, fondling, caressing) *adj.* 아첨하는, 아양 떠는, 달래는; 상냥한, 공손한; 매혹적인.

blatta -ae (E the blatta, a night insect, moth, bee moth) *f.* 좀 벌레, 반대 좀; 진디; 나방.

Bōla -ae (E a very ancient town of the Aequi, in Latium) *f.* 라티움

(Latium)에 있는 아에쿠이(Aequi) 족의 고대 도시.

bonus -a -um (E Of every kind of excellence: physical, good, beautiful, pleasant, fit, suitable, fair) *adj.* 좋은, 훌륭한; 착한, 선량한; 적합한, 유익한, 공정한; 행복한, 다행한.

Boōtēs -ae (E the constellation Bootes) *m.* 목동좌[별자리].

Boreās -ae (E Boreas, the mountain or north wind) *m.* 북풍, 북풍의 신 보레아스(Boreas).

bōs *bovis* (*gen.pl.* **boum**) one of the ox tribe, an ox, a cow) *m.* 소, 황소.

bracehium (brāeh-) -*ī* (E arm; the whole arm, from the shoulder to the fingers) *n.* 팔, 팔 전체, 어깨부터 손가락까지 부위.

bractea brattea 참조.

brattea (bract-) -ae (E a thin plate, leaf(of metal)) *f.* 금속 박편, 금박, 은박; 목재 박편.

brevis -e (E In distance, extent, little, small, short, narrow) *adj.* (거리상의) 짧은, 작은, 좁은, 적은; 간결한, 간단한.

Briareus -*eī* (E hundred-armed giant) *m.* 팔백개 가진 거인.

Britannus -a -um (E of Britain, British) *adj.* 영국의, 영국 사람의.

Brontēs -ae (E Cyclops in the workshop of Vulcan) *m.* 불칸의 (불과 대장일의 신, Vulcan) 작업장에서의 키클롭스(애꾸눈 거인, Cyclops).

brūma -ae (E the shortest day in the year, the winter solstice) *f.* 연중 가장 짧은 날, 동지(冬至).

brūmālis -e (E pertaining to the winter solstice; wintry, of winter) *adj.* 동지의; 겨울의.

Brūtus -*ī* (E Roman family name) *m.* (로마 가의 이름) 브루투스(Brutus).

būbō -*ōnis* (E owl, the horned owl, the cry of which was considered as ill-boding) *m.* 부엉이, 수리부엉이, 불길한 징조로 여겨지는 울음소리.

bubulcus -*ī* (E an ox-driver or wagoner, one who ploughs with oxen, a ploughman) *m.* 소몰이꾼, 목동; 밭갈이하는 사람; 소를 이용해 쟁기질하는 사람.

buccina -ae bucina 참조.

būcina (buce-) -ae (E shepherd's horn) *f.* 양치기의 나팔, 뿔 나팔, 각적.

būcollcus -a -um (E relating to herdsmen) *adj.* 목동들의, 양치기의; 목가적인.

būcula -ae (E heifer) *f.* 어린 암소.

būfō -*ōnis* (E toad) *m.* 두꺼비.
bulla -*ae* (E water-bubble, bubble) *f.* 물거품, 거품.
būmastus -*ī* (E a species of grape with large clusters) *f.* 큰 송이의 포도; 포도류.
būris -*is* (E hinder part of a plough. plough-tail) *m.* 쟁기의 술, 쟁기의 필요 없는 부분.
Būsīris -*idis* (E a king of Egypt, who sacrificed strangers, and was himself slain by Hercules) *m.* 이집트의 왕, 자기 나라에 온 외국인을 잡아 신에게 희생물로 바친 인물, 헤라클레스(Heracules)에게 살해된 인물.
būstum -*ī* (E burned pyre, pyre(after burning), funeral pile) *n.* 화장터; 화장한 사람의 무덤; 죽은 사람의 자리.
Būtēs -*ae* (E Son of Amycus, king of the Bebrycians. A Trojan) *m.* 아미쿠스(Amycus)의 아들, 베브리시아(Bebrycia) 인들의 왕, 헥토르(Hector)의 무덤에서 다레스(Dares)에 의해 살해된 사람.
Būthrōtum -*ī* (E maritime town of Epirus [now Butrinto]) *n.* 에피루스(Epirus)의 항구 도시.
buxus -*ī* (E box-tree, box-wood. - Of things made of boxwood) *f.* 회양목, 회양목 나무; 회양목으로 만들어진 물건.
Byrsa -*ae* (E the citadel of Carthage) *f.* 카르타고(Carthago)의 성채.

C c

Carthāgō (Kar-), -inis (E Carthage) *f.* 카르타고 (북아프리카 튀니지 근처에 위치한 도시).

cārus -*a* -*um* (E precious) *adj.* 친애하는, 소중한, 가치 있는, 존경받는, 사랑 받는.

casa -*ae* (E cottage) *f.* 조촐하게 지어진 집, 오두막, 작은 주택.

cāseus -*ī* (E cheese) *m.* 치즈.

casia -*ae* (E fragrant shrub-like plant) *f.* 계피처럼 껍질에서 향이 나는 나무, 향 나는 덤불 식물.

Casīnum -*ī* (E Casinum) *n.* 라티움의 로마 식민지 (현재의 몬테 카지노).

Casmilla -*ae* (E Casmilla) *f.* 카밀라의 어머니.

Casperia -*ae* (E Casperia) *f.* 사비네스의 한 도시.

Caspius -*a* -*um* (E of Caspii) *adj.* 카스피의, 카스피에 속하는. (카스피는 메디아의 한 국가임)

Cassandra -*ae* (E Cassandra) *f.* 프리암과 헤쿠바의 딸, 아폴로의 여사제 (아폴로(Apollo)로부터 예언 능력을 하사 받은 그녀는 계속해서 트로이의 멸망을 예언했으나 그 능력의 조건에 따라 아무도 그녀를 믿지 않았다).

cassēs -*ium* (E snare) *m.pl.* 덫, 올가미, 함정.

cassida -*ae* cassis 참조.

cassis -*idis* (-*ida*, -*ae*) (E helmet) *f.* 투구, 헬멧.

cassus -*a* -*um* (E empty) *adj.* 텅 빈, 공허한; 쓸모없는, 무익한, 허무한.

Castalia -*ae* (E fountain of Parnassus) *f.* 파르나수스의 분수 (아폴로와 뮤즈들에게 바쳐진).

castanea -*ae* (E chestnut tree) *f.* 밤나무, 밤.

castellum -*ī* (E castle) *n.* 성, 요새; 피난처.

castīgō -*āvī* -*ātum* -*āre* (E set right) *vt.* 바로잡다, 고치다, 꾸짖다, 벌하다, 비난하다.

Castor -*oris* (E Castor) *m.* 아에네아스의 동행자.

castorea -*ōrum* (E musk) *n.pl.* 비버의 땀샘, 비버향, 사향.

castrum -*ī* (E fortress) *n.* 성, 요새.

castus -*a* -*um* (E unpolluted) *adj.* 결백한, 티 없는, (사람이나 물건이) 흠 없는; 독실한, 신성한.

cāsus -*ūs* (E fall) *m.* 낙하, 멸망; 발생, 사건, 재앙. ¶ **sub hoc casu** 이

위기에.

catēia -ae (E missile weapon) f. 미사일류의 무기.

catēna -ae (E chain) f. 사슬, 족쇄.

caterva -ae (E crowd) f. 군중, 무리, 대, 떼 (특히 군사들의).

catervātim (E in troops) adv. 무리로, 떼로.

Catilīna -ae (E Sergius Catiline) m. 세르지우스 카틸리네 (치체로에 의해 로마에서 추방된 음모가).

Cātillus (-ilus) -ī (E Catilus) m. 카틸루스 (티부르투스와 코라스의 형제, 함께 티부르를 세웠음).

Catō -ōnis (E Cato) m. 몇몇 로마 가문들의 성 (엄격한 도덕주의자였던 Porcius Cato와 유티카에서 자살한 Uticensis가 있다).

catulus -ī (E puppy) m.dim. 강아지, (동물의) 새끼.

Caucasius -a -um (E caucasian) adj. 코카서스와 관련된, 코카서스의.

Caucasus -ī (E Caucasia) m. 코카서스 (흑해와 카스피해 사이에 있는 옛 소련의 일부).

cauda (cōd-) -ae (E tail of animals) f. 동물의 꼬리.

caudex (cōd-) -icis (E trunk) m. 나무의 둥치, 그루터기.

caulae -ārum (E hole) f. 구멍, 통로; 양 우리.

caulis (cōl-) -is (E stalk) m. 줄기, 대.

Caulōnia -ae (E Caulonia) f. 카우로니아; -ōn, -ōnis m. 카우로니아 (아카이아인들이 브루티움의 동쪽 해안가에 세운 마을).

Caurus (Cōr-) -ī (E northwest wind) m. 북서풍.

causa (-ssa) -ae (E cause) f. 원인, 이유, 동기, 변명.

causor -ātus sum -ārī (E assign) vt.dep. ~의 탓으로 하다, 변명으로 내세우다, 핑계 삼다.

cautēs cōtes 참조.

cautus -a -um (E guaranteed) adj. [caveō의 과거분사] 보증 받은, 주의하는.

cavātus -a -um (E hollowed) adj. [cavō의 과거분사] 푹 파인, 움푹 들어간.

cavea -ae (E cavity) f. [속격 caveāī] 빈 공간, 공동; 벌집.

caveō -cāvī cautum cavēre (E take care) vt. 주의하다, 조심하다, 경계하다.

caverna -ae (E hollow) f. 빈 속, 공동, 동굴, 구멍.

cavō -āvī -ātum -āre (E make hollow) vt. 비우다, 파다, 굴착하다.

cavus -a -um (E hollow) adj. 부푼, 오목한, 빈, 움푹한.

Caystros (-us) (E Caystros) m. 카이스트로스 (이오니아의 강. 오늘날 Little Meander라고 불림).

Cēa -ae (E Cea) f. 체아 (에게해의 섬. 시모니데스의 출생지이자 여성의

복과 비옥한 토양으로 유명).

Cecropidēs *-ae* (E male descendents of Cecrops) *m.* 케크롭스의 남자 후손. (남성 복수로 쓰여 아테네인들을 의미).

Cecropius *-a -um* (E of Cecrops) *adj.* 케크롭스의 (아테네의, 아티카의 의 의미로도 쓰임).

Cecrops *-opis* (E Cecrops) *m.* 케크롭스 (그리스 신화에 등장하는 아티카의 초대 왕. 아테네의 요새를 건설했다. 신화에 따르면 반인반사 혹은 반남반녀의 모습을 띠고 있다).

cēdō *cessī cessum cēdere* (E move) *vi.* 가다, 움직이다.

cedrus *-ī* (E cedar) *f.* 히말라야 삼목.

Celaenō *-ūs* (E Celaeno) *f.* 하피들 중 하나 (스트로파데스에서 만난 아에네아스에게 예언을 해주었다).

celebrātus *-a -um adj.* celebrō의 과거분사.

celebrō *-āvī -ātum -āre* (E resort) *vt.* 자주 드나들다.

Celenna *(Celem-) -ae* (E Celenna) *f.* 캄파니아의 도시.

celer *-eris -e* (E swift) *adj.* 빠른, 신속한, 민첩한.

celerō *-āvī -ātum -āre* (E quicken) *vt.* 서두르게 하다, 재촉하다, 촉진하다.

Celeus *-eī* (E Celeus) *m.* 엘레우시스의 왕, 트립토레무스의 아버지.

cella *-ae* (E storehouse) *f.* 창고, 보고.

cēlō *-āvī -ātum -āre* (E hide) *vt.* 숨기다, 감추다.

celsus *-a -um* (E lofty) *adj.* 높이 들어 올려진, 높은, 고고한.

centaurēum *(-ion) -ēī* (E centaury) *n.* 수레국화속의 식물.

Centaurus *-ī* (E Centaur) *m.* 켄타우로스.

centēnī *-ae -a (poet., -us -a -um)* (E a hundred) *adj.* 백의, 백 개의.

centum (E a hundred) *adj.* 백의.

centumgeminus *-a -um* (E a hundredfold) *adj.* 백배의.

cēra *-ae* (E wax) *f.* 밀랍.

cerasus *-ī* (E cherry-tree) *f.* 벚나무 (체라수스에서 가져온).

ceraunius *-a -um* (E of thunder and lightening) *adj.* 천둥과 번개의.

Cerberus *-ī* (E Cerberus) *m.* 케르베로스 (지하세계의 문을 지키는 머리 셋 달린 개).

Cereālis *-e* (E of Ceres) *adj.* 케레스 (데미테르)의, 밀의.

cerebrum *-ī* (E brain) *n.* 뇌.

Cerēs *-eris* (E Ceres) *f.* 케레스 (풍작의 여신).

cēreus *-a -um* (E of wax) *adj.* 밀납의, 밀초의.

cērintha *-ae* (E cerintha) *f.* 벌들에게 꿀을 제공하는 식물.

cernō *crēvī crētum cernere* (E sift) *vt.* 선별하다, 가려내다, 나누다.
cernuus *-a -um* (E head-downwards) *adj.* 머리를 아래쪽을 향하는, 들이대는.
certāmen *-inis* (E contest) *n.* 반항, 대항, 싸움.
certātim (E earnestly) *adv.* 진지하게, 진정으로, 열성적으로.
certē (E certainly) *adv.* 확신을 가지고, 확실하게.
certō *-āvī -ātum -āre* (E contend) *vt.* 다투다, 싸우다, 몸부림치다.
cērtus *-a -um adj.* cernō의 과거분사.
cerva *-ae* (E hind) *f.* 뒷다리; 암사슴.
cervīx *-īcis* (E *neck*) *f.* 목, 목의 뒤쪽.
cervus *-ī* (E deer) *m.* 수사슴.
cēspes *-itis* caespēs 참조.
cessō *-āvī -ātum -āre* (E delay) *vi.* 미루다, 멈추다, 중지하다, 망설이다, 돌아가다.
cestus *(caes-) -ūs* (E cestus) *m.* 가죽 끈, 띠, 권투장갑.
cētē cētus 참조.
cēterus *-a -um* (E another) *adj.* 다른 (두 개체 중), 나머지의.
Cethēgus *-ī* (E Trojan) *m.* 트로이인.
cētrā caetra 참조.
cētus *-ī* (E sea-monster) *m.* 바다괴물, 고래, 상어.
ceu (E as if) *adv.* (단어, 구와 함께 쓰여) 같이, 처럼.
Chalcidicus *-a -um* (E of Chalcis) *adj.* 찰치스의, 찰치스 사람의 (유보에아의 주요 도시).
Chalybē Calybe 참조.
Chalybes *-um* (E Chalybes) *m.* 찰리베스, 폰투스의 사람들.
chalybs *-ybis* (E steel) *m.* 쇠.
Chāōn *-ōnis* (E brother of Helenus) *m.* 트로이인, 헬레누스의 남자 형제.
Chāonius *-a -um* (E of Chaonia) *adj.* 샤오니아의, 샤오니아인의.
Chaos (E empty space) *m.n.* [탈격형태: Chaō] 심연, 끝이 없는 빈 공간, 어둠의 왕국, 지하세계.
Charōn *-ontis* (E ferryman of the Styx) *m.* 스틱스 강의 뱃사공.
Charybdis *-is* (E name of a whirlpool) *f.* 시칠리와 이탈리아 사이에 있는 메시나 해협의 위험한 소용돌이.
Chēlae *-ārum* (E arms of Scorpio) *f.* 전갈자리의 무기 (또는 천칭 자리).
chelydrus *-ī* (E water-snake) *m.* 물뱀.

Chimaera -ae (E Chimera) *m.* 키메라 (머리는 사자, 몸통은 염소, 꼬리는 용의 형상을 한 리키아의 괴물. 벨레로폰에 의해 살해당한다); 아에네아스의 배들의 이름 중 하나.

Chīriōn -ōnis (E Chiron) *m.* 케이론 (의술, 예언, 음악, 사냥등에 뛰어난 지식을 가지고 있던 켄타우로스로 아스클레피오스, 헤라클레스, 아킬레스를 비롯한 많은 영웅들을 가르쳤다).

chlamys -ydis (E Greek military cloak) *f.* 넓은 양모 상의, 그리스의 군사 외투.

Chlōreus -eī (E Phrygian) *m.* 프리지아 사람.

chorēa -ae (E dance in a ring) *f.* 춤, 원형을 이루며 추는 춤.

chorus -ī (E choral dance) *m.* 합창용의 댄스; 군중, 대.

Chromis -is (E young satyr) *m.* 젊은 사티로스; 트로이인

cibus -ī (E food) *m.* 음식 (사람 또는 짐승의).

cicāda -ae (E cicada) *f.* 매미.

cicātrīx -īcis (E scar) *f.* 흉터, 상처.

Cicones -um (E Thracian) *m.* 트라키아 사람들 (트라키아 여자들이 오르페우스를 갈갈이 찢어 하프와 함께 강물에 던진 것으로 알려져 있다).

cicūta -ae (E poison hemlock) *f.* 헴록 또는 그것에서 뽑은 독약 (미나리과의 독초).

cieō *cīvī citum ciēre* (드물게 ciō, cīre)(E move) *vt.* 움직이다, 자극하다.

Ciminus -ī (E Ciminus) *m.* 에트루리아의 호수. 가까이에 산과 숲이 있다.

cinctus -a -um *adj.* Cingō의 과거분사.

conctus -ūs (E girding) *m.* 허리띠로 매기, 멜빵 채우기; (종교적 축제에서 사용되는) 매기 방법(오른쪽 팔 아래로부터 가슴 쪽으로 잡아 당겨 매는 것).

cingō -xī -ctum -gere (E surround) *vt.* 둘러싸다, 에워싸다; 졸라매다, 두르다.

cingulum -ī (E girdle) *n.* 띠, 허리띠, 벨트, 거들.

cinis -eris (E ashes) *m.* 재 (죽은 사람의).

Cinna -ae (E Cinna) *m.* 가이우스 엘비우스 치나 (로다의 시인이자 카툴루스의 친구).

cinnamum (-amōmum) -ī (E cinnamon) *n.* 계피.

Cīnyphius -a -um (E of the Cinyps) *adj.* 키닙스의 (리비아의 강); 리비아(인)의, 아프리카의.

Cinyrās -ae (E Cinyras) *m.* 키니라스. (링구리아인들의 영웅이자 키프로스의 왕. Cinyre 라고도 읽는다).

Cinyre Cinyras 참조.
circā (E around) *adv. prep.* 주변에, 대략.
Circacus *-a -um* (E of Circe) *adj.* 키르케의.
Circē *-ēs (-ae)* (E Circe) *f.* 키르케. 태양신 헬리오스와 페르세이스의 딸인 마녀.
Circēi *(-iī) -iōrum* (E Circei) *m.* 라티움의 마을. 굴로 유명하며, 키르케의 거주지인 것으로 추정된다.
Circēnsis *-e* (E of the Circus) *adj.* 치르쿠스의.
circlus circulus 참조.
circucō *-īre* circumeō 참조.
circuitus *-ūs* (E circuit) *m.* 순회, 우회, 선회.
circulus (circlus) *-ī* (E circle) *m.* 원, 고리, 밴드.
circum *adv. prep.* 주위에, 대략, 가까이에.
circumamplector amplector 참조.
circumdatus *-a -um* (E surrounded) *adj.* [**circumdō**의 과거분사] 에워싸인, 둘러싸인.
circumdō *-dedī -datum -dare* (E put around) *vt.* 놓다, 주변에 놓다; 둘러싸다, 에워싸다.
circumeō *(circu-) -īvī (-iī) -itam -īre* (E go around) *vi.* 일주하다, 에워싸다.
circumferō *-tulī -lātum -ferre* (E bear around) *vi.* 주위를 어슬렁거리다; 둘러싸다.
circumflectō *-xī -xum -ctere* (E bend) *vt.* 빙그르르 돌다, 돌리다.
cirecumfluō *-ūxī (no sup.) -ere* (E flow round) *vi.* 흐르다, 둘러싸다.
circumfundō *-fūdī -fūsum -fundere* (E pour around) *vt.* 뿌리다; 퍼붓다, 흘리다.
circumfūsus *-a -um* (E take care) *adj.* [**circumfundō**의 과거분사] 뿌려진, 흘린.
circumligō *-āvī -ātum -āre* (E blind to) *vt.* 깨닫지 못하다, 못 보다.
circumsistō *-stetī no sup. -sistere* (E surround) *vt.* 둘러싸다, 에워싸다.
circumspiciō *-exī, -ctum, -icere* (E look around) *vt.* 둘러보다, 살피다.
circumstō *-stetī no sup. -stāre* (E stand around) *vi.* 우두커니 서있다.
circumtextus *-a -um* (E woven around) *adj.* [**circumtexo**의 과거분사] 얽혀진, 가장자리에 짜인.
circumvectō *no pref. no sup. -āre* (E carry around) *vt.* 가지고 다니다.
circumveniō *-vēnī -ventum venīre* (E encompass) *vt.* 에워싸다, 둘러싸다, 포위하다.

circumvolitō *-āvī -ātum -āre* (E fly about) *vi.* 날아다니다; 퍼지다.
circumvolō *-āvī -ātum -āre* (E fly around) *vt.* 날아다니다.
circumvolvō *no pref. -volūtum -volvere* (E roll around) *vt.* 구르다, 방향을 바꾸다.
circus *-ī* (E circle) *m.* 원.
Cissēis *-idos* (E Cisseis) *f.* 키세우스의 딸 (헤쿠바).
Cisseus *-eī* (E Cisseus) *m.* 키세우스. 트라키아의 왕이자 헤쿠바의 아버지.
citātus *-a -um adj.* [**Citō**의 과거분사] 빠른, 인용된.
citātus *-a -um* (E urgent, fast) *adj.* 급한, 빠른.
Cithaerōn *-ōnis* (E Cithacron) 성 보이오티아의 산. 바케우스가 사는 곳.
cithara *-ae* (E lyre) *f.* 리라, 키타라 (하프 비슷한 악기).
citō (E quickly) *adv.* 빠르게. ¶**citius dicto** 말보다 빠른.
citō *-āvī -ātus -āre* (E arouse) *vt.* 자극하다, 환기하다.
citus *-a -um adj.* [**Cicō**의 과거분사] 빠른, 강행군의.
citus *-a -um* (E hurry, fast) *adj.* 서두르는, 빠른, 급한.
cīvicus *-a -um* (E of a citizen) *adj.* 국민의, 시민의, 시민에 관한.
cīvīlis *-is -e* (E of a citizen) *adj.* 시민의, 일반 시민의 (cīvicus와 비교했을 때 좀더 일반적인 의미를 가짐)
cīvis *-is* (E citizen) *comm.* 시민, 국민, 공민, 도시인.
clādēs *-is* (E disaster) *f.* (전쟁 등의) 재앙, 재해, 손실, 대재앙.
clam (E in secret, suddenly) *adv. prep.* 비밀스럽게, 몰래, 불시에.
clāmō *-āvī -ātum -āre* (E shout) *vt.* 소리치다, 외치다, 부르짖다, 고함치다.
clāmor *-ōris* (E loud cry) *m.* 새된 소리, 비명, 부르짖음, 날카로운 소리, 고함.
clangor *-ōris* (E sound) *m.* 소리, 철커덩 소리, 울리는 소리, 소음.
Clauius *-ī (-iī)* (Clanis *-is*) (E Clauius) *m.* 클라우이우스 (콤파니아의 강. 자주 범람).
clārēscō *-uī no sup. -ēscere* (E grow loud) *vi.* 커지다, 밝아지다.
Clarius *-a -um* (E of Claros) *adj.* 클라로스의 (아폴로의 신전으로 유명한 이오니아의 마을).
clārus *-a -um* (E loud) *adj.* 커다란, 명확한; 유명한.
Clārus *-ī* (E Trojan) *m.* 트로이인.
classicum *-ī* (E signal for battle) *n.* 트럼펫에 의한 전투 신호; 트럼펫.
classis *-is* (E levy) *f.* 소집, 징용, (해)군대.
Claudius *-a -um* (E of Claudus) *adj. m.* 클라우두스

의 ; 로마의 남자 이름.

claudō -*sī* -*sum* -*dere* (E shut) *vt.* 닫다, 막다.

claudus -*a* -*um* (E limping) *adj.* 절뚝거리는, 더듬거리는, 절름발이의, 불구의.

claustrum -*ī* (E fastening) *n.* 죔, 잠금, 닫음, 자물쇠.

clausum claudō 참조.

Clausus -*ī* (E Clausus) *m.* 사빈 사람, 클라우디우스의 집의 설립자로 추정.

clausus -*a* -*um adj.* [**claudō**의 과거분사] 닫힌, 폐쇄된, 속이 보이지 않는..

clāva -*ae* (E stick) *f.* 막대기, 지팡이, 곤봉.

clāvus -*ī* (E nail) *m.* 못, 쐐기못.

cliēns -*entis* (E dependant) *m.f.* 피고, 의뢰인.

Clīō -*ūs* (E Clio) *f.* 사시, 역사를 담당하는 뮤즈; 오세아누스의 딸.

clipeātus -*a* -*um* clopeō 참조.

clipeō *(clup-) no pref.* -*ātum* -*āre* (E arm with a shelf) *vt.* 방패로 무장하다 ¶ Clipeātus -*a* -*um* (E armed) *adj.* 형용사로 방패로 무장한.

clipeus *(-um, n.)* -*ī* (E shield) *m.* 둥근, 그리스 패턴의 방패.

Clitius *(Cly-)* -*ī* *(-iī)* (E Clytios) *m.* 클리티오스. (트로이의 영웅으로 같은 이름을 가진 인물이 여럿임.)

Clītumnus -*ī* (E Clitunno River) *m.* 이탈리아 움브리아의 강.

clīvōsus -*a* -*um* (E hilly) *adj.* 가파른, 구릉성의, 작은 산이 많은.

clīvus -*ī* (E slope) *m.* 경사, 비탈, 언덕.

Cloauthus -*ī* (E Cloauthus) *m.* 클로아우투스. 트로이의 리더.

Cloelia -*ae* (E Cloelia) *f.* 클로에리아 (포르세나로부터 도망쳐 티베르 강을 헤험쳐 건넌 로마 처녀).

Clouius -*ī* *(-iī)* (E Clouius) 성 클로우이우스 (트로이인. 같은 이름을 가진 인물이 여럿임.)

Clonus -*ī* (E Clonus) *m.* 클로누스, 조각가 혹은 조판공.

Clōthō (E Klotho) *f.* [주격과 대격] 클로토 (운명의 세 여신 중 하나로 인간의 탄생을 지배하며 생명의 실을 잣는 여신)

cluens -*entis* cliēns 참조.

Cluentius -*a* -*um* (E Cluentius) *adj.* 로마 민족의 이름 (한 부족에 집합적으로 쓰임).

clupeus clipeus 참조.

Clūsīnus -*a* -*um* (E of Clusium) *adj.* 클루지움의.

Clūsium -*ī* *(-iī)* (E Clusium) *n.* 클루지움 (에트루리아의 마을. 카너스라고 불렸음).

Clymenē *-es* (E Clymene) *f.* 클리메네 (오세아누스의 딸).
clypeus clipeus 참조.
Clytius *-ī (-iī)* (E Clitius) *m.* 클리티우스 (몇몇 전사들의 이름).
coāctus *-a -um adj.* [**cogō**의 과거분사] 강요당한, 강제당한, 어찌할 수 없는.
Cocies *-itis* (E Cocies) *m.* 포르세나와의 전쟁에서 티베르 강의 다리를 혼자 방어한 호라시우스의 성.
coctus *-a -um adj.* [**coquō**의 과거분사] 익힌, 끓인, 삶은; 능숙한, 정통한.
Cōcȳtius *-a -um* (E of Cocytus) *adj.* 코키투스의, 지옥의.
Cōcȳtus *-ī* (E Cocytus) *m.* 코키투스 (죽은 자가 저승으로 가기 위해 건너야 하는 5개의 강 중 두 번째 강인 시름의 강).
Codrus *-ī* (E Codrus) *m.* 코드루스 (양치기. 아마도 베르길리우스의 적이었던 당대의 시인을 상징).
coelum caelum 참조.
coenum caenum 참조.
coeō *-īvī -itum -īre* (E unite) *vi.* (취지를 가지고) 회합하다, 단결하다, 만나다, 모이다.
coepiō *(-ī) tum -ere and -isse* (E begin) *vi.* 시작하다, 말하기를 시작하다 ¶ coeptus *-a -um* (E trying; try) *adj.m.* 시도.
coeptus *-a -um* coepiō 참조.
coerceō *-uī -itum -ēre* (E confine) *vt.* 둘러막다, 속박하다, 구속하다.
coerulus caeruleus 참조.
coetus *(coi-) -ūs* (E assembling) *m.* 회합, 모임, 집합, 떼.
Coeus *-ī* (E Coeus) *m.* 코이우스. (티탄족의 신으로 라토나 혹은 레토의 아버지).
cōgitō *-āvī -ātum -āre* (E reflect upon) *vt.* 심사숙고하다, 고찰하다, 생각하다, 계획하다.
cōgnātus *-a -um* (E akin) *adj.* 혈족의, 동종의, 친족의.
cogunitus *-a -um adj.* cognoscō의 과거분사.
coguōmen *-inis* (E family name) *n.* 성 (간혹 이름을 뜻하기도 함).
coguōminis *-e* (E of like name) *adj.* 같은 혹은 비슷한 이름의.
coguōscō *-gnōvī -gnitum -gnōscere* (E examine) *vt.* 조사하다, 검토하다, 고찰하다, 이해하다(두개의 대격과 함께 쓰여서 '알도록 배우다').
cōgō *coēgi coāctum cōgere* (E collect) *vt.* 모으다, 집합시키다.
cohibeō *-uī -itum -ēre* (E contain) *vt.* 억누르다, 가두다, 한정하다.
cohors *-ortis* (E enclosure) *f.* 둘러쌈, 담; 대, 군중.
coitus coctus 참조.

collāpsus conlapsus 참조.
Collātīnus *-a -um* (E of Collatia) *adj.* 콜라티아의 (사빈의 한 마을).
collātus conlatus 참조.
collectus conlectus 참조.
colligō couligo 참조.
collis *-is* (E hill) *m.* 언덕.
collocō conlocō 참조.
colloquium conloquium 참조.
collūcō conlucō 참조.
collūdō conludō 참조.
collum *-ī* (E neck) *n.* 목.
collustrō conlustrō 참조.
colō *coluī cultum colere* (E cultivate) *vt.* 경작하다, 갈다, 돌보다; 살다 ¶ coltus *-a -um* (E cultivated) *adj.* 경작된.
colocāsia *-ae (-ium -i (-ii) n)* (E plant of the lily kind) *f.* 백합과의 식물.
colōnus *-ī* (E farmer) *m.* 농부, 농사꾼; 거주민.
color *-ōris* (E color) *m.* 색, 빛깔, 색조, 얼굴빛.
colōrātus *-a -um adj.* [**colōrō**의 과거분사] 색칠한, 색채를 띤; 다채로운.
colōrō *-āvī -ātum -āre* (E color) *vt.* 채색하다, 물들이다.
coluber *-ubrī* (E serpent) *m.* 뱀.
cōlum *-ī* (E strainer) *n.* 거르는 기구 (여과기, 체 등).
columba *-ae* (E pigeon) *f.* 비둘기.
columna *-ae* (E column) *f.* 기둥, 대들보, 지지대.
colurnus *-a -um* (E of hazel) *adj.* 개암나무의, 엷은 갈색의.
colus *-ī* (E distaff) *f.* 실톳대, 실패, (물레의) 가락, 물레질.
coma *-ae* (E hair) *f.* 머리카락, 갈기; 나뭇잎.
comāns *-antis* (E hairy) *adj.* 털이 많은, 털북숭이의, 텁수룩한; 잎이 많은, 꽃이 한창인.
comes *-itis* (E companion) *m.f.* 동료, 패, 신봉자.
comētēs *-ae*(E comet) *m.* 혜성, 유성.
cōminus comminus 참조.
cōmitātus *-a -um adj.* [**comito**와 **comitor**의 과거분사] 대동한, 동반한, 데리고.
comitātus *-ūs* (E escort) *m.* 동반자, 호위자, 수행원.
comitō *-āvī -ātum -āre* (E accompany) *vt.* 동행하다, 수행하다, 따르다.
comitor *-ātus -ārī* (E accompany) *vt.* 동반하다, 수반하다, 수행하다.

commaculō *-āvī -ātum -āre*(E pollute) *vt.* 더럽히다, 오염시키다, 물들이다.
commemorō *-āvī -ātum -āre* (E recall) *vt.* 상기하다, 생각해내다; 상기시키다.
commendō *-āvī -ātum -āre* (E commit) *vt.* 위탁하다, 맡기다, 위임하다; 권하다.
commercium *-ī(-iī)* (E traffic) *n.* 교통, 통행, 수송, 거래.
comminus *(cō-)* (E in close combat) *adv.* 백병전의, 일대일로 붙은; 가까이에.
commisecō *-miscuī -mixtum or -mistum -miscēre*(E mix together) *vt.* 섞다, 혼합하다.
commissum *-ī* (E offense) *n.* 위반, 반칙, 범죄.
commissus *-a -um* (E combined) *adj.* [**committō**의 과거분사] 결합된, 합병된.
commistus *-a -um* (E mixed) *adj.* [**commisceō**의 과거분사] 섞인, 혼합된.
committō *-mīsī -missum -mittere* (E combine) *vt.* 결합시키다, 합병하다, 맞붙이다.
commixtus *-a -um* (E mixed) *adj.* [**commisceo**의 과거분사] 섞인, 혼합된.
commodus *-a -um* (E fitting) *adj.* 적당한, 적절한, 꼭 닿는.
commōtus *-a -um* (E excited) *adj.* [**commoveō**의 과거분사] 흥분한, 격렬한.
commoveō *-mōvī -mōtum -movēre* (E agitate) *vt.* 휘젓다, 난폭하게 움직이다, 선동하다, 자극하다.
commūnis *(old form cōmocuis) -e* (E common) *adj.* 공동의, 공유의, 둘 이상에게 함께 속하는.
cōmō *-cōmpsī -cōmptum -cōmere* (E arrange) *vt.* 정리하다, 가지런히 하다; 배열하다.
compactus *-a -um adj.* comping의 과거분사.
compāgēs *-is (gen.pl. compagum)* (E joint) *f.* 접합, 연결, 결합, 이음매.
compescō *-scuī -seitum -scere* (E restrain) *vt.* 제지하다, 속박하다, 억제하다, 저지하다.
compingō *-pēgī -paetum -pingere* (E join together) *vt* 묶다, 고착시키다, 결합하다.
compitum *-ī* (E crossroad) *n.* 교차로, 기로.
complector *-plexus -plectī* (E embrace) *vt.* 에워싸다, 포옹하다, 껴안다, 둘러싸다, 포위하다.
compleō *-ēvī -ētum -ēre* (E fill) *vt.* 채우다, 채워 넣다, 만족시키다.
complexus *-ūs* (E surrounding) *m.* 주위의, 둘레의.

compōnō *-posuī -positum -pōnere* (E put together) *vt.* 모으다, 짜 맞추다; 정리하다.
compositus *(compōstus) -a –um* [**compono**의 과거분사] 규칙적인 고정된
comprehendō *(-prendō) -ndīnsum -ndere* (E grasp) *vt.* 쥐다, 붙잡다, 움켜잡다.
comprēnsus *-a -um* comprehendō 참조.
compressus *-a -um adj.* [**comprimō**의 과거분사] 압축된; 단축된; 요약된.
comprimō *-pressī -pressum -primere* (E press together) *vt.* 함께 내리누르다, 죄다, 압박하다.
cōmptus *-a -um adj.* [**cōmō**의 과거분사] 머리 빗은, 말쑥한, 조촐한; 품위 있는..
compulsus *-a -um adj.* [**compellō** 과거분사] 몰린, 쫓긴.
cōnātus *-ūs* (E attempt) *m.* 시도; 노력.
concavus *-a -um* (E hollow) *adj.* 오목한, 움푹 들어간, 구부러진.
concēdō *-cessī -cessum -cedere* (E withdraw) *vt.vi.* 철회하다, 뒤로 물리다, 후퇴하다.
concentus *-ūs* (E harmony) *m.* 화성, 화음.
conceptus *-a -um adj.* concipiō의 과거분사.
concessus *-a -um adj.* concedō의 과거분사.
concha *-ae* (E shell) *f.* 껍질, 껍데기, 소라류의 껍질; 소라 모양의 악기.
concidō *-cidī no sup. -cidere* (E fall) *vi.* (무더기로) 떨어지다, 낙하하다; 망하다.
concīdō *-cīdī -cīsum -cīdere* (E cut to pieces) *vt.* 자르다, 절단하다, 조각내다.
concieō *-īvī -itum -iēre* (E assemble) *vt.* 집합하다, 회합하다; 자극하다, 선동하다.
conciliō *-āvī -ātum -āre* (E unite) *vt.* 합치다, 결합하다, 한 팀이 되다; 이기다.
concilium *-ī (-iī)* (E assembly) *n.* 모임, 회합, 집회.
concipiō *-cēpī -ceptum -cipere* (E receive) *vt.vi.* 받다, 얻다, 인정하다.
concitō *-āvī -ātum -āre* (E rouse) *vt.* 자극하다, 선동하다, 고무하다.
conclāmō *-āvī -ātum -āre* (E cry aloud) *vi.* 외치다, 소리치다, 고함치다.
conclūdō *-sī -sum -dere* (E enclose) *vt.* 에워싸다, 닫다, 가두다.
concolor *-ōris* (E of the same color) *adj.* 같은 색깔의.
concors *-rdis* (E harmonious) *adj.* 조화된, 사이가 좋은, 화목한.
concrēdō *-dīdī -ditum -dere* (E entrust) *vt.* 맡기다, 위탁하다, 인도하다.

concrēscō -crēvī -crētum -crēscere (E harden) vi. 굳게하다, 응고하다, 압축하다.

concrētus -ūs (E adhering) m. 고착, 함께 자람.

concubitus -ūs (E coalition) m. 합동, 제휴, 한 군데에 모임.

concurrō -currī(-cucurrī) -cursum -currere (E assemble) vi. 집합하다, 회합하다; 서두르다.

concursus -ūs (E crowd) m. 군중, 집합.

concussus -a -um adj. [**concutio**의 과거분사] 흔들린, 자극된, 격동을 발발된.

concutiō -cussī -cussum -cutere (E agitate) vt. 선동하다, 자극하다, 내밀다, 강제하다.

condēnsus -a -um (E dense) adj. 가까운, 밀집한, 빽빽한.

condiciō (not -tio) -ōnis (E stipulation) f. 조항, 조건.

conditiō condicio 참조.

conditor -ōris (E builder) m. 건축자, 건설자, 설립자.

condītus -a -um adj. [**condo**의 과거분사] 양념한, 조리한, 절인.

condō -didī -ditum -dere (E build) vt. 짓다, 세우다, 설립하다; 구성하다, 저장하다, 숨기다.

condūcō -dūxī -ductum -dūcere (E assemble) vt.vi. 모으다, 집합시키다, 소집하다, 고용하다.

condūctus -a -um conducō의 과거분사. 고용된, 집합된.

conectō (comm-) -xuī -xum -ctere (E bind together) vt. 묶다, 동여매다, 연결하다, 서로 엮다.

conexus -a -um adj. [**conecto**의 과거분사] 연결된, 통하게 된.

cōnfectus -a -um adj. [**conficio**의 과거분사] 만들어진, 끝난.

cōnferciō -fersī -fertum -fercīre (E crowd together) vt. 함께 모이다.

cōnferō -tulī -lātum (coll-) -ferre (E bring together) vt. 모으다, 불러 모으다, 맺어주다.

cōnfertus -a -um adj. [**confercio**의 과거분사] 가까운 밀집된

cōnfessus -a -um adj. [**confitcor**의 과거분사] 자백한, 명백한, 두말할 나위 없는, 의심의 여지가 없는..

cōnfestim (E instantly) adv. 즉각적으로, 곧, 즉시.

cōnficiō -fēcī -fectum -ficere (E complete) vt. 끝내다, 완료하다, 마감하다, 다 써버리다.

cōnfīdēns -entis adj. [**confido**의 과거분사] 믿음직한, 신뢰 받는, 의지되는.

cōnfīdō -fīsus -dere (E trust) vt..vi. 믿다, 신뢰하다, 의지하다.

cōnfīgō -fīxī -fīxum -fīgere (E pierce through) vt. 뚫고 지나가다, 꿰뚫다.

cōnfīō -fierī confīcio의 수동태.

cōnfīsus -a -um adj. [**confīdo**의 과거분사] 믿음 받는, 신뢰받는, 의지되는.

cōnfiteor -fessus sum -fitērī (E acknowledge) vt.dep. 완전히 이해하다, 동의하다, 인정하다; 밝히다.

cōnfīxus -a -um adj. [**configo**의 과거분사] 뚫린, 뚫고 지나간.

cōnflīgō -flīxī -flīctum -flīgere (E strike against) vt.vi. 치다, 때리다, 싸우다.

cōnflō -āvī -ātum -āre (E stir up) vt. 부추기다, 불붙이다.

cōnfluō -fluxī no sup. -fluere (E flow) vi. 흐르다.

cōnfodiō -fōdī -fossum -fodere (E pierce through) vt. 꿰뚫다, 찌르다, 뚫다.

confossus -a -um adj. [**confodio**의 과거분사] 뚫린, 찔린.

confugiō -fūgī no sup. -fugere (E take refuge) vi. 구조를 위해 도망치다, 피난하다.

cōnfundō -fūdī -fūsum -fundere (E pour together) vt. 함께 따르다; 섞이다, 섞다; 혼동하다.

cōnfūsus -a -um adj. [**confundo**의 과거분사] 섞인, 혼동된.

congeminō -āvī -ātum -āre (E double) vi.vt. 두 배로 하다, 다시 배가 하다, 반복하다.

congemō -gemuī no sup. -gemere (E sigh deeply) vt.vi. 깊게 한숨쉬다, 신음하다.

congerō -gessī -gestum -gerere (E bring together) vt. 운반하다, 가지고 가다; 쌓아 올리다.

congestus -a -um adj. [**congero**의 과거분사] 운반된, 쌓아 올린.

congredior -gressus -gredī (E come together) vt.dep. 함께 가다, 오다, 만나다; 싸우다.

congressus -a -um adj. [**congredior**의 과거분사] 만나게 된, 접촉된, 맞닿는.

congressus -ūs (E encounter) m. 만남, 대면, 대담.

cōniciō (conii-) -iēcī -icctum -icere (E throw together) vt. 던지다, 세게 내던지다, 투척하다, 발사하다.

coniectus -a -um adj. [**conicio**의 과거분사] 던져진, 투척된, 발사된.

cōnifer -era -erum (E coniferous) adj. 구과 식물의.

cōnīsus -a -um (E struggled) adj. [**conitor** 과거분사] 노력이 투여된, 애쓴; 잡아당긴.

cōnītor (conn-) -nīsus nīxus -nītī (E struggle) vt.dep. 잡아당기다, 애쓰다, 전력을 다하다, 노력하다.

cōniugium -ī (-iī) (E union) n. 결합, 연합, 합병 (원래 의미는 결혼 또는 성교).

coniūnctus *-a -um* (E united) *adj.* [**coniungo**의 과거분사] 결합된, 연합된.
coniungō *-innxī -iunctum -iungere* (E unite) *vt.* 결합하다, 연합하다, 동맹을 맺다.
coniūnx *(-iux) -iugis* (E consort) *comm.* 배우자, 남편, 아내; 약혼자.
coniūrātus *-a -um* (E conspired) *adj.* [**coniuro**의 과거분사] 공모된, 음모가 꾸며진.
coniūrō *-āvī -ātum -āre* (E conspire) *vt.vi.* 굳은 약속을 하다, 공모하다, 음모를 꾸미다.
coniūrātus *-a -um* (E conspired) *adj.* [**coniuro**의 과거분사] 공모된, 음모가 꾸며진.
cōnīxus *-a -um* (E struggled) *adj.* [**conitor** 과거분사] 노력이 투여된, 애쓴; 잡아당긴.
conlābor *(coll-) -lāpsus -lābī* (E collapse) *vi.dep.* 무너지다, 폭락하다, 붕괴하다, 망하다.
conlāpsus *(coll-) -a -um adj.* [**conlabor**의 과거분사] 무너진, 폭락한.
conlātus *(coll-) -a -um adj.* [**confero**의 과거분사] 운반된, 합쳐진.
conligō *(coll-) -lēgī -lectum -ligere* (E assemble) *vt.* 모으다, 소집하다, 채집하다.
conlocō *(coll-) -āvī -ātum -āre* (E place) *vt.* 놓다, 위치시키다, 두다, 배치하다.
conloquium *(coll-) -ī (-iī)* (E discourse) *n.* 담화, 대화, 회의.
conlūceō *(coll-) no perf. no sup. -lūcēre* (E blaze) *vi.* 빛나다, 타오르다, 번쩍이다.
conlūdō *(coll-) -lūsī -lūsum -lūdere* (E play with) *vi.* 장난하다, 까불다, 농락하다.
conlustrō *(coll-) -āvī -ātum -āre* (E light up) *vt.* 불 켜다; 검사하다, 조사하다.
cōnnectō cōnectō 참고.
cōnnexus cōnexus 참고.
cōnnīsus cōnīsus 참고.
cōnnīxus cōnīxus 참고.
cōnnūbium cōnūbium 참고.
Conōn *-ōnis* (E Conon) *m.* Conon (프톨레마이오스 시대의 수학자이자 천문학자).
cōnor *-ātus sum -ārī* (E undertake) *vt.dep.* 시도하다, 강행하다, 모험하다.
conr- corr- 참고.

cōnsanguineus *-a -um* (E akin) *adj.* 혈족의, 혈연의, 동족의.
cōnsanguinitās *-tātis* (E kindred) *f.* 혈연, 혈족, 친척.
cōnscendō *-dī -sum -dere* (E ascend) *vi.vt.* 오르다, 올라가다.
cōnscius *-a -um* (E conscious) *adj.* 의식하고 있는, 자각하고 있는, 알아채고 있는, 비밀히 관여하는.
cōnsequor *-secūtus -sequī* (E attend) *vt.dep.* 수행하다, 동행하다, 따라가다.
cōnserō *-seruī -sertum -serere* (E connect) *vt.* 연결하다.
cōnsertus *-a -um adj.* **consero**의 과거분사.
cōnsessus *-ūs* (E session) *m.* 회의, 회합, 모임, 집회.
cōnsīdō *-sēdī (-sīdī) -sessum -sīdere* (E sit down) *vi.* 앉다, 자리잡다, 정착하다.
cōnsilium *-ī (-iī)* (E consultation) *n.* 상의, 상담, 자문; 협의회.
cōnsistō *-stitī -stitum -sistere* (E remain) *vi.vt.* 자리잡다, 정착하다, 가만히 서있다.
consitus *-a -um adj.* **consero**의 과거분사.
cōnsonō *-ī no sup. -āre* (E sound together) *vi.* 울려퍼지다, 함께 또는 동시에 소리가 나다.
cōnsors *-sortis* (E of equal share) *adj.* 함께 하는, 같이 하는, 동등하게 나누는; 동등한.
cōnspectus *-ūs* (E sight) *m.* 시야; 존재.
cōnspiciō *-spexī -spectum -spocere* (E gaze upon) *vt.* 뚫어지게 보다, 응시하다, 바라보다; 알아내다, 발견하다.
cōnspīrō *-āvī -ātum -āre* (E blow together) *vi.* 함께 소리내다.
cōnsternō *-strāvī -strātum -sternere* (E bestrew) *vt.* 살포하다, 흩뿌리다, 산재하다, 뒤덮다.
cōnstituō *-uī -ūtum -uere* (E set up) *vt.* 놓다, 배치하다; 결정하다, 결심하다.
cōnstō *-stetī -stātum -stāre* (E stand with) *vi.* 함께 서다, 함께 견디다; 동의하다, 일치하다.
cōnstrūctus *-a -um adj.* **cōnstruō**의 과거분사.
cōnstruō *-uxī -ūctum -uere* (E heap) *vt.* 쌓아올리다, 축적하다.
cōnsuēscō *-ēvī -ētum -ēscere* (E accustom) *vt.vi.* 익히다, 익숙케 하다, 습관 들게 하다, 습관 들다.
cōnsētus *-a -um adj.* **cōnsuēscō**의 과거분사.
cōnsul *-ulis* (E consul) *m.* 집정관 (로마에 있었던 두 명의 행정 장관).

cōnsulō *-uī -tum -ere* (E consider) *vt.vi.* 고려하다, 심사숙고하다, 상담하다, 의견을 묻다.

cōnsultum *-ī* (E resolutions) *n.* 결의, 결심, 계획, 신탁, 조언 (주로 복수로 쓰임).

cōnsūmō *-sumpsī -sumptum -sūmere* (E consume) *vt.* 다 먹어버리다, 게걸스럽게 먹다; 낭비하다, 물거품으로 만들다.

cōnsumptus *-a -um adj.* **consumo**의 과거분사.

cōnsurgō *-rexī -rectum -gere* (E rise up) *vi.* 일어서다; 떠오르다.

contāctus *-a -um adj.* contingo의 과거분사.

contāctus *-ūs* (E contact) *m.* 접촉, 맞닿음.

contāgium *-ī(-iī)* (E contact) *n.* 접촉, 전염.

contegō *-tēxī -tēctum -tegere* (E cover up) *vt.* 뒤덮다, 가리다.

contemnō *(-pno) -psī -ptum -nere* (E value little) *vt.* 경시하다, 멸시하다, 경멸하다.

contemplor *-ātus -ārī* (E survey) *vt.dep.* 조사하다, 관찰하다

contemptor *-ōris* (E scorner) *m.* 경멸하는 사람, 꾸짖는 사람.

coutendō *-dī -tum -dere* (E stretch) *vt.vi.* 끌어당기다, 죄다, 잡아늘이다.

contentus *-a -um adj.* **contendo**의 과거분사.

contentus *-a -um adj.* **contineō**의 과거분사.

conterreō *-uī -itum -ēre* (E frighten) *vt.* 겁주다, 무섭게 하다, 놀라게 하다.

conterritus *-a -um adj,* **conterreo**의 과거분사.

contexō *-xui -xtum -xere* (E weave together) *vt.* 함께 짜다, 꼬다.

conticescō *-ticuī no sup. -ticēscere* (E grow dumb) *vi.* 가만히 있다, 조용해지다, 평온함을 유지하다.

contiguus *(-uos) -a -um* (E adjoining) *adj.* 인접하는, 이웃의, 가까이의.

contineō *-tinuī -tentum -tinēre* (E keep together) *vt.vi.* 우지하다, 억누르다, 제한하다.

contingō *-tigī -tactum -tingere* (E touch) *vt.vi.* 접촉하다, 손에 넣다; 얻다; 일어나다.

coutinuō (E immediately) *adv.* 당장, 즉시, 곧.

contorqueō *-torsī -tortum -torquēre* (E twist) *vt.* 핑핑돌다, 돌리다, 꼬다.

contortus *-a -um adj.* **contorqueo**의 과거분사.

contrā (E opposite) *adv.* 반대의, 반대로.

contrā (E in opposition to) *prep.* [+ 대격] 반대하여, 저항하여; ~에 대한 답으로.

contractus *-a -um adj.* **contraho**의 과거분사.

contrahō *-traxī -tractum -trahere* (E gather) *vt.* 모으다, 집합시키다, 소집하다.
contrārius *-a -um* (E opposite) *adj.* 정반대의, 반대편의, 마주 보고 있는.
contremiscō *-uī no sup. -iscere* (E tremble) *vi.* 떨다, 벌벌 떨다, 흔들리다, 몸서리치다.
contristō *-āvī -ātum -āre* (E sadden) *vt.* 슬퍼지다, 우울해지다, 어두운 그림자를 던지다.
contundō *-tudī -tūsum -tundere* (E beat) *vt.* 마구 때리다, 치다, 상처를 주다, 고함치다.
contus *-ī* (E puntpole) *m.* (뾰족한 쇠가 달린) 삿대; 창, 창끝.
contūsus *-a -um adj.* **contundo**의 과거분사.
cōnūbium *(conn-) -ī (-iī)* (E marriage) *n.* (관례 또는 제도로써의) 결혼, 혼인.
cōnus *-ī* (E cone) *m.* 원뿔; 뾰족한 끝, 첨단, 투구 꼭대기.
convallis *-is* (E valley) *f.* (둘러싸인) 계곡, 골짜기.
convectō *no pref. no sup. -āre* (E bring together) *vt.* 불러모으다, 긁어모으다.
convellō *-vellī -vulsum -vellere* (E tear away) *vt.* 잡아뜯다, 벗기다, 쥐어뜯다.
conveniō *-vēnī -ventum -venīre* (E assemble) *vt.vi.* 모이다, 집합하다; 동의하다; 적합하다.
conventus *-ūs* (E assembly) *m.* 모임, 집합, 회의.
conversus *-a -um adj.* **converto**의 과거분사.
convertō *(-vorto) -ti -sum -tere* (E turn around) *vt.* 돌리다, 거꾸로 하다, 반대로 하다, 뒤집다.
convexus *-a -um* (E arched) *adj.* 아치 모양 천장으로 된, 구부러진, 오목한.
convīvium *-ī (-iī)* (E banquet) *n.* 잔치, 연회.
convolsus *-a -um adj.* **convello**의 과거분사.
convolvō *-volvī -volūtum -vol-vere* (E roll together) *vt.* 말아 올리다, 둥글게 말다, 비틀다, 감기다.
coorior *-ortus -orīrī* (E arise) *vi.dep.* 일어나다, 발생하다, 비롯되다.
coortus *-a -um adj.* coorior의 과거분사.
cōpia *-ae* (E plenty) *f.* 많음, 대량, 풍부; 능력, 기회.
coquō *coxī coctum coquere* (E cook) *vt.* 요리하다; 익히다, 굳히다.
cor *cordis* (E heart) *n.* 심장; 마음, 영혼.

Cora *-ae* (E Cora) *f.* Cora (Latium의 마을).

cōram (E in person) *adv.* 직접, 실물로.

cōram (E before) *prep.* [+ 탈격] ~앞에서, ~의 눈 앞 에서.

Corās *-ae* (E Coras) *m.* 코라스(Coras) (Tibur의 설립자 중 하나).

Corinthus *-ī* (E Corinthus) *f.* 코린투스(Corinthus) (펠로폰네소스의 유명한 도시. 청동 주조업과 제조 기술로 유명했다. L. Mummius에 의해 정복됨).

corium *-ī (-iī)* (E skin) *n.* 가죽, 피혁.

corneus *-a -um* (E horny) *adj.* 뿔의, 뿔 모양의.

corneus *-a -um* (E of cornel wood) *adj.* 산딸기나무의.

corniger *-era -erum* (E horned) *adj.* 뿔이 있는, 뿔 모양의.

cornipēs *-edis* (E horn-footed) *adj.* 뿔 모양의 발굽을 가진.

cornīx *-īcis* (E crow) *f.* 까마귀.

cornū *-ū* (E horn) *n.* 뿔; 발굽.

cornum *-ī* (E cornel cherry) *n.* 산딸기나무속의 식물.

cornus *-ī* (E cornel) *f.* 산딸기나무속의 식물; 산딸기나무, (나무로 만든) 투창.

Coroebus *-ī* (E Phrygian) *m.* 프리지아 사람 (소아시아의 고대 국가로 Priam의 동맹이었음).

corōna *-ae* (E garland) *f.* 화환, 화관, 왕관.

corōnō *-āvī -ātum -āre* (E crown) *vt.* 관을 씌우다, 왕위에 올리다; 둘러싸다. 고리로 만들다, 화환으로 장식하다.

corporeus *-a -um* (E corporeal) *adj.* 신체상의, 육체적인.

corpus *-oris* (E body) *n.* 몸, 시체; 형태, 외관.

correptus *(conr-) -a -um adj.* **corripio**의 과거분사.

corripiō *(conr-) -ripuī -reptum -ripere* (E seize) *vt.* 붙잡다, 잡아채다, 강탈하다.

corrumpō *-rūpī -ruptum -rum -prere* (E spoil) *vt.* 망치다, 파괴하다, 손상을 입히다, 불순하게 하다; 타락시키다.

corruō *(con-) -uī no sup. -ere* (E fall down) *vi.vt.* 떨어지다, 낙하하다.

corruptus *-a -um adj.* **corrumpo**의 과거분사.

cortex *-icis* (E bark) *m.f.* 나무껍질.

cortīna *-ae* (E caldron) *perh.* 가마솥, 큰 냄비 (그리스 Delphi의 무녀가 앉아 신탁을 내리던 청동 제단).

corulus *-ī* corylus 참조.

Cōrus *(Cau-) -ī* (E North-west wind) *m.* 북서풍.

coruscō *-āvī no sup. -āre* (E agitate) *vt.vi.* 흔들다, 휘젓다, 선동하다,

휘두르다; 떨다.

coruscus *-a -um* (E tremulous) *adj.* 떨고 있는, 떠는, 무서워하는, 전전긍긍하는.

corvus *-ī* (E raven) *m.* 갈까마귀.

Corybantius *-a -um* (E Corybantian) *adj.* 코리반테스(Corybantes)의 (대지의 여신 퀴벨레의 사제들로 심벌즈를 가지고 찬양했음).

Cōrycius *-a -um* (E of Corycus) *adj.* 코리쿠스(Corycus)의 (사프란으로 유명한 실리시아에 위치했음).

Corydōn *-ōnis* (E shepherd) *m.* 양치기, 목양자.

corylus *(-ulus) -ī* (E hazel) *f.* 개암나무 (열매).

corymbus *-ī* (E cluster) *m.* 무리, 송이, 묶음.

Corynaeus *-ī* (E Corynaeus) *m.* 코리나에우스(Corynaeus) (트로이인들의 사제).

Corythus *-ī* (E Corythus) *m.* 코리투스(Corythus) (에트루리아의 마을 또는 그 마을을 세운 전설적인 인물).

cōs *-cōtis* (E hone) *f.* 숫돌; 부싯돌.

Cosa *-ae (-ae, -ārum)* (E Cosa) *f.* 코사(Cosa) (에트루리아의 마을. 오늘날의 Ansedonia).

Cossus *-ī* (E Cossus) *m.* 로마 코르넬리아(Cornelia) 부족의 성씨.

costa *-ae* (E rib) *f.* 늑골, 갈빗대; 옆구리.

cōtēs *(cau-) -is* (E crag) *f.* 거칠게 모난 돌, 울퉁불퉁한 바위.

cothurnus *(cotu-) -ī* (E hunting-boot) *m.* 헌팅 부츠, 반장화. (발과 다리의 아래쪽을 가리며 앞쪽에는 레이스가 달려 있다. 옛 그리스, 로마의 비극 배우가 많이 신었음).

crābrō *-ōnis* (E hornet) m. 호박벌.

crās (E tomorrow) *adv.* 내일.

crassus *-a -um* (E thick) *adj.* 두꺼운, 굵은, 거친.

crastinus *-a -um* (E of the morrow) *adj.* 다음날의, 내일의.

cratēra *-ae f.; -er, -ēris m.* (E bowl) [탈격 단수: cratēra, 복수: cratēras] 섞는 용기, 주발.

crātēs cratis 참조.

crātis *-is* (E wickerwork) *f.* 고리버들 세공(제품).

creātrix *-īcis* (E mother) *f.* (생명을 탄생시킨다는 의미에서의) 생산자, 어머니.

creātus *-a -um adj.* **creo**의 과거분사.

crēber *-bra -brum* (E thick) *adj.* 두꺼운, 빽빽한, 밀집한.

crēbrescō *(-bēseō) -bruī(-buī) no sup. -brēscere (-bēscere)* (E increase) *vi.inch.* 잦아지다, 증가하다, 새로이 힘을 더하다, 세어지다, 유행하다.

crēditus *-a -um adj.* **credo**의 과거분사.

crēdō *-didī -ditum -dere* (E trust) *vt.vi.* 믿다, 신뢰하다, 신임하다; 맡기다, 위탁하다.

crēdulus *-a -um* (E trustful) *adj.* 잘 믿는, 신용하는, 쉽게 신뢰하는.

cremō *-āvī -ātum -āre* (E burn) *vt.* 태우다, 소비하다.

Cremōna *-ae* (E Cremona) *f.* 크레모나(Cremona) (Gallia Cisalpina의 도시. "알프스 가에 있는 골"이라는 뜻으로 현재 북부 이탈리아에 해당하는 켈트족이 거주하던 지역을 지칭한다. 아우구스투스에 의해 땅을 몰수당했다).

creō *-āvī -ātum -āre* (E produce) *vt.* 생산하다, 만들어내다, 낳다; (동물을) 기르다.

crepīdō *-inis* (E base) *f.* 기초, 토대; 제방, 방파제.

crepitō *-āvī -ātum -āre* (E crackle) *vi.* 딱딱 소리 내다, 덜걱덜걱 소리 내다.

crepitus *-ūs* (E creaking) *m.* 비걱거림, 덜걱거림.

crepō *-uī -itum -āre* (E crack) *vi.* 찰깍하며 깨지다, 부서지다, 덜걱거리다.

Crēs *-ētis* (E Cretan) *adj.* 크레타 섬의, 크레타 섬사람의.

crēseō *crēvī crētum crēsere* (E arise) *vi.* 나타나다, 일어나다, 자라다.

Crēsius *-a -um* (E of Crete) *adj.* 크레타의.

Crēssus *-a -um* (E of Crete) *adj.* 크레타의.

Crēta *-ae* (E Crete) *f.* 크레타 (지중해의 섬. 현재의 Candia)

Crētaeus *-a -um* (E of Crete) *adj.* 크레타의.

Crētes *-um* (E Cretans) *m.pl.* 크레타섬 사람들.

Crēteus Cretheus 참조.

Crētheus *-cos* (E Cretheus) *m.* 크레테우스(Cretheus) (그리스신화에 나오는 도시 이올코스의 창건자. 트로이 군대의 그리스인).

crētus *-a -um adj.* **creseo**의 과거분사.

Creūsa *-ae* (E Creusa) *f.* 크레우사(Creusa) (프리암의 딸이자 아에네아스의 아내).

crīmen *-inis* (E accusation) *n.* 혐의, 죄상; 범죄, 잘못.

Crīmīsus *(-issus) -ī* (E Crimisus) *m.* 크리미수스(Crimisus) (Sicily의 남서쪽 가에 있는 강, 또는 강의 신).

crīnālis *-e* (E of the hair) *adj.* 머리의; 꼬리의.

crīnītus *-a -um* (E long-haired) *adj.* 긴 머리의, 긴 머리를 가진, 볏이 있는, 머리 장식이 달린.

crispō *no pref. -ātum -āre* (E wave) *vt.* 흔들다. 휘두르다, 나부끼게 하다.
crista *-ae*(E crest) *f.* (투구의) 머리장식, 관모; 투구.
cristātus *-a -um* (E crested) *adj.* 머리장식이 달린, 문장이 새겨진.
croceus *-a -um* (E of saffron) *adj.* 사프란의.
crocus *-um -ī* (E saffron) *n.* 사프란; 사프란 색.
crūdēlis *-e* (E harsh) *adj.* 잔인한, 거친, 무자비한, 잔인한.
crūdēliter (E cruelly) *adv.* 잔인하게, 무자비하게.
crudēscō *-uī no sup. -ēscere* (E grow worse) *vi.* 어려워지다, 악화되다.
crūdus *-a -um* (E raw) *adj.* 날것의, 피의; 거친.
cruentō *-āvī -ātum -āre* (E stain with blood) *vt.* 피로 물들게 하다.
cruentus *-a -um* (E gory) *adj.* 피투성이의, 유혈의, 핏빛의.
cruor *-ōris* (E blood) *m.* 피.
crūs *-ūris* (E leg) *n.* 다리.
crusta *-ae* (E skin) *f.* 피부, 껍질, 외피.
crustum *-ī* (E bread) *n.* 딱딱하고 얇은 빵.
Crustumerī *-ōrum* (E people of Crustumerium) *m.* 크루스투메리움 (Crustumerium)의 사람들, 마을 자체 (Sabines의 마을).
Crustumius *-a -um* (E of Crustumerium) *adj.* 크루스투메리움 (Crustumerium)의.
cubīle *-is* (E bed) *n.* 침대, 소파; 벌집, 둥지.
cubitum *-ī* (E elbow) *n.* 팔꿈치.
cucumis *-cris* (E cucumber) *m.* 오이.
cūius *(quoi-) -a -um* (E whose) *pron. adj.* 누구의.
culmen *-inis* (E summit) *n.* 정상, 꼭대기, 지붕.
culmus *-ī* (E stalk) *m.* 줄기, 대, 짚 지붕.
culpa *-ae* (E fault) *f.* 범죄, 잘못, 결함; 병, 감염.
culpātus *-a -um adj.* culpo의 과거분사.
culpō *-āvī -ātum -āre* (E blame) *vt.* 비난하다, 꾸짖다, 책망하다.
culpātus *-a -um adj.* (E blameable) culpo의 과거분사.
culter *-trī* (E knife) *m.* 칼, 제물의 칼.
cultor *-ōris* (E cultivator) *m.* 경작자, 농부; 거주자; 숭배자.
cultrīx *-īcis* (E female inhabitant) *f.* 여성 거주자, 여주인.
cultūra *-ae* (E cultivation) *f.* 경작, 양성, 관리, 감독.
cultus *-a -um adj.* colo의 과거분사.
cultus *-ūs* (E cultivation) *m.* 경작, 경지.
cum (E with) *prep.* [+ 탈격] 함께, ~으로써, ~을 가지고 (영어에서의 용

법과 대략 비슷하나 도구 사용의 용법에 있어서는 차이가 있다. 때로는 부속물이 중심적인 생각이 되도록 접근한다).

cum (E when) *adv.* 언제, ~이후로, ~동안에 (원형은 qᴜom으로 quum의 잘못된 철자법이다).

Cūmae *-ārum* (E Cumae) *f.* 쿠마에(Cumae) (Campania의 Chalcidian들의 고대 식민지).

Cūmacus *-a -um* (E of Cumae) *adj.* 쿠마에(Cumae)의, Cumae 사람의.

cumba cymba 참조.

cumque (E -ever) *adv.* 관계 대명사나 대명부사에 붙어 사용된다.
- **quicumque** whoever ▪ **ubicumque** wherever

cumulātus *-a -um adj.* **cumnio**의 과거분사.

cumulō *-āvī -ātum -āre* (E pile up) *vt.* 쌓아 올리다, 축적하다.

cumulus *-ī* (E mass) *m.* 더미, 무더기.

cūnābula *-ōrum* (E cradle) *n.pl.* 요람; 둥지, 방; 고향.

cunctor *-ātus -ārī* (E linger) *vi.dep.* 남아있다, 꾸물거리다, 어슬렁거리다, 머뭇거리다, 지체하다.

cunctus *-a -um* (E all together) *adj. usually pl.* 전부의, 모든, 전체의.

cuneus *-ī* (E wedge) *m.* 쐐기, 쐐기모양.

cunque cumque 참조.

Cupāvō *-ōnis* (E Cupavo) *m.* Cupavo (Cycnus의 아들, 북 이탈레아의 왕자).

Cupencus *-ī* (E Rutulian) *m.* 루툴리아 인

cupīdō *-inis* (E desire) *m.f.* 욕망, 열망, 정욕; 사랑, 큐피드.

cupidus *-a -um* (E longing) *adj.* 갈망하는, 열망하는, 원하는

cupiō *-īvī (-iī) -ītum -ere* (E long for) *vt.* 바라다, 원하다, 갈망하다, 열망하다.

cupressus *-ī* (E cypress) *f.* 사이프러스 (하데스에게 바쳐진 편백나무과의 상록침엽수로 죽음과 한탄의 상징이다).

cūr *(quor)* (E why) *interrog. adv.* 왜, 무슨 이유로, 무슨 목적으로.

cūra *-ae* (E care) *f.* 걱정, 근심, 불안, 근심거리, 염려 (특히 사랑에 있어서의 근심, 걱정).

curculiō *(gurgulio)* *-ōnis* (E corn-worm) *m.* 옥수수벌레.

Curēs *-ium* (E Cures) *m.f.* Cures (Sabines의 고대 주요 도시).

Cūrētes *-um* (E Curetes) *m.* Curetes (크레타 섬의 가장 오래된 거주민들로 Cybele의 사제들).

cūria *-ae* (E senate-house) *f.* 원로원.

cūrō *-āvī -ātum -āre* (E care for) *vt.* 돌보다, 마음을 쓰다.

curriculum -*ī* (E course) *n.* 교육과정, 코스, 학과과정.
currō -*cucurrī cursum currere* (E run) *vi.* 달리다, 빠르게 움직이다.
currus -*ūs* (E chariot) *m.* 마차.
cursus -*ūs* (E course) *m.* 진행로, 코스, 통로, 경주.
curvātus -*a* -*um adj.* **curvo**의 과거분사.
curvō -*āvī* -*ātum* -*āre* (E bend) *v.* 구부리다, 숙이다, 굽히다.
curvus -*a* -*um* (E crooked) *adj.* 구부러진, 굴곡된, 비뚤어진.
cuspis -*idis* (E point) *f.* 점; 끝, 창끝.
custōdia -*ae* (E watch) *f.* 보초, 수호, 보호; 보호자.
custōdiō -*āvī* or -*iī* -*ītum* -*īre* (E protect) *vt.* 보호하다, 방어하다, 지키다.
custōdītus -*a* -*um adj.* **custodio**의 과거분사.
custōs -*ōdis* (E guard) *comm.* 보초, 수호자, 보호인, 감시인.
Cybēbē (-*clē*) -*ē* (E Cybele) *f.* Cybele (신들의 어머니로 추앙 받았던 프리지아의 여신. 그녀에 대한 숭배는 북과 심벌의 사용과 함께 거칠고 주신제적인 성격을 나타낸다. 머리에 탑이 씌워진 조상과 사자가 끄는 마차로 대표된다).
Cybela -*ae* (E Cybela) *f.* Cybela (프리지아의 산).
Cybelē -*es* Cybēbē 참조.
Cybelus -*ī* Cybela의 다른 형태.
Cyclades -*um* (E Cyelades) *f.pl.* 애개해의 델로스(Delos)를 둘러싼 섬군.
Cyclōpius -*a* -*um* (E of the Cyclopes) *adj.* Cyclopes의
Cyclops -*ōpis* (E Cyclops) *m.* 키클롭스 (이마 중앙에 하나의 눈을 가지고 있는 거인. 불칸의 노동자로 일했다).
cycnus -*ī* (E swan) *m.* 백조.
Cycnus -*ī* (E Cyenus) *m.* Ligurian들의 왕 (백조로 변했다).
Cydippē -*ēs* (E nereid) *f.* 네레이드.
Cydōn -*ōnis* (E Cydonian) *adj.m.* Cydonea의; Cydonea 거주민 (크레타 북쪽 해안의 도시).
Cydōns -*ōnis* (E Latin) *m.* 고대 로마인.
Cydōnius -*a* -*um* (E Cydonian) *adj.* Cydonea 사람; Cydon 참조.
Cygnus -*ī* (E roller) *m.* (돌로 된) 밀대.
Cyllarus -*ī* (E Cyllarus) *m.* Pollux의 말.
Cyllēnē -*ēs* (-*ae*) (E Cyllene) *f.* Cyllene (Areadia의 산. 헤르메스의 탄생지).
Cyllēnius -*a* -*um* (E of Cyllene) *adj.* Cyllene의; 헤르메스의.
cymba -*ae* (E boat) *f.* 배, 작은 보트, 범선.

cymbalum *-ī* (E cymbal) *n.* 심벌.
cymbium *-ī (-iī)* (E cup) *n.* 컵, 사발.
Cymodocē *-ēs* (E Cymodoce) *f.* Cymodoce (바다요정).
Cymodocēa *-ae* (E Cymodocea) *f.* Cymodocea (바다요정).
Cymothoē *-ēs* (E Cymothoe) *f.* Cymothoe (바다요정).
Cyniphius *-a -um* cinyphius 참조.
Cyuthius *-a -um* (E of Cynthus) *adj.* Cynthus의 (Cynthus의 군주는 Apollo).
Cynthus *-ī* (E Cynthus) *m.* Cynthus (Delos에 있는 산. Apollo의 출생지이자 자주 드나드는 곳).
cyparissus *-ī* (E cypress) *f.* 사이프러스 (편백나무과의 상록침엽수로 장례식에 쓰이며 무덤 옆에 심어진다).
Cyprus *-ī* (E Cyprus) *f.* 키프로스 (지중해 동부의 섬).
Cyrēnē *-ēs* (E Cyrene) *f.* 키레네 (Aristaeus의 어머니).
Cyrnēus *(-naeus) -a -um* (E of Corsica) *adj.* 코르시카의, 코르시카 사람의 (고대에는 Cyrnus라고 불렸음).
Cythēra *-ōrum* (E Cythera) *n.pl.* Cythera (Laconia 남쪽의 섬으로 아프로디테가 탄생했을 당시에 바다로부터 처음 내려앉았던 섬).
Cythērēus *-a -um* (E of Cythera) *adj.* Cythera의 (여성형으로 Cythera의 여신인 아프로디테를 뜻하기도 함).
cytisus *-ī* (E clover) *comm.* 클로버 (클로버 중에서도 특별한 종류로 아마도 medicago arborca를 지칭).
Cytōrus *-ī* (E Cytorus) *m.* Cytorus (Paphlaginia에 있는 산으로 회양목으로 유명).

D d

Dāeus *-a -um* (E *Dacian*) *adj.* Daci의 (Danube 북쪽 언덕의 호전적인 민족. 남성 복수로 쓰여서 민족의 사람들 자체를 지칭하기도 함).

Daedalus *-ī* (E *Daedalus*) *m.* 다에달루스 (미궁을 설계한 아테네의 유명한 장인. 인조 날개를 만들어 크레타에서 탈출한 후 cumae에 착륙했다).

daedalus *-a -um* (E *skillful*) *adj.* 간교한, 노련한, 교활한, 재간있는.

Dahae *-ārum* (E *Dahae*) *m.pl.* Dahae (캐스피해 동쪽 스키타이의 부족).

dāma damma 참조.

damma *-ae* (E *deer*) *f.* (드물게 *m.*) 사슴.

damuātus *-a -um adj.* damno의 과거분사.

damnō *-āvī -ātum -āre* (E *sentence*) *vt.a.* 판결하다, 선고하다, 처형하다.

Damoetās *-ae* (E *shepherd*) *m.* 목자, 양치기.

Dāmōn *-ōnis* (E *goatherd*) *m.* 염소 지기.

Danaē *-ēs* (E *Danae*) *f.* Danae [아르고스(Argos)의 왕인 아크리시우스(Acrisius)의 딸로 제우스의 사랑을 받았으며 배에 태워져 포류하게 되었다. 웨르질리우스(Vergilius)는 이야기를 다르게 해석했다].

Danaus *-a -um* (E *of Danaus*) *adj.* 다나우스(Danaus)의 [다나우스(Danaus)는 아르고스(Argos)에 정착한 신화의 이집트 왕으로 다나이다에(Danaidae)의 아버지임].

Daphnis *-idis* (E *Daphnis*) *m.* 다프니스(Daphnis)[신화에 등장하는 시칠리아의 양치기로 전원시의 창조자임].

daps *dapis* (E *feast*) *f.* 축연, 연회.

Dardanidēs *-ae* (E son of Dardanus) *m.* 다르다누스(Dardanus)의 아들 (특히 후계자인 아에네아스. 복수로 쓰여 트로이인을 의미하기도 함).

Dardanis *-idis* (E *daughter of Dardanus*) *f.* 다르다누스(Dardanus)의 딸 [특히 트로이의 여자들].

Dardanius *-a -um* (E *of Dardanus*) *adj.* 다르다누스(Dardanus)의, 트로이의, 트로이인의.

Dardanus *-ī* (E *Dardanus*) *m.* 다르다누스(Dardanus)[이우피테르(Jupiter)와 엘렉스트라(Elextra)의 아들로 프리암(Priam)과 아에네아스 일가의 첫 번째 인물].

Dardanus -a -um (E of Dardanus) adj. 다르다누스(Dardanus)의.
Darēs ētis (E Trojan boxer or warrior) m. 트로이인 복서; 트로이인 전사.
dator -ōris (E giver) m. 증여자, 기증자.
datus -a -um adj. do의 과거분사.
Daucius -a -um (E of Daucus) adj. 다우쿠스(Daucus)의 [루툴리(Rutuli)의 귀족].
Dannius -a -um (E of Daunus) adj. 다우쿠스(Daucus)의.
Daunus -ī (E Daunus) m. Apulia의 신화 상의 왕.
dē (E from) prep. [+탈격] ~에서, ~로부터; ~에 근거하여; ~에 관하여.
dea -ae (E goddess) f. 여신.
dēbellātor -ōris (E conqueror) m. 정복자.
dēbellō -āvī -ātum -āre (E subdue) vt. 진압하다, 정복하다, 평정하다, 가라앉히다.
dēbeō -buī -bitum -bēre (E owe) vt. 빚지다, ~에 돌리다.
dēbilis -e (E weak) adj. 허약한, 힘없는, 무능력한.
dēbilitō -āvī -ātum -āre (E weaken) vt. 약화시키다.
dēbitus -a -um adj. debeo의 과거분사.
dēcēdō -cēssī -cēssum -cēdere (E withdraw) vt. 철회하다, 후퇴하다, 물러가다.
dēcēdēns -entis (E declinging) adj. 쇠퇴하는, 몰락하는.
decem (E ten) indecl.num.adj. 10.
dēceptus -a -um adj. decipiō의 과거분사.
dēcernō -crēvī -crētum -cernere (E decide) vt. 결정하다, 단정하다, 결심하다.
dēcerpō -cerpsī -cerptum -cerpere (E pluck off) vt. 잡아뜯다, 따다, 뽑다.
decet decuit no sup. decēre (E befit) vt. [3인칭 유일] 적합하다, 알맞다, 의무이다.
dēcidō -cidī no sup. -cidere (E fall down) vi. 무너지다, 몰락하다, 떨어지다.
dēcīdōm -dīdī -cīsum -cīdere (E cut off) vt. 베다, 자르다.
dēcipiō -cēpī -ceptum -cipere (E deceive) vt. 속이다, 기만하다, 배신하다.
dēcīsus -a -um adj. decīdō의 과거분사.
Decius -ī (-iī) (E Decius) m. 로마의 부족 이름.
dēclārō -āvī -ātum -āre (E manifest) vt. 밝히다, 명백하게 하다; 선언하다.
dēclīnō -āvī -ātum -āre (E bend down) vt. (눈꺼풀 등을) 닫다, 내리다.
dēcolor -ōris (E discolored) adj. 탈색된, 색이 바랜, 어스러진.

dēcoquō -coxī -coctus -coquere (E boil down) vt. 졸이다, 끓여서 증발시키다; 요약하다.
decor -ōris (E beauty) m. 아름다움, 예쁨, 우아, 기품.
decorō -āvī -ātum -āre (E adorn) vt. 꾸미다, 아름답게 하다, 장식하다.
decōrus -a -um (E adorned) adj. 장식된, 아름다운, 꾸며진.
decumus (deci-) -a -um (E tenth) adj. 열번째의.
dēcurrō -currī (-cucurrī) -cursum -ere (E run down) vi. 달리다; 날다, 항해하다, 서두르다.
dēcursus -ūs (E descent) m. 내리막길, 코스.
decus -orīs (E beauty) n. 아름다움, 기품, 우아.
dēcutiō -cussī -cussum -cutere (E shake off) vt. 털어내다, 두드려 떨어 버리다.
dēdccus -oris (E disgrace) n. 불명예, 망신, 창피.
dēdiguor -ātus -ārī (E disdain) vt.dep. 경멸하다, 꾸짖다.
dēdō -dī -ditum -dere (E give up) vt. 포기하다, 그만두다, 양보하다.
dēdūcō -dūxī -dūctum -dūcere (E drag away) vt. 끌어내리다, 영락시키다, 고갈시키다.
dēdūctus -a -um adj. **deduco**의 과거분사.
deerrō -āvī -ātum -āre (E go astray) vi. 빗나가다.
dēfectus -ūs (E eclipse) m. 실패, 쇠락.
dēfendō -dī -sum -dere (E defend) vi. 비키다; 보호하다.
dēfēnsor -ōris (E defender) m. 방어자, 보호자, 옹호자.
dēfēnsus -a -um adj. **defendō**의 과거분사.
dēferō -tulī -lātum -ferre (E carry down) vt. 끌어내리다; 가져오다, 운반하다.
dēfessus -a -um (E tired out) adj. 지친, 낡아빠진.
dēficiō -fēcī -fectum -ficere (pass. defit) (E fail) vt. 멈추다, 실패하다, 멎다, 주저한다.
dēfīgō -fīxī -fīxum -fīgere (E fasten down) vt. 붙들어 매다, 고정시키다.
dēfiō deficiō 참조.
dēfīxus -a -um adj. **defigō**의 과거분사.
dēflectō -flexī -flexum -flectere (E turn aside) vt. 옆으로 비키다, 슬쩍 피하다.
dēfleō -ēvī -ētum -ēre (E weep for) vi. 흐느끼다, 애도하다.
dēflētus -a -um adj. **deflco**의 과거분사.
dēfluō -fluxī -fluxum -fluere (E flow down) vi. 흘러 내려가다, 떠내려가

다; 떨어지다, 미끄러지다.

dēfodiō -*fōdī* -*fossum* -*fodere* (E *dig*) *vt.* 파다, 파 내려가다; 묻다, 숨기다.

dēformis -*e* (E *deformed*) *adj.* 변형된, 보기 흉한, 추한, 기형의.

dēformō -*āvī* -*ātum* -*āre* (E *disfigure*) *vt.* 외관을 손상시키다, 변형시키다, 추하게 하다.

dēfossus -*a* -*um* *adj.* **defodiō**의 과거분사.

dēfringō -*frēgī* -*fractum* -*fringere* (E *break off*) *vt.* 꺾어버리다, 끊다, 중지하다.

dēfrutum -*ī* (E *must*) *n.* 포도액, 새 포도주.

dēfunctus -*a* -*um* *adj.* **defungor**의 과거분사.

dēfungor -*funetus* -*fungī* (E *finish*) *vt.dep.* 끝내다, 완료하다.

dēgener -*eris* (E *degenerate*) *adj.* 타락한, 퇴보한; 저열한.

dēgenerō -*āvī* -*ātum* -*āre* (E *degenerate*) *vi.* 퇴보하다, 타락하다.

dēgō -*dēgī* *no sup.* *dēgere* (E *spend*) *vt.* 보내다, 지내다.

dēgustō (*perh. ū*) -*āvī* -*ātum* -*āre* (E *taste*) *vt.* 맛보다; 풀을 뜯어먹다.

dehiue (E *from hence*) *adv.* 그러므로, 지금부터, 여기서부터.

dehīscō -*hīvī* *no sup.* -*hīscere* (E *yawn*) *vi.* 하품하다, 입을 딱 벌리다.

dēiciō (*deii-*) -*iēcī* -*iectum* -*icere* (E *cast down*) *vt.* 내던지다, 넘어뜨리다, 쓰러뜨리다.

dēiectus -*a* -*um* *adj.* **deiciō**의 과거분사.

dēiicio deiciō 참고.

dein deinde 참고.

deinde *dein* (E *from thence*) *adv.* 그곳에서부터, 그때부터, 그러므로.

Dēiopēia -*ae* (E *Deiopeia*) *f.* 데이오페이아(Deiopeia)[유노(Juno)의 님프 또는 치레네(Cyrene)의 님프].

Dēiphobē -*ēs* (E *Deiphobe*) *f.* 데이포베(Deiphobe)[아폴로(Apollo)의 여사제로 글라우쿠스(Glaucus)의 딸].

Dēiphbus -*ī* (E *Deiphbus*) *m.* 데이프부스(Deiphbus)[프리암(Priam)의 아들].

dēlābor -*lāpsus* -*lābī* (E *glide down*) *vi.dep.* 미끄러져 내리다, 떨어져 내리다, 흘러내리다.

dēlāpsus -*a* -*um* *adj.* **delabor**의 과거분사.

dēlātus -*a* -*um* *adj.* **deferō**의 과거분사.

dēlectus -*ūs* (E *choice*) *m.* 선택.

dēlectus -*a* -*um* *adj.* **deligō**의 과거분사.

dēleō -*ēvī* -*ētum* -*ēre* (E *obliterate*) *vt.* 지우다, 흔적을 없애다, 파괴하다.

dēlētus -*a* -*um* *adj.* **dēlcō**의 과거분사.

dēlia Delius 참조.
dēlībō *-āvī -ātum -āre* (E *taste*) *vt.* 맛보다.
dēliciae *-ārum* (E *delight*) *f.pl.* 기쁨, 즐거움, 쾌감.
dēligō *-lēgī -lectum -ligere* (E *choose*) *vt.* 고르다, 선택하다.
dēlitēscō *-lituī no sup. -litēscere* (E *hide away*) *vi.* 숨다, 숨어 기다리다, 잠복하다.
Dēlins *-a -um* (E *of Delos*) *adj.* 델로스(Delos)의.
delphīn *-īnis (delphīnus, -ī)* (E *dolphin*) *m.* 돌고래.
dēlūbrum *-ī* (E *temple*) *n.* 신전, 성소, 성당, 사원.
dēlūdō *-lūsī -lūsum -lūdere* (E *mock*) *vt.* 속이다, 조롱하다.
dēmēns *-entis* (E *mad*) *adj.* 미친, 정신이 나간; 멍청한.
dēmentia *-ae* (E *insanity*) *f.* 광기, 격앙; 어리석은 짓.
dēmergō *-rsī -rsum -rgere* (E *sink*) *vi.* 가라앉다, 잠기다.
dēmersus *-a -um adj.* **demergo**의 과거분사.
dēmessus *-a -um adj.* **demeto**의 과거분사.
dēmetō *-messuī -messum -metere* (E *mow down*) *vt.* 쓰러뜨리다, 소탕하다; 뽑다.
dēmissus *-a -um adj.* **demitto**의 과거분사.
dēmittō *-mīsī -missum -mittere* (E *send down*) *vt.* 떨어뜨리다, 흘리다, 쓰러뜨리다; 내리다.
dēmō *dēmpsī dēmptum dēmere* (E *take away*) *vt.* 가져가다, 제거하다, 떼내다; 추방하다.
dēmoror *-ātus -ārī* (E *delay*) *vt.dep.* 지연시키다, 보류하다, 억류하다; 기다리다.
dēmum (E *finally*) *adv.* 마침내, 겨우.
dēnī *-ae -a* (E *ten each*) *distr.num.adj.* 각자 10; 10.
dēnique (E *at last*) *adv.* 마침내, 겨우.
dēns *dentis* (E *tooth*) *m.* 이빨; 낯, 미늘, 창 끝.
dēnseō *no pref. -ētum -ēre* denso 참조.
dēnsō *-āvī -ātum -āre* (E *thicken*) *vt.* 두껍게 하다, 촘촘하게 하다.
dēnsus *-a -um* (E *dense*) *adj.* 촘촘한, 두꺼운, 밀집한, 빽빽한.
dentāle *-is* (E *share beam*) *n.* [보통은 복수형] 보습의 밑바닥 (쟁기의 일부).
dēnuucio denuntio 참조.
dēnuntiōm *-āvī -ātum -āre* (E *announce*) *vt.* 선고하다, 공고하다, 알리다.
dēpaseō *-pāvī -pastum -pascere (also pass.dep.)* (E *feed upon*) *vt.* 먹

다, 잘라먹다, 뜯어먹다; 소비하다.

dēpastus *-a -um adj.* **depasco**의 과거분사.

dēpectō *no pref. -pexum -pectere* (E *comb off*) *vt.* 빗어내다, 빗거 풀다.

dēpellō *-pulī -pulsum -pellere* (E *drive down*) *vt.* 몰아내다, 쫓아내다, 물리치다.

dēpendeō *no perf. no sup. -pendēre* (E *hang down*) *vi.* 늘어지다, 매달리다.

dēpōnō *-posuī -positum -pōnere* (E *put down*) *vt.* 내려놓다, 놓다, 눕히다, 내리다.

dēpositus *-a -um adj.* **depono**의 과거분사.

dēprecor *-ātus -ārī* (E *pray off*) *vt.dep.* 간청하다, 빌다.

dēprehendō *(-prendo) -prehendī -prehēnsum (-prēnsum) -prehendere* (E *overtake*) *vt.* 따라잡다, 잡다, 붙들다.

dēprēusus *-a -um adj.* **deprehendo**의 과거분사.

dēpressus *-a -um adj.* **deprimo**의 과거분사.

dēprimō *-pressī -pressum -primere* (E *press down*) *vt.* 내리누르다.

dēprōmō *-prompsī -promptum -prōmere* (E *serve out*) *vt.* 끌어내다, 꾀어내다.

dēpulsus *-a -um* **depello**의 과거분사.

Dereennus *-ī* (E *dereennus*) *m.* dereenus (고대 로마의 왕).

dērigēseō *-riguī no sup. -rigēscere* (E *become stiff*) *vi.* 고정되다, 경직되다.

dēripiō *-ripuī -reptum -ripere* (E *snatch off*) *vt.* 떼어내다, 뜯어내다, 잡아채다.

dēsaeviō *-iī no sup. -īre* (E *rage off*) *vt.* 격하게 화를 내다.

dēscendō *-scendī -scēnsum -scendere* (E *descend*) *vi.* 내려가다, 떨어지다.

dēscēnsus *-ūs* (E *descent*) *m.* 하강, 하락.

dēscrībo *-scrīpsī -scrīptum -scrībere* (E *portray*) *vt.* 만들다, 그리다, 쓰다, 묘사하다.

dēsecō *-secuī -sectum -secāre* (E *cut off*) *vt.* 자르다, 절단하다.

dēsectus *-a -um adj.* **deseco**의 과거분사.

dēserō *-seruī -sertum -serere* (E *abandon*) *vt.* 버리다, 저버리다, 떠나다, 그만두다.

dēsertor *-ōris* (E *deserter*) *m.* 탈영병, 탈선자, 배신자, 배교자.

dēsertus *-a -um adj.* dēserō의 과거분사.

dēsidia *-ae* (E *inactivity*) *f.* 무위, 정지, 무기력, 게으름.
dēsīdō *-sēdī -īdere* (E *sink down*) *vi.* 가라앉다, 주저앉다.
dēsignō *-āvī -ātum -āre* (E *mark off*) *vt.* 구별하다, 구획하다.
dēsiliō *-siluī -sultum -silīre* (E *leap down*) *vi.* 뛰어내리다.
dēsinō *-sīvī (-siī) -situm -sinere* (E *cease*) *vt.* 그만두다, 억제하다, 삼가다, 멈추다.
dēsistō *-stitī -stitum -sistere* (E *desist*) *vt.* 그만두다, 억제하다, 삼가다, 멈추다.
dēsōlātus *-a -um adj.* **desolo**의 과거분사.
dēsōlō *-āvī -ātum -āre* (E *forsake*) *vt.* 버리다, 저버리다.
dēspectō *no perf. no sup. -āre* (E *look down upon*) *vt.* 낮추어보다, 경멸하다.
dēspectus *-a -um adj.* **despicio**의 과거분사.
dēspiciō *-spexī -spectum -spicere* (E *despise*) *vt.* 경멸하다, 무시하다, 경시하다.
dēspūmō *-āvī -ātum -āre* (E *skin off*) *vt.* 껍질을 벗기다.
dēstiilō *-āvī -ātum -āre* (E *trickle*) *vi.* 졸졸 흐르다, 스며나오다, 새어나오다.
dēstinō *-āvī -ātum -āre* (E *setfast*) *vt.* 수립하다, 예정해두다.
dēstituō *-uī -ūtum -uere* (E *leave*) *vt.* 떠나다, 버리다.
dēstruō *-uxī -uctum -uere* (E *demolish*) *vt.* 부수다, 파괴하다, 헐다.
dēsuēscō *-suēvī -suētum -suēscere* (E *disuse*) *vt.* 사용을 그만두다.
dēsuētus *-a -um adj.* **desuesco**의 과거분사.
dēsum *-fuī -futūrus -esse* (E *be absent*) *irr.vi.* 떠나있다, 부재하다, 실패하다.
dēsuper (E *from above*) *adv.* 위로부터.
dētectus *-a -um adj.* **dētegō**의 과거분사.
dētegō *-texī -tectum -tegere* (E *disclose*) *vt.* 밝히다, 들추어내다, 공개하다.
dēterior *-us sup. deterrimus* (E *inferior*) *adj.* 더 저급한, 저속한, 정복된, 퇴보한.
dētexō *-texuī -textum -texere* (E *weave up*) *vt.* 완벽히 짜내다, 엮다.
dētineō *-tinuī -tentum -tinēre* (E *hold*) *vt.* 붙들다, 기다리게 하다, 매달리다.
dētonō *-tonuī no sup. -tonāre* (E *thunder down*) *vi.* 잠잠해지다.
dētorqueō *-torsī -tortum(-torsum) -torquēre* (E *turn off*) *vi.* 옆길로 빠

지다, 피하다, 외면하다.
dētrahō -traxī -tractum -trahere (E drag off) vt. 데리고 가다, 끌고 가다, 빼다.
dētrectō -āvī -ātum -āre (E refuse) vt. 거절하다, 일축하다, 퇴짜 놓다.
dētrūdō -trūsī -trūsum -trūdere (E thrust off) vt. 밀치다, 쑤셔 넣다, 몰아치다, 억누르다.
dēturbō -āvī -ātum -āre (E hurl off) vt. 내던지다, 몰다, 쫓아내다.
Deuealiōn -ōnis (E Deuealiōn) m. Deuealiōn (Prometheus의 아들이자 Thessaly의 왕으로 Pyrrha와 함께 홍수의 생존자임).
deus -ī (E god) m. 신, 신성.
dēvectus -a -um adj. **deveho**의 과거분사.
dēvehō -vexī -vectum -vehere (E carry away) vt. 채 가다, 가져가 버리다, 탈취하다.
dēveniō -vēnī -ventum -venīre (E arrive) vt. 도착하다; 내리다; 상륙하다.
dēvertō diverto 참조.
dēvexus -a -um adj. **dēvehō**의 과거분사.
dēvictus -a -um adj. **devinco**의 과거분사.
dēvinciō -vinxī -vinetum -vincīre (E bind down) vt. 묶다, 존쇄를 채우다, 속박하다.
dēvincō -vīeī -victum -vinecre (E subdue) vt. 정복하다, 진압하다.
dēvinctus -a -um adj. **devinciō**의 과거분사.
dēvolō -āvī -ātum -āre (E fly down) vi. 날아 내려오다.
dēvolvō -volvī -volūtum -volvere (E unroll) vt. 풀다, 펴다, 펼치다.
dēvōtus -a -um adj. **dēvoveō**의 과거분사.
dēvoveō -vōvī -vōtum -vovēre (E devote) vt. 바치다, 전념하다, 운명 짓다.
dexter -tera -terum (-tra, -trum) (E right) adj. 오른쪽, 오른손; 호의를 가진, 친절한.
Dīāna -ae (E Diana) f. Diana (아폴로의 여동생이자 달의 여신).
dicātus -a -um adj. **dicō**의 과거분사.
diciō (dit-) -ōnis (E command) f. 지휘하다, 명령하다, 지배하다.
dicō -āvī -ātum -āre (E devote) vt. 바치다, 할당하다, 헌납하다.
dīcō -dīxī dīctus dīcere (E speak) vt. 말하다, 얘기하다, 명령하다, 공표하다, 찬양하다.
Dīctaeus -a -um (E of Dicte) adj. Dicte의 (크레타의 산); 크레타의, 크레타인의.

dictamnus *-ī* (E *dittany*) *f.* 디터니 (Mt. Dicte에서 자라는 식물).
dictum *-ī* (E *word*) *n.* 단어, 말, 연설, 명령.
dictus *-a -um adj.* **dīcō**의 과거분사.
dīdō *dīdidī dīditum dīdere* (E *distribute*) *vt.* 분배하다, 배포하다, 퍼뜨리다.
Dīdō *-ūs (-ōnis)* (E *Dido*) *f.* Dido (카르타고의 창립자로 Elissa라고도 불리며, 아에네이드의 영웅이다).
dīdūcō *-dūxī -dūetum -dūcere* (E *separate*) *vt.* 분리하다, 떼어놓다, 나누다.
dīduetus *-a -um adj.* dīdūcō의 과거분사.
Didymaōn *-onis* (E *Didymaon*) *m.* Didymaon (유명한 금속공예가).
diēs *-ēī* (E *daytime*) *comm.* 날, 낮, 햇빛; 시간.
differō *-distulī -dīlatum differre* (E *scatter*) *irr.vt.* 흩뿌리다, 흩어지다; 미루다, 유예하다.
difficilis *-e* (E *difficult*) *adj.* 어려운, 쉽지 않은.
diffīdō *-fīsus -fīdere* (E *distrust*) *vt.* 믿지 않다, 불신하다, 의심하다.
diffindō *-findī -fiessum -findere* (E *cleave*) *vt.* 쪼개다, 가르다.
diffugiō *-fūgī no sup. -fugere* (E *disperse*) *vt.* 흩어지게 하다, 해산시키다, 서로 다른 방향으로 도주하다.
diffundō *-fūdī -fūsum -fundere* (E *scatter*) *vt.* 흩어지다, 흩뿌리다.
diffūsus *-a -um adj.* diffundo의 과거분사.
dīgerō *-gessī -gestum -gerere* (E *distribute*) *vt.* 떼어놓다, 배치하다; 해석하다, 설명하다.
dīgestus *-a -um adj.* **dīgerō**의 과거분사.
digitus *-ī* (E *finger*) *m.* 손가락; 발가락.
dignātus *-a -um adj.* dīgnor의 과거분사.
dīgnor *-ātus -ārī* (E *deem worthy*) *vt. dep.* 가치있게 여기다; 황송하옵게도 ~하여 주시다.
dignus *-a -um* (E *worthy*) *adj.* 가치있는, 마땅히 받을 만한, 적절한.
dīgredior *-gressus -gredī* (E *step aside*) *vi. dep.* 옆으로 비키다, 벗어나다, 떠나다.
dīgressus *-ūs* (E *departure*) *m.* 출발, 이탈, 떠남.
dīgressus *-a -um adj.* **digredior**의 과거분사.
dīlābor *-lāpsus -lābī* (E *fall apart*) *vi.dep.* 해산하다, 해소하다.
dīlūpsus *-a -um adj.* **dilavor**의 과거분사.
dīlectus *-a -um adj.* **dīligō**의 과거분사.

dīligō *-lexī -lectum -ligere* (E *esteem*) *vt.* 존중하다, 중하게 여기다.
dīluō *-luī -lūtum -luere* (E *dissolve*) *vt.* 용해하다, 물에 녹이다.
dīluvium *-ī (-iī)* (E *deluge*) *n.* 대홍수, 범람; 파괴.
dīmēnsus *-a -um adj.* **dimētior**의 과거분사.
dīmētior *-mēnsus -mētīrī* (E *measure out*) *vt. dep.* 재어서 분할하다, 재어서 끊다.
dīmittō *-mīsī -missum -mittere* (E *let go*) *vt.* 멀리 보내다, 추방하다, 내쫓다; 버리다.
dīmoveō *-mōvī -mōtum -movēre* (E *separate*) *vt.* 나누다, 분리시키다.
Dindyma *-ōrum* (E *Dindyma*) *n.* Dindyma (Cybele에 헌정된 Mysia의 산).
dīnumerō *-āvī -ātum -āre* (E *calculate*) *v.* 세다, 계산하다.
Diomēdēs *-is* (E *Diomedes*) *m.* Diomedes (Tydeus의 아들로 트로이의 유명한 그리스 전사).
Diōnacus *-a -um* (E *of Dione*) *adj.* Dione의 (Venus의 엄마).
Diōrēs *-is* (E *Diores*) *m.* Diores (Priam가의 트로이인).
Dioxippus *-ī* (E *Dioxippus*) *m.* Dioxippus (트로이인).
Dirae dirus 참조.
Dircaeus *-a -um* (E *of Dirce*) *adj.* Dirce의 (Thebes 근처의 분수).
dīrectus *(de-) -a -um adj.* **dirigo**의 과거분사.
dīreptus *-a -um adj.* **dīripio**의 과거분사.
dīrigēscō dērigēsco 참조.
dīrigō *(dē-) -rexī -rectum -rigere* (E *dispose*) *vt.* 정렬하다, 버치하다.
dirimō *-ēmī -emptum -imere* (E *separate*) *vt.* 나누다, 분리하다, 떼어내다.
dīripiō *-ripuī -reptum -ripere* (E *tear away*) *vt.* 잡아 뜯다, 떼어내다; 약탈하다.
dīruō *-ruī -rutum -ruere* (E *overthrow*) *vt.* 전복하다, 뒤집다.
dīrus *-a -um* (E *awful*) *adj.* 끔찍한, 무서운, 불길한 (여성 복수로 쓰여 세 자매의 복수의 여신들을 뜻하기도 함).
dirutus *-a -um adj.* **diruo**의 과거분사.
Dīs *Dītis* (E *Pluto*) *m.* 지하세계를 관장하는 신, Pluto.
dis- *insep.adv.* 분리, 파괴, 반대, 부정 등을 나타내는 접두어.
discēdō *-cēssī -cēssum -cēdere* (E *withdraw*) *vt.* 빼다, 뒤로 물리다, 후퇴하다.
discernō *-crēvī -crētum -cernere* (E *separate*) *vt.* 나누다, 분리하다; 결정하다.
discerpō *-cerpsī -cerptum -cerpere* (E *tear off*) *v.* 뜯어내다, 잡아 뜯다,

따다; 흩어버리다.
discerptus -a -um adj. discerpo의 과거분사.
discēssus -ūs (E departure) m. 출발, 이별.
discinctus -a -um adj. discingo의 과거분사.
discindō -scidī -scissum -scindere (E tear apart) vt. 잡아뜯다, 뜯어내다.
discingō -cinxī -cinctum -cingere (E ungird) vt. 띠를 풀다, 통제를 풀다.
discissus -a -um adj. discindo의 과거분사.
disclūdō -clūsī -clūsum -clūdere (E seal up) vt. 떼어놓다; 봉인하다.
discō -didicī no sup. discere (E learn) vt. 알다, 알게 되다, 배우다.
discolor -ōris (E variegated) adj. 잡색의, 얼룩덜룩한, 여러 가지 색으로 물들인.
discordia -ae (E disagreement) f. 불화, 불일치.
discors -cordis (E inharmonious) adj. 조화되지 않은, 불협화의, 다른.
discrepō -puī no sup. -crepāre (E jar) vi. 거슬리는 소리를 내다, 잡음을 내다, 다르다.
discrīmen -inis (E separation) n. 분리, 구별; 간격; 결정; 위험.
discrīminō -āvī -ātum -āre (E distinguish) vt. 구별하다, 나누다.
discumbō -cubuī -cubitum -cumbere (E recline) vi. 기대다, 눕다.
discurrō -cucurrī(-currī) cursum -currere (E run apart) vt. 갈라서다, 나누다.
discussus -a -um adj. discutio의 과거분사.
discutiō -cussī -cussum -cutere (E strike off) vt. 넘어뜨리다; 부시다; 추방하다.
dīsiciō (disii-) -iēcī -iectum -iecere (E scatter) vt. 흩어버리다, 전복시키다, 뒤엎다, 흩뿌리다.
disiectus -a -um adj. disicio의 과거분사.
disiiciō disicio 참조.
disiungō -iunxī -iunctum -iungere (E disjoin) vt. 분리하다, 나누다.
dispar -aris (E unlike) adj. 같지 않은, 다른, 닮지 않은.
dispellō -pulī -pulsum -pellere (E drive apart) vt. 뿔뿔이 쫓아버리다, 잘라버리다, 흩어버리다.
dispendium -ī (-iī) (E expense) n. 지출, 손해.
disperdō -didī -ditum -dere (E destroy) vt. 완전히 파괴하다.
dispergō -spersī -spersum -spergere (E scatter) vt. 흩어놓다, 해산시키다, 쫓아버리다.
dispersus -a -um adj. dispergo의 과거분사.

dispiciō -spexī -spectum -spicere (E see through) vt. 관통해 보다.
displiceō -plicuī -plicitum -plicēre (E displease) vt. 불쾌하게 하다, 비위를 거스르다.
dispōnō -posuī -positum -pōnere (E arrange) vt. 정리하다, 정렬하다.
dissēnsus -ūs (E dissent) m. 불일치, 의견 차이, 불화.
dissideō -sēdī -sessum -sidēre (E be apart) vi. 따로 떨어지다.
dissiliō -siluī no sup. -silīre (E split in pieces) vt. 조각조각 나누어지다, 산산조각 나다.
dissimilis -e (E unlike) adj. 같지 않은, 저급한.
dissimulō -āvī -ātum -āre (E conceal) vt. 숨다, 숨기다, 모른채하다.
dissultō no perf. no sup. -āre (E spring apart) vi. 튀어나오다, 돌발하다.
distendō -tendī -tentum (-tensum) -tendere (E distend) vi. 팽창하다, 부풀다.
distentō -āvī -ātum -āre (E extend) vi. 확장하다, 부풀리다, 넓어지다.
distentus -a -um adj. **distendo**의 과거분사.
dīstillō destillo 참조.
distineō -tinuī -tentum -tinēre (E keep off) vt. 막다, 떼어 놓다, 가까이 못 오게 하다.
dīsto no perf. no sup. dīstāre (E stand off) vt. 거리를 두다, 떨어져 서 있다.
distractus -a -um adj. **distralio**의 과거분사.
distrahō -trāxī -tractum (E pull apart) vt. 떼어놓다, 갈라놓다.
dīstrictus -a -um adj. **dīstringō**의 과거분사.
dīstringō -strīnxī -strictum stringere (E distract) vt. 방해하다, 주의를 돌리다.
ditiō -ōnis dicio 참조 (dicio가 더 올바른 철자법임).
dītissimus -a -um dives 참조.
diū (E for a long time) adv. 오래, 오랫동안.
diurnus -a -um (E of the day) adj. 매일의, 일상의.
dīus -a -um (E divine) adj. 신적인, 신과 같은.
dīvellō -vellī -volsum (-vulsum) -vellere (E tear apart) vt. 뜯어내다, 떼어내다.
dīverberō -āvī -ātum -āre (E cleave) vt. 자르다, 베다.
dīversus (-vorsus) -a -um adj. **diverto**의 과거분사.
dīvertō (-vorto, -vertī -versum (-vorsum) -vertere (E turn aside) vt. 옆으로 비키다, 슬쩍 피하다.

dīves *dīvitis* (E *rich*) *adj.* 풍부한, 부유한.
dīvidō *-vīsī -vīsum -videre* (E *separate*) *vt.* 나누다, 분리하다.
dīvīnitus (E *divinely*) *adv.* 신의 힘으로, 거룩하게.
dīvīnus *-a -um* (E *of a god*) *adj.* 신의, 거룩한, 성스러운, 예언의, 종교적인, 신성한.
dīvīsus *-a -um adj.* divido의 과거분사.
dīvitiae *-ārum* (E *wealth*) *f.pl.* 부, 부유함.
dīvortium *-ī (-iī)* (E *turning aside*) *n.* 비켜남, 떠남.
dīvus *-a -um* (E *divine*) *adj.* 신의, 거룩한, 성스러운.
dō *dedī datum dare* (E *give*) *vt.* 주다, 제공하다, 부유하다, 허락하다, 공급하다.
doceō *docuī doctum docēre* (E *explain*) *vt.* 가르치다, 얘기하다, 설명하다.
doctissimus *-a -um* doctus의 최상급.
doctus *-a -um adj.* **doceō**의 과거분사.
Dōdōna *-ae* (E *Dodona*) *f.* Dodona (Epirus의 도시로 떡갈나무 숲 속 제우스의 신전으로 유명함).
Dōdōnaeus *-a -um* (E *of Dodona*) *adj.* Dodona의.
doleō *-luī -liturum -lēre* (E *suffer*) *vi.* 고통받다, 슬퍼하다, 마음 아파하다.
Dolichāon *-onis* (E *Dolichaon*) *m.* Dolichaon (트로이인으로 Hebrus의 아버지).
dolō *-ōnis* (E *pike*) *m.* 창.
Dolōn *-ōnis* (E *Dolon*) *m.* Dolon (트로이 공성전에서 트로이인들의 스파이였음).
Dolopes *-um* (E *Dolopes*) *m.pl.* Dolopes (Thessaly 사람들).
dolor *-ōris* (E *pain*) *m.* 고통, 아픔, 슬픔, 화.
dolus *-ī* (E *stratagem*) *m.* 전략, 책략, 속임수.
domina *-ae* (E *mistress*) *f.* 여주인, 귀부인, 여왕.
dominātus *-a -um adj.* **dominor**의 과거분사.
dominor *-ātus -ārī* (E *rule*) *vt. dep.* 지배하다, 다스리다, 통치하다.
dominus *-ī* (E *lord*) *m.* 지배자, 군주, 주인; 남편.
domitō *-ārī no perf. no sup. -āre* (E *train*) *vt.* 길들이다; 침입하다; 거덜 나게 하다.
domitor *-ōris* (E *tamer*) *m.* 길들이는 사람, 정복자.
domitrīx *-īcis* (E *tamer*) *f.* 여자 정복자.
domitus *-a -um adj.* **domo**의 과거분사.
domō *-uī -itum -āre* (E *tame*) *vt.* 정복하다, 길들이다.

domus -ūs or -ī (E building) f. 건물, 집, 거주지.
dōnārium -ī (-iī) (E temple) n. 신전, 전당, 보관소.
dōnātus -a -im adj. **dono**의 과거분사.
dōnec (E until) adv. ~까지, ~동안에.
Dōnō -ūs (E Dono) f. Dono (인어 또는 바다요정).
dōnō -āvī -ātum -āre (E give present) vt. 선물을 주다, 증여하다.
dōnum -ī (E gift) n. 선물, 상.
Donūsa -ae (E Donusa) f. Donusa (애개해의 작은 섬. 초록 대긔석으로 유명함).
Dōricus -a -um (E of the Dorians) adj. 도리스 사람들의; 그리스의.
Dōris -idis (E Doris) f. Doris (Oceanus의 딸이자 Nereus의 아너인 바다 요정); 바다.
dormiō -īvī(-iī) -ītum -īre (E sleep) vi. 자다.
dorsum -ī (E back) n. 등; 지붕.
Doryclus -ī (E Doryclus) m. Doryclus (Beroe의 남편으로 한떠 트로이 원정대에 속해 있었음).
dōs -dōtis (E dowry) f. 결혼 지참금.
dōtālis -e (E of marriage-portion) adj. 결혼 지참금의.
dōtō -āvī -ātum -āre (E endow) vt. 주다, 증여하다.
dracō -ōnis (E dragon) m. 뱀, 용; 용자리.
Drancēs -is (E Drances) [호격: *Drance*] m. Drances (Turnus에게 적대적인 로마인).
Drepanum -ī (E Drepanum) n. Drepanum (Sicily 서쪽 해안 다을. 현재의 Trapani).
Drūsusm -ī (E Drususm) m. Drusum (Livia와 Claudia 부족의 성씨).
Dry -ūs (E scanymph) f. 님프의 일종.
Dryas -adis (E dryad) f. 숲의 요정, 드리아드.
Dryopē -ēs (E Dryope) f. Dryope (님프. Tarquitus의 어머니).
Dryopēs -um (E Dryopes) m. Dryopes (트로이인).
dubitaudus -a -um (E doubtful) ger. adj. 의심스러운, 수상쩍은.
dubitō -āvī -ātum -āre (E doubt) vt. 의문을 가지다, 의심하다.
dubius -a -um (E uncertain) adj. 불확실한, 의심스러운, 미심쩍은.
dūcō -dūxī -dūctum dūcere (E guide) vt. 지도하다, 이끌다, 안내하다, 호위하다.
dūctor -ōris (E leader) m. 지도자, 선도자, 지휘관.
dūctus -a -um (E lead) adj. **duco**의 과거분사.

dūdum (E *a while ago*) *adv.* 조금 전에, 한참 전에.
dulcēdō *-inis* (E *sweetness*) *f.* 달콤함; 기쁨, 환희.
dulcis *-e* (E *sweet*) *adj.* 달콤한, 향기로운; 맛과 냄새에 관련된; 신선한.
Dūlichium *-ī (-iī)* (E *Dulichium*) *n.* 이타카 근처의 한 섬 종종 이타카와 혼동된다.
Dūlichius *-a -um* (E *of Dulichium*) *adj.* 둘키움의; 때때로 율리시스의.
dum (E *while*) *conj.* (*prop.* that time) -하는 동안, (부정어와 함께) '그럼에도 불구하고': nondum; necdum.
dūmētum *-ī* (E *thicket*) *n.* 숲, 덤불, 나무딸기 수풀.
dūmōsus *-a -um* (E *bushy*) *adj.* 떨기나무가 무성한, 수풀로 덮인, 가시가 많은.
dūmus *-ī* (E *bush*) *m.* 수풀, 덤불.
duo *duae duo* (E *two*) *num. adj.* 2의.
duodēnī *-ae -a* (E *twelve each*) *distr. num.* 열 두 개 각각. 때때로 열둘.
duplex *-icis* (E *double*) *adj.* 2중의, 두배의.
duplicātus *-a -um adj.* **duplico**의 과거분사.
dupiicō *-āvī -ātum -āre* (E *double*) *vt. a.* 두배로하다.
dūrēscō *-uī no sup -ēscere* (E *harden*) *vt. n.* incep. 딱딱하게 하다, 딱딱해지다.
dūrō *-āvī -ātum -āre* (E *harden*) *vt. a. n.* Act., 단단하게 하다, 딱딱하게 하다
dūrus *-a -um* (E *hard*) *adj.* 단단한, 단호한, 뻣뻣한, 강인한, 고집이 센.
dux *ducis* (E *guide*) *comm.* 안내자, 지도자, 지휘자, 왕.
Dymās *-antis* (E *father of Hecuba*) *m.* 헤쿠바의 아버지; 트로이 전사.

E e

ē ex 참조.
ebenus *-ī* (E ebony) *f.* (-um *n.*) 흑단나무, 흑단.
ebulum *-ī* (E danewort) *n.* 데인워트(Sambucus ebulus)(식물의 종류).
Ebur *-oris* (E ivory) *n.* 상아, 상아로 만든 파이프.
eburnus *-a -um* (E of ivory) *adj.* 상아의.
Ebusus *-ī* (E Etruscan) *m.* 에스트루카인.
ecce (E see!) *interj.* 보라!
ecfātus *-ecfor -ecfero etc.;* eff- 참조.
Echīonius *-a -um* (E of Echion) *adj.* 에키온의 (암피온이 테베를 세우는 데 도움을 줌) 때때로 테베인의.
ecloga *-ae* (E Eclogue) *f.* 목가시, 전원시 (베르길리우스의 목가적인 시에 붙여진 이름).
ecquis(*-qui*) *-qua -quid(-quod)*(E is there anything that ?) *pron. indef. in terrog.* -하는 것이 있나? ecqua puero est cura (E is there anything that concerns the boy?) 아이에게 걱정스러운 것이 있나?
edāx *-ācis* (E voracious) *adj.* 탐욕스러운; 게걸스럽게 먹는.
ēdīco *-dīxī -dictum -dīcere*(E proclaim) *vt.* 공식적으로 발표하다. 명령하다.
ēdiscō *-didicī no sup. -discere* (E learn by heart) *vt.* 외우다, 암기하다.
ēdisserō *-seruī -sertum -serere* (E explain) *vt.* 말을 늘어놓다, 설명하다, 연관 짓다.
ēditus *-a -um* **ēdo**의 과거분사.
edō *ēdī ēsum edere(ēsse)* (E eat) *vt.* 먹다, 소비하다, 먹어 치우다.
ēdō *ēdidī ēditum ēdere* (E put forth) *vt.* 말을 꺼내다; 내밀다; 발하다; 만들다
ēdoceō *-docuī -doctum -docēre* (E show forth) *vt.* 보여주다, 알려주다, 발표하다.
Ēdōnus *-a -um* (E of the Edoni) *adj.* 에도니 (트라스의 사람들)의. 때때로 트라키안, 북풍.
ēducō *-āvī -ātum -āre* (E bring up) *vt.* 기르다, 양육 하다.
ēdūcō *-dūxī -dūctum -dūcere* (E lead forth) *vt.* 이끌다; 세우다, 만들다.
ēdūctus *-a -um* **educo**의 과거분사.
ēdūrus *-a -um* (E very hard) *adj.* 매우 단단한, 매우 딱딱한.

effātus *(eef-) -a -um* **effor**의 과거분사.
effectus *-a -um* **efficiō**의 과거분사.
efferō *extulī ēlātum efferre* (E bring forth) *irr. vt.* 낳다, 내놓다; 짊어지고 가다.
efferus *-a -um* (E wild) *adj.* 야생의, 야만의, 미개한.
effervō *no perf no sup -fervere* (E boil over) *vi.* 끓어 오르다.
effētus *-a -um* (E worn out) *adj.* 닳은, 불모의.
efficiō *-fēcī -fectum -ficere* (E make) *vt.* 만들다, 형성 하다, 생산하다.
effigiēs *-ēī* (E image) *f.* 이미지, 닮음, 복사본.
effingō *-finxī -fictum -fingere* (E form) *vt.* 만들다, 형성하다; 대표하다, 따라하다.
efflāgitō *-āvī -ātum -āre* (E demand urgently) *vt.* 긴급히 요구하다.
efflō *-āvī -ātum -āre* (E blow forth) *vi.* 불다, 내쉬다.
effodiō *-fōdī -fossum -fodere* (E dig out) *vt.* 파내다.
effoetus effetus 참조.
effor *-ātus sum -ārī* (E speak out) *v. dep.* 말하다, 이야기하다, 연결 짓다.
effossus *-a -um* **effodiō**의 과거분사.
effractus *-a -um* **effringō**의 과거분사.
effrēnus *-a -um* (E unbridled) *adj.* 고삐가 풀린, 야만적인.
effringō *-frēgī -fractum -fringere* (E break out) *vt.* 뛰쳐나가다, 박차고 나가다.
effugiō *-fūgī no sup. -fugere* (E flee away) *vt..vi.* 도망 가다, 탈출하다, 어딘 가로부터 탈출하다.
effugium *-ī (-iī)*(E escape) *n.* 탈출, 도주.
effulelō effultus 과거분사로만 쓰임; effultus 참조.
effulgeō *-fulsī no sup -fulgēre* (E shine forth) *vi.* 빛을 내다, 빛나다.
effultus *-a -um* (E propped up) **effulcio**(ex+fulcio)의 과거분사; 튀어나온.
effundō *-fūdī -fūsum -fuadere* (E pour out) *vt.vi.* 쏟아 내다, 흘리다, 내쉬다.
effūsus *-a -um* **effundo**의 과거분사.
ēgelidus *-a -um* (E lukewarm) *adj.* 미적지근한; 열의가 없는.
egēnus *-entis* (E destitute of) *adj.* 가난한, 빈곤한.
egeō *eguī no sup. egēre* (E want) *vi.* 원하다, 가난 하다.
Ēgeria *-ae* (E Egeria) *f.* 누마의 부인이자 선생이된 라티움의 님프
egestās *-tātis* (E poverty) *f.* 가난, 빈곤.
ēgī perf. ago 참조.

ego *meī* (E I) *pron.* 나, 나 자신.

egomet (E I myself) *pron.* 나 자신.

ēgredior -gressus sum -gredī (E walk forth) v. dep. 걷다, 나타나다 양륙하다.

ēgregius -a -um (E remarkable) adj. 뛰어난, 유명한, 명성이 자자한.

ēgressus -a -um **egredior**의 과거분사.

ēheu (E alas) interj. 아아!

ei (hei) (E ah) interj. 아, 아아!

ēia (E come on!) interj. 어서!, 오!

ēiciō (eii-) ēiēcī ēiectum ēicere (ciic-) (E throw out) vt. 던지다

ēiectus -a -um **eicio**의 과거분사.

ēlābor -lāpsus -lābī (E slip away) v. dep. 미끄러지다, 서서히 사라지다.

ēlāpsus -a -um **elabor**의 과거분사.

ēlātus -a -um **effero**의 과거분사.

Electra -ae (E Electra) f. 아틀라스의 딸이자 다르다누스의 어머니.

ēlectrum -ī (E amber) n. 호박.

elephantus -ī (E elephant) m. 코끼리; 상아.

Ēlēus -a -um (E of Elis) adj. 엘리스의.

Eleusīnus -a -um (E of Eleusis) adj. 엘레우시스의.

Ēlias -adis (E of Elis) f. adj. 엘리스의, 올림피아의.

ēliciō -licuī (-lexī) -licitum -licere (E entice out) vt. 꾀어내다.

ēlīdō -līsī -līsum -līdere (E knock out) vt. 넘어뜨리다; 부시다

ēligō -lēgī -lectum -ligere (E choose) vt. 고르다, 선택하다.

Ēlis -idis (E Elis) f. 펠로폰네수스의 서쪽에 위치한 그리스의 한 구역, 올림픽경기가 열리던 주요 도시인 올림피아의 이야기로 유명하다.

Elīsa *(Elīss-)* *-ae* (E Dido) *f.* 디도.

elleborus *(hei-)* *-ī* (E hellebore) *m.* 고대에 광기를 치료하기 위해 쓰인 식물.

ēloquium -ī (-iī) (E eloquence) n. 웅변, 능변.

ēloquor -locūtus sum -loquī (E speak out) v. dep. 말하다, 이야기하다.

ēlūceō -lūxī no sup. -lūcēre (E shine forth) *vi.* 빛나다.

ēluctor -tātus -tārī (E struggle out) *v. dep.* 애쓰며 가다.

ēlūdō -lūsum -lūdere (E *elude*) vt. 속이다, 기만 하다; 피하다, 도망치다; 실망시키다.

ēluō -luī -lūtum -luere (E wash out) vt. 씻어내다.

Elymus *(Hel)* *-ī* (E trohan) *m.* 아에네아스의 동료.

Ēlysium -ī (-iī) (E Elysium) n. 엘리시움(축복 받은 죽은 자들의 거처).
Ēlysius -a -um (E Elysian) adj. 엘리시아의.
Ēmathia -ae (E a district of Macedonia) f. 마케도니아의 한 구역.
Ēmathīōn -ōnis (E Rutulian) m. 루툴리안.
ēmēnsus -a -um **emetior**의 과거분사.
ēmētior -mēnsus -metīrī (E measure) v. dep. 측정하다, 측량하다.
ēmicō -cuī -cātum -cāre (E spring out) vi. 튀다, 도약하다, 솟아오르다.
ēmineō -nuī -nēre (E stand out) vi. 두드러지다; 튀어나오다.
ēminus (E from afar). adv. 멀리서.
ēmissus -a -um **ēmittō**의 과거분사.
ēmittō -mīsī -missum -mittere (E send forth) vt. 보내다; 집어던지다, 던지다.
emō ēmī emptum emere (E buy) vt. 사다; 얻다. bene emi honorem vitā(E obtained a best honor in life). 삶에서 좋은 명예를 얻었다.
ēmōtus -a -um **emoveo**의 과거분사.
ēmoveō -mōvī -mōtum -movēre (E remove) vt. 제거하다.
ēmūniō -mūniī -mūnītum -mūnīre (E fortify) vt. 강화하다; 보호하다.
ēn (E behold!) interj. 보라!
ēnārrābilis -is -e (E describable) adj. 형용할 수 있는.
Enceladus -ī (E Enceladus) m. 거인중의 하나, 타르타루스와 땅의 아들로 주피터의 번개에 의해 죽임 당하고 에트나 밑에 묻혔다.
enim (E namely) conj. 즉, 다시 말하자면.
Enīpeus -ī (-eos) (E a river of Thessaly) m. 테살리의 한 강.
ēnīsus -a -um **ēnītor**의 과거분사.
ēniteō -tuī no sup -tēre (E shine forth) vi. 빛나다; 번성 하다.
ēnītor -nīsus (-nīxus) -nītī (E climb up) 기어오르다.
ēnīxus -a -um **ēntīor**의 과거분사.
ēnō -āvī -ātum -āre (E swim out) vi. 헤엄쳐 나가다; 떠다니다.
ēnōdis -e (E smooth) adj. 매끄러운; 매듭없이.
ēnsis -is (E sword) m. 칼.
Entellus -ī (E Entellus) m. 시실리아의 복서.
ēnumerō -āvī -ātum -āre (E count out) vt. 세다, 열거 하다.
eō -īvī(-iī) itum -īre (E go) vi. 가다.
eōdem (E to the same place) adv. 같은곳으로.
Ēōus -a -um (E of the dawn) adj., 새벽의; 동쪽의.
Epēus -ī (E Epeus) m. 트로이 목마의 발명자.

Ephyrē *-ēs (-a -ae)* (E Corinth) *f.* 1.코린트 2. 님프.
Ephyrēius *-a -um* (E of Corinth) *adj.* 코린트의.
Epidaurus *-ī* (E Epidaurus) *f.* 아르골리스의 한 도시.
Ēpīrus *-ī* (E Epirus) *f.* 그리스의 한 지역.
epulae *-ārum (-um -ī)* (E a banquet) *f. plur.* 연회, 향연.
epulātus *-a -um* epulor의 과거분사.
Epulō *-ōnis* (E a Latin) *m.* 라틴사람.
epulor *-ātus -ārī* (E feast) *v. dep.* 축연을 베풀다, 향연을 베풀다, 대접하다.
Ēpytidēs *ae* (E Epytides) *m.* 에피투스의 아들.
Ēpytus *-ī* (E a Trojan) *m.* 트로이인.
equa *-ae* (E a mare) *f.* 암말.
eques *-itis* (E a rider) *m.* 기수, 승마자.
equestris *-tre* (E of horsemen) *adj.* 기수의, 마상의.
Equicolus *-ī* (E a Rutulian) *m.* 루툴리안.
equidem (E surely) *adv.* 확실히, 참으로, 진실로. hoc equidem(E this at last) 지금에야; atque equidem(E and in fact I do).정말로 난 그렇다.
equīnus *-a -um* (E horse's) *adj.* 말의, 말들의.
equitātus *-tūs* (E cavalry) *m.* 기병, 기병대.
equitō *-āvī -ātum -āre* (E ride) *v. n.* 타다.
equus *(ecus equis) -ī* (E a horse) *m.* 말.
Erātō *-tūs* (E one of the Muses) *f.* 뮤즈중의 하나.
Erebus *-ī* (E the abode of the dead) *m.* 저승세계.
ērēctus *-a -um* ērigō의 과거분사.
ēreptus *-a -um* ēripiō의 과거분사.
Ērētum *-ī* (E Eretum) *n.* 고대 사비네스의 한 도시.
ergō (E therefore) *adv.* 때문에, 위하여; 결국.
Ericētēs Erichaetes 참조.
Erichaetēs *-ae* (E a Trojan warrior) *m.* 트로이 전사.
Erichthonius *-ī (-iī)* (E a son of Dardanus) *m.* 다르다누스의 아들이며 트로스의 아버지.
Ēridanus *-ī* (E the greek name of the Po) *m.* 포의 그리스식 이름.
ērigō *-rēxī -rēctum -rigere* (E set up) *vt.* 똑바로 서다, 일어나다, 세우다.
Erigonē *-ēs* (E virgo) *f.* 이카리우스의 딸.
erīlis *(her-) -e* (E of a master) *adj.* 주인의.
Erīnys *-yos* (E a fury) *f.* 격노, 격분.

Eriphyla *-ae* (E Eriphyla) *f.* 암피아라우스 의 아내, 금목걸이 때문에 자신의 남편을 배신함.

ēripiō *-ripuī -reptum -ripere* (E snatch away) *vt.* 가로 채다; 따라잡다; 훔치다, 빼앗다.

errābundus *-a -um* (E wandering) *adj.* 방랑하는, 헤매는, 떠도는.

errātus *-ūs* (E wandering) *adj.* 헤매는, 방랑하는, 떠도는.

errātus *-a -um* erro의 과거분사.

errō *-āvī -ātum -āre* (E wander) *vi.* 떠돌다, 방랑하다.: Mars errat (E war wanders). 전쟁이 떠돌다.

error *-ōris* (E a wandering) *m.* 방랑, 일탈; 실수, 잘못.

ērubēscō *-buī no sup. -bēscere* (E redden) *vt.vi.* 붉어지다, 붉히다; 부끄러워하다.

ēructō *-āvī -ātum -āre* (E belch forth) *vt.vi.* 트림 을 하다.

ērudiō *-īvī (-iī) -ītum -īre* (E train) *vt.* 훈련시키다, 가르치다.

Erulus *-ī* (E Erulus) *m.* 프라에네스테의 왕.

ērumpō *-rūpī -ruptum -rumpere* (E cause to break out) *v. n. a. and caus.* (cf. rumpo) 돌발하게 하다, 일어나게 하다; 배출하다.

ēruō *-ruī -rutum -ruere* (E dig out) *vt.* 파내다, 밑을 파다;(벽 등을) 뒤집어엎다.

erus herus의 나은 철자법.

ervum *-ī* (E a vetch) *n.* 살갈퀴(콩류의 한 종류).

Erycīnus *-a -um* (E of Eryx) *adj.* 에릭스의.

Erymāns *-anthos* (E Erymans) *m.* 투르누스에게 죽임당한 한 트로이인.

Erymanthus *-ī* (E Erymanthus) *m.* 헤라클레스가 에리만토스 맷돼지를 죽인 아르카디아에 있는 한 산.

Eryx *-ycis* (E Eryx) *m.* 시실리 서쪽의 한 산; 베누스의 아들, 헤르쿨레스에게 권투시합에서 죽임을 당함.

ēsca *-ae* (E food) *f.* 먹이; 미끼.

essedum *-ī* (E a war chariot) *n.* 전차 (갈리아 사람들의).

et (E and) *conj.* 그리고 (que보다는 의미가 강하고 atque보다는 약함).

etiam (E even now) *conj.* 지금에도, 아직도.

etiamnum (E even now) *conj.* 아직도, 지금까지도; 과거에 쓰여서 그때까지도.

Etrūria *(He-) -ae* (E Etruria) *f.* 중앙 이탈리아의 나라, 티베르의 북쪽이고 아펜니네스의 서쪽.

Etruscus *(He-) -a -um* (E Etruscan) adj. 에투르스카의. *Masc. pl.* 에투르

스카인들.

etsī (E even if) *conj.*, 비록, ~일지라도.

euāns -*antis* (E crying Euan!) *p.* 바쿠스의 연회에서 그의 이름을 외침.

Euanthēs *(Evantēs)* -*ae* (E a Phrygian in the Trojan ranks) *m.* 트로이 계급의 프리지아인.

Euboicus -*a* -*um* (E of Euboea) *adj.* 에우보에아 (아티카와 보에오티아의 연안의 동쪽에 있는 섬)의.

euhāns euāns참조.

Euhoe Euoe참조.

Eumēdēs -*ae* (E Eumedes) *m.* 트로이의 한 전령, 돌론의 아들.

Eumēlus -*ī* (E a Trojan) *m.* 트로이인.

Eumenidēs -*um* (E Eumenides) *f. plur.* Eumenides.

Eumenius another reading for Eunēus, Æn. xi. 666.

Eunaeus -*ī* (E a Trojan) *m.* 트로이인.

Euoe (E evoe!) *interj.* 바쿠스의 연회에서 지르는 환희의 외침.

Euphrātēs -*is* (E Euphrates) *m.* 유프라테스강.

Eurōpa -*ae* (E Europe) *f.* 유럽.

Eurōtās -*ae* (E Eurotas) *m.* 라케다이몬의 강.

Eurōus -*a* -*um* (E of the east wind) *adj.* 동풍의.

Eurus -*ī* (E the southesast wind) *m.* 남동풍; 바람.

Euryalus -*ī* (E the friend of Nisus) *m.* 트로이인 중의 한 명으로 루툴리아의 막사를 습격할 때 죽은 니수스 의 친구.

Eurydicē -*ēs* (E the wife of Orpheus) *f.* 오르페우스의 아내.

Eurypylus -*ī* (E a leader of the Greeks) *m.* 트로이 이전의 그리스인들의 지도자.

Eurystheus -*eī (acc. -ea abl. -eo)* (E a king of Mycenae) *m.* 미케네의 왕, 헤라클레스에게 12가지의 고난을 지운 사람.

Eurytidēs -*ae* (E Eurytides) *m.* 에우리투스의 아들.

Eurytiōn -*ōnis* (E Eurytion) *m.* 아에네아스 의 동료, 리카온의 아들.

Ēvadnē -*ēs* (E Evadne) *f.* 카파네우스의 아내.

ēvādō -*vāsī* -*vūsum* -*vādere* (E go out) *vt.vi.* 나가다, 나가가다; 도망치다, 탈출하다.

ēvalēscō -*luī no sup.* -*lēscere* (E grow strong) *vi.* 섭취하다; 강해지다, 능력을 가지다.

Evander *(-drus)* -*drī* (E Evander) *m.* 팔란테움의 왕.

Ēvandrius -*a* -*um* (E of Evander) *adj.* 에반데르의.

Ēvandrus Evander참조.
ēvānēscō *-nuī no sup. -nēscere* (E vanish) *vi. incep.* 사라지다.
ēvāns *-āntis*; euans참조.
Evās Euanthes참조.
ēvehō *-vexī -vectum -vehere* (E carry out) *vt.* 수행 하다; 가져가다.
ēveniō *-vēnī -ventum -venīre* (E come out) *v. n.* 나오다; 일어나다, 발생하다.
ēventus *-ūs* (E a result) *m.* 결과, 결말; 사건; 운명, 행운.
ēverberō *-āvī -ātum -āre* (E beat) *vt.* 세게 치다, 두드리다, 때리다.
ēversor *-ōris* (E an overthrower) *m.* 타도자, 파괴자.
ēversus *-a -um* **ēvertō**의 과거분사.
ēvertō *-vertī -versum -vertere* (E overthrow) *vt.* 뒤집어 엎다, 뒤집히다, 전복 시키다; 파괴하다.
ēvictus *-a -um* ēvincō의 과거분사.
ēvinciō *-vīnī -vīnctum -vincīre* (E bind up) *vt.* 묶다, 동이다.
ēvincō *-vīcī -victum -vincere* (E vanquish) *vt.* 정복하다, 이기다, 극복하다.
ēvīnctus *-a -um* **ēvinciō**의 과거분사.
ēviscerō *no perf. -āvī -ātum -āre* (E disembowel) *vt.* 창자를 빼내다.
ēvocō *-āvī -ātum -āre* (E call forth) *vt.* 부르다, 불러내다, 불러오다; 소환하다.
Ēvoē euoē의 조금 더 공인된 철자법.
ēvolō *-āvī -ātun -āre* (E fly forth) *vi.* 날다, 날아가다; 도망치다.
ēvolvō *-volvī -volūtum -volvere* (E roll out) *vt.* 펴다, 펼치다.
ēvomō *-ere -vī -itus* (E vomit) *vt.* 토하다, 게우다.
ex *(ec- -e)* (E out of) *prep.* [+ 탈격] 안에서 밖으로
exāctus *-a -um* **ēxigō**의 과거분사.
exacuō *-cuī -cūtum -cuere* (E sharpen) *vt.* 날카롭게 하다.
exacstuō *-āvī -ātum -āre* (E boil up) *vi.* 끓다, 끓어오르다.
exanguis exsanguis 참조.
exanimātus *-a -um* **exānimō**의 과거분사.
exanimis *-e (-us -a -um)* (E lifeless) *adj.* 생기가 없는, 죽은.
exanimō *-āvī -ātum āre* (E kill) *vt.* 죽이다; 놀래키다.
exārdēscō *-arsī -arsum -ardēscere* (E blaze up) *vi. incep.* 타오르다, 빛나다.
exaudiō *-dīvī (-iī) -dītum -dīre* (E hear) *vt.* 듣다.
exaudītus *-a -um* **exaudiō**의 과거분사.

excēdō -cessī -cessum -cēdere (E go out) *vi.* 나가다; 떠나다; 사라지다.
excellēns -entis (E eminent) *p.* 저명한, 고귀한.
excelsus -a -um (E high) *adj.* 높은, 치솟은.
exceptō -āvī -ātum -āre (E catch) *vt.* 붙들다, 쥐다.
exceptus -a -um **excipio**의 과거분사.
excernō -crēvī -crētum -cernere (E separate) *vt.* 분리하다, 떼어놓다.
excidium exscidium 참조.
excidō -cidī no sup. -cidere (E fall out) *vi.* 떨어지다.
excīdō -cīdī -cīsum -cīdere (E cut out) *vt.* 자르다, 베어내다.
excindo exscindo 참조.
exciō (-cieō) -īvī (-iī) -cītum -citum -cīre (E call forth) *vt.* 부르다, 소환하다.
excipiō -cēpī -ceptum -cipere (E take out) *vt.* 가져가다, 제거하다.
excīsus -a -um **excīdō**의 과거분사.
excitō -āvī -ātum -āre (E stir up) *vt.* 부르다; 일깨우다, 자극하다; 세우다.
excitus -a -um **exciō**의 과거분사.
excītus -a -um **exciō**의 과거분사.
exclāmō -āvī -ātum -āre (E cry out) *vt.vi.* 소리치다, 울부짖다.
exclūdō -clūsī -clūsum -clūdere (E shut out) *vt.* 들이지 않다; 방해하다.
exclūsus -a -um **exclūdō**의 과거분사.
excō -īvī(-iī) -itum -īre (E go out) *irr. vt.vi.* 나가다, 나오다; 탈출하다; 피하다.
excolō -coluī -cultum -colere (E cultivate) *vt.* 재배하다; 신장하다, 개량하다.
excoquō -coxī -coctum -coquere (E boil away) *vt.* 끓이다, 굽다.
excrētus -a -um **excerno**의 과거분사.
excubiae -ārum (E a watch) *f. plur.* 불침번, 보초.
excubō -buī -bitum -bere (E keep watch) *vi.* 보초를 서다, 불침번을 서다.
excūdō -cūdī -cūsum -cūdere (E strike out) *vt.* 시작하다; 만들다, 제작하다.
excursus -ūs (E an excursion) *m.* 습격; 탐험, 원정.
excussus -a -um **excutiō**의 과거분사.
excutiō -cussī -cussum -cutere (E shake off) *v. a.* 떨다, 쫓아버리다, 물리치다, 격퇴시키다.
execror exsecror 참조.
exedō -ēdī -ēsum -edere (E eat out) *vt.* 먹어 치우다; 파내다, 비우다.

exemplum -ī (E a sample) n. 견본. 표본; 예시.
exemptus -a -um **eximō**의 과거분사.
exequiae exsequiae 참조.
exequor exsequor 참조.
exerceō -cuī -citum -cēre (E keep busy) vt. 바쁘다, 일을 하다.
exercitus -a -um **exerceo**의 과거분사.
exercitus -ūs -m (E army) 군대; 집단, 무리.
exertus exsertus 참조.
exēsus -a -um **exedō**의 과거분사.
exhālō -āvī -ātum -āre (E exhale) vt. 내쉬다.
exhauriō -hausī -haustum haurīre (E drain) vt. 소모시키다, 약화시키다, 소모하다; 겪다, 경험하다.
exhaustus -a -um **exhaurio**의 과거분사.
exhorrēscō -horruī no sup. -horrē -ēscere (E shudder at) v. n. incep. 몸부림치다; 두려워하다.
exhortātus -a -um **exhortor**의 과거분사.
exhortor -tātus -tārī (E encourage) v. dep. 용기를 돋우다, 격려하다.
exigō -ēgī -āctum igere (E drive) vt. 몰다, 몰아내다; 숙고하다.
exiguus -a -um (E scant) adj. 부족한, 적은, 작은, 비좁은.
exiliō exsiliō 참조.
exilium exsilium참조.
eximius -a -um (E exceptional) adj. 예외적인, 비범한. 주목할 만한, 현저한.
eximō -ēmī -emptum -imere (E remove) vt. 제거하다, 줄이다, 덜다.
exin adv. exinde 참조.
exinde (E then) adv. 그 다음에, 다음에.
exitiālis -e (E destructive) adj. 파괴적인, 치명적인.
exitium -ī (-iī) (E death) n. 죽음; 폐허.
exitus -ūs (E departure) m. 출발, 떠남, 외출; 죽음.
exōdī -ōdisse (-ōsus) (E abhor) vt. 혐오하다, 증오하다.
exoptātus -a -um **exopto**의 과거분사.
exoptō -āvī -ātum -āre (E long for) vt. 기원하다, 바라다.
exōrdior -orsus -ordīrī (E begin) v. dep. 시작하다, 착수하다.
exōrdium -ī (-iī) (E a beginning) n. 최초, 발단; 요소, 성분, 원소.
exorior -ortus -orīrī (E arise) v. dep. 일어나다, 일어서다.
exōrō -āvī -ātumm -āre (E prevail upon) vt. 이기다, 재패하다.

exors exsors 참고.
exōrsus *-a -um* **exōrdior**의 과거분사.
exortus *-a -um* **exorior**의 과거분사.
exōsus *-a -um* **exodi**의 과거분사.
expectō exspecto 참고.
expediō *-īvī (-iī) -ītum -īre* (E disentagle) *vt.vi.* 풀어놓다; 준비하다, 채비하다.
expellō *-pulī pulsum -pellere* (E drive out) *vt.* 몰다, 내쫓다, 격퇴하다.
expendō *-pendī -pensum -pendere* (E weigh) *vt.* 무게를 재다; 숙고하다.
experientia *-ae* (E experience) *f.* 경험, 체험.
experior *-pertus -perīrī* (E try) *v. dep.* 시도하다, 꾀하다.
expers *-ertis* (E without a share) *adj.* 몫이 없는, 빈곤한; 자유로운.
expertus *-a -um* **experior**의 과거분사.
expīrō exspiro 참고.
expleō *-plēvī -plētum -plēre* (E fill) *v. a.* 채우다, 가득 하게 하다.
explētus *-a -um* **expleō**의 과거분사.
explicō *-āvī(-uī) -ātum(-itum) -āre* (E unfold) *vt.* 펴다, 전개시키다.
explōrātor *-ōris* (E a scout) *m.* 정찰병.
explōrō *-āvī -ātum -āre* (E explore) *vt.* 찾다, 탐험하다, 답사하다.
expōnō *-posuī -positum -pōnere* (E put forth) *vt.* 놓다, 노출하다.
exportō *-āvī -ātum -āre* (E carry out) *vt.* 가지고 나가다.
exposcō *-poposcī no sup. -poscere* (E request) *vt.* 부탁하다.
expositus *-a -um* **expōnō**의 과거분사
expostus *-a -um* **expōnō**의 과거분사
exprōmō *-prōmpsī -prōmptum -prōmere* (E bring forth) *rt.* 가져오다; 보여주다.
expugnō *-āvī -ātum -āre* (E take by storm) *vt.* 폭풍에 휘말리다; 공격하다.
expulsus *-a -um* **expellō**의 과거분사.
exquīrō *-quīsīvī -quīsītum -quīrere* (E search out) *vt.* 찾다 찾아내다.
exsanguis *(exan-) -e* (E bloodless) *adj.* 핏기없는.
exsaturābilis *-e* (E satiable) *adj.* 만족할 수 있는.
exsaturō *-āvī -ātum -āre* (E satiate) *vt.* 물리게하다, 채우다.
exscidium *(exc-) -ī (-iī)* (E overthrow) *n.* 파괴, 분쇄, 타도.
exscindō *(exe-) -scidī -scissum -scindere* (E cut down) *vt.* 파괴하다; 깎다.
exsecō *-secuī -sectum -secāre* (E cut out) *vt.* 베어내다, 제거하다.

exsecror *(exee-) -ātus -ārī* (E curse) *v. dep.* 저주하다.
exsectus *-a -um* **exseco**의 과거분사.
exsequiae *(exe-) -ārum* (E funeral rites) *f. plur.* 장례 의식.
exsequor *(exe-) -secūtus -sequī* (E follow out) *v. dep.* 성취하다; 이행하다, 수행하다; 상세히 설명하다.
exserō *(exe-) -seruī -sertum -serere* (E untie) *vt.* 끊다.
exsertō *no perf. no sup. -āre* (E stretch out) *vt.* 쭉 뻗다; 밀다.
exsertus *-a -um* (E projecting) *adj.* 튀어나온; 벌거벗은.
exsertus *-a -um* **exserō**의 과거분사.
exsiliō *(exil-) -luī(-iī) -siltum -silīre* (E leap forth) *vi.* 껑충뛰다, 도약하다.
exsilium *(exil-) -ī(-iī)* (E exile) *n.* 망명, 추방.
exsolvō *-solvī -solūtum -solvere* (E unbind) *vt.* 풀다, 끄르다.
exsomnis *-e* (E sleepless) *adj.* 잠못자는, 불면의, 잘 깨는, 자지 않는, 불침번의.
exsors *-tis* (E without lot) *adj.* 몫이 없는.
expectātus *-a -um* **exspectō**의 과거분사.
expectō *(exp-) -āvī -ātum -āre* (E expect) *vt.vi.* 기대하다, 기다리다, 예기하다; 기원하다; 필요하다, 요구하다.
expīrō (E breathe forth) *v. a.* 숨 쉬다, 숨을 내쉬다.
extinctus *(ext-) -a -um* **exstinguo**의 과거분사.
extinguō *-īnxī -īnctum -īnguere* (E put out) *vt.* 불을 끄다; 파괴하다, 죽이다, 살해하다.
exstō *no perf. no sup. -stāre* (E stand out) *vi.* 튀어나오다, 두드러지다, 나타나다, 보이게 되다, 불쑥 내밀다.
extructus *(ext-) -a -um* **exstruō**의 과거분사.
exstruō *(ext-) -struxī -structum -struere* (E build up) *vt.* 쌓아 올리다, 겹쳐쌓다; 배열하다.
exsūdō *(exu-) -āvī -ātum -āre* (E sweat out) *vi.* 새어나오다, 스며나오다, 유출하다.
exsul *(exul) -ulis* (E exile) *m (f)* 망명자, 유배자.
exsulō *(exul-) -āvī -ātum -āre* (E be an exile) *vi.* 망명자가 되다.
exsultō *(exul-) -āvī -ātum -āre* (E leap up) *vi.* 도약하다, 뛰어오르다, 튀다.
exsuperābilis *(exup-) -e* (E surmountable) *adj.* 이겨낼 수 있는.
exsuperō *-āvī -ātum āre* (E tower above) *vt.vi.* 오르다, 꼭대기를 덮다; 이겨내다, 극복하다; 통과하다.

exsurgō *(exur-) -surrēxī -surrectum -surgere* (E rise up) *vi.* 오르다.
exta *-ōrum* (E entrails) *n. plur.* 내장.
extemplō (E forthwith) *adv.* 곧, 즉시, 당장.
extendō *-tendī -tēnsum (-tentum), -tendere* (E stretch out) *v. a.* 늘이다, 펴다, 펼치다, 뻗다; 계속하다, 연장하다.
extentus *-a -um* **extendō**의 과거분사.
externus *-a -um* (E external) *adj.* 외부의, 밖의.
exterreō *-terruī -territum -terrēre* (E affright) *vt.* 두려워하게 하다, 놀래다.
exterritus *-a -um* **exterreō**의 과거분사.
exterus *-a -um* (E external) *adj.* 외부의, 외국의.
extimēscō *-timuī no sup. timēscere* (E to be afraid of) *vt.vi.* 매우 두려워하다, 무서워 하다.
extinetus exstinctus참조.
extollō *no perf. no sup. -tollere* (E raise up) *vt.* 기르다, 끌어올리다; 칭찬하다, 찬미하다.
extorqueō *-torsī -tortum -quēre* (E wrench away) *vt.* 비틀어 떼다, 뺏다.
extorris *-is* (E an exile) *comm.* 망명자.
extrā (E outside) *adv. and perp.* [+ 대격] 바깥의, ~없이.
extulī effero 참조.
extundō *-tudī -tūsum -tundere* (E strike out) *vi.* 융기시키다; 발명하다, 고안하다.
exūberō *-āvī -ātum -āre* (E overflow) *vi.* 넘치다, 많이 있다.
exul exsul참조.
exultō exsultō참조.
exuō *-uī -ūtum -uere* (E put off) *vt.* 벗다, 벗기다.
exūrō *-ūssī -ūstum -ūrere* (E burn up) *vt.* 타다, 불태우다, 태워버리다; 바싹 말리다.
exūstus *-a -um* **exūrō**의 과거분사.
exūtus *-a -um* **exuō**의 과거분사.
exuviae *-ārum* (E booty) *f. plur.* 전리품, 약탈품; 유물, 유적; 허물.

F f

faba -ae (E a bean) f. 콩.
Fabaris -is (E Farfaro) m. 티베르로 흘러 들어가는 강.
Fabius -ī (-iī) (E Fabius) m. 로마 가문의 이름.
fabricātor -ōris (E a framer) m. 구성자, 고안자.
fabricātus -a -um **fabricor**의 과거분사.
Fabricius -ī (-iī) (E Fabricius) m. 로마 가문의 이름.
fabricor -ātus -ārī (E fashion) v. dep. 만들다; 만들어지다.
fabrīlis -e (E mechanical) adj. 기술공의, 기계적인.
facessō -cessī -cessītum -cessere (E perform) vt.vi. intens. 열정적으로 하다, 수행하다, 실행하다.
faciēs -ēī (E shape) f. 제작, 형태, 하는 식; 외모, 양상, 외관.
facilis -e (E easy) adj. 쉬운, 편리한; 실효있는; 착한.
faciō fēcī factum facere (E to make) vt. 만들다; 야기하다; 하다, 실행하다, 수행하다; : quid facerem? (E what could I do?) 내가 무엇을 할 수 있었겠어?
factum -ī facio참조.
factus -a -um **facio**의 과거분사.
facultās -tātis (E facility) f. 쉬움; 사건, 기회.
Fādus -ī (E a Rutulian) m. 루툴리아인.
fāgus -ī (-ūs) (E a beech tree) f. 너도밤나무.
falārica phalarica참조.
falcātus -a -um (E armed with scythes) adj. 큰 낫으로 무장한; 낫 모양의, 휘어진.
Falernus -a -um (E of Falernus) adj. 팔레르누스의.
Faliscus -a -um (E Faliscan) adj. 팔리니의; 복수형으로 쓰일 때 팔리니 인들.
fallācia -ae (E deceit) f. 사기, 기만, 수완, 책략.
fallāx -ācis (E deceitful) adj. 사기의, 기만적인, 그릇된, 허위의, 속이는, 현혹시키는.
fallit fallo 참고.
fallō fefellī falsum fallere (E deceive) vt. 속이다, 기만하다, 착각하게 하다.
falsus -a -um **fallo**의 과거분사.
falx falcis (E a hooked knife) f. 구부러진 칼, 낫.

fāma -ae (E report) f. 평판; 풍조, 경향; 명성; 전통.
famēs -is (E hunger) f. 배고픔, 기근.
famula -ae (E maid-servant) f. 하녀.
famulus -ī (E a house-servant) m. 하인, 사용인, 시중드는 사람.
fandus -a -um for 참조.
fār *farris* (E grain) n. 곡류, 곡물; 가축사료.
farrāgō -inis (E provender) f. 여물, 사료.
fās (E right) *indecl.* n. 권리; 법.
fascēs fascis 참조.
fascinō -āvī -ātum -āre (E bewitch) vt. 요술을 걸다; 호리다, 매혹시키다.
fāscis -is (E a bundle) m. 묶음, 다발, 꾸러미, 포장.
fasēlus phaselus 참조.
fastīdiō -īvī -ītum -īre (E disdain) vt.vi. 경멸하다, 멸시하다.
fastīdium -ī(-iī) (E disgust) n. 싫음, 혐오감, 질색, 넌더리.
fastīgium -ī (-iī) (E the top) n. 꼭대기, 정상, 지붕, 봉우리, 좆정.
fastus -tūs (E arrogance) m. 자존심; 거만, 불손, 오만.
fātālis -e (E fated) adj. 운명이 정해진, 예정된, 약속된.
fateor *fassus fatērī* (E confess) v. dep. 자백하다, 고백하다, 실토하다; 인정하다.
fātidicus -a -um (E prophetic) adj. 점의, 예언의, 예언자의.
fātifer -era -erum (E fatal) adj. 운명의, 치명적인, 치사의.
fatīgō -āvī -ātum -āre (E tire out) vt. 피곤하다, 지치게 하다.
fatīscō *no perf. no sup.* -ere (E gape) vi. 하품하다, 입을 벌리다.
fātum -ī (E an oracle) n. 신탁, 신의 계시; 운명.
fātus -a -um for의 과거분사.
faucēs faux 참조.
faux *faucis* (E the throat) f. 목구멍, 턱.
Faunus -ī (E Faunus) m. 숲의 신
faveō *fāvī fautum favēre* (E be favorable) vi. 호의적으로 하다.
favilla ae (E embers) f. 타다 남은 잿더미; 불꽃, 불똥.
favor -ōris (E favor) m. 호의, 편애.
favus -ī (E honey-comb) m. 벌집; 벌꿀.
fax *facis* (E torch) f. 횃불; 유성.
faxō facio 참조.
febris -is (E fever) f. 열, 발열.
fēcundō *(foc-)* -āvī -ātus -āre (E fertilize) vt. 기름지게 하다, 풍부하게

하다.

fel *fellis* (E gall) *n.* 쓸개즙, 담즙; 쓴 것.
fēlīx *-īcis* (E fruitful) *adj.* 비옥한, 생산적인, 다산의; 행복한, 기쁜
fēmina *-ae(also foemina)* (E woman) *f.* 여자; 암컷.
fēmineus *(foe-) -a -um* (E feminine) *adj.* 여성의, 여자의, 여자 같은.
femur *-oris* (E thigh) *n.* 넓적다리.
fenestra *-ae* (E window) *f.* 창문; 구멍, 틈.
fēnīlia *(foe-) -ium* (E hayloft) *n.* 건초간, 건초 보관장.
fērālis *-e* (E funeral) *adj.* 장례식의; 음울한, 황량한.
ferāx *-ācis* (E productive) *adj.* 생산적인, 풍요로운, 비옥한.
ferē (E almost) *adv.* 거의, 대략; 보통.
feretrum *-ī* (E bier) *n.* 영구차; 관가; 운반대.
ferīna ferinus 참고.
ferīnus *-a -um* (E of beasts) *adj.* 짐승의, 짐승에 관한.
feriō *no perf. no sup. ferīre* (E strike) *vt.* 치다, 때리다, 채찍질하다.
feritās *-tātis* (E wildness) *f.* 야생; 황폐; 난폭, 무모.
fermentum *-ī* (E yeast) *n.* 이스트, 효모.
ferō *tulī lātus ferre* (E bear) *irr. vt.vi.* 1. 나르다, 가져가다, 운반하다. 2. 참다, 견디다, 인내하다. 3. 가져오다, 가져가다. 4. 낳다, 산출하다, 생기게 하다. 5. 쫓아버리다, 이끌다, 꼬드기다. 6. 데려가다, 빼앗아가다.
Fērōnia *-ae* (E Feronia) *f.* 테라치나 근처의 숲과 분수의 여신.
ferōx *-ōcis* (E wild) *adj.* 야생의; 거친; 야만의, 미개한; 호전적인.
ferrātus *-a -um* (E ironbound) *adj.* 쇠를 댄.
ferreus *-a -um* (E of iron) *adj.* 쇠의, 철의.
ferrūgineus *-a -um* (E dark blue) *adj.* 어두운 파란색의, 거무스름한.
ferrūgō *-inis* (E iron rust) *f.* 쇠 녹.
ferrum *-ī* (E iron) *n.* 철, 쇠, 강철; 철로 만든 도구나 무기.
fertilis *-e* (E fertile) *adj.* 비옥한, 기름진, 생산적인.
ferula *-ae* (E reed) *f.* 갈대.
ferus *-a -um* (E wild) *adj.* 야생의, 길들여지지 않은; 무례한; 포악한.
ferveō *-buī no sup. -vēre (also -ēre as if fervo)* (E be hot) *vi.* 뜨거워지다.
fervidus *-a -um* (E hot) *adj.* 뜨거운, 작열하는, 끓어오르는.
fervō ferveō 참조.
fervor *-ōris* (E heat) *m.* 열; 분노; (복수일때)여름.
Fescennīnus *-a -um* (E of Fescennia) *adj.* 페스체니아(에트루리아의 마

을)의.
fessus *-a -um* (E weary) *adj.* 피로한, 피곤한; 싫증나는.
festīnō *-āvī -ātus -āre* (E make haste) *vi.* 서두르다, 재촉하다.
festīnus *-a -um* (E hasty) *adj.* 급한, 조급한.
fēstus *-a -um* (E festive) *adj.* 경축의, 축제의; 성스러운.
fētūra *(foe-) ae* (E breeding) *f.* 번식, 양식.
fētus *(foe-) -tūs* (E bearing) *m.* 해산, 출산; 번식, 양식; 자식, 자녀.
fetus *(foe-) -a -um* (E pregnant) *adj.* 임신한; 출산한, 낳은.
fibra *-ae* (E fiber) *f.* 섬유, 실.
fībula *-ae* (E buckle) *f.* 죔쇠, 걸쇠.
fictor *-ōris* (E fashioner) *m.* 연구자, 고안자, 안출자.
fictus *-a -um* fingo의 과거분사.
fidēlis *-e* (E faithful) *adj.* 충실한, 성실한; 믿을만한, 신뢰할 수 있는.
Fīdēna *-ae (also plur.)* (E Fidena) *f.* 로마로부터 5마일 북쪽에 있는 라티움의 마을.
fidens fido의 분사.
fidēs *-eī* (E faith) *f.* 신념, 신조; 충성; 믿음; 명예, 영예; 정직.
fidēs *-is* (E string) *f.* 끈, 현.
fīdō *-fīsus -fīdere* (E trust) *vi.* 신뢰하다, 신용하다.
fīdūcia *-ae* (E confidence) *f.* 신뢰, 신용; 용기.
fīdus *-a -um* (E faithful) *adj.* 믿을 만한, 신뢰할 수 있는.
fīgō *-fīxī -fīxus fīgere* (E fasten) *vt.* 묶다, 동이다; 죄다; 고정하다.
figūra *-ae* (E form) *f.* 모양, 형상, 형태.
fīlia *-ae* (E daughter) *f.* 딸.
fīlius *-ī (-iī)* (E son) *m.* 아들.
filix *-icis* (E fern) *f.* 양치류.
fīlum *-ī* (E thread) *n.* 실.
fimus *-ī (-um -ī)* (E filth) *m. (n.)* 오물, 배설물.
findō *-fidī -fissus -findere* (E split) *vt.* 쪼개다, 가르다, 째다; 나누다.
fingō *fīnxī fictus fingere* (E form) *vt.* 만들다; 형성하다, 구성하다.
fīniō *-īvī (-iī) -itus -ire* (E limit) *vt.* 제한하다, 한정하다; 끝내다.
fīnis *-is* (E end) *comm.* 끝, 한계, 경계.
fīnitimus *-a -um* (E neighboring) *adj.* 이웃의, 인접해 있는.
fīō facio참조.
firmātus *-a -um,* firmo 참조.
firmō *-āvī -ātus -āre* (E make strong) *vt.* 강하게 하다, 강화하다.

firmus *-a -um* (E steady) *adj.* 고정된, 안정된, 확고한.
fiscella *-ae* (E basket) *f.* 바구니.
fiscina *-ae* (E basket) *f.* 바구니.
fissilis *-e* (E cleavable) *adj.* 쪼갤수 있는.
fissus *-a -um*, findō참조.
fistula *-ae* (E pipe) *f.* 파이프.
fīxus *-a -um* figō의 과거분사.
flābra *-ōrum* (E breeze) *n.* 한바탕의 바람; 산들바람.
flagellum *-ī* (E whip) *n.* 채찍; 하늘의 응징, 천벌.
flāgitō *-āvī -ātus -āre* (E demand) *vt.* 요구하다.
flagrāns flagro의 분사.
flagrō *-āvī -ātum -āre* (E burn) *vi.* 타다, 타오르다; 빛나다, 빛을 내다.
flāmen *-inis* (E blast) *n.* 돌풍, 강풍, 질풍.
flamma *-ae* (E flame) *f.* 불길, 불꽃, 불; 횃불.
flammāns flammo의 현재분사.
flammātus *-a -um* flammo의 과거분사.
flammeus *-a -um* (E fiery) *adj.* 불의, 불길의; 열띤.
flammō *-āvī -ātus -āre* (E set on fire) *vi.vt.* 불을 피우다.
flās (E breath) *m.* 숨, 바람.
flāvēns *-entis* flaveo의 현재분사.
flāveō *no perf. no sup. -ēre* (E be yellow) *vi.* 노래지다.
flāvēscō *no perf. no sup. -ēscere* (E grow yellow) *vi.* 노래지다; 희게 하다.
Flāvīnius *-a -um* (E Flavinian) *adj.* 플라비니아의.
flāvus *-a -um* (E yellow) *adj.* 노란; 금색의.
flectō *flexī flexum flectere* (E bend) *vt.* 휘다, 구부리다.
fleō *flēvī flētum flēre* (E weep) *vt.vi.* 눈물을 흘리다, 울다.
flētus *-a -um* fleo의 과거분사.
flētus *-tūs* (E weeping) *m.* 욺, 울부짖음.
flexilis *-e* (E flexible) *adj.* 휘기 쉬운, 구부리기 쉬운.
flexus *-a -um* **flecto**의 과거분사.
flexus *-ūs* (E winding) *m.* 구부러짐, 굴곡.
flīctus *-tūs* (E dashing) *m.* 돌진; 무기들의 충돌, 격돌.
flōrēns floreo의 현재분사.
flōreō *-ruī no sup. -rēre* (E blossom) *vi.* 꽃을 피우다, 피다; 번성하다; 빛나다.

flōreus *-a -um* (E flowery) *adj.* 꽃이 많은; 활짝 핀.
flōrus *-a -um* (E fair) adj 금발의.
flōs *flōris* (E flower) *m.* 꽃; 활짝 핌.
fluctuō *-āvī -ātus -āre* (E toss) *vi.* 던지다, 흐르다.
fluctus *-ūs* (E wave) *m.* 파도, 조수; 바다; 물.
fluēns *-entis* **fluo**의 현재분사.
fluenta *-ōrum* (E stream) *n.* 시내, 개울, 강.
fluidus *-a -um* (E flowing) *adj.* 흐르는; 액체의.
fluitō *-āvī -ātus -āre* (E flow) *vi.* 흐르다; 뜨다; 떠다니다, 표류하다.
flūmen *-inis* (E river) *n.* 강, 개울, 냇가; 물.
fluō *fluxī fluxum fluere* (E flow) *vi.* 흐르다.
fluvitilis *-e* (E of a river) *adj.* 강의.
fluvius *-ī (-iī)* (E river) *m.* 강, 개울; 물.
fluxus *-a -um* **fluo**의 과거분사.
focus *-ī* (E hearth) *m.* 난로; 굴뚝; 화로.
fodiō *fōdī fossum fodere* (E dig) *vt.* 파다; 찌르다; 꿰뚫다.
foecundo fec- 참조.
foecundus fec- 참조.
foedātus *-a -um* **foedo**의 과거분사.
foedē (E foully) *adv.* 더럽게, 불쾌하게, 지독하게.
foedō *-āvī -ātus -āre* (E befoul) *vt.* 더럽히다; 헐뜯다, 추하게 하다.
foedus *-a -um* (E foul) *adj.* 더러운, 불결한.
foedus *-eris* (E treaty) *n.* 조약, 협정, 계약, 동맹.
foemina fem- 참조.
foemineus *-a -um* ; fem- 참조.
foenīle fen- 참조.
foetūra fet- 참조.
foetus *-tūs* fet- 참조.
foetus *-a -um* fet- 참조.
folium *-ī(-iī)* (E leaf) *n.* 나뭇잎.
follis *-is* (E bag) *m.* 자루, 부대.
fōmes *-itis* (E dry fuel) *m.* 부싯깃.
fōns *fontis* (E spring) *m.* 분수, 샘; 물.
for *fātus fārī* (E speak) *v. dep.* 말하다, 이야기하다.
forās (E out of doors) *adv.* 밖으로, 문밖으로.
forceps *-cipis* (E tongs) *m. f.* 집게.

fore sum 참조.
forem sum 참조.
foris -*is* (E door) *f.* 문.
forma -*ae* (E form) *f.* 모양, 형상, 형태, 외형.
formīca -*ae* (E ant) *f.* 개미.
formīdātus -*a* -*um* **formido**의 과거분사.
formīdō -*dinis* (E fear) *f.* 두려움, 공포, 불안.
formīdō -*āvī* -*ātus* -*āre* (E dread) *vt.* 두려워하다.
formō -*āvī* -*ātus* -*āre* (E form) *vt.* 만들다, 형성하다.
fōrmōsus (*old formōnsus*) -*a* -*um* (E beautiful) *adj.* 아름다운, 사랑스러운.
fornāx -*ācis* (E furnace) *f.* 아궁이, 화덕.
fornīx -*icis* (E arch) *m.* 아치.
fors *fortis* (*abl. forte*) (E chance) *f.*, 우연; 기회; 위험
forsan (E perhaps) *adv.* 아마도, 어쩌면, 혹시.
fortasse (E perhaps) *adv.* 아마도, 어쩌면.
forte fors 참조.
fortis -*e* (E strong) *adj.* 강한, 억센, 튼튼한, 건강한.
fortūna -*ae* (E fortune) *f.* 운, 우연; 운명.
fortūnātus -*a* -*um* **fortuno**의 과거분사.
fortūnō -*āvī* -*ātum* -*āre* (E bless) *vt.* 축복하다; 행운을 주다.
Forulī -*ōrum* (E Foruli) *m. plur.* 삼니움의 사빈 마을.
forum -*ī* (E marketplace) *n.* 시장, 장터; 중심지; 집회.
forus -*ī* (E gangway) *m.* 출입구, 통로.
fossa -*ae* (E ditch) *f.* 도랑; 개천, 해자.
fossor -*ōris* (E ditcher) *m.* 도랑 파는 사람.
fōtus -*a* -*um* **foveo**의 과거분사.
fovea -*ae* (E pit) *f.* 구덩이, 구멍.
foveō *fōvī fōtus fovēre* (E keep warm) *vt.* 따뜻하게 하다; 껴안다; 품다.
frāctus -*a* -*um* **frango**의 과거분사.
fraenum frenum 참조.
fraenī frenum 참조.
fraenō freno 참조.
fragilis -*e* (E fragile) *adj.* 부서지기 쉬운, 무른, 허약한.
fragmen -*inis* (E fragment) *n.* 파편, 조각, 단편.
fragmentum -*ī* (E fragment) *n.* 파편, 조각.
fragor -*ōris* (E breaking) *m.* 요란한소리, 소란, 소동.

fragōsus *-a -um* (E brittle) *adj.* 남루한.
frāgrāns frāgrō의 분사.
frāgrō *-āvī no sup. -āre* (E smell sweet) *vi.* 향기가 나다, 좋은 냄새가 나다.
frāgum *-ī* (E strawberry) *n.* 딸기.
frangō *frēgī frāctus frangere* (E break) *vt.* 깨다, 깨뜨리다. 끊다; 그만두다.
frāter *-tris* (E brother) *m.* 형제.
frāternus *-a -um* (E fraternal) *adj.* 형제의; 형제같은, 우애의.
fraudō *-āvī -ātus -āre* (E defraud) *vt.* 편취하다, 사취하다; 박탈하다.
fraus *fraudis* (E loss) *f.* 잃음, 분실, 상실; 해악, 손해.
fraxineus *-a -um* (E ashen) *adj.* 재의; 잿빛의.
fraxinus *-ī* (E ash) *f.* 재.
fremitus *-ūs* (E roaring) *m.* 포효, 고함; 시끄러움.
fremō *-uī -itus -ere* (E shout) *vi.vt.* 소리치다, 외치다, 포효하다, 으르렁거리다.
fremor *-ōris* (E roar) *m.* 소리침; 고함.
frendō *no pref. frēsum (fressum) frendere* (E gnash) *vi.* 이를 갈다.
frēnātus *-a -um* **freno**의 과거분사.
frēnō *-āvī -ātus -āre* (E curb) *vt.* 억제하다, 구속하다, 제한하다.
frēnum *(frae-) -ī (pl. also -ī -orum)* (E bridle) *n. and m.* 고삐, 굴레; 구속, 속박, 제어.
frequēns *-entis* (E crowded) *adj.* 붐비는, 혼잡한, 꽉 찬.
frequentō *-āvī -ātus -āre* (E crowd) *vt.* 붐비다; 꽉 차다.
fretum *-ī* (E strait) *n.* 해협; 바다; 강.
frētus *-a -um* (E relying on) *adj.* 의지하는; 신뢰하는, 신용하는.
fricō *fricuī frictus (frictum) fricāre* (E rub) *vt.* 비비다, 문지르다.
frīgēns *-entis* **frigeo**의 현재분사.
frīgeō *no perf no sup. frīgēre* (E be cold) *vi.* 춥게 하다.
frīgidus *-a -um* (E cold) *adj.* 추운, 찬, 쌀쌀한; 냉정한.
frīgus *-oris* (E cold) *n.* 추위; 냉기, 한기; 서리; 겨울.
frondātor *-tōris* (E pruner) *m.* 가지 치는 사람.
frondēns *-entis* **frondeo**의 현재분사.
frondeō *frondui. frondutum frondēre* (E put forth leaves) *v. n.* 잎을 내다, 잎이 나오다.
frondēscō *no perf no sup. frondēscere* (E leave out) *v. n.* 잎을 내다, 잎이 나오다.

frondeus -*a* -*um* (E leafy) *adj.* 잎이 우거진, 잎이 많은.
frondōsus -*a* -*um* (E leafy) *adj.* 잎이 많은.
frōns *frondis* (E leaf) *f.* 잎, 나뭇잎; 풀잎; 군엽.
frōns *frontis* (E forehead) *f.* 이마; 눈썹; 얼굴; 뱃머리.
frūctus -*ūs* (E enjoying) *m.* 즐김, 향락.
frūges frūx 참조.
frūmentum -*ī* (E grain) *n.* 곡물, 곡류; 낟알.
fruor frūctus (fruitus) fruī (E consume) *v. dep.* 소비하다, 소모하다.
frūstrā (E in vain) *adv.* 헛되이, 무익하게, 쓸데없이.
frūstrātus -*a* -*um* **frustror**의 과거분사.
frustror -*ātus* -*ārī* (E disappoint) *v. dep.* 실망시키다; 배반하다.
frūstum -*ī* (E piece) *n.* (빵 등의) 조각; 작은 조각.
frutex -*icis* (E shrub) *m.* 관목; 수풀, 덤불.
frūx *frūgis frūge and plur.* (E fruit) *f.* 과일; 곡류.
fūcātus -*a* -*um* **fuco**의 과거분사.
Fūcinus -*ī* (E Fucinus) *m.* 아페니네스의 호수.
fūcō -*āvī* -*ātus* -*āre* (E paint) *v. a.* 색칠하다; 염색하다, 착색하다.
fūcus -*ī* (E lichen) *m.* 지의류의 식물; 이끼.
fūcus -*ī* (E drone) *m.* 수벌.
fuga -*ae* (E flight) *f.* 도주, 탈주.
fugātus -*a* -*um* **fugo**의 과거분사.
fugāx -*ācis* (E flying) *adj.* 날랜, 빠른, 신속한; 날고있는.
fugiō *fūgī fugitus fugere* (E escape) *vi.vt.* 탈출하다, 달아나다; 떠나다; 날아가다; 물러나다.
fugō -*āvī* -*ātus* -*āre* (E put to flight) *vt.* 패주시키다, 물리치다, 몰아내다; 추격하다.
fulciō *fulsī fultus fulcīre* (E support) *vt.* 지지하다, 떠받치다.
fulcrum -*ī* (E support) *n.* 버팀, 유지, 지지; 기둥.
fulgeō *fulsī no sup. fulgēre (-ere as fr. fulgo)* (E gleam) *vi.* 번쩍이다, 빛나다, 비치다.
fulgō fulgeō참조.
fulgor -*ōris* (E blaze) *m.* 번쩍거림, 광휘; 반짝임.
fulgur -*uris* (E thunderbolt) *n.* 번개, 벼락.
fulica -*ae* (E coot) *f.* 큰물닭.
fūlīgō -*inis* (E soot) *f.* 검댕, 매연.
fulmen -*inis* (E thunderbolt) *n.* 번개; 번개의 빛남.

fulmineus *-a -um* (E flashing) *adj.* 번쩍이는, 번개 같은.
fulminō *-āvī -ātum -āre* (E lighten) *v. n.* 빛나다, 반짝 빛나다.
fultus *-a -um* fulciō의 과거분사.
fulvus *-a -um* (E tawny) *adj.* 황갈색의; 노랑색의; 오렌지색의; 금색의.
fūmeus *-a -um* (E smoky) *adj.* 연기나는; 그을은.
fūmidus *-a -um* (E smoky) *adj.* 연기나는.
fūmifer *-era -erum* (E smoky) *adj.* 연기나는.
fūmō *-āvī -āre* (E smoke) *v. n.* 연기; 증기.
fūmus *-ī* (E smoke) *m.* 연기; 증기.
fūnālis *-e* (E of a rope) *adj.* 밧줄의.
funda *-ae* (E sling) f. 새총.
fundāmen *-inis* (E foundation) *n.* 창설.
fundāmentum *-ī* (E foundation) *n.* 창설, 창립; 기초, 토대.
fundātor *-ōris* (E founder) *m.* 창립자.
fundātus *-a -um* fundō의 과거분사.
funditus (E from the bottom) *adv.* 밑으로부터; 전체적으로.
fundō *-āvī -ātus -āre* (E establish) *v. a.* 단단히 하다, 튼튼하게 하다.
fundō *fūdī fūsus fundere* (E pour) *v. a.* 따르다, 쏟다, 붓다.
fundus *-ī* (E bottom) *m.* 바닥, 기초.
fūnereus *-a -um* (E deadly) *adj.* 죽음의; 장례식의.
fūnestus *-a -um* (E deadly) *adj.* 치명적인, 죽음의.
fungor *functus fungī* (E perform) *v. dep.* 수행하다, 이행하다.
fungus *-ī* (E mushroom) *m.* 버섯.
fūnis *-is* (E rope) *m.* 밧줄; 끈, 새끼.
fūnus *-eris* (E burial) *n.* 매장
fuō sum참조.
fūr *fūris* (E thief) *comm.* 도둑.
fūrātus *-a -um* fūror의 과거분사.
furca *-ae* (E fork-shaped yoke) *f.* 포크모양의 멍에 노예들을 처벌하는 데 쓰임.
furēns furo의 분사.
furia *-ae* (E rage) *f.* 분노, 격노, 분격. 주로 복수.
furiālis *-e* (E of a fury) *adj.* 분노의.
furiātus *-a -um* **furio**의 과거분사.
furibundus *-a -um* (E mad) *adj.* 성난, 격노한, 매서운.
furiō *-āvī -ātus -āre* (E infuriate) *v. a.* 격노케하다 성나게하다.

furō *no perf no sup. -ere* (E rage) *v. n.* 격노하다; 사납게 날뛰다; 미치다.
fūror *-ātus -ārī* (E steal) *v. dep.* 훔치다, 몰래 빼앗다.
furor *-ōris* (E fury) *m.* 분노, 격노, 노호.
fūrtim (E secretly) *adv.* 몰래, 비밀스럽게.
fūrtīvus *-a -um* (E stealthy) *adj.* 비밀의; 숨은, 숨겨진.
fūrtum *-ī* (E theft) *n.* 절도, 도둑질.
fuscus *-a -um* (E dusky) *adj.* 거무스름한; 어스레한.
fusus *-a -um* **fundo**의 과거분사.
fūsus *-ī* (E spindle) *m.* 가락.
fūttilis *(futt-)* *-e* (E brittle) *adj.* 부서지기 쉬운, 무른; 약한; 바보같은.
futūrus *-a -um* sum의 미래분사.

G g

Gabiī -ōrum (E Gabii) *m.pl.* 가비(Gabii)라티움의 마을, 인구가 많고 중요했지만 일찍 파괴되었음. 로마와 프라에네스테사이에 있었음. 유노신에 대한 숭배로 유명.
Gabīnus -a -um (E of Gabii) *adj.* 가비(Gabii)의.
gaesum -ī (E javelin) *n.* (특히 갈리아의) 던지는 창.
Gaetūlus -a -um (E Gaetulian) *adj.* 가에툴리의; 아프리카의.
Gaetūlus -a -um (E Gaetulian) *m.f.* 아프리카인[사하라 사막을 따라 북서쪽에 있는 사람들].
Galaesus (Galē-) -ī (E Galaesus) *m.* 양의로 유명한 칼라브리다의 강; 이탈리아인.
Galatēa -ae (E Galatea) *f.* 갈라테아(Galatea). 폴리페무스에게 사랑받은 바다의 요정; 시골처녀.
galbaneus -a -um (E of galbanum) *adj.* 갈바눔(glabanum)의
galbanum -ī (E galbanum) *n.* 갈바눔. 동양에서온 수지를 함유한 껌.
galea -ae (E helmet) *f.* 헬멧; 투구.
galērus -ī (E cap) *m.* 모자.
Galēsus Galaesus 참조.
galla -ae (E oak gall) *f.* 오크의 몰식자.
Gallus -a -um (E of Gaul) *adj.* 골족의.
Gallus -ī (E Gallus) *m.* 로마의 성(性).
Gangaridae -ārum (-um the shorter form) (E a people of India) *m.pl.* 인도의 사람들.
Gangēs -is (E Ganges) *m.* 갠지스강.
Ganymēdēs -is (-ī) (E Ganymedes) *m.* 라오메돈의 아들, 독수리에 의해 끌려가 주피터의 술잔을 따라 올리는 사람이 됨.
Garamantēs -um (E Gramantes) *m.pl.* 아프리카 내륙지방이 있던 나라.
Garamantis -idos (E of the Garamantes) *adj.* 가라만테스(Garamantes)의.
Gargānus -ī (E Garganus) *m.* 아드리아해 쪽으로 돌출된 산맥.
Gargara -ōrum (E Gargara) *n.pl.* 아이다산의 한 부분, 같은 이름의 마을이 근처에 있음.
garrulus -a -um (E chattering) *adj.* 지껄이는; 떠들썩한, 시끄러운.
gaudeō *gavīsus gaudēre* (E feel joy) *vi.* 기쁨을 느끼다, 기뻐하다, 좋아

하다.
gaudium -ī (-iī) (E joy) n. 기쁨, 환희.
gāza -ae (E treasure) f. 보물; 부, 재산.
Gela -ae (E Gela) f. 시실리의 한 도시.
gelasīnus -ī (E dimple) m. 보조개.
gelidus -a -um (E icy) adj. 차가운, 추운, 찬; 얼음의.
Gelōni -ōrum (E Scythian tribe) m.pl. 스키타이 부족.
Gelōnus -a -um (E of the Geloni) adj. 젤로니(Geloni)의.
gelu -ūs (E ice) n. 얼음; 추움, 한랭.
gemellus -ī (E twins) m. 쌍둥이.
geminātus -a -um (E repeated) adj. geminō의 과거분사.
geminō -āvī -ātum -āre (E repeat) vt. 되풀이하다, 반복하다; 배가하다, 늘리다.
geminus -a -um (E twin) adj. 쌍둥이의, 쌍생의; 두개의.
gemitus -ūs (E groan) m. 신음; 불평.
gemma -ae (E bud) f. 싹, 눈; 보석, 보옥.
gemō *gemuī gemitum gemere* (E groan) vi. 울부짖다, 신음하다, 비탄하다.
gena -ae (E cheek) f. 볼.
gener *generī* (E son-in-law) m. 사위.
generātim (E by kinds) adv. 종류별로.
generātor -ōris (E breeder) m. 양육자; 육종가.
generatus -a -um (E begotten) adj. **generō**의 과거분사.
generō -āvī -ātum -āre (E beget) vt. (아이를) 보다, 낳다; 아버지가 되다.
generōsus -a -um (E well born) adj. 태생이 좋은.
genesta *(genist-)* -ae (E broom) f. 금작화.
genetrīx *(geni-)* -īcis (E mother) f. 어머니.
geniālis -e (E nuptial) adj. 제우스의; 기분 좋은; 결혼의.
genista genesta 참조.
genitālis -e (E reproductive) adj. 생식의; 재생의.
genitor -ōris (E father) m. 아버지.
genitrīx genetrīx 참조.
genitus -a -um (E begotten) adj. gignō의 과거분사.
genius -ī (-iī) (E tutelary divinity) m. 수호신, 특별한 신.
gēns *gentis* (E race) f. 자식, 자녀, 후예; 종족, 민족.
genū -ūs (E knee) n. 무릎.

genus *-eris* (E race) *n.* 종족, 가계, 혈통, 출신.
Geōrgiea *-ōrum* (E Georgiea) *n.pl.* 웨르질리우스(Vergilius)의 농사시.
Germānia *-ae* (E Germany) *f.* 독일.
germānus *-a -um* (E akin) *adj.* 같은 종류의, 유사한.
germen *-inis* (E bud) *n.* 싹, 눈; 어린가지, 새싹.
gerō *gessī gestum gerere* (E bear) *vt.* 지니다, 갖고 있다; 지배하다.
Gēryōn *-ōnis* (abl. *Gēryōne* or *Gēryōne*) (E Geryon) *m.* 헤라클레스에게 죽게 되는 괴물로 소를 가져간 스페인의 머리 3개 달린 괴물.
gestāmen *-inis* (E a thing borne) *n.* 지니고 있는 것; 무기; 장식; 흔장, 표지.
gestiō *-īvī (-iī) -ītum -īre* (E exult) *vi.* 크게 기뻐하다, 기뻐 날뛰다; 열정적인 열망을 보이다.
gestō *-āvī -ātum -āre* (E bear) *vt.* 지니다, 가지고 있다.
gestus *-a -um* (E born) *adj.* gerō의 과거분사.
Getae *-ārum* (E Getes) *m.pl.* 다뉴브(Danube)강에 살던 트라치우스(Thracius) 부족의 사람들.
Geticus *-a -um* (E of the getae) *adj.* 뜨라치우스(Thracius) 부족의; 고트족의.
Gētūlus Gaetulus 참조.
gignō *genuī genitum gignere* (E beget) *vt.* 낳다; 생기게 하다, 일으키다; 아버지가 되다.
gilvus *-a -um* (E dun) *adj.* 밤색의.
glaciālis *-e* (E icy) *adj.* 얼음 같은, 얼은; 추운, 차가운.
glaciēs *-ēī* (E ice) *f.* 얼음, 추위.
gladius *-ī (-iī)* (E sword) *m.* 검.
glāns *glandis* (E acorn) *f.* 도토리, 견과.
glārea *-ae* (E gravel) *f.* 자갈.
glaucus *-a -um* (E blue) *adj.* 푸른; 푸른 잿빛의; 푸른 초록의, 해록색의.
Glaucus *-ī* (E Glaucus) *m.* 시시포스의 아들이고 벨레로폰의 아버지; 바다의 신이 된 안테돈의 어부; 데이포베의 아버지; 벨레로폰의 손자.
glēba *-ae* (E clod) *f.* 흙덩어리.
glsīcō *no perf. no sup. gliscere* (E increase) *vi.* 증가하다, 성장하다.
globus *-ī* (E ball) *m.* 공, 구체.
glomerātus *-a -um* (E rolled up) *adj.* **glomerō**의 과거분사.
glomerō *-āvī -ātum -āre* (E roll up) *vt.* 동그래지다, 똘똘 뭉쳐 말리다; 모으다, 거두어들이다.
glōria *-ae* (E glory) *f.* 명예, 영예, 명성; 야망.
glūten *-inis* (E glue) *n.* 풀; 껌.

gnātus *-a -um* (E begun) *adj.* (g)nascor의 과거분사.
gnāscor nascor참조.
Gnōsus *(Gnōss-) -a -um* (E of Gnosus) *adj.* 그노수스의.
Gorgō *-ōnis* (E Gorgon) *f.* 고르곤.
Gorgoneus *-a -um* (E of the Gorgons) *adj.* 고르곤자매의.
Gortȳna *-ae* (E Gortyna) *f.* 크레테(Creta)의 한 도시.
Gortȳnius *-a -um* (E of Gortyna) *adj.* 고르티나(Gortyna)의.
gōrȳtus *(eōry-) -ī* (E quiver) *m.* 떨림, 떨기, 진동.
Gracchus *-ī* (E Gracchus) *m.* 로마의 성; 두명의 개혁가들,티베리우스와 가이우스.
gracilis *-e* (E slender) *adj.* 홀쭉한, 가느다란, 날씬한.
gradior *gressus gradī* (E walk) *vi.* 걷다; 가다, 이동하다.
Grādīvus *-ī* (E name of Mars) *m.* 화성의 이름.
gradus *-ūs* (E step) *m.* 걸음.
Graecia *-ae* (E Greece) *f.* 그리스.
Grāiugena *-ae* (E Greek) *m.* 그리스인.
Grāius *-a -um* (E Greek) *adj.* 그리스의.
grāmen *-inis* (E grass) *n.* 풀, 풀잎; 초원.
grāmineus *-a -um* (E grassy) *adj.* 풀이 무성한.
grandaevus *-a -um* (E aged) *adj.* 늙은.
grandis *-e* (E large) *adj.* 큰, 거대한.
grandō *-dinis* (E hail) *f.* 환호하다; 환영하다.
grātēs *(abl. -ibus)* (E thanks) *f.* 감사.
grātia *-ae* (E regard) *f.* 주목, 고려; 마음 씀; 호의, 호감.
grātus *-a -um* (E dear) *adj.* 친애하는, 친한 사이의, 사랑하는.
grātor *-ātus -ārī* (E congratulate) *vt.* 축하하다.
gravātus *-a -um* (E made heavy) *adj.* **gravō**의 과거분사.
graveolēns *(also separate)* oleō 참조.
gravēscō *no perf. no sup. -ēscere* (E incept) *vi.* 시작하다; 취임하다; 부담되다.
gravidus *-a -um* (E heavy) *adj.* 무거운.
gravis *-e* (E heavy) *adj.* 무거운; 단단한, 딱딱한.
Graviscae *-ārum* (E Graviscae) *f.pl.* 나쁜 공기로 유명한 에트루리아의 도시.
graviter (E heavily) *adv.* 무겁게; 격렬하게; 깊이; 시끄럽게.
gravō *-āvī -ātum -āre* (E make heavy) *vt.* 무겁게 하다, 부담 지우다.
gravor gravō 참조.

gremium -ī (-iī) (E lap, bosom) *n.* 무릎(허리에서 무릎마디까지); 가슴, 흉부.
gressus -a -um (E walked) *adj.* **gradior**의 과거분사.
gressus -ūs (E step) *m.* 걸음; 걷는 속도, 걸음걸이; 길; 진로, 행로.
grex *gregis* (E herd) *m.* (드물게 *f.*) 떼, 무리.
grūs *gruis* (E crane) *f.* 기중기.
Grȳnaeus -a -um (E of Grynia) *adj.* 그리니아의.
grȳps *grȳpis* (E griffin) *m.* 그리핀(독수리의 머리.날개에 사자의 몸통을 가진 괴물).
gubernāculum (-elum) -ī (E tiller) *n.* 키, 타륜.
gubernātor -ōris (E helmsman) *m.* 타수, 키잡이; 조종사.
gurges -itis (E vortex) *m.* 소용돌이, 화방수; 회오리바람; 심연.
gustō -āvī -ātum -āre (E taste) *vt.* 맛보다.
gutta -ae (E drop) *f.* 방울, 물방울.
guttur -uris (E throat) *n.* 목; 입.
Gyaros (-us) -ī (E Gyaros) *f.* 에게해의 한 섬.
Gyās -ae (E Gyas) *m.* 아에네아스의 동료; 로마인.
Gȳgēs -is (E Gyges) *m.* 아에네아스의 동료.
Gylippus -ī (E Areadian) *m.* 아레아디아인.
gȳrus -ī (E ring) *m.* 원형 진로; 고리, 바퀴; 동그라미.

H h

habēna -ae (E rein) f. 굴레, 고삐; 끈; 채찍.
habēns habeō 참조.
habeō *habuī habitum habēre* (E hold) vt. 가지다, 소유하다; 차지하다; 살다.
habilis -e (E handy) adj. 유용한, 편리한; 알맞은, 적당한.
habitātus -a -um **habitō**의 과거분사.
habitō -āvī -ātum -āre (E occupy) vt.vi. 살다, 거주하다; 점령하다, 점거하다.
habitus -a -um **habeō**의 과거분사.
habitus -ūs (E condition) m. 태도; 조건; 상태; 곤경.
hāc (E this way) adv. 이쪽으로.
hāctenus *(often separated)* (E hitherto) adv. 지금까지.
Hadriaeus (Adr-) -a -um (E of Hadria) adj. 하드리아의.
haedus (hoe- -ē -ac-) -ī (E kid) m. 새끼염소; 새끼영양.
Haemōn (Ae-) -onis (E Rutulian) m. 루툴리아인.
Haemonidēs -ae (E Rutulian) m. 루툴리아인.
Haemus -ī (E Haemus) m. 트라스의 산맥.
haereō *haesī haesum haerēre* (E stick) vi. 고수하다, 고정하다, 들러붙다.
haerēs hērēs 참조.
Halaesus (-ēsus) -ī (E Halaesus) m. 1. 이탈리아로간 아가멤논의 아들; 2. 루툴리아인.
Halēsus Halaesus 참조.
hālitus -ūs (E breath) m. 숨, 증기.
Halius -ī (-iī) (E Trojan) m. 트로이인.
hālō -āvī -ātum -āre (E exhale) vi. 숨을 내쉬다; 향기로워 지다.
Halys -yos (E Trojan) m. 트로이인.
Hamādryas -adis (E Hamadryas) f. 하마드리아드; 님프.
Hammōn Ammon 참조.
hāmus -ī (E hook) m. 갈고리, 고리.
Harpalycē -ēs (E Harpalyce) f. 트라스의 여전사.
Harpalyeus -ī (E Trojan) m. 트로이인.
Harpȳia -ae (E Harpy) f. *(mostly plur.)* 하피(새의 몸을 하고 사람의 얼굴과 목소리를 가진 괴물).
harundō arundō 참조.

haruspex *(ar-) -icis* (E soothsayer) *m.* 예언자, 점쟁이.
hasta -ae (E spear) *f.* 창; 막대기, 지팡이.
hastīle -is (E spear) *n.* 창; 장대; 싹; 어린 나무.
haud *(hau haut)* (E not) *neg. adv.* 결코~ 하지않다.
haudquāquam haud 참조.
hauriō *hausī haustum haurīre* (E drink) *vt.* 마시다; 배수하다; 빼다 없애다.
haustus *-ūs* (E draught) *m.* 도안, 밑그림; 한 입.
hebeō *no perf. no sup. hebēre* (E be dull) *vi.* 둔해지다.
hebetō *-āvī -ātum -āre* (E blunt) *vt.* 무디게 하다, 둔감하게 하다.
Hebrus *(Ebr-) -ī* (E Hebrus) *m.* 1. 트라스의 한 강; 2. 트로이인
Hecatē *-ēs* (E Hecate) *f.* 아래 세계와 관계있는 신비한 여신.
Hector *-oris* (E Hector) *m.* 프리암의 아들로 트로이에서 가장 이름난 전사.
Hectoreus *-a -um* (E of Hector) *adj.* 헥토르의.
Hecuba *-ae* (E Hecuba) *f.* 프리암의 아내
hedera *(ed-) -ae* (E ivy) *f.* 담쟁이덩굴.
hei ei 참조.
hēia (E ho!) *interj.* 호! 저런!
Helena *-ae* (E Helen) *f.* 쥬피터와 레다의 딸, 헬레나.
Helēnor *-oris* (E Trojan) *m.* 트로이인.
Helenus *-ī* (E Helenus) *m.* 프리암의 아들.
Helicōn *-ōnis* (E Helicon) *m.* 헬리콘 산(아폴로와 뮤즈들이 살던 곳).
helleborus *-ī* (E hellebore) *m.* 크리스마스로즈.
Hellēspontiaeus *-a -um* (E of the Hellespont) *adj.* 헬레스폰트해협의.
Helōrus *(-um) -ī* (E Helorus) *m. and n.* 시실리 동쪽해안에 있던 도시.
herba *-ae* (E herb) *f.* 풀, 풀잎, 초본.
Herbēsus *-ī* (E Rutulian) *m.* 루툴리아인.
herbōsus *-a -um* (E grassy) *adj.* 풀이 무성한.
Herculēs *-is* (E Hercules) *m.* 헤라클레스.
Herculēus *-a -um* (E of Hercules) *adj.* 헤라클레스의.
hērēs *-ēdis* (E heir) *m. (or f.)* 상속인.
herīlis erilis 참조.
Hermiuius *-ī (-iī)* (E Hermiuius) *m.* 한 트로이 전사.
Hermionē *-ēs* (E Hermione) *f.* 메넬라우스의 딸.
Hermus *-ī* (E Hermus) *m.* 리디아의 강.
Hernieus *-a -um* (E of the Hernici) *adj.* 헤르니치의.
hērōus *-a -um* (E heroic) *adj.* 영웅의.

herus *(erus)* -ī (E master) *m.* 주인; 지배자.
Hēsionē -ēs (E Hesione) *f.* 라오메돈의 딸이자 프리암의 누이.
Hesperia Hesperius 참조.
Hesperis -*idis* (E Hesperian) *f. adj.* 헤스페리아의, 할리아의; 헤스페리데스(황금사과를 지키는 헤스페루스의 딸들).
Hesperius -a -um (E Western land) *adj.* 서쪽의 땅; 이탈리아.
Hesperus -ī (E evening) *m.* 저녁; 저녁별.
hesternus -a -um (E of yesterday) *adj.* 어제의.
heu (E alas!) *interj.* 신이시여!, 아아!
heus (E ho!) *interj.* 어이!, 거기!
hiātus -ūs (E opening) *m.* 틈, 갈라진 틈; 하품하는 입.
hībernus -a -um (E of winter) *adj.* 겨울의.
Hibērus -a -um (E Spainsh) *adj.* 스페인의.
hibiscum -ī (E marshmallow) *m.* 마시맬로; 양아욱.
hīc *haec hōc* (E this) *dem. pron.* 이것, 이 물건, 그, 그녀.
hīc (E here) *adv.* 여기에서; 저기에서.
Hicetāonius -ī (E Hicetaonius) *m.* 히세아톤의 아들.
hiemps hiemis (E winter) 겨울, 폭풍.
Hiēra *(Iaera)* -ae (E Hiera) *f.* 아이다산의 성직자.
hilarō -*āvī* -*ātum* -*āre* (E cheer) *vt.* 활기를 띠게하다, 기운을 돋우다, 생기를 주다.
Himella -ae (E Himella) *f.* 티베르로 흘러드는 이탈리아의 강.
hinc (E from here) *adv.* 여기서부터; 그러므로; 이것으로부터.
hinnītus -ūs (E neighing) *m.* 울음.
hiō -*āvī* -*ātum* -*āre* (E gape) *vi.* 입을 크게 벌리다; 하품하다.
Hippocoōn -ontos (E Hippocoon) *m.* 아에네이스의 동료.
Hippodamē -ēs (E Hippodamia) *f.* 히포다미아.
Hippolytē -ēs (E Hippolyte) *f.* 테세우스의 아내로 아마존이었다.
Hippolytus -ī (E Hippolytus) *m.* 테세우스와 히폴리트의 아들.
hippomanes (E hippomanes) *n.* 미약으로 쓰이는 암말의 배설물.
Hippotadēs -ae (E Hippotades) *m.* 히포타스의 아들.
Hireānus -a -um Hyreānus 참조.
hirsūtus -a -um (E bristly) *adj.* 뻣뻣한 털의; 털이 곤두선; 바늘투성이의.
hirtus -a -um (E rough) *adj.* 거친; 털이 많은, 텁수룩한.
hirūndō -*inis* (E swallow) *f.* 제비.
Hisbō -*ōnis* (E Rutulian) *m.* 루툴리아인.

hīscō *no perf. no sup. hiscere* (E gape) *v. n.* 입을 크게벌리다.
hispidus *-a -um* (E shaggy) *adj.* 텁수룩한, 털이 많은.
hiulcus *-a -um* (E gaping) *adj.* 갈라진.
hōc *abl.* hic 참조.
hōc *adv.* huc 참조.
hodīē (E today) *adv.* 오늘; 지금.
holus(ol-) *-eris* (E vegetables) *n.* 야채, 채소.
homō *-inis* (E man) *m.* 남자; 사람, 인간.
Homolē *-ēs* (E Homole) *f.* 테살리의 산.
honestus *-a -um* (E beautiful) *adj.* 아름다운; 고귀한.
honor *(-ōs) -ōris* (E beauty) *m.* 아름다움; 우미, 우아, 품위; 존엄 위엄.
honōrō *-āvī -ātum -āre* (E honor) *vt.* 존경하다, 존중하다.
hōra *-ae* (E hour) *f.* 시간, 시각.
hordeum *-ī (also plur.)* (E barley) *n.* 보리, 대맥.
horrendus *-a -um* (E horrendous) *n.* 무서운, 끔찍한.
horrēns *-entis* horreō의 분사.
horreō(horruī) *no sup. horrēre* (E stand erect) *vt.vi.* 꼿꼿이 일어나다, 곤두세우다.
horrēscō *horruī no sup. horrēscere* (E bristle) *vt.vi.* 털을 세우다-.
horreum *-ī* (E granary) *n.* 곡창, 헛간.
horribilis *-e* (E horrible) *adj.* 끔찍한, 무서운.
horridus *-a -um* (E shaggy) *adj.* 거친, 털이 많은, 텁수룩한.
horrificō *-āvī -ātum -āre* (E terrify) *vt.* 겁나게 하다, 두려워하게 하다.
horrificus *-a -um* (E terrible) *adj.* 무서운, 소름끼치는.
horrisonus *-a -um* (E dread sounding) *adj.* 무섭게 들리는; 무서운 소리의.
horror *-ōrīs* (E bristling) *m.* 머리털이 곤두섬; 떪, 전율; 공포, 불안.
hortātor *-ōris* (E encourager) *m.* 격려가, 선동가.
Hortīnus *-a -um* (E of Horta) *adj.* 호르타(티베르의 한 마을)의.
hortor *-ātus -ārī* (E exhort) *v. dep.* 열심히 타이르다; 충고하다; 재촉하다; 격려하다.
hortus *-ī* (E garden) *m.* 정원; 과수원.
hospes *-itis* (E host) *m.* 주인; 손님.
hospitium *-ī (-iī)* (E hospitality) *n.* 호의.
hostia *-ae* (E victim) *f.* 희생자.
hostīlis *-e* (E enemy) *adj.* 적.
hūc *(old hōc)* (E here) *adv.* 여기. huc atque illuc (E *this way and*

that). 여기에서 저기로.
hūmānus *-a -um* (E human) *adj.* 인간의.
hūmectō ūmectō 참조.
hūmēns ūmeō 참조.
hūmeō ūmeō 참조.
humerus umerus 참조.
hūmēscō ūmēscō 참조.
hūmidus ūmidus 참조.
humilis *-e* (E low) *adj.* 낮은; 뒤떨어지는; 비천한, 천한; 변변찮은.
humō *-āvī -ātum -āre* (E bury) *vt.* 묻다, 매장하다.
hūmor ūmor 참조.
humus *-ī* (E ground) *f.* 땅, 지면; 토양, 흙.
hyacinthus *-ī* (E hyacinth) *m.* 히아신스.
Hyades -um (E Hyades) *f. plur.* 황소자리 머리 부분에 있는 7개의 별.
Hyalus -ī (E glass) *m.* 유리.
hȳbernus hibernus 참조.
Hybla *-ae* (E Hybla) *f.* 꿀벌로 유명한 시실리에 있는 산.
Hyblacus *-a -um* (E of Hybla) *adj.* 히블라의.
Hydaspēs *-is* (E Hydaspes) *m.* 1. 인도의 강, 그 유역의 사람들; 2. 트로이인.
Hȳdra *-ae* (E hydra) *f.* 1. (헤라클레스가 죽인) 히드라; 2. 신의 복수를 담당하는 지옥의 물뱀.
hydrus *-ī* (E watersnake) *m.* 물뱀; 뱀.
hyems hiemps 참조.
Hȳlaeus *-ī* (E Hylaeus) *m.* 아틀란타에 폭력을 선사한 켄타우로스.
Hylās *-ae* (E Hylas) *m.* 아르고선 원정에서 헤라클레스를 동반했던 젊은이.
Hȳlax *-acis* (E Hylax) *m.* 어떤 개의 이름.
Hyllus *-ī* (E Hymen) *m.* 휘멘, 혼인의 신.
Hypanis *-is* (E Hypanis) *m.* 1. 스키타이의 강; 2. 트로이 인.
Hyperboreus *-a -um* (E Nothernmost) *adj.* 최북단의; 최북단의 사람들.
Hyrcānus *-a -um* (E of the Hyrcani) *adj.* 히르카니의.
Hyrtacidēs *-ae* (E Hyrtacides) *m.* 히르타쿠스의 아들.
Hyrtacus *-ī* (E Hyrtacus) *m.* 니수스의 아버지.

I (vowel)

Iacchus *-ī* (E *Iacchus*) *m.* 바쿠스의 이름; 포도주.
Iaera Hiera 참조.
Iapetus *-ī* (E *Iapetus*) *m.* 타이탄족중의 한명, 아틀라스와 프로메테우스의 아버지.
Iāpis *-idis* (E *Iapis*) *m.* 아에네이스의 의사.
Iāpys *-ydis* (E *of the Iapys*) *m.* 이아피데스의.
Iāpyx *-ygis* (E *Iapygian*) *adj.* 이아피지아인의
Iarbās *-ae* (E *Iarbas*) *m.* 이아르바스(디도에게 구혼을 했던 왕으로 북아프리카의 가에툴리아를 다스렸음).
Īasidēs *-ae* (E *Trojans*) *m.* 이아시우스의 자손들, 트로이 인들.
Īasius *-ī(iī)* (E *Iasius*) *m.* 이아시우스(다르다누스의 형제로, 유피테르와 엘렉트라의 아들. 농업의 여신 케레스의 사랑을 받았다. 신화에 따르면, 그는 테우케르 여인과 결혼하여 트로이 민족을 창시했다고 한다).
iaspis *-idis* (E *jasper*) *f.* 보석.
Iber Hiberus 참조.
ibī (E *there*) *adv.* 그곳에, 그곳에서, 그곳으로, 거기에.
ibīdem (E *in the same place*) *adv.* 같은 장소에서; 같은 시간에.
Īcarus *-ī* (E *Icarus*) *m.* 이카로스(다이달로스의 아들로서 팔에 깃털을 달고 날다가 떨어져 죽음).
īcō *-ī -tum ere* (E *strike*) *v.* 강타하다; (조약 등을) 비준하다.
ictus *-ūs* (E *stroke*) *m.* 강타, 일격.
Īda *-ae* (E *Ida*) *f.* 이다 산(크레타 섬에 있는 산으로 유피테르 신의 신전이 있었다고 전해짐); 이다 산(트로이 근처에 있는 시벨레 여신을 숭배하는 산으로, 여기서 파리스 왕자가 가장 아름다운 여신을 심판했음).
Īdaeus *-a -um* (E *of Ida*) *adj.* 이다 산의.
Īdalium (E *Idalium*) *n.* 이달리움(키프로스 섬에 있는 산으로 비너스 여신을 숭배했던 장소).
Īdalius *-a -um* (E *of Idalium*) *adj.* 이달리아의; 비너스의.
Īdas *-ae* (E *Trojan*) *m.* 이다스(트로이 사람으로 이아손을 따라 아르고 원정대에 참가).
idcircō (E *for that reason*) *adv.* 그러므로, 따라서; (종종 부정문에서)그 이유로 인해.

īdem *eadem idem* (E *the same*) *adj.* 똑같은, 동일한; *pron.* 동일한 것, 전술한 내용.
ideō (E *the this reason*) *adv.* 그 이유로 인해; 따라서.
Idmōn *-onis* (E *Idmon*) *m.* 이드몬(루툴리아 사람으로 아르고 원정대에 참가).
Īdomeneus *-eī* (E *Idomeneus*) *m.* [대격: -ea] 이도메네우스(트로이 전쟁의 영웅으로, 크레타 인들을 이끌었음).
Idūmaeus *-a -um* (E *of Idume*) *adj.* 이두메의(시리아에 있는 지방으로, 야자로 유명했음).
iēns *euntis adj.* eo의 현재분사.
igitur (E *in that case*) *adv.* 그 경우에는; 그러므로.
ignārus *-a -um* (E *ignorant*) *adj.* 알지 못하는, 무지한.
ignāvē (E *lazily*) *adv.* 나태하게, 게으르게, 태만하게.
ignāvia *-ae* (E *laziness*) *f.* 게으름; 두려움.
ignāvus *-a -um* (E *idle*) *adj.* 게으른; 겁먹은.
ignēscō *no perf. no sup. -cere* (E *take fire*) *vi.* 불붙다.
igneus *-a -um* (E *fiery*) *adj.* 맹렬한; 불타고 있는.
ignipotēns *-entis* (E *Vulcan*) *m.* 불의 신 벌칸; *adj.* 불을 통제할 수 있는
ignis *-is* (E *fire*) *m.* 불, 열; 낙인; 열정.
ignōbllis *-e* (E *ignoble*) *adj.* 불명예스러운, 저속한, 가치 없는.
ignōminia *-ae* (E *ignominy*) *f.* 불명예, 수치.
ignōrō *-āvī -ātum -āre* (E *be ignorant of*) *vt.* 알지 못하다, 무지하다, 눈치 채지 못하다.
ignōseō *-nōvī -nōtum -nōscere* (E *pardon*) *vt.* 용서하다, 사면하다.
ignōscēndus *-a -um adj.* **ignōseō**의 현재분사.
ignōtus *-a -um* (E *unknown*) *adj.* 알려지지 않은, 흐릿한; 이상한.
īlex *-icis* (E *holm-oak*) *f.* 털가시나무, 또는 그 열매.
īlia *-ium* (E *groin*) *n. pl.* 사타구니; 옆구리
Īlia *-ae* (E *Rhea Silvia*) *f.* 레아 실비아(로물루스와 레무스의 어머니).
Īliacus *-a -um* (E *of Troy*) *adj.* 일리움의, 트로이의.
Īlias *-adis* (E *Trojan women*) *f.* 트로이 여인.
īlicet (E *immediately*) *adv.* 즉시, 곧, 당장.
īlignus *-a -um* (E *oaken*) *adj.* 오크 나무로 이루어진.
Īlionē *-ēs* (E *Ilione*) *f.* 일리오네(프리암 왕의 맏딸로 트라키아의 왕인 폴리메스토르와 결혼함).
Īlioneus *-eī* (E *Ilioneus*) *m.* [대격: -ea] 일리오네우스(아이네아스의 트로

이 인 동료).
Īlium *-ī(iī)* (E *Troy*) *n.* 트로이; 일리움 시.
Īlius *-a -um* (E *Trojan*) *adj.* 트로이 인의; 일리움 사람의.
illābor inlabor 참조.
illacrimō inlacrimo 참조.
illaetābilis inlaetābilis 참조.
illaudātus inlaudātus 참조.
ille *illa illud* (E *that*) *adj.* 그, 저; *pron.* 그것, 그 사람.
illecebrae inlecebrae 참조.
illīc (E *there*) *adv.* 거기에서, 그 장소에서; 그들과 함께. ▪ hic ... illīc 이...와 저... ¶**ludebat numero modo hoc modo illoc** *한때는 그 운율로, 한때는 저 운율로 놀았다.*
illīdō inlido 참조.
illinc (E *thence*) *adv.* 그때부터, 거기서부터. ▪ hinc atque illinc 이쪽편에도 저쪽편에도
illisus inlīsus 참조.
illōtus inlotus 참조.
illūc (E *to that place*) *adv.* 그쪽으로, 그쪽에.
illūcēseō inlucesco 참조.
illūdō inludo 참조.
illūstris inlustris 참조.
illūsus inlusus 참조.
illuviēs inluuies 참조.
Illyrieus *-a -um* (E *of Illyria*) *adj.* 일리리아의(아드리아 헤의 동쪽 지역을 통칭해서 부르는 말).
Ilva *-ae* (E *Elba*) *f.* 엘바(이탈리아 서부의 섬으로 철 광산으로 유명했음).
Īlus *-ī* (E *Ilus*) *m.* 일리우스(일리움을 건설했다고 전해지는 프리암 왕의 조부); 이울루스를 달리 부르는 말.
imāgō *-inis* (E *representation*) *f.* 모방, 사본; (문학 내에서의)인물 묘사; 유령; 관념.
Imāōn *-onis* (E *Imaon*) *m.* 이마온(루툴리아 사람으로 투르누스와 같이 아이네아스에 맞서 싸웠음).
imbellis *-e* (E *peaceful*) *adj.* 평화로운; 나약한; 전쟁에 적합하지 않은.
imber *-bris* (E *rainstorm*) *m.* 갑작스러운 폭우, 폭풍우, 비구름.
imbrasidēs *-ae* (E *Descendant of Imbrasus*) *m..* 임크라수스의 아들을 통칭하는 말.

Imbrasus *-ī* (E *Imbrasus*) m. 임브라수스(리키아 인으로 글라우쿠스와 라데스의 아버지).
imbrex *icis* (E *tile*) f. 지붕을 덮는 데 쓰는 이탈리아 타일의 한 종류.
imbrifer *-era -erum* (E *rainy*) adj. 비를 부르는, 비가 오는.
imbuō *-buī -būtum -buere* (E *soak*) v. 적시다.
imitābillis *-e* (E *imitable*) adj. 모방할 수 있는.
imitātus *-a -um* adj. imitor의 과거분사.
imitor *-ātus -ārī* (E *imitate*) v. dep. 따라하다, 복사하다, 위조하다.
immānis(in-) *-e* (E *huge*) adj. 거대한(부정적 의미로), 야만적인.
immātūrus(in-) *-a -um* (E *immature*) adj. 미성숙한, 덜 익은.
immedicābillis(in-) *-e* (E *incurable*) adj. 치료할 수 없는.
immemor(in-) *-oris* (E *forgetful*) adj. 잘 잊어버리는, 부주의한, 경솔한.
immēnsus(in-) *-a -um* (E *immense*) adj. 매우 큰, 측정 불가능한, 제한이 없는.
immergō(in-) *-mersī -mersum -mergere* (E *plunge*) v. 물에 빠트리다; 압도하다.
immeritus(in-) *-a -um* (E *undeserving*) adj. 가치가 없는, 부실한, 기준 미달인.
immineō(in-) *no perf. no sup. -ēre* (E *overhang*) v. 위에 덮이듯 돌출하다; 위협하다.
immisceō(in-) *-miscuī -mistum(mixtum) -miscēre* (E *mix*) v. 섞다.
immissus(in-) *-a -um* adj. **immitto**의 과거분사.
immītis(in-) *-e* (E *cruel*) adj. 잔혹한, 무자비한.
immittō(in-) *-mīsī -missum -mittere* (E *send in*) v. 들여보내다; 해방시키다.
immīxtus(in-) *adj.* immisceo의 과거분사.
immō (E *rather*) adv. (앞에 나오는 내용을 받아서)~보다는, 정정하자면.
immōbillis(in-) *-e* (E *immovable*) adj. 확고한, 냉정한, 태연한.
immortālis(in-) *-e* (E *immortal*) adj. 불사(不死)의, 영원한.
immōtus(in-) *-a -um* (E *unmoved*) adj. 확고한, 동요하지 않는, 고정된.
immūgiō(in-) *-īvī(-iī) -ītum ire* (E *roar within*) v. 큰 소리로 짖다, 고함치다; (소리가)울리다.
immulgeō(in-) *no perf. no sup. -mulgēre* (E *milk into*) v. 젖을 주다.
immundus(in-) *-a -um* (E *unclean*) adj. 더러운, 불결한.
immūnis(in-) *-e* (E *free from*) adj. 안전한, 보장된; 불활성의.
immurmurō(in-) *-āvī -ātum -āre* (E *murmur in*) v. 중얼거리다.
impāeātus(in-) *-a -um* (E *unconquered*) adj. 정복되지 않은.

impār(in-) -*paris* (E *unequal*) *adj.* 불공평한, 불균일한.
impāstus(in-) -*a* -*um* (E *hungry*) *adj.* 배고픈, 굶주린.
impatiēns(in-) -*entis* (E *impatient*) *adj.* 조급한, 성급한; 참을 수 없는.
impavidus(in-) -*a* -*um* (E *unterrified*) *adj.* 대담한, 겁먹지 않은.
impediō(in-) -*īvī(-iī)* -*ītum* -*īre* (E *entangle*) *v.* 얽히게 하다, (곤란 따위에)빠트리다; (일을)지연시키다.
impellō(in-) -*pulī* -*puisum* -*peliere* (E *strike upon*) *v.* 습격하다, 들이받다.
impendeō(in-) *no perf. no sup.* -*pendēre* (E *overhang*) *v.* 대달다; 위협하다.
impendō(in-) -*pendī* -*pēnsum* -*pendere* (E *expend on*) *v.* 소모하다; (시간 등을)투자하다.
impēnsus -*a* -*um* (E *spent*) *adj.* 소모된.
impēnsē (E *expensively*) *adv.* 비싸게; 격렬히.
impēnsus -*a* -*um adj.* **impendō**의 과거분사.
imperditus(in-) -*a* -*um* (E *undestroyed*) *adj.* 파괴되지 않은.
imperfectus(in-) -*a* -*um* (E *unaccomplished*) *adj.* 미완의.
imperitō(in-) *āvī* -*ātum* -*āre* (E *command*) *v.* 명령하다, 주인 노릇하다.
imperium(in-) (E *command*) *n.* 명령, 지시, 법; 제국.
imperō(in-) -*āvī* -*ātum* -*āre* (E *demand*) *v.* 요구하다, 지시하다, 다스리다.
imperterritus(in-) -*a* -*um* (E *unterrified*) *adj.* 기죽지 않는, 대담한.
impetus(in-) -*ūs* (E *impulse*) *m.* 격렬함, 힘, 추진력.
impexus(in-) -*a* -*um* (E *uncombed*) *adj.* 텁수룩한, 단정하지 못한.
impiger(in-) -*gra* -*grum* (E *active*) *adj.* 활발한, 정력적인.
impingō(in-) -*pēgī* -*pactum* -*pingere* (E *dash against*) *v.* 내던지다.
impius(in-) -*a* -*um* (E *impious*) *adj.* 불경한, 신성모독의.
implācābillis(in-) -*e* (E *inexorable*) *adj.* 무자비한, 용서 없는, 달랠 수 없는.
implācātus(in-) -*a* -*um* (E *insatiable*) *adj.* 달랠 수 없는.
impleō(in-) -*plēvī* -*plētum* -*plēre* (E *fill in*) *v.* 채우다; 만족시키다.
implicō(in-) -*plicāvī(-plicuī)* -*plicātum(-plicitum)* -*plicāre* (E *entwine*) *v.* 휘감다, (함정 따위에)빠뜨리다, 연루시키다.
implōrō(in-) -*āvī* -*ātum* -*āre* (E *call upon*) *v.* 애원하다, 빌다, 탄원하다.
implūmis(in-) -*e* (E *impeded*) *adj.* 방해받은, 방해된.
impōnō(in-) -*posuī* -*positum* -*pōnere* (E *place*) *v.* 놓다 배치하다, 고정하다.
importūnus(in-) -*a* -*um* (E *untimely*) *adj.* 불시의, 시기상조의, 부적절한; 위험한.
impositus -*a* -*um adj.* **impono**의 과거분사.

imprecor(in-) *-ātus -ārī* (E *pray*) v. dep. 빌다.
imprimō *-pressī -pressum -ere* (E *impress*) v. 감명을 주다, 인상을 주다.
imprīmīs inprīmīs 참조.
improbus(in-) *-a -um* (E *wicked*) adj. 악한, 나쁜, 부당한, 잔혹한.
improperātus(in-) *-a -um* (E *lingering*) adj. 질질 끄는, 망설이는.
imprōvidus(in-) *-a -um* (E *improvident*) adj. 선견지명이 없는.
imprōvīsus(in-) *-a -um* (E *unforeseen*) adj. 갑작스런, 예측되지 않은.
imprūdēns(in-) *-ēntis* (E *ignorant*) adj. 놀란, 갑작스런; 부주의한.
impūbes(in-) *-is* (E *youthful*) adj. 수염이 없는, 젊은.
impulsus(in-) *-ūs* adj. **impello**의 과거분사.
impulsus(in-) *-ūs* (E *shock*) m. 충격.
impūnis(in-) *-e* (E *unpunished*) adj. 형벌을 면한, 처벌되지 않은.
īmus *-a -um* (E *bottommost*) adj. 가장 낮은 (inferus의 최상급)
in (E *in*) prep. [+탈격] ~의 안에; [+대격] ~안으로. ▪**in manibus** 손아귀 안에 있는 ▪**in primis** 시초의
inaccessus *-a -um* (E *inaccessible*) adj. 접근하기 어려운.
Īnaehius *-a -um* (E *of Inachus*) adj. 이나쿠스의; 그리스의.
Īnaehus *-ī* (E *Inachus*) m. 이나쿠스(오케아누스와 테티스의 자식으로 이나쿠스 강의 주신; 이오의 아버지)
inamābilis *-e* (E *hateful*) adj. 사랑스럽지 않은, 불쾌한.
inānis *-e* (E *empty*) adj. 빈, 공허한; 쓸모없는, 의미없는.
inarātus *-a -um* (E *unploughed*) adj. 경작하지 않은.
inardēsco *-arsī no sup. -ardēscere* (E *incept*) v. 불붙이다; 붉게 되다.
Īnarimē *-ēs* (E *Isehia*) f. 이세이아 (토스카나 해에 있는 섬).
inausus *-a -um* (E *unattempted*) adj. 시도되지 않은.
incandēseō *-cauduī no sup. -candēscere* (E *incept*) v. 불타다, 붉게 되다.
incānēscō *-cānuī no sup. -cānēscere* (E *whiten*) v. 나이 들다, 회색으로 덮이다.
incānus *-a -um* (E *gray*) adj. 회색의, 회색으로 덮인; 백발의.
incassum cassus 참조.
incautus *-a -um* (E *incautious*) adj. 부주의한, 방심하는.
incēdō *-cēssī -cēssum -cēdere* (E *proceed*) v. 전진하다, 발전하다.
incendium *-ī(iī)* (E *fire*) n. 불, 화재.
incendō *-cendī -cēnsum -cendere* (E *kindle*) v. 불을 붙이다, 태우다.
incēnsus *-a -um* adj. **incendō**의 과거분사.
inceptus *-a -um* adj. **incipiō**의 과거분사.

incertus -a -um (E *uncertain*) *adj.* 불확실한, 의심 가는, 불규칙적인, 모호한.
incēssō -īvī (E *assault*) *v.* 공격하다.
incēssus -ūs (E *walk*) *m.* 걸음, 걸음걸이; 발전.
incestō -āvī -ātum -āre (E *defile*) *v.* 오염시키다, (명성 등을)더럽히다.
inchoō incoho 참조.
incidō -cidī -cāsum -cidere (E *fall upon*) *v.* 만나다; (사건 등이)일어나다.
incīdō -cīdī -cīsum -cīdere (E *cut into*) *v.* 자르다, 잘라내다, 난도질하다.
incinctus -a -um *adj.* **incingō**의 과거분사.
incingō -cinxī -cinctum -cingere (E *gird*) *v.* (허리띠 등을)매다, (칼 등을)차다.
incipiō -cēpī -ceptum -cipere (E *begin*) *v.* 시작하다, 착수하다.
incitō -āvī -ātum -āre (E *agitate*) *v.* 유발하다, (사건 등을)일으키다; (비유적으로)흥분시키다.
incitus -a -um (E *rapid*) *adj.* 빠른, 신속한.
inclēmentia -ae (E *cruelty*) *f.* 잔혹함, 엄격함.
inclīnātus -a -um *adj.* **inclīnō**의 과거분사.
inclīnō -āvī -ātum -āre (E *incline*) *v.* (관심 등을)기울이다; (경사 등을)기울이다.
inclūdō -clūsī -clūsum -clūdere (E *enclose*) *v.* 감싸다, 에워싸다, (상자 등에)넣다.
inclūsus -a -um *adj.* **inclūdō**의 과거분사.
inclutus -a -um (E *famous*) *adj.* 유명한.
inclytus -a -um inclutus 참조.
incoctus -a -um *adj.* **incoquō**의 과거분사.
incognitus -a -um (E *unknown*) *adj.* 알 수 없는, 불확실한.
incohō(inehoo) -āvī -ātum -āre (E *begin*) *v.* 시작하다, 착수하다.
incolō -coluī no sup. -colere (E *inhabit*) *v.* 거주하다.
incolumis -e (E *safe*) *adj.* 안전한, 무사한.
incomitātus -a -um (E *unattended*) *adj.* 동반자 없이, 혼자서.
incommodus -a -um (E *inconvenient*) *adj.* 불편한; 불쾌한.
incompositus -a -um (E *irregular*) *adj.* 불규칙적인, 정돈되지 않은; 무례한.
incomptus -a -um (E *unadorned*) *adj.* 꾸밈없는, 세련되지 않은; 무례한.
inconcēssus -a -um (E *unallowed*) *adj.* 허가되지 않은, 금지된, 불법인.
inconditus -a -um (E *not arranged*) *adj.* 정돈되지 않은, 세련되지 않은, 무례한.

incōnsultus *-a -um* (E *without advice*) *adj.* 조언을 듣지 않는; 분별없는, 경솔한.

incoquō *-coxī -coctum -coquere* (E *boil in*) *v.* (음식 등을)삶다, 요리하다.

incrēbrēscō(-bēsco) *-bruī no sup. -brēscere* (E *thicken*) *v.* 증가하다, 두껍게 되다.

incrēdibilis *-e* (E *incredible*) *adj.* 믿을 수 없는, 놀라운, 의심스러운.

incrēmentum *-ī* (E *increase*) *n.* 증가, 증가량; (때때로)후손.

increpitō *-āvī -ātum -āre* (E *chide*) *v.* 꾸짖다; 반박하다; 조롱하다.

increpō *-āvī(-uī) -ātum(-itum) -āre* (E *rattle*) *v.* 덜거덕덜거덕 소리 나다; 재잘거리다.

incrēscō *-crēvī -crētum -crēscere* (E *grow up*) *v.* 자라다; (비유적으로) 부풀다, 발생하다.

incubō *-āvī(-uī) -ātum(-itum) -āre* (E *lie upon*) *v.* 눕다; (비유적으로)덮치다, 습격하다, (재난 등이) 발생하다.

incultus *-a -um* (E *uncultivated*) *adj.* 경작하지 않은, 불모의; (비유적으로)깔끔하지 않은.

incumbō *-cubuī -cubitum -cumbere* (E *lie upon*) *v.* 눕다, 기대다; (비유적으로)노력하다, 겨냥하다.

incurrō *-currī(-cucurrī) -cursum -currere* (E *rush*) *v.* 습격하다, 돌진하다.

incursus *-ūs* (E *rush*) *m.* 돌진, 습격, 침략.

incurvō *-āvī -ātum -āre* (E *bend*) *v.* 휘다.

incurvus *-a -um* (E *bent*) *adj.* 휜, 구부러진.

incūs *-ūdis* (E *anvil*) *f.* 모루.

incūsō *-āvī -ātum -āre* (E *accuse*) *v.* 비난하다.

incūsus *-a -um* (E *hammered out*) *adj.* 두들겨 만든.

incutiō *-cussī -cussum -cutere* (E *strike into*) *v.* 찌르다; (비유적으로)영감을 주다.

indāgō *-inis* (E *nets*) *f.* 올가미, 그물.

inde *-de* (E *from there*) *adv.* 거기서부터, 이것부터, 그때부터; 나중에.

indēbitus *-a -um* (E *not due*) *adj.* (기한 등이)아직 되지 않은.

indecor *-oris* (E *inglorious*) *adj.* 불명예스러운, 존경받지 못하는.

indēfessus *-a -um* (E *untiring*) *adj.* 피로하지 않은, 끈기 있는, 싫증을 느끼지 않는.

indēprehēnsus *-a -um* (E *unobserved*) *adj.* 관찰되지 않은, 발견되지 않은, 눈에 띄지 않는.

India *-ae* (E *India*) *f.* 인더스 강 밖의 지역을 포괄적으로 지칭하는 말.

indicium -i(iī) (E *information*) n. 정보, 폭로, 증언; 표식.
indīcō -dīxī -dīctum -dīcere (E *declare*) v. 선언하다, 출판하다, 알리다.
indictus -a -um (E *unsaid*) adj. 말하지 않은.
indigena -ae (E *native*) m. 원주민, 토착민; (남성 명사와 같이 쓰여서)토착의, 지방 고유의.
indigeō -iguī no sup. -gēre (E *need*) v. 원하다, 필요하다.
Indiges -etis (E *native gods*) m. 토착 신; 아이네아스(로마 인들은 아이네아스를 신격화했음)
indignātus -a -um adj. **indignor**의 과거분사.
indignor -ātus -ārī (E *disdain*) v. dep. 경멸하다, 모욕하다, 하찮게 여기다.
indignus -a -um (E *unworthy*) adj. 가치 없는, 당찮은, 부끄러운; 불공평한.
indigus -a -um (E *in need*) adj. 가난한, 부족한.
indiscrētus -a -um (E *undistinguishable*) adj. 구별하기 어려운.
indocillis -e (E *untamable*) adj. 가르칠 수 없는, 야생의, 길들일 수 없는.
indoctus -a -um (E *untaught*) adj. 무지한, 미숙한, 무학의.
indolēs -is (E *character*) f. (주로 타고난)성질, 속성, 성격.
indomitus -a -um (E *untamed*) adj. 야생의, 야만의, 무례한; (비유적으로)무적의.
indormiō -īvī -ītum -īre (E *sleep on*) v. 자다.
indu in의 고어체.
indubitō -āvī -ātum -āre (E *doubt*) v. 의심하다.
indūcō -dūxī -dūctum -dūcere (E *lead*) v. 이끌다; 유인하다.
indūctus -a -um adj. **indūcō**의 과거분사.
indulgēntia -ae (E *favor*) f. 관대함, 호의.
indulgeō -ulsī -ultum -ulgēre (E *give room to*) v. 탐닉하다; 관대하게 대하다.
induō -uī -ūtum -uere (E *put on*) v. (갑옷 등을) 입다; (물건 등을) 획득하다. ■ **arma induere** 전쟁에 나가다
indūrēseō -dūruī no sup. dūrēscere (E *incept*) v. 응고되다, 단단해지다.
Indus -a -um (E *Indian*) adj. 인도의.
industria -ae (E *diligence*) adj. 근면, 노력.
indūtus -a -um adj. **induō**의 과거분사.
inēluctābillis -e (E *inevitable*) adj. 피할 수 없는.
inemptus(-emtus) -a -um (E *unbought*) adj. 무료의.
inermis -e(-us, -a, -um) (E *unarmed*) adj. 비무장의.
ineō -īvī(-iī) -itum -īre (E *go in*) v. 들어가다, 진입하다; 참가하다.

iners *-ertis* (E *inactive*) *adj.* 한가한, 게으른, 비겁한, 무력한.
inexcītus *-a -um* (E *unmoved*) *adj.* 평온한, 냉정한.
inexhaustus *-a um* (E *unexhausted*) *adj.* 지칠 줄 모르는, 다함이 없는.
inexōrābilis *-e* (E *inexorable*) *adj.* 냉혹한; 불변의. ¶**vēritās inexōrābilis** 불변의 진실.
inexpertus *-a -um* (E *untried*) *adj.* 시도되지 않은.
inexplētus *-a -um* (E *insatiable*) *adj.* 불만족한, 탐욕스러운.
inexsaturābilis *-e* (E *insatiate*) *adj.* 탐욕스러운, 만족할 줄 모르는.
inextrīcābilis *-e* (E *inextricable*) *adj.* 풀 수 없는, 뒤얽힌, 궁지에 빠진.
īnfabricātus *-a -um* (E *unwrought*) *adj.* 형태가 없는, 자연 그대로의, 가공되지 않은.
īnfāndus *-a -um* (E *unspeakable*) *adj.* 이루 말할 수 없는; 끔찍한.
īnfāns *-antis* (E *speechless*) *adj.* 말문이 막힌; 아이같은.
īnfaustus *-a -um* (E *ill-fated*) *adj.* 불길한, 흉조의.
īnfectus *-a -um* *adj.* **inficiō**의 과거분사.
īnfectus *-a -um* (E *undone*) *adj.* 끝나지 않은, 미완의.
īnfēcundus(foe-) *-a -um* (E *sterile*) *adj.* 헛된.
īnfēlīx *-īcis* (E *unfruitful*) *adj.* 헛된, 재수 없는, 불운한.
īnfēnsus *-a -um* (E *hostile*) *adj.* 적대적인, 위험한.
īnferiae *-ārum* (E *sacrifice*) *f. pl.* 제물, 제사.
īnfernus *-a -um* (E *of the lower world*) *adj.* 지하 세계의, 하데스의.
īnferō *intulī Inlātum īnferre* (E *bring in*) *v. irr.* 가져오다, 소개하다.
īnferus *-a -um* (E *low*) *adj.* 아래의, 아래에 있는.
īnfestus *-a -um* (E *hostile*) *adj.* 적대적인, 파괴적인, 치명적인.
īnficiō *-fēcī -feetum -ficere* (E *dye*) *v.* 염색하다, 물들이다; 오염시키다.
īnfīdus *-a -um* (E *faithless*) *adj.* 신의 없는, 불충(不忠)한.
īnfīgō *-fīxī -fīxum -fīgere* (E *fix in*) *v.* 고정시키다, 묶다.
īnfindō *-fidi -fissum -findere* (E *cleave*) *v.* 쪼개다, 찢다.
īnfit (E *begin*) *defective v.* 시작하다; 말을 시작하다.
īnfīxus *-a -um* *adj.* **infigō**의 과거분사.
īnflammātus *-a -um* *adj.* **inflammō**의 과거분사.
īnflammō *-āvī -ātum -āre* (E *inflame*) *v.* 불붙이다; (비유적으로)흥분시키다, 선동하다.
īnflātus *-a -um* *adj.* **īnflō**의 과거분사.
īnflō *-āvī -ātum -āre* (E *blow into*) *v.* (바람 등이)불다, (돛 따위가)부풀다.
īnflectō *-flexī -flexum -flectere* (E *bend*) *v.* 구부리다; (비유적으로)옮기

다, 만지다, 영향주다.

īnflexus -a -um (E *curved*) **īnflectō**의 과거분사형. -*adj.* 구부러진.

īnflētus -a -um (E *unwept*) *adj.* 아무도 슬퍼해 주지 않는.

īnflexus -a -um *adj.* **inflectō**의 과거분사.

īnflīctus -a -um *adj.* **inflīgō**의 과거분사.

īnflīgō -*flīxī* -*flīctum* -*flīgere* (E *dash upon*) *v.* 내던지다; 충돌하다.

īnfluō -*fluxī* -*fluxum* -*fluere* (E *flow in*) *v.* 흘러들어가다.

īnfodiō -*fōdī* -*fossum* *fodere* (E *dig in*) *v.* 묻다, 심다, (땅을)파다.

īnfoecundus **infēcundus** 참조.

īnformātus -a -um *adj.* **informō**의 과거분사.

īnformis -e (E *shapeless*) *adj.* 형태가 없는; 꼴불견의.

īnformō -*āvī* -*ātum* -*āre* (E *shape*) *v.* 모양 짓다, 형성하다.

īnfrā (E *below*) *adv.* 아래에, 아래에서.

īnfractus -a -um *adj.* **īnfringō**의 과거분사.

īnfraenō **infreno** 참조.

īnfraenus **infrenis** 참조.

īnfremō -*fremuī no sup.* -*fremere* (E *growl*) *v.* 으르렁거리다, 호통 치다.

īnfrendeō *no perf. no sup.* -*frendēre* (E *gnash*) *v.* (분노 등으로)이를 갈다.

īnfrēnis -e(-us, -a, -um) (E *unbridled*) *adj.* 마구를 채우지 않은, 무제한의, 제멋대로의.

īnfrēnō -*āre* (E *harness*) *v.* 억제하다; 마구를 채우다.

īnfringō -*frēgī* -*fractum* -*fringere* (E *break off*) *v.* 산산이 부수다, 깨뜨리다, 으깨다.

īnfraetus -a -um (E *shattered*) *adj.* 박살난, 깨진, 압도된; **īnfringō**의 과거분사.

īnfula -*ae* (E *fillet*) *f.* 머리띠(제사를 드릴 때 머리에 매는 털실.

īnfundō -*fūdī* -*fūsum* -*fundere* (E *pour on*) *v.* 따르다, 쏟다.

īnfuseō -*āvī* -*ātum* -*āre* (E *darken*) *v.* 더럽히다; 어두워지다.

īnfūsus -a -um *adj.* **īnfundō**의 과거분사.

ingeminātus -a -um *adj.* **ingeminō**의 과거분사.

ingeminō -*āvī* -*ātum* -*āre* (E *redouble*) *v.* 배가하다, 늘리다, 반복하다, 재생하다.

ingemō -*gemuī no sup.* -*gemere* (E *groan*) *v.* 신음하다, 슬퍼하다, 탄식하다; (동물 등이)짖다.

ingenium -*ī(-iī)* (E *nature*) *n.* 지성, 성질, 성격.

ingēns -entis (E enormous) adj. 거대한, 큰, 대단한.
ingerō -gessī -gestum -gerere (E heap up) v. 쌓다; 던지다.
inglōrius -a -um (E inglorious) adj. 불명예스러운, 면목 없는, 무명의.
ingluuiēs -ēī (E gullet) f. 식도, 밥통.
ingrātus -a -um (E unpleasing) adj. 유쾌하지 않은, 마음에 들지 않는, 감사할 줄 모르는.
ingredior -gressus -gredī (E walk) v. dep. 걷다, 전진하다, 들어가다, 착륙하다; 시작하다.
ingressus -a -um adj. **ingredior**의 과거분사.
ingressus -ūs (E entrance) m. 시작, 출입문, 기상.
ingruō -uī no sup. -uere (E assail) v. 습격하다, 침입하다; (비유적으로) 엄습하다, 돌발하다.
inguen -inis (E groin) n. 사타구니.
inhaereō -haesī -haesum -hacrēre (E cling to) v. 매달리다.
inhibeō -uī -itum -ēre (E restrain) v. 지키다, 제지하다; 머무르다.
inhiō -āvī -ātum -āre (E gape at) v. 멍청히 바라보다, 멍하게 있다.
inhonestus -a -um (E inglorious) adj. 불명예스러운, 굴욕적인.
inhorreō -uī no sup. -ēre (E bristle) v. 거칠게 하다, 거칠어지다.
inhospitus -a -um (E inhospitable) adj. 불친절한, 대접이 나쁜, 위험한.
inhumātus -a -um (E unburied) adj. 발굴된.
iniciō(inii-) -iēcī -iectum (E throw upon) v. 던지다, 퍼붓다; [+재귀격]돌진하다.
inimīeus -a -um (E unfriendly) adj. 적대적인, 불친절한.
inīquus(-os) -a -um (E unequal) adj. 불평등한, 울퉁불퉁한, 불공평한.
iniectus -a -um adj. **iniciō**의 과거분사.
iniiciō iniciō 참조.
iniūria -ae (E injustice) f. 불공평, 부정, 부당함, (법 등의)위반.
iniussus -a -um (E unforced) adj. 자발적인, 비강제적인.
iniustus -a -um (E unjust) adj. 불공정한, 과도한.
Inlābor(iil-) -lāpsus -lābī (E glide in) v. dep. 미끄러지다; 들어오다.
inlacrimō(iil-) -āvī -ātum -āre (E weep) v. 울다.
inlactābilis(iil-) -e (E joyless) adj. 즐겁지 않은, 쓸쓸한, 애처로운.
inlaudātus(iil-) -a -um (E detested) adj. 증오하는, 혐오스러운.
inlecebrae(illec-) -arum (E enticements) f. 미끼, 유인 물질.
inlīdō -līsī -līsum -līdere (E dash upon) v. (무언가를 향해)돌진하다
inligātus(iil-) -a -um adj. **inligō**의 과거분사.

inligō(iil-) *-āvī -ātum -āre* (E *bind on*) *v.* 묶다, 포장하다; 속박하다.
inlīsus *-a -um adj.* **inlīdō**의 과거분사.
inlōtus(iil-) *-a -um* (E *unwashed*) *adj.* 불결한.
inlūcēscō(iil-) (E *incept*) *v. dep.* 시작하다, (날이) 밝다.
inlūdō(iil-) *lūsī -lūsum -lūdere* (E *mock at*) *v.* 비웃다, 파괴하다, 낭비하다.
inlustris(iil-) *-e* (E *famous*) *adj.* 유명한, 고귀한, 저명한.
inlūsus *-a -um adj.* **inlūdō**의 과거분사.
inluuiēs(iil-) *-ēī* (E *dirt*) *f.* 흙, 먼지, 오물.
innāscor *-nātus -nāscī* (E *grow in*) *v. dep.* 자라다, 태어나다.
innatō *-āvī -ātum -āre* (E *swim on*) *v.* 헤엄치다, (물 위에)뜨다.
innātus *-a -um adj.* **innascor**의 과거분사.
innectō *-nexuī -nexum -nectere* (E *entwine*) *v.* 묶다, 싸다, 얽매다.
innexus *-a -um adj.* **innecto**의 과거분사.
innītor *-nīsus(-nīxus) -nītī* (E *lean upon*) *v. dep.* 기대다, 지지되다, 받쳐지다.
innō *-nāvī -nātum -nāre* (E *swim*) *v.* 헤엄치다, (물 등에)뜨다, 항해하다.
innocuus *-a -um* (E *harmless*) *adj.* 무해한, 순진한.
innoxius *-a -um* (E *harmless*) *adj.* 무해한, 순진한.
innumerus *-a -um* (E *unnumbered*) *adj.* 헤아릴 수 없는, 무수한, 번호가 없는.
innūptus *-a -um* (E *maiden*) *adj.* 처녀, 소녀.
inoffēnsus *-a um* (E *unhindered*) *adj.* 방해받지 않은, 무제한의,
inolēscō *-lēvī -litum -lēscere* (E *grow into*) *v.* 자라다, 이식되다.
inopīnus *-a -um* (E *unexpected*) *adj.* 예기치 않은, 뜻밖의.
inops *-opis* (E *destitute*) *adj.* 가난한, 무력한, 빈곤한, 결핍의. ¶**rex inops** 무력한 왕.
Īnōns *-a -um* (E *of Ino*) *adj.* 이노의(카드무스의 딸로, 테베의 왕 아타마스의 아내. 남편으로부터 도망쳐 바다에 뛰어듦으로서 여신이 되었다).
inquam(-iō) (E *say*) *v. def.* 말하다.
inremeābilis(irr-) *-e* (E *irretraceable*) *adj.* 돌이킬 수 없는.
inreparābilis(irr-) *-e* (E *irrecoverable*) *adj.* 돌이킬 수 없는, 고칠 수 없는.
inrīdeō(irr-) *-rīsī -rīsum -rīdēre* (E *scorn*) *v.* 비웃다, 조롱하다, 경멸하다.
inrīsus *-a -um adj.* **inrīdeō**의 과거분사; 모욕당한.
inrigō(irr-) *-āvī -ātum -āre* (E *shed*) *v.* 뿌리다, 흘리다.
inriguus(irr-) *-a -um* (E *moistening*) *adj.* 살수용의, 수분이 있는.
inrītātus *-a -um adj.* **inrītō**의 과거분사.

inrītō(irr-) *-āvī -ātum -āre* (E *excite*) *v.* 자극하다, 흥분시키다, 격앙시키다.
inritus(irr-) *-a -um* (E *invalid*) *adj.* 근거 없는, 무효화된; (때때로) 쓸모없는.
inrōrō(irr-) *-āvī -ātum -āre* (E *sprinkle*) *v.* 적시다, (액체 등을)뿌리다.
inrumpō(irr-) *-rūpī -ruptum -rumpere* (E *break in*) *v.* 침입하다, 난입하다.
inruō(irr-) *-ruī no sup. -ruere* (E *rush in*) *v.* 난입하다, 뛰어들다.
īnsalūtātus *-a -um* (E *not saluted*) *adj.* 인사 받지 않은. ¶**hanc insalutatam relinquo** *작별 인사하지 않고.*
īnsānia *-ae* (E *madness*) *f.* 광란, 광기, 열광.
īnsāniō *-īvī(-iī) -ītum* (E *be insane*) *v.* 미치다, 헛소리하다, 날뛰다.
īnsānus *-a -um* (E *unsound*) *adj.* 미친, 야생의, 열광적인.
īnscius *-a -um* (E *unconscious*) *adj.* 무지한, 눈치 채지 못하는.
īnscrībō *-serīpsī -serīptum -scrībere* (E *inscribe*) *v.* 쓰다, 새기다.
īnscrīptus *-a -um adj.* **īnscrībō**의 과거분사.
īnscetor *-ārī* (E *pursue*) *v. dep.* 추구하다, 뒤쫓다; (때때로)걱정하다.
īnsequor *-seūtus -sequī* (E *follow up*) *v.* 따라가다, 뒤쫓다.
īnserō *-ruī -rtum -rere* (E *insert*) *v.* 삽입하다.
īnserō *-sēvī -situm -serere* (E *implant*) *v.* 주입하다, 심다, 이식하다.
īnsertō *-āvī -āre* (E *insert*) *v.* 삽입하다; 끼어들다.
īnsertus *-a -um adj.* **īnserō**의 과거분사.
īnsideō *-sēdī -sessum -sidēre* (E *sit upon*) *v.* 올라앉다, 자리 잡다.
īnsidiae *-ārum* (E *ambush*) *f. pl.* 매복, 잠복; (때때로)배반, 계략.
īnsidiātus *-a -um adj.* īnsidior의 과거분사.
īnsidior *-ātus -ārī* (E *lie in wait*) *v. dep.* 기다리다.
īnsīdō *-sēdī -sessum -sīdere* (E *settle on*) *v.* 올라앉았다, 내리다.
īnsigniō *-īvī (-iī) - ītum -īre* (E *mark*) *v.* 장식하다, 표시하다.
īnsignis *-e* (E *adorned*) *adj.* 특징적인, 멋진, 화려한; (때때로)유명한.
īnsincērus *-a -um* (E *corrupt*) *adj.* 불결한, 부정한, 부패한.
īnsinuō *-āvī -ātum -āre* (E *work in*) *v.* 삽입하다, 끼워 맞추다; [+재귀격]살그머니 도망가다.
īnsistō *-stitī no sup. -sistere* (E *stand upon*) *v.* 밟다; 시작하다; 주장하다.
īnsitus *-a -um adj.* **īnserō**의 과거분사.
īnsolitus *-a -um* (E *eccentric*) *adj.* 이례적인, 특이한, 드문.
īnsomnis *-e* (E *sleepless*) *adj.* 불면증의, 잠 못 자는.
īnsomnium *-ī(-iī)* (E *dream*) *n.* 꿈, 비전.
īnsonō *-sonuī no sup. -sonāre* (E *sound*) *v.* 소리 내다, 고함치다.
īnsōns *-sontis* (E *innocent*) *adj.* 순진한, 무고한.

īnspērātus *-a -um* (E *unhoped for*) *adj.* 바라지 않은.
īnspiciō *-spexī -spectum -spicere* (E *overlook*) *v.* 감시하다, 관찰하다.
inspīcō *-āvī -ātum -āre* (E *sharpen*) *v.* (칼 등을)갈다.
īnspīrō *-āvī -ātum -āre* (E *breathe upon*) *v.* 호흡하다; (비유적으로)영감을 주다.
īnspoliātus *-a -um* (E *unspoiled*) *adj.* 손상되지 않은.
īnstabilis *-e* (E *unsteady*) *adj.* 불안정한, 가변성의.
īnstar (E *image*) *n. indecl.* 상(像), 유사성, 화상.
īnstaurātus *-a -um adj.* **instaurō**의 과거분사.
instaurō *-āvī -ātum -āre* (E *renew*) *v.* 반복하다, 갱신하다, 새로 시작하다.
īnsternō *-strāvī -strātum -sternere* (E *spread over*) *v.* 퍼지다.
īnstīgō *-āvī -ātum -āre* (E *instigate*) *v.* 선동하다, 부추기다, 자극하다.
īnstituō *-tuī -tūtum -tuere* (E *found*) *v.* 설립하다, 건설하다; 규정하다.
īnstō *-stitī -stātum -stāre* (E *stand on*) *v.* 압박하다, 공격하다, 위협하다, (일 등에)몰두하다.
īnstrātus *-a -um adj.* **insterno**의 과거분사.
instrepō *-uī -itum -ere* (E rattle) *v.* 덜거덕거리다, 삐걱거리다.
īnstructus *-a -um adj.* **instruo**의 과거분사.
īnstruō *-struxī -structum -struere* (E pile up) *v.* 쌓다, 준비하다, 공급하다.
īnsuētus *-a -um* (E *unaccustomed to*) *adj.* 익숙하지 않은, 생소한; *adv.* [중성 복수] 전례 없이.
īnsula *-ae* (E *island*) *f.* 섬.
īnsultō *-āvī -ātum -āre* (E *leap*) *v.* 뛰어 오르다, 뛰어 들어가다; 모욕하다.
īnsum *-īnfuī -inesse* (E *be in*) *v. irr.* (특정 장소에)있다.
īnsuō *-suī -sūtum -suere* (E *sew in*) *v.* 꿰매다, 박다.
īnsuper (E *above*) *adv.* 위에; 게다가. ¶**pater montes insuper altos imposuit** 아버지가 그 위에 높은 산을 두었다.
īnsuperābilis *-e* (E *unconquerable*) *adj.* 무적의.
insurgō *-surrexī -surrectum -surgere* (E *rise upon*) *v.* 떠오르다, 일어나다.
īnsūtus *-a -um adj.* **insuo**의 과거분사.
instaetus *-a -um* (E *unhurt*) *adj.* 상처입지 않은, 건재한; (여성이)순결한.
integer *-gra -grum* (E *unbroken*) *adj.* 온전한, 깨지지 않은.
integrō *-āvī -ātum -āre* (E *repeat*) *v.* 새롭게 하다, 갱생하다.
intemerātus *-a -um* (E *unpolluted*) *adj.* 오염되지 않은, 순결한.
intempestus *-a -um* (E *untimely*) *adj.* 실기(失期)한, 때가 아닌; 불건전한.
intempatātus(inten-) *-a -um* (E *untried*) *adj.* 시도되지 않은.

intendō -tendī -tentum (E *stretch*) v. 뻗치다, 늘이다.
intentātus -a -um intemptatus 참조.
intentō -āvī -ātum -āre (E *stretch out*) v. (손 따위를)내밀다; 위협하다.
intentus -a -um (E *strained*) adj. 늘여진; intendō의 과거분사형.
intepeō -tepuī -tepēre (E *lukewarm*) 미지근하게 데워지다, 따뜻해지다.
inter (E *between*) prep. [+ 대격] 사이에, 중간에; adv. 같이, 사이에서.
intercipiō -cēpī -ceptum -cipere (E *intercept*) v. 방해하다, 간섭하다.
interclūdō -clūsī -clūsum -clūdere (E *shut off*) v. 차단하다, 막다.
interdum (E *sometimes*) adv. 때때로.
intereā (E *meanwhile*) adv. 그 동안, 그 사이에.
intereō -īvī(-iī) -itum -īre (E *perish*) irr. v. 죽다, 살해당하다.
interfātus -a -um adj. **interfor**의 과거분사.
interficiō -fēcī -fectum -ficere (E *kill*) v. 죽이다, 파괴하다.
interfor -fātus -fārī (E *interrupt*) v. dep. 방해하다, 저지하다.
interimō -ēmī -emptum -imere (E *kill*) v. 죽이다, 살해하다,
interior -ius (E *inner*) comp. adj. 안쪽, 내부.
interitus -ūs (E *death*) m. 죽음.
interlegō -lēgī -lectum -legere (E *cull here and there*) v. 이곳저곳에서 뽑다.
interlūceō -lūxī no sup. -lūcēre (E *shine through*) v. 빛나다.
interluō no perf. no sup. -luere (E *flow between*) v. 씻다, (강 사이로)흐르다.
intermisceō -miscuī -mixtum(mistum) -miscēre (E *mix in*) v. 섞다, 혼합하다.
internectō no perf. no sup. -nectere (E *bind together*) v. 묶다.
interpres -etis (E *agent*) m., f. 전령, 통역자.
interritus -a -um (E *fearless*) adj. 두려움 없는, 대담한.
interrumpō -rūpī -ruptum -rumpere (E *discontinue*) v. 중단하다.
interruptus -a -um adj. **interrumpo**의 과거분사.
interstrepō no perf. no sup. -strepere (E *drown*) v. (센 소리가 약한 소리를)들리지 않게 하다, 압도하다.
intersum -fuī no sup -esse (E *join*) irr. v. 참가하다, 공유하다.
intertexō -texuī -textum -texere (E *interweave*) v. 짜 넣다, 뒤섞다.
intertextus -a -um adj. **intertexo**의 과거분사.
intervallum -ī (E *interval*) n. 간격.
intexō -texuī -textum texere (E *interweave*) v. 짜 넣다, 얽히게 하다, 연관시키다.
intextus -a -um adj. **intexo**의 과거분사
intimus (E *innermost*) adj. 가장 안쪽의.

intonō -*uī* -*ātum* -*āre* (E *thunder*) v. 천둥치다, 큰 소리를 내다, 격렬히 공격하다.
intōnsus -*a* -*um* (E *unshorn*) adj. 다듬지 않은; (산 등이)험준한.
intorqueō -*torsī* -*tortum* -*torquēre* (E *turn*) v. 돌리다, 굴리다; 던지다.
intortus -*a* -*um* adj. **intorqueo**의 과거분사.
intrā (E *within*) prep. [+ 대격] 안쪽에, 내부에.
intractābilis -*e* (E *fierce*) adj. 격렬한, 맹렬한, 다루기 힘든.
intractātus -*a* -*um* (E *untried*) adj. 시도되지 않은.
intremō -*uī* no sup. -*ere* (E *tremble*) v. 떨다, 전율하다.
intrō -*āvī* -*ātum* -*āre* (E *enter*) v. 들어가다, 통과하다, 침투하다.
intrōgredior -*gressus* -*gredī* (E *enter*) v. dep. 들어가다.
intrōgressus -*a* -*um* adj. **intrōgredior**의 과거분사.
intubus(-um) -*ī* (E *endive*) m., f., n. 꽃상추(치커리)의 일종.
intulī infero 참조.
intus (E *within*) adv. 내부에, 집 안에.
intybus intubus 참조.
inultus -*a* -*um* (E *unavenged*) adj. 복수하지 않은, 여한의.
inumbrō -*āvī* -*ātum* -*āre* (E *shade*) v. 가리다, 그늘지게 하다.
inundō -*āvī* -*ātum* -*āre* (E *overflow*) v. 넘치다, 범람하다.
inūrō -*ūssī* -*ūstum* -*ūrere* (E *brand*) v. 낙인찍다.
inūtilis -*e* (E *useless*) adj. 쓸모없는, 무기력한.
Inuus -*ī* (E *Inuus*) m. 이누우스(가축을 보호하는 신). ■ **Castrum Inui** 라티움의 한 도시.
invādō -*vāsī* -*vāsum* -*vādere* (E *go into*) v. 침입하다; (일 등을)진행하다, 시작하다.
invalidus -*a* -*um* (E *infirm*) adj. 약한, 무력한.
invectus -*a* -*um* adj. **inveho**의 과거분사.
invehō -*vexī* -*vectum* -*vehere* (E *bear on*) v. (특정 방향을)향하다, 항해하다.
inveniō -*vēnī* -*ventum* -*venīre* (E *find*) vt. (우연스럽게)발견하다, 만나다.
inventor -*ōris* (E *discoverer*) m. 발견자, 제창자.
inventrix -*īcis* (E *finder*) f. (여성)발견자, 발명가.
inventus -*a* -*um* adj. **invenio**의 과거분사.
invergō no perf. no sup. -*vergere* (E *empty*) vt. (병 등을)뒤엎다; 비우다.
invertō -*vertī* -*versum* -*vertere* (E *overturn*) v. 뒤집다; 밭을 갈다.
invictus -*a* -*um* (E *unconquered*) adj. 무적의, 정복할 수 없는.
invideō -*vīdī* -*vīsum* -*vidēre* (E *envy*) vi. and a. 부러워하다, 질투하다.

invidia *-ae* (E *envy*) *f.* 질투심, 부러움, 악의.
invigilō *-āvī -ātum -āre* (E *be awake*) *v.* 깨어있다, 감시하다.
inviolābills *-e* (E *sacred*) *adj.* 신성한, 침해할 수 없는.
invīsō *-vīsī -vīsum -vīsere* (E *look upon*) *v.* 보다, 응시하다; 방문하다.
invīsus *-a -um* (E *hateful*) *adj.* 적대적인, 증오의.
invīsus *-a -um* (E *unseen*) *adj.* 보이지 않는.
invītō *-āvī -ātum -āre* (E *invite*) *v.* 초대하다, 유혹하다, 설득하다.
invītus *-a -um* (E *unwilling*) *adj.* 내키지 않는, 마지못해하는.
invius *-a -um* (E *pathless*) *adj.* 얻기 어려운, 위험한.
invocō *-āvī -ātum -āre* (E *call upon*) *v.* 찬양하다, 빌다.
involvō *-volvī -volūtum -volvere* (E *roll upon*) *v.* 굴리다; 감싸다, 두르다.
iō 즐거울 때나 슬플 때 쓰는 감탄사.
Īō *-ūs* (E *Io*) *f.* 이오(이나쿠스의 딸로 유피테르의 사랑을 받아서 유노의 증오를 샀다).
Iollās *-ae* (E *shepherd*) *m.* 양치기; 이올라스(마케도니아의 왕).
Iōnius *-a -um* (E *Ionian*) *adj.* 이오니아의.
Iōpās *-ae* (E *Iopas*) *m.* 이오파스(카르타고의 음유시인).
Īphitus *-ī* (E *Iphitos*) *m.* 이피투스(트로이 인, 트로이가 함락될 때 아에네아스와 같이 싸웠던 전사).
ipse *-a -um -īus* (E *self*) *pron. intens.* 나 자신, 그 자신(재귀격).
īra *-ae* (E *anger*) *f.* 분노, 화, 격노.
īrāscor *īrātus īrāscī* (E *be angry*) *v. dep.* 분노하다.
īrātus *-a -um adj.* īrāscor의 과거분사.
Īris *-idis* (E *Iris*) *f.* 이리스(전령 역할의 신으로 무지개로 상징되었음).
irreme ābilis inremeabilis 참조.
irr- inr- 참조.
is *ea id ēius* (E *he*) *pron.* [지시대명사] 그, 그녀, 그것, 그들
Ismara *-ōrum* (E *Ismara*) *n.* 트라키아 지방의 마을로 근처에 이스마루스 산이 있음.
Ismarius *-a -um* (E *of Ismarus*) *adj.* 이스마루스 산의.
Ismarus *-ī* (E *Ismarus*) *m.* 트라키아의 산; 트로이 병사 이름.
iste *ista istud istīus* (E *that*) *pron.* [지시대명사] 그것, 그, 그녀.
Ister *-rī* (E *Danube*) *m.* 다뉴브 강; 그 주변의 국가들.
istīe (E *there*) *adv.* 거기에서.
istinc (E *from there*) *adv.* 거기서부터.
ita (E *thus*) *adv.* 그래서, 그러므로.

Ītalia -ae (E *Italy*) f. 이탈리아; 이탈리아 사람들.
Ītalis -idis (E *Italian*) f. 이탈리아 여인.
Ītalus -a -um (E *Italian*) adj. 이탈리아의.
item (E *likewise*) adv. 똑같이, 그와 같이, 역시.
iter itineris (E *way*) n. 길, 여행, 통행로.
iterum (E *repeatedly*) adv. 두 번째로, 또다시.
Ithacus -a -um (E *of Ithaca*) adj. 이타카의.
Itȳracus -a -um (E *of Ituraea*) adj. 이투라에아의 (시리아의 지방으로 궁수로 유명했음).
Itys -yos (E *Itys*) m. 어떤 트로이 인.
Iūlus -onis (E *Iulus*) m. 이울루스.
Ixīonius -a -um (E *of Ixion*) adj. 익시온의.

I (Consonant)

iaceō *iacuī iacitum iacēre* (E *lie down*) v. 눕다, 엎드리다; 항복하다.
iacēns *-ntis* (E *prostrate*) adj. 항복한, 기진맥진한.
iaciō *iēcī iactum iacere* (E *throw*) v. 던지다, 메어치다.
iactātus *-a -um* adj. **iacto**의 과거분사.
iactō *-āvī -ātum -āre* (E *throw*) v. 던지다, 흩다; 추구하다.
iactūra *-ae* (E *throwing away*) f. 던지는 행위; 손실.
iactus *-a -um* adj. **iacio**의 과거분사.
iactus *-ūs* (E *throwing*) m. 던지기, 발사, 도약.
iaculātus *-a -um* adj. **iaculor**의 과거분사.
iaculor *-ātus -ārī* (E *hurl a javelin*) v. dep. 창을 던지다.
iaculum *-ī* (E *javelin*) n. 창, 던지는 무기.
iam (E *now*) adv. 이 시점에서, 현재.
iamdūdum iam 참조.
iamprīdem iam 참조.
iāniculum *-ī* (E *Janiculine*) n. 야니쿨린 언덕(로마에 있는 언덕 이름)
iāntior *-ōris* (E *doorkeeper*) m. 수문장, 문지기.
iānua *-ae* (E *door*) f. 문, 출입구, 통로.
Iānus *-ī* (E *Janus*) m. 야누스(이탈리아의 신으로 얼굴이 두 개이며, 문(門)과 일의 시작을 감독한다).
iēiūnium *-ī(-iī)* (E *fast*) n. 단식.
iēiūnus *-a -um* (E *fasting*) adj. 단식 중인; 불모의, 빈약한.
Iovis Iupiter 참조.
iuba *-ae* (E *mane*) f. 갈기; 투구.
iubar *-aris* (E *brightness*) n. 광선; 밝기; 새벽, 아침.
iubeō *iussī iussum iubēre* (E *order*) v. 명령하다.
iūcūdus *-a -um* (E *pleasant*) adj. 즐거운, 유쾌한.
iūdex *-icis* m. 심판관, 중재자. ▪**iudice te** 너에게 심판을 맡겨서
iūdicium *-ī(-iī)* (E *decision*) n. 결정, 심판.
iugālis *-e* (E *of the yoke*) adj. 멍에의; 결혼의.
iūgerum *-ī* n. 한 에이커(정확하게는 반 에이커보다 조금 큰 정도).
iugō *-āvī -ātum -āre* (E *unite*) v. 결혼으로 맺다.
iugulō *-āvī -ātum -āre* (E *cut the throat*) v. 목을 자르다, 살해하다.

iugulum -ī (E *collar bone*) n. 쇄골.
iugum -ī (E *yoke*) n. (멍에로 메운) 한 쌍의 말; 멍에, 방해하는 것.
Iūlius -a -um (E *Julian*) adj. 율리우스의.
iunctūru -ae (E *joint*) f. 결합, 이음매.
iunctus -a -um adj. iungo의 과거분사.
iuneus -ī (E *rush*) m. 애기부들.
iungō iunxī iunetum iungere (E *join*) v. 결합하다, 조이다, 붙들다; (계약, 결혼 등을) 맺다.
iūniperus -ī (E *juniper*) f. 노간주나무.
Iūnō -ōnis (E *Juno*) f. 유노 (신들의 여왕으로 트로이 전쟁에서 그리스 편을 들었음)
Iūnōnius -a -um (E *of Juno*) adj. 유노의.
Iūppiter(Iūpi-) Iovis (E *Jupiter*) m. 주피터, 제우스 (로마 신들 중 최고 우두머리)
iūrgium -ī(-iī) (E *quarrel*) n. 논쟁, 말다툼; 불평.
iūrō -āvī -ātum -āre (E *swear*) v. 맹세하다.
iūs iūris (E *right*) n. 정의, 법, 권력; 권리.
iussum -ī iubeō 참조.
iussus -a -um adj. iubeō의 과거분사.
iussus -ūs (E *command*) m. 명령, 지시.
iustitia -ae (E *justice*) f. 정의, 올바름.
iustus -a -um (E *just*) adj. 올바른, 적절한, 공평한.
Iūturna -ae (E *Iuturna*) f. 이우투마 (투르누스의 누나)
iuvenca -ae (E *heifer*) f. 어린 암소.
iuvencus -ī (E *bullock*) m. 수소, 황소.
iuvenīlis -e (E *of youth*) adj. 젊은, 활기찬.
iuvenis -e (E *young*) adj. 젊은, 활기찬.
iuventa -ae (E *youth*) f. 청소년, 젊은이.
inventūs -ūtis (E *youth*) f. 젊은이; (짐승 등의) 어린 새끼.
iuvō iūvī iūtum iuvāre (E *help*) v. 돕다. 구원하다; 즐겁게 ㅎ-다.
iuxtā (E *near*) adv. and prep. [+ 대격] 가까이.

L l

labāns -*antis* (E *wavering*) *adj.* 주저하는.
labefaciō -*fēcī factum facere* (E *make to totter*) *vt.* 비틀거리게 하다, 무너뜨리다; 망치다.
labefactus -*a* -*um adj.* **labefacio**의 과거분사.
labellum -*ī* (E *lip*) *n.* 입술.
lābēns -*entis adj.* lābor의 과거분사.
lābēs -*is* (E *fall*) *f.* 폭포, 빗면.
lābēs -*is* (E *taint*) *f.* 얼룩, 맹점, 오점.
labō -*āvī* -*ātum* -*āre* (E *totter*) *vi.* 휘청거리다.
lābor *lāpsus lābī* (E *slide*) *v. dep.* 미끄러지다, 부양하다, 떨어지다; 몰락하다.
labor -*ōris* (E *labor*) *m.* 노동, 노력, 일; 고난.
labōrātus -*a* -*um adj.* laboro의 과거분사.
labōrō -*āvī* -*ātum* -*āre* (E *elaborate*) *vt.* 정성들이다, 일하다, 힘들여 마무르다.
labrum -*ī* (E *lip*) *n.* 입술.
lābrum -*ī* (E *vase*) *n.* 용기, 병.
labrusea -*ae*(-*um*, -*ī*) (E *labrusea*) *f. and n.* 야생 덩굴의 한 종류.
labyrinthus -*ī* (E *labyrinth*) *m.* 미궁, 미로 (특히 크레타 섬에 있던 미로를 지칭).
lac *lactis* (E *milk*) *n.* 우유. ▪ **pressum lac** 치즈
Lacaeuus -*a* -*um* (E *Laconian*) *adj.* 라코니아의.
Lacedaemon -*onis* (E *Sparta*) *f.* 스파르타.
Lacedaemonius -*a* -*um* (E *Spartan*) *adj.* 스파르타의.
lacer -*era* -*erum* (E *torn*) *adj.* 훼손된, 망가진, 멍든.
lacerō -*āvī* -*ātum* -*āre* (E *tear*) *vt.* 찢다, 훼손하다.
lacerta -*ae*(-*us*, -*ī*) (E *lacerta*) *f. and m.* 도마뱀의 한 종류.
lacertus -*ī* (E *forearm*) *m.* 팔뚝, 팔; 발톱, 다리.
lacessītus -*a* -*um adj.* **lacesso**의 과거분사.
lacessō -*sīvī* -*sītum* -*sere* (E *provoke*) *vt.* 자극하다, 흥분시키다, 도발하다; 공격하다. ▪ **lacessere bellum** 전쟁을 일으키다
Lacīnius -*a* -*um* (E *of Lacinium*) *adj.* 라시니움의 (남이탈리아의 곶으로 유노의 신전이 있었음)

lacrima -ae (E *tear*) f. 울음, 눈물. ■ **lacrima narcissi** 화밀(花蜜)
lacrimābilis -e (E *tearful*) adj. 슬픈, 우울한.
lacrimō -āvī -ātum -āre (E *weep*) vi. and a. 울다, 애도하다.
lacrimōsus -a -um (E *tearful*) adj. 눈물 어린, 애처로운.
lacteō no perf. no sup. -ēre (E *suck*) vi. 빨다.
lacteus -a -um (E *milky*) adj. 젖을 내는; 흰.
lacuar laquear 참조.
lacūna -ae (E *pond*) f. 연못, 공동(空洞).
lacus -ūs (E *lake*) m. 연못, 호수, 저수지; 강, 시냇물.
Ladēs -is (E *Lades*) m. 어떤 트로이 인.
Lādōn -ōnis (E *Ladon*) m. 어떤 트로이 인.
laedō laesī laesum laedere (E *strike*) vt. 습격하다, 돌진하다; 파괴하다.
laena -ae (E *cloak*) f. 망토, 코트.
Laertius -a -um adj. 라크르테스의 (율리시스의 아버지).
laesus -a -um adj. **laedō**의 과거분사.
laetātus -a -um adj. **laetor**의 과거분사.
laetitia -ae (E *gladness*) f. 기쁨, 즐거움.
laetor -ātus -ārī (E *rejoice*) v. dep. 기뻐하다, 축하하다.
laetus -a -um (E *cheerful*) adj. 즐거운, 기쁜; 다산의.
laevō levo 참조.
laevus -a -um (E *left*) adj. 왼쪽의, 왼손의; 열등한, 어리석은.
lagēos -ī (E *lageos*) f. 포도의 한 종류.
Lagus -ī (E *Lagus*) m. 어떤 라틴 사람.
lambō lambī lambitum lambere (E *lick*) vt. 핥다; (불길 등이)널름거리다.
lāmentābilis -e (E *lamentable*) adj. 통탄할, 가엾은.
lāmentum -ī (E *groan*) n. 비명, 신음, 통곡.
lāmina -ae (E *plate*) f. 판, 막.
lampas -adis (E *light*) f. 불빛, 등불; 별빛.
Lamus -ī (E *Lamus*), m. 투르누스의 전사.
Lamyrus -ī (E *Lamyrus*) m. 투르누스의 전사.
lāna -ae (E *wool*) f. 양털, 털실; 구름.
lancea -ae (E *lance*) f. 창.
lāneus -a -um (E *woollen*) adj. 양털의, 모직의.
langueō -uī no sup. -uēre (E *languish*) vi. 나른해지다, 쇠약해지다.
languēseō -lauguī no sup. -ēscere (E *languish*) vi. 나른해지다, 쇠약해지다.
languidus -a -um (E *languid*) adj. 나른한, 활기가 없는.

laniātus *-a -um adj.* lanio의 과거분사.
lānieium(-itium) *-ī(-iī)* (E *wool*) *n.* 모직물.
lāniger *-era -erum* (E *fleecy*) *adj.* 모직물의, 양털 같은, 푹신푹신한.
laniō *-āvī -ātum -āre* (E *tear*) *vt.* 찢다, 훼손하다.
lānūgō *-inis* (E *down*) *f.* (나무나 볼 등의) 솜털.
lānx *lancis* (E *platter*) *f.* 접시, 쟁반, (저울 등의) 접시.
Lāocoōn *-ontis* (E *Laocoon*) *m.* 라오콘 (트로이 아폴로 신전의 사제, 트로이가 함락되기 전 목마를 성 안으로 들이지 말자고 주장했다가 포세이돈이 보낸 뱀 두 마리에 죽임 당함).
Lāodamīa *-ae* (E *Laodamia*) *f.* 프로테실라우스의 아내로, 그가 죽임 당하자 자살함.
Lāomedontiadēs *-ae* (E *son of Laomedon*) *m.* 라오메돈의 자손들; 트로이 인.
Lāomedontius *-a -um* (E *of Laomedon*) *adj.* 라오메돈의, 라오메돈으로부터 물려받은, (가끔씩) 트로이의.
lapidōsus *-a -um* (E *stony*) *adj.* 돌 같은, 모래 같은.
lapillus *-ī* (E *pebble*) *m.* 작은 돌, 자갈, 조약돌.
lapis *-idis* (E *stone*) *m.* 돌; 석상.
Lapithae *-ārum* (E *Lapithae*) *mpl.* 테살리의 종족. 켄타우로스와의 전투로 유명했다.
lappa *-ae* (E *bur*) *f.* (식물 등의) 가시.
lapsō *-āvī -ātum -āre* (E *slip*) *vt.* 미끄러지다.
lāpsus *-ūs* (E *fall*) *m.* 낙하, 미끄러짐.
laqueār *-āris* (E *hollow*) *n.* 분지.
laqueus *-ī* (E *trap*) *m.* 덫, 함정.
Lār *Laris* (E *Lar*) *m.* 집안의 수호신; 집.
largior *-ītus -īrī* (E *bestow freely*) *v. dep.* 후하게 베풀다, 또는 그렇게 대접하다.
largus *-a -um* (E *wide*) *adj.* 넓은; (사람이) 관대한, 부유한.
Lārīdēs *-ae* (E *Larides*) *m.* 어떤 루툴리아 사람.
Lārīna *-ae* (E *Larina*) *f.* 카밀리아의 동료.
Lārīsaeus *-a -um* (E *of Larissa*) *adj.* 라리사의(테살리에 있는 마을로 아킬레스의 거주지).
Larious *-ī(-iī)* (E *Larious*) *m.* 라리어스 호수.
lascīvus *-a -um* (E *frisky*) *adj.* 까부는, 방탕한.
lassus *-a -um* (E *weary*) *adj.* 낡은, 지친, 헤진.

Latagus -*ī* (E *Latagus*) *m.* 어떤 트로이 인.

lātē (E *broadly*) *adv.* 넓게, 멀리, 여러 방면으로.

latēbra -*ae* (E *covert*) *f.* 은신처, 은닉처.

latēbrōsus -*a* -*um* (E *cavernous*) *adj.* 숨기 쉬운.

lateō -*uī no sup.* -*ēre* (E *lurk*) *vi. and a.* 숨다.

latex -*icis* (E *fluid*) *m.* 유체, 액체(특히 물이나 와인).

Latīnus -*a* -*um* (E *of Latium*) *adj.* 라티움의, 라틴족의.

Latium -*ī(-iī)* (E *Latium*) *n.* 라티움(티베르 강 남쪽에 있는 이탈리아 평원).

Lātōna -*ae* (E *Leto*) *f.* 레토(아폴로와 다이아나의 어머니).

Lātōnius -*a* -*um* (E *of Latona*) *adj.* 라토나의.

lātrātor -*ōris* (E *barker*) *m.* 짖는 동물 (특히 개).

lātrātus -*ūs* (E *barking*) *m.* 짖는 소리, 울부짖음.

lātrō -*āvī* -*ātum* -*āre* (E *bark*) *vi.* 짖다, 고함치다.

latrō -*ōnis* (E *robber*) *m.* 강도; 사냥꾼; 용병

lātus -*a* -*um adj.* **fero**의 과거분사.

lātus -*a* -*um* (E *wide*) *adj.* 넓은, 펴져 있는. ¶**agri lati** 넓은 땅.

latus -*eris* (E *side*) *n.* 옆면, 측면.

laudō -*āvī* -*ātum* -*āre* (E *praise*) *vt.* 찬양하다, 칭송하다.

Laurēns -*entis* (E *of Laurentum*) *adj.* 라우렌툼의.

Laurentum -*ī* (E *Laurentum*) *n.* 라우렌툼(라티움의 도시).

laureus -*a* -*um* (E *of laurel*) *adj.* 월계수의.

laurus -*ūs and* -*ī* (E *laurel*) *f.* 월계수, 월계수 관.

laus *laudis* (E *praise*) *f.* 칭찬, 칭송, 찬양.

Lausus -*ī* (E *Lausus*) *m.* 메젠티우스의 아들.

lautus -*a* -*um adj.* **lavō**의 과거분사.

Lāvīnia (E *Lavinia*) 라비니아(라티누스 왕의 딸로 아에네아스와 결혼함)

Lāvīnius -*ā* -*um* (E *of Lavinium*) *adj.* 라비니움의 (아에네아스가 그의 아내 라비니아를 기리며 라티움에 세운 도시)

Lāvīnus -*a* -*um* (E *of Lavinium*) *adj.* 라비니움의 [많은 편집자들은 Lavinius로 취급함].

lavō *lāvī lavātum(lautum, lōtum) lavāre(lavere)* (E *wash*) *vt.* 씻다, 세척하다; 적시다, (액체 등에) 담그다.

laxātus -*a* -*um adj.* **laxō**의 과거분사.

laxō -*āvī* -*ātum* -*āre* (E *loosen*) *vt.* 열다, 느슨하게 하다, 풀다; 휴식하다.

laxus -*a* -*um* (E *loose*) *adj.* 느슨한, 늘어진.

leaena -*ae* (E *lioness*) *f.* 암사자.

lebēs -ētis (E *kettle*) *m.* 주전자, 항아리.
lēctor -ōris (E *reader*) *m.* 독자.
lectus -a -um *adj.* **legō**의 과거분사.
lectus -ī (E *bed*) *m.* 침대, 소파.
Lēda -ae (E *Leda*) *f.* 레다 (카스토르와 폴룩스의 어머니).
Lēdaeus -a -um (E *of Leda*) *adj.* 레다의.
lēgātus -ī (E *messenger*) *m.* 전령, 대사, 사신.
lēgifer -era -erum (E *lawgiving*) *adj.* 입법의.
legiō -ōnis (E *legion*) *f.* 군단 (고대 로마에서 소수의 기병을 포함한 4000-6000명 가량의 보병 부대)
legō *lēgī lectum legere* (E *gather*) *vt.* 모으다, 수집하다; 고르다, 선출하다; 검토하다.
legūmen -inis (E *beans*) *n.* 콩류.
Leleges -um (E *Leleges*) *mpl.* 선사시대에 그리스와 소아시아 지방에 살았던 부족.
lembus -ī (E *boat*) *m.* 한 사람이 타서 노로 젓는 보트.
Lēmnius -a -um (E *of Lemnos*) *adj.* 렘노스 섬의 (대장장이 신 벌칸이 하늘에서 떨어진 섬); [남성형 명사] 벌칸 신.
Lēnaeus -a -um (E *of Bacchus*) *adj.* 박쿠스의 (술과 축제의 주신); [남성형 명사] 박쿠스 신.
lēniō -āvī(-iī) -ītum -īre (E *mitigate*) *vt.* 완화하다, 절제하다.
lēnis -e (E *moderate*) *adj.* 완곡한, 온건한.
lēns *lentis* (E *lentil*) *f.* (식물) 렌즈콩.
lentēscō *no perf. no sup.* -ēscere (E *stick*) *vi.* 달라붙다, 집착하다.
lentō -āvī -ātum -āre (E *bend*) *vt.* 구부리다.
lentus -a -um (E *tenacious*) *adj.* 느린, 게으른, 연성이 있는.
leō -ōnis (E *lion*) *m.* 숫사자.
lepus -oris (E *hare*) *m.* 산토끼.
Lerna -ae (E *Lerna*) *f.* 레르나 (펠로폰네소스 반도에 있는 호수로 헤라클레스가 목이 아홉 개 달린 괴물 히드라를 물리쳤음).
Lernaeus -a -um (E *of Lerna*) *adj.* 레르나 호수의.
Lesbos -ī (E *Lesbos*) *f.* 레스보스 섬 (에게 해에 있는 섬으로 와인으로 유명했음).
lētālis -e (E *lethal*) *adj.* 치명적인, 위험한.
Lēthaeus -a -um (E *of Lethe*) *adj.* 레테 강의 (지하 세계에 있는 강으로 건너면 지상 세계의 기억을 전부 잃어버린다고 여겨졌음); 졸린.

lētifer -era -erum (E mortal) adj. 치명적인, 죽음의.
lētum -ī (E death) n. 죽음, 파괴.
Leucātē -ēs (E Leucate) f. 레우카디아 남부의 곶.
levāmen -inis (E relief) n. 휴식, 안도, 위안.
lēvātus -a -um (E polished) adj. 닦인.
levis -e (E light) adj. 가벼운, 빠른, 민첩한; 사소한; 온화한.
lēvis -e (E smooth) adj. 매끄러운, 반들반들한.
levō -āvī -ātum -āre (E lighten) vt. 들다, 들어 올리다; 완화하다.
lēx -lēgis (E law) f. 법률, 규칙, 규정; (조약 등의) 조건.
lībāmen -inis (E libation) n. 제주(祭酒).
lībātus -a -um adj. lībō의 과거분사.
libēns -entis (E willing) adj. 기꺼이, 자발적인.
libeō(lub-) libuī libitum libēre (E please) vi. 기쁘게 하다, 만족시키다.
liber -brī (E bark) m. 나무껍질.
līber -era -erum (E free) adj. 자유로운.
Līber -erī (E Liber) m. 리베르 (바쿠스).
līberē (E freely) adv. 자유롭게, 자의적으로.
lībertās -ātis (E liberty) f. 자유.
libet libeo 참조.
Lībēthrides -um (E of Libethra) fpl. adj. 리베스라의 (마케도니아의 분수로 뮤즈 여신이 자주 들리는 곳).
lībō -āvī -ātum -āre (E pour) vt. 따르다, 붓다; 맛보다; 제물로 바치다.
lībra -ae (E balance) f. 천칭 저울; 천칭자리.
lībrō -āvī -ātum -āre (E balance) vt. 균형을 잡다; 휘두르다, 던지다.
lībum -ī (E cake) n. 제사용 빵.
Liburnus -a -um (E of Liburni) adj. 리부르니의 (아드리아 해의 동부 해안에 있는 일리리아의 도시).
Libya -ae (E Libya) f. 리비아 (현대국가 리비아 지역과 거의 일치함).
Libycus -a -um (E Libyan) adj. 리비아의; 아프리카의.
Libystis -idis (E Libyan) f. adj. 리비아의; 아프리카의.
licenter (E freely) adv. 자유롭게.
liceō licuī(licitum est) licitum licēre (E be allowed) vi. 허용되다, 용납되다.
Lichās -ae (E Lichas) m. 어떤 라틴 사람.
licitus -a -um adj. liceō의 과거분사.
līcium -ī(-iī) (E leash) n. 실, 줄.
Ligēa -ae (E Ligea) f. 나무요정.

Liger -*eris* (E *Liger*) *m.* 어떤 루툴리아 사람.
lignum -*ī* (E *wood*) *n.* 나무, 목재; 나무의 밑동.
ligō -*āvī* -*ātum* -*āre* (E *bind*) *vt.* 묶다.
Ligur(-us) -*uris* (E *Ligurian*) *adj.* 리구리아의 (현재 제노아 인근 지역).
ligusticum -*ī* (E *privet*) *n.* 쥐똥나무의 일종.
līlium -*ī(-iī)* (E *lily*) *n.* 백합.
Lilybaeus -*a* -*um* (E *of Lilyaeum*) *adj.* 릴리베움의 (시실리 남쪽 해안의 절벽).
limbus -*ī* (E *fringe*) *m.* 경계면, 국경.
līmen -*inis* (E *lintel*) 상인방 (문, 창 등에서 위로 가로지른 나무); 출입구; 방, 건물; 국경.
līmes -*itis* (E *boundary*) *m.* 경계, 한계; 통로, 길.
līmōsus -*a* -*um* (E *muddy*) *adj.* 진창의, 질퍽한.
līmus -*ī* (E *mud*) *m.* 진흙, 흙, 찰흙.
līmus -*ī* (E *girdle*) *m.* 허리띠.
lingua -*ae* (E *tongue*) *f.* 혀; 언어, 목소리.
linō -*lēvī litum linere* (E *besmear*) *vt.* (기름 등을) 바르다, 칠하다.
linquō *līquī lietum linquere* (E *leave*) *vt.* 떠나다, 버리다; (습관 등을) 단념하다.
linter -*tris* (E *boat*) *f.* 보트. 카누.
linteum -*ī* (E *sail*) *n.* 돛.
līnum -*ī* (E *flax*) *n.* 아마(亞麻) 섬유; 실, 린넨 옷감.
Linus -*ī* (E *Linus*) *m.* 리누스 (아폴로와 뮤즈 여신중 하나인 테르프시코레 사이에서 태어난 아들로 오르페우스와 헤라클레스에게 음악을 가르쳤음).
Liparē -*ēs* (E *Lipara*) *f.* 리파라 (티레니아 바다의 섬 중 하나).
liquefaciō -*fēcī* -*factum facere* (E *melt*) *vt.* 녹이다, 용해하다, 액화시키다; 정화하다.
liquefactus -*a* -*um adj.* **liquefaciō**의 과거분사.
liquēns -*entis adj.* **liqueō**의 현재분사.
līquēns -*entis adj.* **liquor**의 현재분사.
liqueō *līquī no sup. liquēre* (E *flow*) *vi.* 흐르다; 투명하다.
liquēscō *licuī no sup. liquēscere* (E *soften*) *vi.* 녹다, 부드러워지다.
liquidus -*a* -*um* (E *flowing*) *adj.* 투명한, 순수한, 맑은.
līquor *no perf.* -*ī* (E *dissolve*) *vi.* 녹이다, 액화시키다.
liquor -*ōris* (E *fluid*) *m.* 액체 (특히 물), 습기, 체액.
Līris -*is* (E *Liris*) *m.* 라티움과 캄파니아 지방을 가르는 강 (현재

Garigliano 강).
līs *lītis* (E *strife*) *f.* 분쟁, 투쟁, 논쟁, 경쟁.
litātus *-a -um adj.* **litō**의 과거분사.
litō *-āvī -ātum -āre* (E *sacrifice*) *vt. and vi.* 제물로 바치다.
lītoreus(litt-) *-a -um* (E *of the shore*) *adj.* 해변의.
littus **lītus** 참조.
litus *-a -um adj.* **linō**의 과거분사.
lītus(litt-) *-oris* (E *shore*) *n.* 해변, 해안가, 해안선; 강둑.
lituus *-ī* (E *staff*) *m.* (창 등의) 자루, 막대기; 나팔.
līvēns *-entis adj.* **līveō**의 현재분사.
līveō *no serf. no sup. -ēre* (E *be blue*) *vi.* 시퍼레지다.
līviocō *-āvī -ātum -āre* (E *place*) *vt.* 놓다, 배치하다.
Locrī *-ōrum* (E Locri) *mpl.* 로크리 부족.
locus *-ī* (E *place*) *m.* [중성 복수로도 씀] 장소, 공간, 위치; 상태, 조건.
locūtus *-a -um adj.* **loquor**의 과거분사.
lolium *-ī(-iī)* (E *darnel*) *n.* 잡초.
lougaevus *-a -um* (E *aged*) *adj.* 늙은, 오래된.
longē (E *afar*) *adv.* 멀리서.
longinquus *-a -um* (E *distant*) *adj.* 멀리 있는, 떨어진; 고대의.
longus *-a -um* (E *long*) *adj.* (시간, 공간적 의미로) 긴.
loquāx *-ācis* (E *loquacious*) *adj.* 수다스러운; 시끄러운.
loquēla(-ella) *-ae* (E *speech*) *f.* 대화, 연설, [복수] 단어.
loquor *locūtus loquī* (E *speak*) *v. dep.* 말하다.
lōrīca *-ae* (E *cuirass*) *f.* 쇠사슬 갑옷.
lōrum *-ī* (E *thong*) *n.* 가죽끈, 고삐.
lōtus(-os) *-ī* (E *lotus*) *f.* 로터스 나무 (그 열매를 먹으면 세상의 괴로움을 잊고 즐거운 꿈을 꾼다고 생각되었던 상상의 식물); 연꽃.
lūbricus *-a -um* (E *slippery*) *adj.* 미끄러운; 기만적인.
Lūcagus *-ī* (E *Lucagus*) *m.* 어떤 루툴리아 사람.
lūceō *luxī no sup. lūcēre* (E *shine*) *vi.* 빛나다, 드러내다.
lūcēns *-entis adj.* **lūccō**의 현재분사.
lūcēscō *no perf. no sup. -ēscere* (E *shine*) *vi.* 빛나다, 날씨가 풀리다.
Lūcetius *-ī(-iī)* (E *Lucetius*) *m.* 어떤 루툴리아 사람.
lūcidus *-a -um* (E *bright*) *adj.* 빛나는, 황홀한, 발광의.
lūcifer *-era -erum* (E *lightbringing*) *adj.* 빛을 가져오는; [중성] 샛별.
lūcifugus *-a -um* (E *light-shunning*) *adj.* 빛을 피하는, 혐광(嫌光)성의.

Lūcīna *-ae* (E *Lucina*) *f.* 다이아나와 유노의 다른 이름. 임산부의 수호신
luctāmen *-inis* (E *struggling*) *n.* 분투하는, 노력하는.
lūctificus *-a -um* (E *grief-bringing*) *adj.* 슬픔을 부르는.
luctor *-ātus -āri* (E *struggle*) *v. dep.* 노력하다, 애쓰다.
lūctus *-ūs* (E *grief*) *m.* 슬픔, 비탄, 애도.
lūcus *-ī* (E *grove*) *m.* 신성시되는 숲.
lūdibrium *-ī(-iī)* (E *sport*) *n.* 놀이, 운동.
lūdicer *-cra -crum* (E *sportive*) *adj.* 활동적인.
lūdō *lūsī lūsum lūdere* (E *play*) *vt. and vi.* 놀다, 즐기다; 속이다, 기만하다.
lūdus *-ī* (E *sport*) *m.* 놀이, 운동, 여가; 연극.
luēs *-is* (E *plague*) *f.* 전염병, 해충.
lūgeō *lūxī lūctum lūgēre* (E *mourn*) *vi. and vt.* 애도하다.
lūgubris *-e* (E *mournful*) *adj.* 애도하는.
lumbus *-ī* (E *loin*) *m.* 허리.
lūmen *-inis* (E *light*) *n.* 빛, 광원.
lūna *-ae* (E *moon*) *f.* 달, 달빛; 다이아나.
lūnātus *-a -um* (E *cresent-shaped*) *adj.* 반원형의.
luō *-uī -uitum(-ūtum) -nere* (E *wash*) *vt.* 씻다, 속죄하다.
luō *-uī -uitum(-ūtum) -nere* (E *pay*) *vt.* 겪다, (벌 등을) 받다.
lupa *-ae* (E *she-wolf*) *f.* 암컷 늑대.
lupātus *-a -um* (E *bitten*) *adj.* 물린, 물린 자국이 있는.
Lupercal *-ālis* (E *Lupercalis*) *n. of adj.* 루퍼칼리스, 루페르쿠스의 동굴.
Lupercus *-ī* (E *Luperci*) *m.* [주로 복수] 판 (Pan)의 사제들.
lupīnus(-um) *-ī* (E *lupine*) *m.* 콩 종류.
lupus *-ī* (E *wolf*) *m.* 늑대.
lūstrālis *-e* (E *expiatory*) *adj.* 속죄의, 보상의.
lūstrō *-āvī -ātum -āre* (E *purify*) *vt.* 정화하다, 성수를 뿌리다; 검사하다.
lūstrum *-ī* (E *purification*) *n.* 정화; 숲.
lūteolus *-a -um* (E *yellow*) *adj.* 노란.
lūteus *-a -um* (E *yellow*) *adj.* 노란.
lūtum *-ī* (E *weld*) *n.* 노란색 식물의 일종으로 노란색 염료 채취에 쓰였음.
lūx *lūcis* (E *light*) *f.* 빛, 일광; 하루, 한나절; 천국.
luxuria(-iēs) *-ae(-ēī)* (E *luxuriance*) *f.* 풍부, 다산, 번성.
luxuriō *-āvī -ātum -āre* (E *wanton*) *vi.* 의기양양하게 다니다, 활보하다, 부유하다.

luxus -ūs (E *luxury*) *m.* 부유, 방탕, 타락; 웅장함.
Lyaeus -ī (E *Lyaeus*) *m.* 바쿠스의 다른 이름.
Lyaeus -a -um (E *of Bacchus*) *adj.* 바쿠스의.
Lycaeus -a -um (E *Lycaeus*) *adj.* 리카이온 산의.
Lycāōn -onis (E *Lycaon*) *m.* 리카온 (금속 장인).
Lycāonius -a -um (E *son of Lycaon*) *adj.* 리카온의 아들의.
lychnus -ī (E *lamp*) *m.* 등잔.
Lycidās -ae (E *Lycidas*) *m.* 어떤 양치기.
Lycimnia -ae (E *Lycimnia*) *f.* 어떤 프리기아 노예.
Lycisca -ae (E *Lycisca*) *f.* 개 이름.
Lycius -a -um (E *Lycius*) *adj.* 리키아의.
Lycōrias -adis (E *Lycorias*) *f.* 바다 요정.
Lycōris -idis (E *Lycoris*) *f.* 코넬리우스 갈루스가 사랑한 여자.
Lyetius -a -um (E *of Lyctos*) *adj.* 릭토스의.
Lyecūrgus -ī (E *Lyecurgus*) *m.* 트라키아 왕으로 바쿠스를 숭배하는 사람들을 박해했음.
Lycus -ī (E *Lycus*) *m.* 강 이름; 아에네아스의 동료.
Lȳdius -a -um (E *Lydian*) *adj.* 리디아의.
Lȳdus -a -um (E *of Lydia*) *adj.* 리디아의.
lympha -ae (E *water*) *f.* 물.
lymphātus -a -um *adj.* **lymphō**의 현재분사.
lymphō -āvī -ātum -āre (E *distract*) *vt.* 산만하게 하다, 주의를 돌리다.
Lynceus -cī (E *Lynceus*) *m.* 어떤 트로이 인.
lynx -ncis (E *lynx*) *n.* 스라소니.
Lyrnēsius(-essius) -a -um (E *Lyrnesian*) *adj.* 르네수스의.
Lyrnēsus(-ēssus) -ī (E *Lyrnesus*) *f.* 트로아스의 마을 이름.

M m

macer -*cra* -*crum*(E thin) *adj.* 가는, 얇은.
Machāōn -*onis*(E Machaon) *m.* 마카온(트로이 전쟁에 참가했던 유명한 의사).
māchina -*ae*(E machine) *f.* 기계, 동력기
maciēs -*ēī*(E leanness) *f.* 여윔, 수척함.
mactātus -*a* -*um* **mactō**의 과거분사.
mactē (E increased) *adv.* 잘.
mactō -*āvī* -*ātum* -*āre*(E sacrifice) *1. vt.* 희생하다, 죽이다, 제물로 바치다.
macula -*ae*(E spot) *f.* 얼룩, 점.
maculō -*āvī* -*ātum* -*āre*(E defile) *1. vt.* 오점을 남기다, 더럽히다.
maculōsus -*a* -*um*(E spotted) *adj.* 얼룩진.
madefaciō -*fēcī* -*factum* -*facere*(E wet) *3. vt.* (액체 등으로) 적시다, 피에 젖다.
madēns -*entis* **madeō**의 현재분사.
madeō -*uī no sup.* -*ēre*(E be wet) *2. vi.* 젖다.
madēscō *maduī no sup. madēscere*(E moisten) *3. vi.* 젖다, 습기차다.
madidus -*a* -*um*(E wet) *adj.* 젖은, 눅눅한.
Maeander -*drī*(E Maeander) *m.* 리디아에 있는 강으로 굽이굽이 흘러가는 것으로 유명했음)
Maecēnās -*ae*(E Maecenas) *m.* G. Cilnius Maecēnas, vi.rgil과 Horace의 후원자.
Maenalius -*a* -*um*(E Manalian) *adj.* 아카디아의.
Maenalus -*ī (-ā, -ōrum)*(E Maenalus) *m. and n.* 아카디아 지방에 있던 산.
Macōn -*onis*(E Macon) *m.* 어떤 루툴리아 사람.
Maeonidēs -*ae*(E Etrurian) *m.* 에트루리아 인.
Maeonius -*a* -*um*(E Maeonian) *adj.* 리디아의.
maereō *no perf. no sup.* -*ēre*(E lament) *2. vi.* 애도하다, 슬퍼하다.
maestus -*a* -*um*(E mournful) *adj.* 애도하는, 슬퍼하는.
Maevi.us -*ī (-iī), m.,* a poetaster, an enemy of vi.rgil.
māgālia -*ium*(E huts) *n. pl..* 오두막들.
mage magis 참조.
magicus -*a* -*um*(E magic) *adj.* 마법 같은.

magis (-e)(E rather) *adv.* ~보다.
magister -tri(E leader) *m.* 교사, 주장, 리더, 관리자, 교사.
magistra -ae(E mistress) *f.* 여사.
magistrātus -ūs(E office) *m.* (기관, 국가 등의) 직책, 보직.
magnanimus -a -um(E magnanimous) *adj.* 관대한, 고결한; (동물이) 활기찬.
magnus -a -um(E great) *adj.* 거대한, 위대한, 고결한; 강력한.
Magus -ī(E Magus) *m.* 어떤 루툴리아 사람.
Māia -ae(E Maia) *f.* 머큐리의 어머니이자 아틀라스의 딸.
māiestās -ātis(E dignity) *f.* 명예, 품위.
māior māiorēs magnus의 비교급, 더 큰; magnus 참조.
māla -ae(E jaw) *f.* 턱, 뺨.
male (E badly) *adv.* 나쁘게, 호되게.
Malea(-ēa) -ae(E Malea) *f.* 펠로폰네수스 반도의 남동쪽에 있던 위험한 곳. 많은 배들이 여기서 침몰했다.
mālifer -era -erum(E apple-bearing) *adj.* 사과가 열리는.
malignus -a -um(E malicious) *adj.* 악의에 찬, 심술궂은.
mālō *maluī no sup. mālle*(E choose) *irr. vt.* 선호하다, 고르다.
mālum -ī(E apple) *n.* 사과.
malus -a -um(E bad) [비교급 pēior, 최상급 pessimus] *adj.* 나쁜, 좋지 않은, 사악한.
mālus -ī(E mast) *m.* 돛대.
mālus -ī(E apple-tree) *f.* 사과나무.
mamma -ae(E breast) *f.* 젖가슴.
mandātus -a -um **mando**의 과거분사.
mandō -āvī -ātum -āre(E entrust) *1. vt.* 믿다, 위임하다, 명령하다.
mandō *mandī mānsum mandere*(E chew) *3. vt.* 씹다.
māne (E early) *adv.* 일찍.
maneō *mānsī mānsum manēre*(E remain) *2. vt. and n.* 유지하다, 계속하다, 불변하다; 기다리다.
mānēs -ium(E underworld) *m. pl..* 혼령, 영혼; 사후세계.
manica -ae(E sleeve) *f.* 소매; [복수] 수갑.
manifestē (E clearly) *adv.* 당연하게, 당당하게.
manifestus -a -um(E clear) *adj.* 당연한, 명백한; 현행범으로 잡힌.
manīplus(-pulus) -ī(E handful) *m.* 한 움큼.
Manlius -ī (-iī)(E Manlius) *m.* 로마의 한 가문 이름; *m.* Manlius

Capitolinus (골족의 침입으로부터 수도 로마를 보호했음).

mānō *-āvī -ātum -āre*(E flow) *1. vi.* (액체가) 흐르다, 떨어지다.

mansuēscō *-suēvī -suētum -suēscere*(E become tame) *3. vi.* 길들여지다, 온순해지다.

mautēle(-ile) *-is*(E towel) *n.* 수건.

Mantō *-ūs*(E Manto) *f.* 이탈리아 반도의 만투아를 세웠다고 전해지는 이탈리아의 요정.

Mantua *-ūs*(E Mantua) *f.* 만투아 (이탈리아 중북부에 있는 도시로 베르길리우스의 출생지와 가깝다).

manus *-ūs*(E hand) *f.* 손; 무력, 폭력; 능력; 부대.

mapālia *-ium*(E huts) *n. pl..* 오두막집들.

Mārcellus *-ī*(E Marcellus) *m.* 가문 이름; *m.* Claudius Marcellus (225B.C.에 있었던 골 족의 침입을 격퇴하고 후에 한니발에 맞서 싸웠음).

mare *-is*(E sea) *n.* 바다.

Mareōtis *-idis*(E Mareotis) *f. adj.* 마레아의(이집트의 도시로 바람이 잘 불었음).

Marīca *-ae*(E Marica) *f.* 이탈리아 요정으로 파우누스의 아내.

marīnus *-a -um*(E marine) *adj.* 바다의.

marītus *-ī*(E husband) *m.* 남편, 유부남; 구혼자.

Marius *-ī (-iī)*(E Marius) *m.* 로마의 가문 이름; C. Marius (카이사르 이전의 로마 내전때 술라에 맞서 싸웠음)

marmor *-oris*(E marble) *n.* 대리석; 바다.

marmoreus *-a -um*(E of marble) *adj.* 대리석의; 희고 매끈한.

Marpēsius(-ēssius) *-a -um*(E of Marpesus) *adj.* 마르페수스 산의 (파로스에 있던 산).

Marruvi.us(-bius) *-a -um*(E of Marruvi.um) *adj.* 마루비움의 (라티움의 도시).

Mars *Martis*(E Mars) *m.* 마르스 (로마의 군신(軍神)); 전쟁.

Marsus *-a -um*(E of Marsi) *adj.* 마르시의 (이탈리아의 부족 중 하나로 주술적 제사 의례로 유명했음).

Martius *-a -um*(E of Mars) *adj.* 마르스의; 전쟁의.

mās *maris*(E male) *m.* 남성.

masculus *-a -um*(E male) *adj.* 남성의.

massa *-ae*(E lump) *f.* 덩이, 덩어리.

Massicus *-a -um*(E of Massicus) *adj.* 마시쿠스 산의 (라티움과 캄파니아의 경계에 있던 산으로 포도가 유명했음).

māter -*tris*(E mother) *f.* 어머니; (존경) 여사님, 귀부인.
māteriēs -*ēī*(E stuff) *f.* 물질; 목재.
māternus -*a* -*um*(E maternal) *adj.* 모계의.
mātrōna -*ae*(E dame) *f.* 여사님, 귀부인.
mātūrō -*āvī* -*ātum* *āre*(E hasten) *1. vt.* 서두르다.
mātūrus -*a* -*um*(E early) *adj.* 이른, 재빠른; 성숙한.
mātūtīnus -*a* -*um*(E early) *adj.* 이른.
Maurūsius -*a* -*um*(E of Mauri) *adj.* 마우리족의 (북아프리카의 종족).
Māvors -*ortis*(E Mars) *m.* 마르스, 전쟁.
Māvortius -*a* -*um*(E of Mars) *adj.* 마르스의, 전쟁의.
maximus magnus 참조.
mē ego 참조; ego의 대격단수 또는 탈격 단수형태.
meātus -*ūs*(E movement) *m.* 운동, 혁명. ¶meātūs caeli 천체의 운동.
medeor -*ēī*(E heal) *2. v. dep.* 치료하다, 회복시키다.
Mēdia -*ae*(E Media) *f.* 메디아 (카스피아 해 남쪽의 아시아 도시와 그 주변부를 칭함).
medicātus -*a* -*um* **medicō**의 과거분사.
medicīna -*ae*(E medicine) *f.* 약, 치료제.
medicō -*āvī* -*ātum* -*āre*(E medicate) *1. vt.* 치료하다.
Mēdicus -*a* -*um*(E Median) *adj.* 자주개자리; 메디쿠스(집안)
medicus -*a* -*um*(E healing) *adj.* 치료.
meditātus -*a* -*um* **meditor**의 과거분사.
meditor -*tātus* -*tārī*(E practice) *1. v. dep.* 연습하다, 실험하다; (일 등을) 계획하다, 꾸미다.
medius -*a* -*um*(E middle) *adj.* 중간.
Medōn -*ontis*(E Medon) *m.* 메돈 (트로이 전사).
medulla -*ae*(E medulla) *f.* 수질, 골수.
Mēdus -*a* -*um*(E Median) *adj.* 메데스족의, 페르시아의.
Megaera -*ae*(E Megaera) *f.* 분노와 질투의 여신.
Megarus -*a* -*um*(E of Megara) *adj.* 메가라의 (시칠리아 섬에 있던 도시).
mel *mellis*(E honey) *n.* 꿀.
Mēla Mēlla 참조.
Melampūs -*odis*(E Melampus) *m.* 멜람푸스 (유명한 선지자이자 의사로 새의 노래를 알아들을 수 있다고 했음).
Meliboeus -*ī*(E Meliboeus) *m.* 어떤 양치기.
Melicerta (-*ēs*) -*ae*(E Melicerta) *m.* 이노와 아타마스의 아들. 익사함으로

써 바다의 왕이 되었다.

melior bonus 참조; bonus의 비교급, 더 좋은.

melisphyllum -*ī*(E) balm) *n.* 특이한 냄새가 나는 풀로 벌이 좋아함.

Melitē -*ēs*(E) Melitē) *f.* 바다의 요정.

Mēlla (Mēla) -*ae*(E) Mella) *m.* 브레시아를 통과하는 강 이름.

membrum -*ī*(E) limb) *n.* 사지, 몸통, 사람.

meminī -*isse*(E) remember) *vt.* 기억하다, 생각하다.

Memmius -*ī (-iī)*(E) Memmius) *m.* 로마의 가문 이름.

Memnōn -*onis*(E) Memnon) *m.* 멤논.

memor -*oris*(E) remembering) *adj.* 기억하는.

memorābilis -*e*(E) glorious) *adj.* 영광스러운, 기억할 만한.

memorātus -*a -um* memorō의 과거분사.

memorō -*āvī -ātum -āre*(E) tell) *1. vt.* 기억해 내다, 말하다.

Menaleās -*ae*(E) Menaleas) *m.* 어떤 양치기.

mendāx -*ācis*(E) false) *adj.* 거짓의.

Menelāus -*ī*(E) Menelaus) *m.* 메네라우스 (스파르타의 왕으로 헬레나의 남편).

Menestheus (Mnes-) -*cī (-cos)*(E) Menestheus) *m.* 트로이 인으로 아에네아스의 동료.

Menoctēs -*ae*(E) Menoctes) *m.* 트로이 인으로 아에네아스의 동료.

mēns *mentis*(E) mind) *f.* 정신, 마음, 지식.

mēnsa -*ae*(E) table) *f.* 탁자; 연회.

mēnsis -*is*(E) month) *m.* 달, 개월.

mēnstruus -*a -um*(E) monthly) *adj.* 매달.

mentior -*ītus -īrī*(E) lie) *4. vt. and n.* 거짓말하다.

mentītus -*a -um* mentior의 과거분사.

mentum -*ī*(E) chin) *n.* 턱.

mephītis -*is*(E) exhalation) *f.* 날숨.

merecātus -*a -um* **mercor**의 과거분사.

mercēs -*ēdis*(E) pay) *f.* 지불하다.

mercor -*ātus -ārī*(E) buy) *1. v. dep.* 구매하다, 지불하다.

Mercurius -*ī (-iī)*(E) Mercury) *m.* 머큐리 (신들의 전령).

mereō -*uī -itum -ēre*(E) earn) *2. vt.* 획득하다.

merges -*itis*(E) sheaf) *f.* (곡물의) 단.

mergō *mersī mersum mergere*(E) plunge) *3. vt.* 폭락하다, 익사하다, 압도하다.

mergus -*ī*(E gull) *m.* 갈매기.
meritō (E justly) *adv.* 당연히, 정당하게.
meritus -*a* -*um* **mereō**와 **mereor**의 과거분사.
Meropēs -*ae*(E Merope) *m.* 어떤 트로이 인.
meros -*opis*(E bee-eater) *m.* 벌을 공격하는 새.
mersō -*āvī* -*ātum* -*āre*(E plunge) *1. vt.* 내던지다, 압도하다.
mersus -*a* -*um* **mergō**의 과거분사.
merus -*a* -*um*(E pure) *adj.* 순수한.
merx *mercis*(E merchandise) *f.* 상품.
messis -*is*(E harvest) *f.* 수확.
messor -*ōris*(E reaper) *m.* 수확하는 사람.
messus -*a*, -*um* **metō**의 과거분사.
met *insep. intens.* [대명사와 같이] 자신의.
mēta -*ae*(E limit) *f.* 한계, 경계.
Metabus -*ī*(E Metabus) *m.* 메타부스 (카밀라의 아버지).
metallum -*ī*(E mine) *n.* 광산, 금속, 광석.
Mēthymnaeus -*a* -*um*(E of Methymna) *adj.* 메팀나의 (레스보스 섬에 있던 섬으로 포도주로 유명했음).
mētior *mēnsus mētīrī*(E measure) *4. v. dep.* 측정하다, 횡단하다.
Metiscus -*ī*(E Metiscus) *m.* 투르누스의 전차장.
Metius Mettus 참조.
metō *messuī messum metere*(E mow) *3. vt.* (풀 등을) 자르다.
mētor -*ātus* -*ārī*(E survey) *1. v. dep.* 제한하다, 규정하다.
Mettus (-tius) -*ī*(E Mettus) *m.* 알바니아 이름.
metuō *metuī metūtum metuere*(E fear) *3. vt. and n.* 두려워하다.
metus -*ūs*(E fear) *m.* 두려움.
meus -*a* -*um*(E mine) *poss. adj.* [소유격] 나의, 내 것의.
Mezentius -*ī (-iī)*(E Mezentius) *m.* 에트루리아 왕으로 잔혹한 통치를 했음.
micō -*āvī* -*ātum* -*āre*(E quiver) *1. vi.* 흔들리다, 진동하다.
Micōn -*ōnis*(E Micon) *m.* 어떤 양치기.
migrō -*āvī* -*ātum* -*āre*(E migrate) *1. vi.* 이동하다, 떠나다.
mīles -*itis*(E soldier) *m.* 병사, 군대, 대대.
Mīlēsius -*a* -*um*(E of Miletus) *adj.* 밀레투스의 (소다시아에 있던 도시로 모직물로 유명했음).
mīlitia -*ae*(E warfare) *f.* 전쟁.
milium -*ī (-iī)*(E millet) *n.* 기장.

mille *pl. mīlia -ium*(E thousand) 천(千).
Mimās *-antis*(E Mimas) *m.* 어떤 트로이 인.
minae *-ārum*(E threats) *f. pl..* 협박들, 위협들.
mināx *-ācis*(E threatening) *adj.* 위협하는, 협박하는.
Mincius 이탈리아 북부의 강으로 만투아를 통과해 감. 포 강의 지류.
Minerva *-ae*(E Minerva) *f.* 미네르바 (지혜의 여신).
minimē (E least) *adv.* 적어도.
Miniō *-ōnis*(E Minio) 에트루리아의 강.
minister *-trī*(E servant) *m.* 하인; 사제.
ministerium *-ī (-iī)*(E servi.ce) *n.* 공직, 직위.
ministra *-ae*(E *female* attendant) *f.* 여자 시중.
ministrō *-āvī -ātum -āre*(E serve) *1. vt. and n.* 시중들다.
minitor *-ātus -ārī*(E threaten) *1. v. dep.* 위협하다.
minium *-ī (-iī)*(E cinnabar) *n.* 진사 (수은의 원광석).
Mīnōius *-a -um*(E of Minos) *adj.* 미노스의.
minor *-ātus -ārī*(E threaten) *1. vi.vt.* 위협하다, 협박하다.
minor parvus 참조; parvus의 비교급, 더 작은.
Minōs *-ōris*(E Minos) *m.* 미노스 (크레타의 왕).
Minōtaurus *-ī*(E Minotaurus) *m.* 미노타우루스 (테세우스에게 죽임을 당한 반인반수의 괴물).
minus parvus 참조.
minūtātim ((E gradually) *adv.* 점진적으로.
mīrābillis *-e*(E wonderful) *adj.* 놀라운.
mīrāculum *-ī*(E marvel) *n.* 경이, 놀라움.
mīrātus *-a -um* **miror**의 과거분사.
mīror *-ātus -ārī*(E wonder) *1. vt. and n.* 놀라다.
mīrus *-a -um*(E strange) *adj.* 이상한, 놀라운, 경이로운.
misceō *miscuī mixtum miscēre*(E mix) *2. vt.* 섞다, 혼합하다, 단결시키다, 합치다.
miser *-era -erum*(E wretched) *adj.,* 비참한, 불행한.
miserābilis *-e*(E miserable) adj. 불쌍한, 비참한, 불행한.
miserātus *–a -um* **miseror**의 과거 분사.
miserō *-uī -itum -ēre*(E feel pity) *v.* 불쌍히 여기다, 동정하다.
miserēscō *-ere*(E pity) *vi.* 동정하다, 측은히 여기다.
miseror *-ātus -ārī*(E pity) *v. dep.* 동정하다, 불쌍히 여기다.
missilis *-e*(E missile) *adj.,* 미사일

missus -a -um **mitto**의 과거 분사.
missus -ūs(E a sending) m. 명령, 분부
mistus -a -um **misceo**의 과거 분사.
mītēscō -ēscere(E grow mild) v. 온화되다
mītigō -āvī -ātum -āre(E soften) v. 부드럽게 하다, 완화시키다.
mītis -e(E mellow) adj. (과실이) 익은, 부드러운, 온건한, 침착한.
mitra -ae(E miter) f. 주교관(主敎冠)
mittō mīsī missum mittere(E let go) v. 풀어놓다, 놓아주다, 파견하다, 급파하다.
mixtus -a -um **misceo**의 과거 분사.
Mnāsўlus -ī(E a young satyr) m. 어린 사티로스 (주신(酒神) Bacchus를 섬기는 반인 반수(半人半獸)의 숲의 신).
Mnestheus Menestheus 참조.
mōbilis -e(E free to move) adj. 이동성을 가진, 변하기 쉬운.
mōbilitās -tātis(E freedom of motion) f. 신속, 빠름, 민첩.
modō (E recently) adv. 최근의, 근래의.
modulor -ātus -ārī(E regulate the time) v. dep. 시간을 조정하다, 조절하다, 측정하다.
modus -ī(E a measure) m. 계량의 단위, 방법, 방식, 운율, 곡, 박자, 한도.
moenia -um(-ōrum)(E fortifications) n. only pl. 성채, 요새, 내벽.
moereo maereo 참조.
Moeris -is(E Moeris) m. 어떤 머슴.
moerus murus 참조.
mola -ae(E meal) f. 거칠게 빻은 곡식, 굵은 가루.
molāris -is(E millstone) m. 맷돌.
mōlēs -is(E a mass) f. 크기, 부피; 쌓아 올린 더미, 큰 덩어리.
mōlior -ītus -īrī (E pile up) v. dep. 쌓아 올리다, 올려서 만들다; 만들다, 건설하다.
mōlītus -a -um **molior**의 과거 분사.
molliō -īvī -ītum -īre(E soften) v. 누그러지게 하다, 달래다, 위로하다, 가라앉히다.
mollis -e(E soft) adj. 부드러운, 연한, 섬세한, 융통성 있는, 유순한.
molliter (E softly) adv. 부드럽게, 상냥하게, 친절히, 살며시.
mollītus -a -um **mollio**의 과거 분사.
Molossus -a -um(E of the Molossi) adj. 몰로시아(크레테의 국가)의.
moneō monuī monitum monēre(E remind) v. 상기시키다; 충고하다,

타이르다, 훈계하다.
monīle -*is*(E necklace) *n.* 목걸이
monimentum monumentum 참고.
monitum -*ī*(E warning) *n.* 충고, 조언, 권고, 경고, 훈계.
monitus -*ūs*(E suggestion) *m.* 제안; 충고, 조언; 명령, 지시.
monitus -*a* -*um* **moneo**의 과거분사형.
Monoecus -*ī*(E a name of Hercules) *m.* 헤라클레스의 이름.
mōns *montis*(E mountain) *m.* 산맥, 언덕.
mōnstrātor -*ōris*(E pointer-out) *m.* 가리키는 사람; 발견자, 발명자.
mōnstrātus -*a* -*um* **monstro**의 과거분사형.
mōnstrō -*āvī* -*ātum* -*āre*(E point out) *v.* 가리키다, 지목하다.
mōnstrum -*ī*(E monster) *n.* 괴물, 기괴한 것; 거대한 것; 전조
montānus -*a* -*um*(E of the mountain) *adj.* 산맥의.
montōsus -*a* -*um*(E mountainous) *adj.* 산이 많은, 산지의
monumentum (moni-) -*ī*(E memorial) *n.* 기념물, 유품, 기념비, 기념건조물.
Mopsus -*ī*(E shepherd) *m.* 양치기.
mora -*ae*(E delay) *f.* 유예, 마지못해 함, 내키지 않음, 늑장 부림. ■ praecipitare moras 지연 없이 재촉하다. ■ trahere moras 지연을 연장하다.
morātus -*a* -*um* **moror**의 과거분사형.
morbus -*ī* (E sickness) *m.* 병, 질병.
mordeō *momordī* *morsum* *mōrdēre*(E bite) *v.* 물다.
moribundus -*a* -*um*(E dying) *adj.* 죽어가는.
Morini -*ōrum* (E a people of Gaul) *m. pl.* 극도 서쪽의 골족.
morior *mortuus (moritūrus) morī (morīrī)* (E die) *3. v. dep.* 죽다, 살해당하다.
moror -ātus -āri (E delay) *1. v. dep.* 지연시키다, 멈추다.
mors *mortis* (E death) *f.* 죽음.
morsus -*ūs* (E bite) *m.* 깨물음.
mortālis -*e* (E mortal) *adj.* 치명적인.
mortifer -*era* -*erum* (E deadly) *adj.* 치명적인.
mortuus -*a* -*um* **morior**의 과거분사형.
mōrus -*ī* (E mulberry) *f.* 오디(뽕나무의 열매).
mōs *mōris* m., a manner, a habit, a custom, a usage, a fashion, a form, a rite, an institution : caeli (the weather) ; supra morem. - *pl.*, character, habits. - Also, a law, a precept, a rule, restraint, limit :

sine more(without restraint, wildly).
mōtō *-āvī -ātum -āre*(E agitate.) *v.* 흔들다, 뒤흔들다, 흔들리게 하다.
mōtus moveo의 과거분사형.
mōtus *-ūs*(E motion.) *m.* 운동, 움직임, 동작; 충동; 동요, 격동. ▪ motus terrae 지진. ▪ motus animi 감정.
moveō *mōvī mōtum movēre* (E move) 2. *vt. and n.* 움직이다, 이동하다.
mōx (E presently) *adv.* 머지않아, 장차, 이후에.
muerō *-ōnis* (E edge) *m.* (칼 등의)날.
mūgiō *īvī(iī), ītum, īre* (E bellow) *vi..* [소 따위가] 울부짖다, [사람이] 큰 소리로 말하다.
mūgītus *-ūs*(E a bellowing) *m.* 울부짖는 소리, 고함소리.
muleātus *-a -um* muleo의 과거 분사.
mulceō *mulsī mulsum (muletum) mulcēre*(E stroke) *vi..* 쓰다듬다, 어루만지다, 애무하다.
Mulciber *-brī* (E Vulcan) *m.* 벌칸.
muleō *-āvī -ātum -āre*(E beat) *v.* 연달아 치다, 매질하다, 타박상을 주다, 난도질하다.
mulctra *-ae*(E milk-pail) *f.* 우유 통.
mulctrāle *-is*(E milk-pail) *n.* 우유 통.
mulctrārlum *-ī (-iī)*(E milk-pail) *n.* 우유 통.
mulgeō *mulsī mulsum (muletum) mulgēre* (E milk) 2. *vt* 채유하다, 수유하다.
muliebris *-e*(E womanly) *adj.* 여자다운, 여성적인, 여자의.
mulier *-eris*(E woman) *f.* 여자.
multātus *-a -um* multo의 과거 분사.
multiplex *-icis*(E many fold) *adj.* 여러 겹의, 다양한, 갖가지으.
multō (muletō) *-āvī -ātum -āre*(E fine) *vt.* 벌금을 과하다, 처벌하다, 벌주다.
multus *-a -um* (E many) *adj.* 많은, 다수의.
mundus *-ī*(E world) 우주, 만물, 전세계, 온 세계의 사람들.
mūnīmen *-inis*(E protection) *n.* 보호, 방어, 수비.
mūniō *-īvī (-iī) -ītum -īre*(E fortify) *vt.* 강화하다, 방어하다, 보호하다.
mūnus (moeu-) *-eris*(E office) *n.* 직무, 의무.
mūnusculum *-ī*(E a little modest gift) *n.* 작은 선물.
mūrālis *-e*(E of a wall) *adj.* 벽의

mūrex -*icis*(E) a shellfish used for dyeing purple) *m.* 자색을 염색하기 위한 조개; 자색 염료.
murmur -*uris*(E) murmur) *n.* 중얼거림, 속사임, 수군거림, 졸졸[사각]거리는 소리.
murmurō -*āvī* -*ātum* -*āre*(E) murmur) *vi.* 중얼거리다.
murra(myrrha) -*ae f.* myrrh(a gum as a perfume).
Murrānus -*ī*(E) Murranus) *m.* 라틴계 사람.
mūtus (moer-) -*ī*(E) wall) *n.* 벽.
mūs *mūris* (E a mouse) *m.* 쥐.
Mūsa -*ae*(E) a muse) *f.* 시신(詩神); 시상(詩想), 시재(詩才).
Mūsaeus -*ī*(E) Musaeus) *m.* 호머 이전 시대의, 아테네 출신 음유 시인 및 음악가..
muscōsus -*a* -*um*(E) mossy) *adj.* 이끼 낀, 이끼 같은.
muscus -*ī*(E) moss) m. 이끼.
mussō -*āvī* -*ātum* -*āre*(E) mutter) *vi.* 속삭이다, 중얼거리다, 윙윙거리다.
mustum -*ī*(E) new wine) *n.* 새 포도주.
mūtābilis -*e*(E) changeable) *adj.*, 변화가 많은, 변하기 쉬운, 불안정한, 변덕스러운, 일정하지 않은.
mūtātus -*a* -*um* **muto**의 과거분사.
mūtō -*āvī* -*ātum* -*āre*(E) change) *v.* 바꾸다, 변경하다, 변형시키다, 교환하다, 옮기다.
mūtus -*a* -*um*(E) dumb) *adj.* 청각 장애의; 말을 하지 않는, 말없는; 침묵한.
Mutusca -*ae* (E a Sabine town) *f.* 사빈 마을.
mūtuus -*a* -*um*(E) exchanged) *adj.* 주고받는, 상호간의, 상관의.
Mycēnaeus -*a* -*um*(E) of Mycene) *adj.* 미케네의.
Mycēnē *es*(-*ae* -*ārum* ; -*a* -*ae*)(E) of Mycene) *f.* 미케네의.
Mycon Micon 참조.
Myconos (-us) -*ī*(E) Mykonos) *f.* 키클라데스제도.
Mygdonidēs -*ae*(E) son of Mygdon) *m.* Mygdon의 아들.
myrīca -*ae*(E) the tamarisk) *f.* 위성류, 능수버들.
Myrmidones -*um*(E) a tribe of Thessaly) *m. pl..* 테살리아 지방의 부족. .
myrrha murra 참조.
myrtētum *(mur-)* -*ī*(E) a myrtle grove) *n.* 은매화 숲.
myrteus -*a* -*um*(E) of myrtle) *adj.* 은매화의.
myrtum -*ī* (E) myrtle) *n.* 은매화 열매
myrtus -*ī*(also -*ūs*)(E) a myrtle tree) *f.* 은매화 나무, 은매화.

Mȳsius -a -um(E of Mysia) *adj.* 미시아의 (소아시아 내 한 지역).
mysticus -a -um(E mystic) *adj.* 신비적인, 신비력이 있는.
Mȳsus -a -um(E Mysian) *adj.* 미시아 사람, 미시아의.

N n

nactus -a -um nanciscor의 과거분사.
Nāis -idis (E a Naiad) f. 나이아드 님프.
nam (E for) conj. ~위하여, ~목적으로; ~이 되려고, ~을 하려고.
namque (E for surely) conj. 틀림없이, 의심할 바 없이.
nanciscor nactus (nanctus) nanciscī (E get) v. dep. 얻다, 입수하다.
napacus -a -um (E of the dell) adj. 작은 골짜기의.
Nār -āris (E tributary of the Tiber) m. 티베르 강의 속국.
narcissus -ī (E narcissus) m. 수선화.
nārēs -ium (E notrils) f. 콧구멍, 코.
nārrō -āvī -ātus -āre (E tell) vt. 말하다, 이야기하다, 자세히 말하다 .
Nārycius -a -um (E of Narycium) adj Narycium의.
nāscor nātus nāscī (E be born) vi. 태어나다.
nāta (gna-) nascor 참조.
nātālis -e (E of birth) adj. 출생의.
natāns -antis (E swimming) p. as adj. 수영하는, 떠있는.
natō -āvī -ātus -āre (E swim) vi. 수영하다, 물 위에 뜨다.
nātū (only in abl.) (E by birth) m. 태생은, 출생은; 태어날 때부터.
nātūra -ae (E birth) f. 탄생, 출생.
nātus (gna-) nascor 참조.
naufragus navi.fragus 참조.
nauta -ae (E sailor) m. 선원, 뱃사람, 항해자, 뱃사공.
nauticus -a -um (E of sailors) adj. 선원의
nāvālis -e (E of ships) adj. 배의, 항행의.
nāvifragus -a -um (E shipwrecked) adj. 위험한.
nāvigium -ī (-iī) (E boat) n. 보트, 배.
nāvigō -āvī -ātus -āre (E sail) vi. 범주하다, 항해하다; 출범하다, 출항하다.
nāvis -is (E ship) f. 배, 함선, 보트.
nāvita nauta 참조.
Naxos(-os) -ī (E Naxos) f. 키클라제도의 낙소스섬.
nē(nī) (E no not) adv. 아닌.
-ne (n') (E whether) enclitic interrogative ~인지 어떤지.
Neaera -ae (E Neaera) f. 어떤 하녀.

Nealcēs -ae (E *Nealces*) m. 어떤 트로이 사람.

nebula -ae (E *mist*) f. 안개, 구름.

nec(neque) (E *and not*) conj. 어느 ~도 ~ 아니다, ~도 또한 ~않다.

necdum nec과 dum 참조.

necesse (-um -us -is) (E *necessary*) adj. and adv. 필연적인, 운명이 정해진; 필요한, 필수의.

necō -*āvī* -*ātus* -*āre* (E *kill*) v. a. 죽이다, 살해하다.

nectar -*aris* (E *nectar*) n. 넥타(신들의 음료).

nectō *nexuī* *nexum* *necterre* (E *bind*) vt. 묶다, 매다, 동이다, 둘러 감다, 꼬다.

nefandus (E *unspeakable*) adj. 형언하기 어려운.

nefās (E *impiety*) n. indecl. 불경, 불손, 반도덕적 행위, 부당 행위, 신성모독죄.

negō -*āvī* -*ātus* -*āre* (E *say not*) vt.vi. 부인하다, 부정하다.

Nemea -ae (E *Nemea*) f. Argolis의 도시 (헤라클레스가 네메아의 사자를 죽인 곳 근처)

nēmō -*inis* (E *no man*) m. 아무도~ 않다.

nemorōsus -a -um (E *woody*) adj. 삼림이 많은, 수목이 우거즌.

nempe (E *no doubt*) conj. 의심할 바 없이, 확실히, 틀림없이.

nemus -*oris* (E *wooded pasture*) n. 수목이 우거진 목초장.

neō *nēvī* *nētus* *nēre* (E *spin*) vt. [면, 양털, 실 등을]잣다, 실을 내다, [피륙을] 짜다, 뜨다, 엮다.

Neoptolemus -*ī* (E *Neoptolemus*) m. Pyrrhus의 이름.

nepōs -*ōtis* (E *grandson*) m. 손자, 조카.

Neptūnius -a -um (E *of Neptune*) adj. 넵튠의.

Neptūnus -*ī* (E *Neptune*) m. 넵튠(해신(海神)).

neque nec 참조.

nequeō -*quīvī* (-*iī*) -*quītum* -*quīre* (E *be unable to*) v. irr. ~할 수 없다.

nēquicquam (-quidquam) nequīquam 참조.

nēquīquam (nequic- nequid-) (E *in vain*) adj. 헛되이, 공연히.

nē quis ne와 quis 참조.

Nērēis -*idis* f. 네레이스(바다의 요정, Nereus의 딸).

Nērēius -a -um (E *of Nerreus*) adj. Nereus의, Nereus의 자식.

Nērcus -e (E *Nercus*) m. 바다신, Nereid의 아버지.

Nērīnē -*ēs* (E *Nereis*) f. Nereus의 딸, 네레이스.

Nēritos -*ī* (E *Neritos*) f. 이타카 섬의 산맥.

Nersae -*ārum* (E *Nersae*) *f. plur.* Æqui의 도시.
nervus -*īm.* (E *sinew*) 건(腱), 힘줄.
Nēsacē -*ēs* (E *Nesace*) *f.* 바다 님프.
nesciō -*īvī (-iī)* -*ītum* -*īre* (E *not know*) *vt.* 알지 못하다, 무지하다, 무식하다.
nescius -*a* -*um* (E *not know*) *adj.* 알지 못하는, 무지한.
neu neve 참조.
nēve *(neu)* (E *or not*) *conj.* 또는 아닌, 그리고 아닌.
nex *necis f.* 죽음, 살인, 도살, 학살.
nexō *nexuī no sup. nexāre* (E *sinew*) *vt.* 꼬다, 엮다; 둘러 감다, 묶다, 동이다, 매다.
nexus -*a* -*um* **necto**의 과거분사.
nī ne 참조.
nī (E *if not*) *conj.* ~이 아닌 한.
nīdor -*ōris* (E *odor*) *m.* 냄새, 악취.
nīdus -*ī* (E *nest*) *m.* [새, 곤충 등의] 보금자리, 둥지.
niger -*gra* -*grum* (E *black*) *adj.* 암흑의, 어두운, 어둑어둑한, 음울한.
nigrēscō *nigruī no sup. nigrēscere* (E *incept*) *v.* 검게 하다, 어둡게 하다.
nigrō -*āvī* -*ātus* -*āre* (E *be black*) *vi.* 검어지다.
nihil *(nihiium nīl)* (E *nothing*) *n. indecl.* 무(無).
nīl nihil 참조.
Nīlus -*ī* (E *the Nile*) *m.* 이집트의 나일강.
nimbōsus -*a* -*um* (E *cloudy*) *adj.* 흐린, 구름이 많은, 구름으로 뒤덮인.
nimbus -*ī* (E *sinew*) *m.* 폭풍우가 될 구름, 폭풍우.
nīmīrum (E *doubtless*) *adv.* 의심할 바 없이, 확실하게, 틀림없이.
nimis (E *too much*) *adv.* 너무 많은, 지나치게 많은.
nimius -*a* -*um* (E *too much*) *adj.* 너무 많은, 과도의, 지나친, 무절제한.
ningō *ninxi no sup. ningere* (E *snow*) *vi.* 눈이 오다; 눈.
Niphātēs -*ae* (E *Niphates*) *m.* 아르메니아의 눈 덮인 산맥.
Niphaeus -*ī* (E *Niphaeus*) *m.* 어떤 루툴리아 사람.
Nīsa -*ae* (E *Nisa*) *f.* 소박한 처녀.
Nīsacē -*ēs* (E *Nisace*) *f.* 바다 님프, Nesace 참조.
nisi (E *if not*) *conj.* ~이 아닌 한, ~이 아니면.
Nīsus -*ī* (E *Nisus*) *m.* Megaris의 왕.
nīsus -*ūs* (E *effort*) *m.* 노력, 분투.

niteō *(nituī referred to nitesco) no sup. nitēre* (E *shine*) *vi.* 반짝이다, 번쩍거리다, 빛나다.
nitēscō *nituī no sup. nitēscere* (E *shine*) *vi.* 반짝이다.
nitidus *-a -um* (E *bright*) *adj.* 빛나는, 밝은, 반짝이는.
nītor *nīsus (nīxus) nītī* (E *lean against*) *v. dep.* 반대하다, 대항하다.
nitrum *-ī* (E *soda*) *n.* 소다.
nivālis *-e* (E *snowy*) *adj.* 눈이 많은, 눈이 내리는, 눈과 같은; 눈처럼 차가운.
niveus *-a -um* (E *of snow*) adj. 눈의, 눈과 같은, 눈처럼 하얀.
nix *nivis* (E *snow*) *f.* 눈.
nīxus *-a -um* **nitor**의 과거분사.
nīxus *-ūs* (E *effort*) *m.* 노력, 수고, 노고.
nō *nāvī no sup. nāre* (E *swim*) *v. n.* 수영하다, 수영.
nōbilis *-e* (E *well-known*) *f.* 잘 알려진, 유명한.
nōbilitās *-tātis* (E *high birth*) *f.* 고귀한 태생. 저명한 혈통.
noceō *nocuī nocitum nocēre* (E *do mischief*) *v. n.* 해를 끼치다, 상하게 하다, 훼손하다, 상처를 입히다.
noctivagus *-a -um* (E *night-rowing*) *adj.* 밤에 떠돌아다니는.
noctua *-ae* (E *owl*) *f.* 올빼미.
nocturnus *-a -um* (E *nocturnal*) *adj.* 밤의, 밤에 나오는, 야간의, 야행성의.
nōdō *-āvī -ātus -āre* (E *tie*) *vt.* 매다. 매듭을 짓다, 단단히 묶다.
nōdus *-ī* (E *knot*) *m.* 매듭; 싹.
Noēmōn *-onis* (E *a Trojan*) *m.* 트로이 사람.
Nomas *-adis* (E *Nomas*) *m.* 어떤 유목민.
nōmen *-inis* (E *a name*) *n.* 이름, 일족 이름; 명의.
Nōmentum *-ī* (E *Nomentum*) *n.* 사빈 도시.
nōn *(old noenum)* (E *no*) *adv.* ~아니다, ~않다.
nondum dum 참조.
nonne non과 ne 참조.
nōnnūllus *-a -um* (E *some*) *adj.* 다소의, 조금의.
nōnus *-a -um* (E *the ninth*) *adj.* 9번째.
Nōrieus *-a -um* (E *of Noricum*) *adj.* Noricum의(알프스 북쪽 산지의 국가).
nōs (E *we*) *pron.* 우리.
nōscō *nōvī nōtus nōscere* (E *learn*) *vt.* 배우다, 인지하다, 알다, 경험하다.

noster -tra -trum (E our) adj. pron. 우리의, 우리들이; 나의.
nota -ae (E a mark) f. 흔적, 자국; 부호, 표.
nothus -a -um (E illegitimate son) m. 사생의 아들, 사생아; [동물] 잡종.
notō -āvī -ātus -āre (E mark) v. a. 표기하다.
Notus -ī (E the South Wind) m. 남풍.
nōtus -a -um (E our) **nosco**의 과거분사.
novālis -e (E fallow land) adj. 처음으로 경작된 땅, 미개간의 땅.
novellus -a -um (E young) adj. 어린, 미숙한.
novem (E number nine) adj. indecl 숫자 9.
noverca -ae (E stempmother) f. 의붓어머니, 계모.
noviēns (-iēs) (E nine times) num. adv. 9번.
novitās -tātis (E newness) f. 새로움; 진기함, 신기로움.
novō -āvī -ātus -āre (E our) vt. 새롭게 하다, 보완하다, 재건하다; 수리하다.
novus -a -um (E new) adj. 새로운, 신선한, 생소한, 신흥의.
nox noctis (E night) f. 밤, 어두움.
noxa -ae (E fault) f. 과실, 잘못, 유죄.
noxius -a -um (E harmful) adj. 유해한, 가책을 느끼는.
nūbēs -is (E cloud) f. 구름.
nūbigena -ae (E our) m. 켄타우루스; 구름 속에서 태어난 괴물.
nūbila -ōrum (E our) n. prop. adj. 구름.
nūbilis -e (E marriageable) adj. 결혼할 수 있는.
nūdātus -a -um (E stripped) **nudo**의 과거분사.
nūdō -āvī -ātus -āre (E strip) vt. 벗기다, 발가벗기다; 드러내다, 폭로하다.
nūdus -a -um (E naked) adj. 벌거숭이의, 발가벗은, 벗겨진, 노출된.
nūllus -a -um (E no) adj. 공허, 무(無).
num (E whether) conj. interrog. ~인지 어떤지.
Numa -ae (E -Numa) m. 로마 이름.
Numānus -ī (E Numanus) m. 누마누스.
nūmen -inis (E nod) n. 끄덕임; 결의, 동의; 신의 뜻; 신력; 신성.
numerō -āvī -ātum -āre (E count) 수를 세다.
numerus -ī (E number) m. 수, 숫자,
Numīeus -ī (E Numieus) m. 아이네아스가 묻힌 라티움의 강.
Numida -ae (E the Numidians) m. plur. Numidia 사람들 (북아프리가 민족).
Numitor -ōris (E Numitor) m. Romulus와 Remus의 할아버지.

nunc (E now) *adv.* 지금; 지금은; 그때; 그리고서; 그때 이미.
nuncius nuntius 참조.
nunquam (E *never*) *adv.* 절대 (아닌); 결코 아닌.
nuntia *-ae* (E *messenger*) *f.* 전달자 (여성).
nuntiō *-āvī -ātus -āre* (E *report*) *vt.* 보고하다, 보도하다, 전하다, 통지하다.
nuntius *-ī (-iī)* (E *messenger*) *m.* 보고자, 통보자, 전달자.
nūper (E *lately*) *adv.* 요즘, 요사이, 최근에.
Nursae *-ārum* Nersae 참조.
Nursia (Nurt-) *-ae* (E *Nursia*) *f.* Sabines의 마을(지금의 Norcia).
nurus *-ūs* (E *daughter-in-law*) *f.* 며느리.
nūsquam (E *nowhere*) *adv.* 아무 데서도 ~ 않다.
nūtō *-āvī -ātus -āre* (E *nod*) 끄덕임; 비틀거리기; 흔들기.
nūtrīmentum *-ī* (E *food*) *n.* 음식물, 영양분.
nūtriō *-īvī (-iī) -ītum -īre* (E *nurse*) *vt.* 간호하다; 기르다; 젖을 먹이다.
nūtrior nutrio 참조.
nūtrīx *-īcis* (E *nurse*) *f.* 간호사.
nūtus *-ūs* (E *nod*) *m.* 끄덕임.
nux *nucis* (E *nut*) *f.* 견과, 나무 열매.
nympha *-ae* (E *nymph*) *f.* 님프 (바다·강·숲·산 따위에 사는 것으로 생각되는 아름다운 여자 정령).
Nȳsa *-ae* (E *Nysa*) *f.* 인도의 한 도시(Bacchus가 인도 원정에 갔을 때 지음).

O o

Ō (E oh!) *interj.* 오라고 외치는 소리

Oaxēs *-is* (E *river in Crete*) *m.* 크레테에 있는 강.

ob *(obs)* (E *towards*) *prep.* [+ 대격] ~의 쪽으로, ~을 향하여; 가까이, 접근하여; 주위에; 곳곳에.

obambulō *-āvī -ātus -āre* (E *walk about*) *vi.* 돌아다니다, 배회하다, 방랑하다.

obdūcō *-dūxī -dūctus -dūcere* (E *draw over*) *vt.* 퍼지다.

obductus *-a -um* obduco 과거분사.

obeō *-īvī (-iī) -itum -īre* (E *go to*) *irr. vt.* ~건너가다, 돌아가다, 찾아가다.

obēsus *-a -um* (E *fat*) *adj.* 뚱뚱한; 부풀어 오른.

obex *-icis* (E *bar*) *m. or f.* 장애, 방해물, 장벽, 지장, 방벽.

obfero offero 참조.

ōbiciō *(obil-) -iēcī -iectum -cere* (E *throw against*) *vt.* 던지다, 투척하다.

obiectō *-āvī -ātum -āre* (E *throw against*) *vt.* 던지다.

obiectus *-a -um* (E *thrown against*) **obicio** 과거분사.

obiectus *-ūs* (E *hrowing*) *m.* 내던짐.

obitus *-a -um* obco의 과거분사.

obitus *-ūs* (E *a going down*) *m.* 추락, 파멸, 죽음.

oblātus *-a -um* **offero**의 과거분사.

oblīmō *-āvī -ātus -āre* (E *clog*) *v.* 방해하다, 막다; 멈추다.

oblīquō *-āvī -ātus -āre* (E *turn obliquely*) *vt.* 비스듬히 돌리다.

oblīquus *(-cus) -a -um* (E *sidewise*) *adj.* 비스듬히, 기울어진.

oblītus *-a -um* obliviscor의 과거분사.

obliviscor *oblītus oblīvīscī* (E *forget*) *v. dep.* 잊다, 망각하다, 생각나지 않다.

oblīvium *-ī (-iī)* (E *forgetfulness*) *n.* 건망증, 부주의, 잊기 쉬움.

obloquor *-locūtus -loquī* (E *speak against*) *v. dep.* 반대하다.

obluctor *-ātus -ārī* (E *struggle against*) *v. dep.* 발버둥치다, 몸부림치다.

obmūtēscō *-mūtuī -mūtēscere* (E *incept*) *vi.* 시작하다, 착수하다, 받아들이다; 조용히 하다, 입다물다.

obnītor *-nīsus (-nīxus) -nītī* (E *struggle against*) *v. dep.* 몸부림치다, 애쓰다, 고심하다; 기대다, 의지하다.

obnīxus -a -um **obnitor**의 과거분사.
obnoxius -a -um(E guilty) adj. 유죄의, 죄를 범한.
obnūbō -nūpsī -nūptus -nūbere(E veil) vt. 씌우다; 덮다; 덮어 감추다.
oborior -ortus -orīrī(E rise against) v. dep. 반란을 일으키다. 일어서다.
obortus -a -um **oborior**의 과거분사.
obruō -ruī -rutum -ruere(E overwhelm) vt. 가라앉히다, 매몰하다.
obrutus -a -um **obruo**의 과거분사.
obscēnus -a -um(E filthy) adj. 불결한, 더러운; 품위 없는, 상스러운; 타락한, 추악한; 괘씸한, 몹쓸.
obscūrus -a -um(E dark) adj. 어두운, 어두침침한; 어렴풋한, 분명치 않은; 흐려진; 거무스름한; 음울한.
obserō -sēvī -situm -serere(E plant over) vt. 심다.
observātus -a -um **observo**의 과거분사.
observō -āvī -ātum -āre(E watch) vt. 지켜 보다, 주시하다 관찰하다; 알아차리다, 주목하다; 인지하다.
obsessus -a -um **obsideo**의 과거분사.
obsideō -sēdī -sessum -sidēre(E blockade) vt. 봉쇄하다, 차단하다, 포위하다.
obsidiō -ōnis(E blockade) f. 봉쇄, 차단, 폐색; 포위, 공략.
obsīdō no perf. no sup. -sīdere(E beset) vt. 에워싸다, 포위하다; 차지하다, 점령하다.
obsitus -a -um **obsero**의 과거분사.
obstipēscō (**-stupēseo**) -stipuī no sup. -sripēscere(E be amazed) v. n. 깜짝 놀라다, 경악하다, 어리둥절하다, 어리벙벙하다, 멍하다, 말이 막히다.
obstō -stitī -stātum -stāre(E hinder) vi. 방해하다, 훼방놓다, 가로막다; 항거하다, 버티다, 견디어 내다, 더디게 하다다, 늦추다.
obstruō -struxī -structus -struere(E block up) vt. 봉쇄하다, 막다, 방해하다; 억누르다, 억제하다.
obstupesco obstipesco 참조.
obsum -fui -esse (E be opposed) irr. vi. 상처를 입히다, 다치게 하다; 해를 끼치다; 해치다, 손상시키다.
obtectus -a -um **obtego**의 과거분사.
obtegō -texī -tectus -tegere (E cover) v. a. 감추다, 덮어 가리다; 숨기다, 덮어 감추다.
obtendō -tendī -tentus -tendere (E spread before) vt. 퍼지게 하다, 넓히다, 늘이다.

obtentus -a -um obtendo의 과거분사.

obtentus -ūs (E a spreading out) m. 확대, 확장; 보급, 유포.

obtestor -ātus -ārī (E entreat) v. dep. 간청하다, 탄원하다; 청하다, 바라다.

obtexō -texuī no sup. -texere (E weave over) vt. 천을 짜다.

obtorqueō -torsī -tortus -torquēre (E twist) vt. 꼬다; 감다; 비틀다, 쥐어틀다.

obtortus -a -um obtorqueo의 과거분사.

obtruncō -āvī -ātus -āre (E cut down) vt. 벌채하다; 도살하다; 학살하다, 참살하다.

obttulī offero 참조.

obtundō -tudī -tūsus -tundere (E dull) vt. 무디게 하다; 둔하게 하다.

obtūsus -a -um obtundo의 과거분사.

obtūtus -ūs (E gaze) m. 응시, 주시, 빤히 쳐다보기.

obumbrō -āvī -ātus -āre (E overshadow) vt. 그늘지게 하다, 어둡게 하다.

obuncus -a -um (E hooked) adj. 갈고리 모양의; 굽은, 곡선 모양의.

obūstus -a -um (E burnt around) adj. 태운, 눌은; 화상을 입은; 불에 의해 단단해진.

obversus -a -um obverto의 과거분사.

obvertō -vertī -versus -vertere (E turn towards) vt. 거꾸로 하다, 반대로 하다, 뒤집다.

obvius -a -um (E in the way) adj. 공개된, 노출된.

occāsus -ūs (E fall) m. 멸망, 몰락, 파괴, 파멸.

occidō -cidī -cāsum -cidere (E fall) vi. 함락되다, 사라지다, 소멸하다, 무너지다, 파괴되다.

occīdō -cīdī -cīsum -cīdere (E slay) vt. 죽이다, 살해하다.

occīsus -a -um occido의 과거분사.

occubō no perf. no sup. -āre (E lie) vi. 눕다, 드러눕다, 누워있다.

occulō culuī -eultus -culere (E bury) vt. 감추다, 숨기다; 덮어 가리다.

occultē (E secretly) adv. 남몰래, 은밀히, 비밀히.

occultō -āvī -ātum -āre (E hide) vt. 숨기다.

occultus -a -um occulo의 과거분사.

occumbō -cubuī -cubitus -cumbere (E fall) vi. 전사하다, 죽다.

occupō -āvī -ātus -āre (E take in advance) vt. 점유하다, 입수하다.

occurrō -currī -cursum -currere (E run to meet) vi. 만나기 위해 서두르다.

occursō -āvī -ātus -āre (E rush in the way) vi. 서두르다, 만나다.

Ōceanītis *-idis* (E *Oceantis*) *f.* Ocean의 딸.
ōceanus *-ī* (E *the ocean*) *m.* 바다.
ōcior *-us* (E *swifter*) *adj.* 더 빠른.
Ocnus *-ī* (E *Ocnus*) *m.* Mantua의 설립자.
ocrea *-ae* (E *a legging*) *f.* (갑옷의) 정강이받이.
octō (E *eight*) *indecl. num. adj.* 숫자 8.
oculus *-ī* (E *an eye*) *m.* 눈 (신체 부위)
ōdī *ōdisse ōsus* (E *hate*) *v.* 증오하다.
odium *-ī (-iī)* (E *hatred*) *n.* 증오.
odor *-ōris* (E *an odor*) *m.* 향기; 향수.
odōrātus *-a -um* odoro의 과거분사
odōrifer *-era -erum* (E *flagrant*) *adj.* 향기로운.
odōrō *-āvī -ātus -āre* (E *perfume*) *v. a.* 향수를 뿌리다.
odōrus *-a -um* (E *flagrant*) *adj.* 냄새가 좋은.
Oeagrius *-a -um* (E *of Œagrus*) *adj.* Œagrus의 (트라키아의 옹).
Oebalius *-a -um* (E *of Œbalus (a king of Sparta the founder of Tarentum)*) *adj.* Œbalus의 (스파르타의 왕, Tarentum의 설립자).
Oebalus *-ī* (E *A King of Sparta*) *m.* 스파르타의 한 왕자 (위 잠조)
Ocelialia *-a* (E *a city of Eubœca*) *f.* (*prop adj.*) Eubœca의 한 도시.
Oenōtrius *-a -um* (E *Œnotrian*) *adj.* Œnotria의 (이탈리아 남부).
Oenōtrus *-a -um* (E *of Œnotria*) *adj.* Œnotria의 (이탈리아 낢부).
oestrus *-ī* (E *a gadfly*) *m.* 등에.
Oeta *-ae (-ē -ēs)* (E *a mountain range of Thessaly*) *f.* Pindus에서 동쪽 해안가로 뻗는 Thessaly의 산맥.
offa *-ae* (E *a ball of dough*) *f.* 가루 반죽 덩어리.
offendō *-fendī -fēnsus -fendere* (E *strike against*) *vt.* ~에 충돌하다; 부수다.
offēnsus *-a -um* offendo의 과거분사.
offerō (off-) *obtulī (optulī) oblātus offerre (obf-)* (E *bring to*) *irr. vt.* 바치다, 주다.
officiō *-fēcī -fectum -ficere* (E *to do something to someone*) *vi.* 호의를 베풀다.
officium *-ī (-iī)* (E *service*) *n.* 수고, 호의.
Oīleus *-eī(-eī -eos)* (E *Oileus*) *m.* Locris의 왕, Ajax의 아버지.
olea *-ae* (E *an olive*) *f.* 올리브.
oleāginus *(-neus -nius) -a -um* (E *of the olive*) *adj.* 올리브의.

Ōlearos -*ī* (E *Olearos*) *f.* Cyclades제도의 섬.
oleaster -*trī* (E *of Œnotria*) *m.* 산올리브.
oleō *oluī no sup. olēre* (E *of Œnotria*) *vtvi..* 냄새.
oleum -*ī* (E *oil*) *n.* 기름; 올리브유.
ōlim (E *at that time*) *adv.* 그때; 전에; 이전에.
olīva -*ae* (E *olivetree*) *f.* 올리브 나무.
olīvifer -*era* -*erum* (E *olive-bearing*) *adj.* 올리브를 함유한.
olīvum -*ī* (E *oil*) *n.* 기름; 올리브유.
ollus -a -um ille 참조.
olor -*ōris* (E *a swan*) *m.* 백조.
olōrinus -*a* -*um* (E *of a swan*) *adj.* 백조의.
olus -*eris* holus 참조.
Olympiacus -*a* -*um* (E *of Olympia*) *adj.* Olympia의 (올림픽 경기과 열린 Elis 도시)
Olympus -*ī* (E *a mountain on the northern frontier of Thessaly*) *m.* Thessaly 북쪽 지방의 산맥.
ōmen -*inis* (E *an omen*) *n.* 전조, 징조, 조짐; 예시; 경이적인 존재; 비범, 경이.
omnigenus -*a* -*um* (E *of all kinds*) *adj.* 온갖 종류의; 여러 가지.
omnīnō (E *altogether*) *adv.* 완전히, 전적으로, 순전히.
omniparēns -*entis* (E *all-producing*) *adj.* 모든 것을 생산하는.
omnipotēns -*entis* (E *all-powerful*) *adj.* 전능한 절대력을 가진.
omnis -*is* (E *every*) *adj.* 모든.
Omolē Homole 참조.
onager -*grī* (E *a wild ass*) *m.* 야생 나귀.
onerātus -*a* -*um* **onero**의 과거분사.
onerō -*āvī* -*ātus* -*āre* (E *load*) *vt.* 짐을 싣다, 짐을 지우다, 부담시키다; 채우다; 쌓아 올리다.
onerōsus -*a* -*um* (E *burdensome*) *adj.* 부담스러운; 무거운.
onus -*eris* (E *a burden*) *n.* 무거운 짐, 무게.
onustus -*a* -*um* (E *laden*) *adj.* 짐을 실은.
Onȳtēs -*is* (E *Onytes*) *m.* 어떤 루툴리아 사람.
opācō -*āvī* -*ātus* -*āre* (E *darken*) *v. a.* 어둡게 하다, 그늘지게 하다, 흐리게 하다.
opācus -*a* -*um* (E *dark*) *adj.* 어두운, 흐린, 그늘진.
opera -*ae* (E *labor*) *f.* 노동, 노고.

operūtus -a -um (E *p.p. of operor*) **operor**의 과거분사.
operiō *operuī opertus operīre* (E *cover*) vt. 덮다; 싸다, 뒤덮다.
operor -ātus -ārī (E *be busied*) v. dep. 바쁘게 하다.
Opheltēs -ae (E *a Trojan*) m. Euryalus의 아버지; 트로이 사람.
opīmus -a -um (E *fruitful*) adj. 기름진.
Ōpis *ōpis* (E *Opis*) f. Diana의 님프.
oportet *oportuit* no sup. *oportēre* (E *it behooves*) v. ~하는 것이 의무이다, 마땅하다.
opperior -perītus (-pertus) -perīrī (E *wait for*) v. dep. 기다리다, 기대하다, 대기하다.
oppetō -petīvī (-iī) -petītus -petere (E *fall upon*) vt. 습격하다, 공격하다.
oppidum -ī (E *a town*) n. 마을, 도시.
oppōnō -posuī -postius -pōnere (E *place towards*) vt. 반대하다, 대항시키다; 비교하다, 대조하다.
opportūnus -a -um (E *opportune*) adj. 알맞은, 적절한; 유리한
opprimō -pressī -pressus -primere (E *press against*) vt. 진압하다, 정복하다, 압도하다.
oppugnō -āvī -ātus -āre (E *fight against*) vi. vt. 맞서 싸우다. 공격하다, 포위하다.
ops *opis* (E *wealth*) f. 부, 재산.
optātō (E *opportunely*) adv. 시기가 좋은.
optātus -a -um **opto**의 과거분사.
optimus -a -um bonus 참조.
optō -āvī -ātus -āre (E *wish*) vt. 희망하다, 바라다, 간절히 바라다.
opulentia -ae (E wealth) f. 부, 재산, 재물.
opulentus -a -um (E *wealthy*) adj. 부유한.
opus -eris (E *work*) n. 노동, 수고; 업무.
opus indecl. (with esse expr. or implied) (E *there is a need*) ~필요하다. ~해야한다.
ōra -ae (E *an edge*) f. 가장자리, 끝, 변두리, 가.
ōrāculum -ī (E) n. 공고, 고시; 예언.
ōrātor -ōris (E *speaker*) m. 연설자.
orbis -is (E *a circle*) m. 순회; 우회, 우회로.
orbita -ae (E *a track*) f. 통로, 경주로.
orbus -a -um (E *deprived*) adj. 남겨진.
orchas -adis (E *an olive*) f. (특이한 종류의) 올리브.

ordior *ōrsus ordīrī* (E begin) *v. dep.* 시작하다, 착수하다.
ordō *-inis* (E row) *m.* 열, 줄, 정렬.
Oreades *-um* (E mountain-nymphs) *f. pl.* 산의 요정들.
Orestēs *-ae (-is)* (E son of Agamemnon) *m.* Agamemnon의 아들.
orgia *-ōrum* (E orgies) *n. plur.* 주신제; Bacchus의 축제.
oriehaleum *-ī* (E mountain bronze) *n.* 고대의 구리 혼합물.
Ōricins *-a -um* (E of Orcidum) *adj.* Orcidum의 (Epirus의 마을).
orīgō *-inis* (E beginning) *f.* 기원, 최초, 시작, 발단, 개시.
Ōrīōn *-onis (-ōnis)* (E Orion) *m.* 오리온자리; 오리온(몸집이 크고 힘센 사냥꾼)
orior *-rtus -orīrī* (E rise) *v. dep.* 시작하다.
Ōrīthÿia *-ae* (E Orithyia) *f.* 아테네의 Erechteus왕의 딸.
ornātus *-ūs* (E adornment) *m.* 꾸미기, 장식; 복장; 장식품.
ornātus *-a -um* orno의 과거분사.
ornō *-āvī -ātus -āre* (E adorn) *v. a.* 꾸미다, 몸차림시키다. 갖추다.
ornus *-ī* (E ash-tree) *f.* 서양물푸레나무; 재, 화산재.
Ornytus *-ī* (E Ornytus) *m.* 에트루리아 사람.
ōrō *-āvī -ātus -āre* (E plead) *vt.vi.* 간청하다, 애원하다, 탄원하다, 청하다,
Orōdēs *-is* (E Orodes) *m.* Aeneas 군대의 전사.
Orontēs *-is(-ī)* (E Orontes) *m.* Syria의 강.
Orphēus *-eī(-cos)* (E a mythic bard of antiquity) *m.* 신비로운 음유 시인 (음악적 재능을 사용하여 저승으로부터 그의 아내를 구한다)
orsa ordior 참조.
Orsēs *-is* (E Orses) *m.* 트로이 사람.
Orsilochus *-ī* (E Orsilochus) *m.* 트로이 사람.
ōrsus *-a -um* **ordior**의 과거분사.
ortus *-a -um* orior의 과거분사.
ortus *-ūs* (E rising) *m.* 상승, 시초.
Ortygia *-ae* (E Ortygia) *f.* Delos의 이름.
ōs *ōris* (E mouth) *n.* 입.
os *ossis* (E bone) *n.* 뼈.
Oseī *-ōrum* (E Oscans) *m. pl.* 오스칸 사람들 (Campania 지역의 초기 거주자)
ōscillum *-ī* (E little face) *n.* 작은 얼굴.
ōsculum *-ī* (E lip) *n.* 입술, 입, 입맞춤.

Osīnius -ī (-iī) (E *Osinius*) m. Clusium의 왕.
Osīris -idis(-is) (E *Osiris*) m. 이집트 신.
Ossa -ae (E *a mountain of Thessaly*) f. Thessaly의 산맥.
ostendō -tendī -tēnsus (-tentum) -tendere (E *stretch before*) vt. 드러내다, 보여주다, 전시하다, 가리키다.
ostentō -āvī -ātus -āre (E *show*) vt. 전시하다, 나타내다, 가리키다.
ōstium -ī (-iī) (E *mouth*) n. 강어귀, 항구 어귀.
ostrifer -era -erum (E *oyster-bearing*) adj. 굴을 생산하는.
ostrum -ī (E *shell-fish*) n. 조개.
Othryadēs -ae (E *Othryades*) m. Othrys의 아들.
Othrys -yos (E *Othrys*) m. Thessaly의 산맥.
ōtium -ī (E *rest*) n. 휴식, 안정, 안심, 평안.
ovīle -is (E *sheep-fold*) n. 양 우리.
ovis -is (E *sheep*) f. 양.
ovō -āvī -ātum -āre (E *rejoice*) vi. 기뻐하다, 축하하다.
ōvum -ī (E *egg*) n. 알, 달걀, 계란.

P p

pābulum -ī (E food) n. 음식, 식량; 사료; 목초.
pāeātus -a -um paco의 과거분사.
Pachȳnus -ī (E Pathynus) m. and n.(f.) Sicily의 남동극.
pācifer -era -erum (E peace-bringing) adj. 평화를 부르는.
pacīscō no perf. pactum paciscere (E agree) vi. 합의하다, 흥정하다, 약정하다.
pacīscor pacisco 참조.
pācō -āvī -ātum -āre (E bring peace) vi. 평화를 가져오다.
Pactōlus -ī (E Pactolus) m. 금으로 유명한 Lydia의 강.
pactum pacisco 참조.
pactus -a -um pacisco의 과거분사.
Padus -ī (E the Po) m. Po 강 (북부 이탈리아의 유명한 강)
Padūsa -ae (E Padusa) f. Po 강의 인공 어귀.
Paeān -ānis (E Paean) m. 신들의 의사.
paene (pēne) (E almost) adv. 거의, 대체로, 대부분.
paenitet -uit no sup. -ēre (E impers) vi. 후회하다, 뉘우치다.
Paeonius -a -um (E of Pœon) adj. Pœon의 (약의 신)
Paestum -ī (E Paestum) n. Lucania의 도시.
Pagasus -ī (E Pagasus) m. 에트루리아 사람.
pāgina -ae (E page) f. (책의) 한 장.
pāgus -ī (E a village) m. 마을.
Palaemōn -onis (E Palaemon) m. Athamas의 아들; 양치기.
palaestra -ae (E gynmasium) f. 레슬링 도장, 체육관.
palam (E openly) adv. 공공연하게, 터놓고, 숨김없이.
Palamēdēs -is (E Palamedes) m. 트로이 전쟁의 유명한 그리스 영웅.
pālāns -tis (E wandering) adj. 돌아다니는, 방랑하는.
Palātīnus -a -um (E of the Palatine) adj. Palatine의 (Rome의 유명한 언덕).
Palātium -ī (-iī) (E the Palatine hill) n. Palatine 언덕.
palātum(-us) -ī (E a broad canopy) n. and m. 천개.
palca -ae (E chaff) f. 왕겨.
palcar -āris (E the dewlap) n. (소 등의) 목 밑에 처진 살.

Palēs *-is* (E *Pales*) *f.* 양치기의 신.
Palīcus *-ī* (E *Palicus*) *m.* Jupiter의 두 아들의 이름.
Palinūrus *-ī* (E *Palinurus*) *m.* Aeneas의 안내인.
paliūrus *-ī* (E *a thorn-bush*) *m.* 가시나무 덤불.
palla *-ae* (E *a robe*) *f.* 긴 원피스의 여자 옷.
Palladius *-a -um* (E *of Pallas*) *adj.* Pallas의.
Pallantēus (-ius) *-a -um* (E *of Pallas*) *adj.* Arcadia의 옛 왕.
Pallās *-antis* (E *Pallas*) *m.* Evander의 아들.
palleō *palluī no sup. pallēre* (E *be pale*) *v.* 창백해지다.
pallidus *-a -um* (E *pale*) *adj.* 창백한, 파리한, 핏기 없는.
pallor *-ōris* (E *paleness*) *m.* 창백함.
palma *-ae* (E *the palm*) *f.* 손바닥, 손.
palmes *-itis* (E *branch*) *m.* 나뭇가지, 줄기.
palmōsus *-a -um* (E *abounding in palms*) *adj.* 종려나무가 많은; 번영하는.
palmula *-ae* (E *an oar-blade*) *f.* 노깃.
Palmus *-ī* (E *Palmus*) *m.* Mezentius에 의해 살해당하는 에트루리아 사람.
palumbēs *-is* (E *a wood-pigeon*) *m. and f.* 산비둘기.
palūs *-ūdis* (E *a marsh*) *f.* 늪, 소택지, 습지대.
paluster(-tris) *-tris -tre* (E *marshy*) *adj.* 늪의, 축축한 땅의.
pampineus *-a -um* (E *of vine leaves*) *adj.* 포도나무 잎의.
pampinus *-ī* (E *a vine leaf*) *m. and f.* 포도나무 잎; 포도나무 가지.
Pān *-os* (E *Pan*) *m.* 양치기의 신.
panacēa *-ae* (E *panacea*) *f.* 만병통치로 알려진 풀.
Panchaeus *-a -um* (E *of Panchœa*) *adj.* Panchœa의.
Pandarus *-ī* (E *Pandarus*) *m.* 리키아 궁수 (그리스인들을 향해 활을 쏘아 그리스인들과 트로이 사람들의 협정을 위반함).
pandō *pandī pānsum (passum) pandere* (E *spread out*) *vt* 펼쳐지다.
pandus *-a -um* (E *bent*) *adj.* 굽은, 구부러진, 곡선 모양의.
Pangaea *-ōrum (-us -ī)* (E *Pangaea*) *n. plur.* Macedonia와 Thrace 사이의 산맥.
pangō *panxī (pēgī pepigī) panctum (paetum) pangere* (E *fasten*) *vt.* 묶다, 단단히 고착시키다,
Panopēa *-ae (Panopē- -ēs)* (E *Panopea*) *f.* 바다 님프.
Panopēs *-is* (E *Panopes*) *m.* Acestes의 수행원.
Pantagiās *-ae* (E *Pantagias*) *m.* Sicily의 강.
panthēra *-ae* (E *a panther*) *f.* 표범 (Baccus에게 특히 신성한)

Panthus -ī (E *Panthus*) *m.* Apollo의 성직자. (Euphorbus의 아버지)
papāver -eris (E *a poppy*) *n.* 양귀비.
Paphius -a -um (E *of Paphos*) *adj.* Paphos의.
Paphos (-us) -ī (E *a city of Cyprus*) *f.* Venus의 고대 신전으로 유명한 Cyprus의 도시.
papilla -ae (E *a nipple*) *f.* 젖꼭지; 가슴.
papula -ae (E *a pustle*) *f.* 고름; 여드름.
pār *paris* (E *equal*) *adj.* 같은, 동등한; 상응하는, 일치하는, 대응하는.
parātus -a -um (E *p.p. of paro*) *adj.* paro의 과거분사.
parcē (E *sparingly*) *adj.* 검소하게; 주의하여, 조심스럽게, 신중히.
parcō *peperī (parsī) parcitum (parsum) parcere* (E *spare*) *vi. and vt.* 아끼다, 절약하다.
parcus -a -um (E *frugal*) *adj.* 아끼는, 절약하는, 검약하는, 소박한.
Pareare -ārum (E *the Fates*) *f. plur.* 운명의 신.
parēns -entis (E *a parent*) *comm.* 부모님; 아버지; 어머니.
pāreō *pāruī pāritum pārēre* (E *appear*) *vi.* 나타나다, 보여주다.
pariēs -etis (E *a wall*) *m.* 벽, 담.
pariōpeperī *paritum (partum) parere* (E *secure*) *vt.* 확보하다, 마련하다, 획득하다.
Paris -idis (E *the son of Priam and Hecuba*) *m.* Priam과 Hecuba의 아들.
pariter (E *equally*) *adv.* 동등하게, 같게, 마찬가지로; 동시에.
Parius -a -um (E *of Paros*) *adj.* Paros의.
parma -ae (E *a shield*) *f.* 작고 둥근 방패.
Parnāsius(-assius) -a -um (E *of Parnassus*) *adj.* Parnassus의.
Parnāsus(-assus) -ī (E *a mountain in Thessaly*) *m.* Thessaly의 산맥 (뮤즈의 아홉 여신이 자주 드나든 곳)
parō -āvī -ātum -āre (E *procure*) *vt.* 마련하다, 확보하다, 준비하다.
Paros -ī (E *one of the Cyclades islands*) *f.* Cyclades 군도 중의 한 섬.
Parrhasius -a -um (E *of Parrhasia*) *adj.* Parrhasia의 (Arcadia의 마을)
pars *partis* (E *a part*) *f.* 일부, 부분; 장소, 지역.
Parthenius -ī (-iī) (E *a Trojan*) *m.* 트로이 사람.
Parthenius -a -um (E *of Parthenius*) *adj.* Parthenius의 (Areadia의 산).
Parthenopaeus -ī (E *the son of Atalanta and Meleager*) *m..* Atalanta과 Meleager의 아들.
Parthenopē -ēs (E *the ancient name of Naples*) *f.* Naples의 옛 이름,
Parthus -a -um (E *Parthian*) *adj.* 파르티아의.

partim (E *partly*) adv., 부분적으로, 일부분은,
partiō -īvī -ītum -īre (E *divide*) vt. 나누다.
partītus -a -um (E *p.p. of partio and partior*) adj. partio and partior 의 과거분사.
parturiō -īvī (-iī) -ītum -īre (E *be pregnant*) vt. 충만하다, 풍부하다, 비옥하다.
partus -a -um (E *p.p. of parlo*) **parlo**의 과거분사
partus -ūs (E *birth*) m., 출산, 분만; 모성.
parum (E *little*) adv. 적은, 별로.
parumper (E *a little while*) adv. 잠시 동안.
parvulus -a -um (E *little*) adj. 작은.
parvus -a -um (E *small*) adj. 작은, 날씬한, 가느다란; 하찮은, 시시한.
pāscō *pāvī pāstum pāscere* (E *of Paros*) vt. and vi. 방목하다; 먹이를 주다.
pascuum -ī (E *pastureland*) n. 목초지, 방목장.
Pāsiphaē -ēs (E *the daughter of Helios, wife of Minos*) f. Minos의 부인이자 Helios의 딸.
passim (E *far and wide*) adv. 널리 두루, 어디에나, 도처에, 모든 방향으로.
passus -a -um (E *p.p. of pando*) **pando**의 과거분사.
passus -a -um (E *p.p. of patior*) **patior**의 과거분사.
pāssus -ūs (E *a step*) m. 수단, 조치, 방법.
pāstor -ōris (E *a shepherd*) m. 양치기, 목동.
pāstōrālis -e (E *of shepherds*) adj. 양치기의.
pāstus -a -um (E *p.p. of pasco and pascor*) pasco and pascor 과거분사.
pāstus -ūs (E *feeding*) m. 사육; 방목.
Patavium -ī (-iī) (E *Padua*) n. Padua (아드리아 해 근처의 도시)
patefaciō -fēcī -factum -facere (E *lay open*) vt. 열다; 공개하다.
patefactus -n -um (E *p.p. of patefacio*) **patefacio**의 과거분사
pateō *patuī no sup. patēre* (E *lie open*) vi. 열리다, 노출되다, 연장되다.
pater -tris (E *a father*) m. 아버지, 조상.
patera -ae (E *a bowl*) f. 사발, 접시, 컵.
paternus -a -um (E *of a father*) adj. 아버지의, 세습의, 조상의.
patēscō -uī no sup. -ēscere (E *lie open*) vi. 열려있다.
patior *passus patī* (E *suffer*) v. dep. 견디다, 참다.
patrius -a -um (E *a father's*) adj. 아버지의, 조상의, 자식의.
Patrō -ōnis (E *an Acarnanian in the company of Æneas*) m. 아카르나

니아 사람.

patruus -ī (E an uncle) m. 삼촌.

patulus -a -um (E spreading) adj. 퍼져 있는, 넓은, 광대한.

paucus -a -um (E a few) adj 거의 없는, 조금 밖에 없는.

paulātim (E little by little) adv. 조금씩, 차차, 점차로.

paulisper (E a little while) adv. 잠깐, 잠시, 얼마동안.

paulus -a -um (E a little) adj, 조금.

pauper -eris (E poor) adj. 가난한, 천한, 지위가 낮은.

pauperiēs -ēī (E poverty) f. 가난, 비천.

pausia(-ea) -ae (E an olive) f. 올리브.

pavidus -a -um (E timid) adj. 전전긍긍하는, 겁먹은, 불안해하는.

pavitō -āvī -ātum -āre (E tremble) vi. 벌벌 떨다.

pavor -ōris (E fear) m. 두려움, 공포, 무서움, 불안.

pāx *pācis* (E peace) f. 평화, 용서, 관대.

peccātum -ī (E a sin) n. 죄, 잘못, 범죄.

peccō -āvī -ātum -āre (E sin) vi. 죄를 범하다, 잘못하다.

pecten -inis (E a comb) m. 빗.

pectō pexī (pexuī) pexum(pectitum) pectere (E comb) vt. 빗질하다.

pectus -oris (E the breast-bone) n. 흉골, 가슴.

pecuārius -a -um (E of cattle) adj. 소의.

peccūlium -ī (-iī) (E a slave's cattle) n. 하인의 소.

pecus -oris (E cattle) n. 가축, 소 떼, 말 떼, 양 떼.

pecus *pecudis* (E a beast) m. and f. 가축, 짐승, 동물.

pedes -itis (E on foot) comm. or adj. 걸어서.

pedester (-tris) -tris -tre (E of the foot) adj. 발의.

pedica -ae (E of Paros) f. 족쇄, 밧줄, 고리, 덫.

pedum -ī (E a crook) n. 목양자의 지팡이.

Pēgasus -ī (E the winged horse of the Muses) m. 뮤즈 아홉 여신의 날개 달린 말.

pēior malus 참조.

pelagus -ī (E the sea) n. 바다.

Pelasgus -a -um (E Grecian) 그리스인.

Pelethroniī -ōrum (Ea name of the Lapithæ from a town or tribe in Thessaly where the Lapithæ dwelt.) m. plur. 라피타 사람들이 거주하던 테살리 지역의 마을 또는 부족.

Peliās -ae (E a Trojan) m. 트로이 사람.

Pēlīdēs -ae (E *son of Peleus*) m. Peleus의 아들.
Pēlion -iī (E *a mountain of Thessaly*) n. Thessaly의 산 (Olympus를 짓는 데에 쓰였다고 전해짐)
Pellaeus -a -um (E *of Pella*) adj. Pella의 (Macedon의 Alexander의 출생지)
pellāx -ācis (E *alluring*) adj. 마음을 끄는, 유혹하는, 매혹적인.
pellis -is (E *a skin*) f. 동물의 가죽.
pellō *pepulī pulsum pellere* (E *strike*) vt. 치다, 때리다
Pelopēus -a -um (E *of Pelops*) adj. Pelops의
Pelops -opis (E *the son of Tantalus*) m. Tantalus의 아들이자 Atreus의 아버지.
Pelōrus (-um) -ī (E *a promontory*) m. and n. Sicily 북동쪽 해변의 벼랑.
pelta -ae (E *a shield*) f. 방패.
Pēlūsiacus -a -um (E *of Pelusium*) adj. Pelusium의 (이집트 도시)
penātēs -ium (E *the Penates*) m. plur. 가정의 수호신.
pendeō *pependī no sup. pendēre* (E *hang*) vi. 매달다, 걸다, 달다.
pendō *ependī pēnsum pendere* (E *hang*) vt. 걸다, 달아매다.
pēne paene 참조
Pēnēius -a -um (E *of the Peneus river*) adj. Peneus 강의.
Pēneleus -eī (-cos) (E *a leader of the Bœotians*) m. Bœotiansd의 지도자.
penes (E *in the power of*) prep. ~의 지배 아래.
penetrābilis -e (E *penetrable*) adj. 꿰뚫을 수 있는.
penetrālis -e (E *of the interior*) adj. 내부의, 안쪽의.
penetrō -āvī -ātum -āre (E *set within*) vt. 안으로 넣다.
Pēnēus -ī (E *a river of Thessaly*) m. Tempe 골짜기를 통해 흐르는 Thessaly 강.
penitus (E *from within*) adj. 안쪽에서.
penna (pin-) -ae (E *a wing*) f. 날개; 깃털.
pennātus -a -um (E *feathered*) adj. 깃털이 난; 날개가 달린.
pēnsum -ī (E *wool*) n. 털실.
Penthesilēa -ae (E *the queen of the Amazons*) f. 트로이 전쟁에서 싸운 아마존의 여왕.
Pentheus -eī (-cos) (E *a king of Thebes*) m. Thebes의 왕.
pēnūria -ae (E *poverty*) f. 결핍, 부족.
penus -ūs (-ī) (E *provisions*) m. and f. 저장품.
peplum -ī (E *a robe*) n. 긴 원피스의 여자 옷.

per (E *through*) prep. [+ 대격] ~을 통하여, ~지나서.
perāctus -a -um (E *p.p. of perago*) perago의 과거분사.
peragō -ēgī -āetum -agere (E *perform to the end*) vt. 마치다, 완료하다, 완수하다.
peragrō -āvī -ātum -āre (E *wander over*) vt. 떠돌아다니다, 방랑하다, 유랑하다.
percellō -culī -culsum -cellere (E *strike*) vt. 치다, 내리치다, 쳐서 넘어뜨리다, 가라앉히다.
percipiō -cēpī ceptum -cipere (E *take in*) vt. 받아들이다, 모으다.
perculsus -a -um (E *p.p. of percello*) adj. **percello**의 과거분사.
percurrō -cueurrī(-currī) -cursum -currere (E *run over*) vt. ~을 대강 훑어보다.
percussus -a -um (E *p.p. of percutio*) percutio의 과거분사.
percutiō -cussī -cussum -cutere (E *strike*) vt. 치다, 때리다.
perditus -a -um (E *p.p. of perdo*) adj. **perdo**의 과거분사.
perdō -didī -ditum -dere (E *destroy*) vt. 파괴하다, 파멸시키다.
perdūcō -dūxī -dūetum -dūcere (E *lead to*) vt. 이르게 하다.
peredō -ēdī -ēsum -edere (E *devour*) vt. 게걸스레 먹다, 낭비하다.
peregrīnus -a -um (E *from far away*) adj. 멀리서부터, 해외로부터.
peremptus -a -um (E *p.p. of perimo*) **perimo**의 과거분사.
perennis (-ennius) -e (E *eternal*) adj. 영원한, 영구의, 불후의.
pereō -īvī (-iī) -itum -īre (E *go to ruin*) irr. vi., 멸망하다, 무너지다, 붕괴하다, 사멸하다.
pererrātus -a -um (E *p.p. of pererro*) adj. **pererro**의 과거분사.
pererrō -āvī -ātum -āre (E *wander over*) vt. 떠돌아다니다, 방랑하다, 유랑하다.
perēsus -a -um (E *p.p. of peredo*) **peredo**의 과거분사.
perfeetus -a -um (E p.p. of perticio) **perticio**의 과거분사.
perferō -tulī -lātum -ferre (E *carry through*) irr. vt. 유지하다, 지탱하다.
perficiō -fēcī -feetum -ficere (E *perform*) vt. 마치다, 완료하다, 완수하다.
perfidus -a -um (E *false*) adj. 거짓의, 배반의, 남을 속이는.
perflō -āvī -ātum -āre (E *blow over*) vt. 지나가다, 바람이 자다, 가라앉다.
perfodiō fōdī -fossum fodere (E *a crook*) vt. 꿰뚫다, 관통하다.
perforō -āvī -ātum -āre (E *pierce*) vt. 꿰뚫다.
perfossus -a -um (E *p.p. of perfodio*) adj. **perfodio**의 과거분사.

perfrāctus -ai -um (E p.p. of perfringo) adj. **perfringo**의 과거분사- .
perfringō -frēgī -fractum -fringere (E break through) vt. 뚫고 지나가다, 돌파하다, 밀치고 나아가다.
perfundō -fūdī -fūsum -dundere (E pour over) vt. 쏟다, 엎지르다.
perfurō ni perf. no sup. -furere (E rave wildly) vi. 헛소리하다; 지껄이다; 떠들다.
Pergameus -a -um (E of Pergamum) adj. Pergamum의.
Pergamum -ī (-a -ōrum) (E the citadel of Troy) n. 트로이의 요새.
pergō perrexī perreetum pergere (E keep on) vi. 나아가다, 계속하다, 전진시키다.
perhibeō -hibuī -hibitum -hibēre (E hold out) vt. 제출하다, 꺼내다.
perīeulum (-elum) -ī (E a trial) n. 시도.
Peridīa -ae (E the mother of Onytes) f. Onytes의 어머니.
perimō -ēmī -ēmptum -ere (E destroy) vt. 파괴하다, 죽이다, 살해하다.
Periphās -antis (E a compamion of Pyrrhus) m. Pyrrhus의 동료.
perītus -a -um (E expcrienced) adj. 경험 있는, 숙련된.
periārium -ī (E perjury) n. 위증.
periārus -a -um (E perjured) adj. 위증한.
perlābor lāpsus -lābī (E glide over) v. dep. 미끄러지다.
perlātus -a -um (E p.p. of perfero) adj. **perfero**의 과거분사 .
perlegō (pellego) -lēgī -lectum -legere (E survey) vt. 검사하다, 조사하다.
permēnsus -a -um (E p.p. of permetior) adj. permetior의 과거분사.
Permēssus -ī (E a river of Bœotia) m. Bœotia의 강.
permētior -mēnsus -mētīrī (E measure over) v. dep. 자세히 논하다.
permīsceō -miseuī -mixtum (-mistum) miscēre (E mix) vt. 섞다, 혼합하다.
permissus -a -um (E p.p. of permitto) adj. **permitto**의 과거분사.
permittō -mīsī -missum -mittere (E let go by or through) vt. 너그럽게 봐주다, 눈감아주다; 위탁하다.
permixtus -a -um (E p.p. of permisceo) adj. permisceo의 과거분사,.
permulceō -mulsī -mulsum(-ctum) -mulcēre (E stroke) vt. 쓰다듬다, 어루만지다.
permūtō -āvī -ātum -āre (E exchange) vt. 교환하다.
pernīx -īcis (E active) adj. 활동적인, 민첩한, 재빠른.
pernox -noctis (E through the night) adj. 밤사이.
pērō -ōnis (E a boot) m. 부츠.
perōdī -ōsus -ōdisse (E utterly hate) def. vt. 증오하다, 굉장히 싫어하

다, 저주하다.

perōsus *-ia -um* (E *p.p. of perodi*) *adj.* **perodi**의 과거분사.
perpessus *-a -um* (E *p.p. of perpetior*) **perpetior**의 과거분사.
perpetior *-pessus -petī* (E *suffer*) *v. dep.*, 견디다, 참다.
perpetuus *-a -um* (E *continuing*) *adj.* 연속적인, 계속적인.
perplexus *-a -um* (E *confused*) *adj.* 혼란스러운, 복잡한.
perrumpō *-rūpī -ruptum -rumpere* (E *break through*) *vt.* 뚫고 지나가다, 돌파하다.
persentiō *-sēnsī -sēnsum -sentīre* (E *feel deeply*) *vt.* 느끼다, 인지하다.
persequor *-secūtus -sequī* (E *follow up*) *v. dep.* 따라다니다, 추구하다.
persīdō *-sēdī -sessum -sīdere* (E *settle through*) *vi.* 침전시키다, 가라앉다.
Persis *-idis* (E *the original country of the Persians*) *f.* 페르시아 사람들의 최초 도시.
persolvō *-solvī -solūtum -soivere* (E *pay in full*) *vt.* 지불하다, 지급하다.
personō *-uī -itum -āre* (E *sound through*) *vt. and vi.* 울려 퍼지다.
perstō *-stitī -stātum -stāre* (E *stand firmly*) *vi.* 꿋꿋이 서다.
perstringō *-strinxī -strietum -stringere* (E *graze*) *vt.* 가볍게 닿으며 지나가다, 스치다.
persuādeō *-suāsī -suāsum -suādēre* (E *induce*) *vt. and vi.* 설득하다, 권유하다.
pertaesum pertaedet 참조
pertemptō (-tento) *-āvī -ātum -āre* (E *try*) *vt.*노력하다.
perterreō *-terruī -territum terrēre* (E *terrify*) *vt.* 무섭게 하다, 놀라게 하다.
perterritus *-a -um* (E *p.p. of perterreo*) *adj.* **perterreo**의 과거분사.
perveniō *-vēnī -ventum -venīre* (E *come through*) *vi.* 도착하다, 도달하다.
perventus *-a -um* (E *p.p. of pervenio*) *adj.* **pervenio**의 과거분사.
perversus *-a -um* (E *p.p. of perverto*) *adj.* **perverto**의 과거분사.
pervertō *-vertī -versum -vertere* (E *overturn*) *vt.* 뒤집다, 전복시키다.
pervigilō *-āvī -ātum -āre* (E *watch*) *vi.* 주시하다; 감시하다.
pervius *-a -um* (E *passable*) *adj.* 통행할 수 있는.
pervolitō *-āvī -ātum -āre* (E *flit around*) *vt.* 날아다니다.
pervolō *-āvī -ātum -āre* (E *fly through*) *vt.* 날다, 비행하다.
pēs *pedis* (E *the foot*) *m.* 발.
pessimus *-a -um* malus 참조.
pestifer *-era -erum* (E *plague-bringing*) *adj.* 악역을 발생하는.
pestis *-is* (E *a plague*) *f.* 역병, 전염병, 흑사병; 감염.

Petīlia (-ēlia) -ae (E *a city on the Gulf of Tarentum*) f. Tarentum만의 도시.

petuleus -a -um(E *butting*) adj. 방자한, 자유분방한, 제멋대로의.

Phaeces -um(E *Phœacians*) m. plur. 페니키아인들 (사치로 알려진 Corcyra의 전설상의 거주민들).

Phaedra -ae(E *Phaedra*) f. Phaedra (테세우스의 아내이자 미노스의 딸로 의붓아들인 Hippolytus에게 반하게 된다).

Phaethōn -ontis(E *Phaethon*) m.. 파에톤 (태양신의 아들로 자신의 존재를 증명하기 위해 아버지의 마차를 몬다. 말들을 통제 불능으로 날뛰고 파에톤의 제우스의 벼락에 의해 목숨을 잃는다.)

Phaethontiades -um(E *Phaethontlades*) f. pl. Phœthon의 여자형제들.

phalanx -angis(E *phalanx*) f. 방진, (그리스의) 밀집군대; 군대, 대대.

phalārica (fal-) -ae(E *falarica*) f. falarica (야만인들이 쓰던 거대한 창).

phalerae -ārum(E *ornament*) f. pl. 장식 (군인들이 가슴에 입는 철갑에 달린 또는 마구에 달린).

Phaleris -is(E *Trojan*) m. Phaleris (트로이인).

Phanaeus -a -um(E *of Phanœ*) adj. Phanœ의 (Chios에 있는 지역으로 와인으로 유명하다). ¶rex ipse Phanaeus (Phanœus king of wines).

pharetra -ae(E *quiver*) f. 화살 통, 전통.

pharetrātus -a -um(E *quiver-bearing*) adj. 화살 통으로 무장한.

Pharus (E *Pharus*) m. Pharus (이탈리아인).

phasēlus (E *bean*) m. f. 콩; 이집트인들이 사용한 작은 보트

Phāsis -idis(E *Phasis*) m. Phsis (Colchis의 강).

Phēgeus -eī (-eos)(E *Phegeus*) m. Phegeus (Æneas의 노예; 트로이인).

Pheneus -ī(E *Pheneus*) f. Pheneus (Arcadia의 마을과 강).

Pherēs -ētis(E *Pheres*) m. Pheres (트로이인).

Philippī -ōrum(E *Philippi*) m. pl. Philippi (Macedonia의 Haemus 근처 마을로 Brutus와 Cassius 대 Octavius와 Antony의 전투로 유명하다).

Philoctētēs -ae(E *Philoctetes*) m. Philoctts (유명한 궁수로 Melibœea 왕의 아들이다. 헤라클레스로부터 트로이의 멸망을 가져온 독화살을 받았으며, 전설에 따르면 그는 트로이 전쟁이후 이탈리아로와 Petilia를 세웠다).

Philomēla -ae(E *Philomela*) f. Philomla (테베왕의 딸로 그녀의 여자형제인 Proene과 함께 Proene의 남편인 Tereus에게 아들인 Itys를 음식으로 차려 올렸다. 그들은 모두 새로 변했고, Philomela는 나이팅게일로 변했다).

Plūlyridēs -ae(E *Plulyrides*) *m.* Philyrids (크로노스의 사랑을 받아 켄타우로스 케이론을 낳은 Philyra의 아들).
Phīnēius -eī -eos(E *Phineus*) *m.* Phineus (하피 들에 의해 눈이 멀고 고문까지 당한 트라키아의 왕).
Phīnēius -a -um(E *of Phineus*) *adj.* Phineus의.
Phlegethōn -ontis(E *Phlegethon*) *m.* Phlegethon (저승세계의 강).
Phlegyās -ae(E *Phlegyas*) *m.* Phlegys (Bœotia의 Orchome -nus의 왕. 신이 그의 딸을 유혹한 것에 대한 복수로 아폴로 신전을 불태우고 그 불경의 죄를 지옥에서 치룬 Ixion의 아버지).
phōca -ae(E *seal*) *f.* 인장, 봉인, 봉인지, 봉랍.
Phoebē -ēs(E *Phoebe*) *f.* Phoebe (달의 여신 Diana 혹은 Artemis의 다른 이름).
Phoebēus -a -um(E *of Phoebus*) *adj.* Phœbus의.
Phoebigena -ae(E *Phoebigena*) *m.* Phoebigena (Phœbus의 아들. 다른 이름은 Æsculapius).
Phoebus -ī(E *Phoebus*) *m.* Phoebus (태양의 신 Apollo의 다른 이름).
Phoenīces -um(E *Phoenicians*) *m. pl.* 페니키아인들 (지중해 동쪽 연안 지대 Phœnicia의 거주민들).
Phoenissa -ae(E *Phoenician*) *f. adj.* 페니키아인 (여자); 페니키아의.
Phoenīx -īcis(E *Phoenix*) *m.* Phoenix (Achilles의 선생이자 트로이 전쟁에서의 동료).
Pholoē -ēs(E *Pholoe*) *f.* 어떤 여자 노예.
Pholus -ī(E *Pholus*) *m.* Pholus (1. 헤라클레스의 손님이었으나 다른 손님의 활에 의해 우연한 죽음을 맞은 켄타우로스; 2. 한 트로이인).
Phorbās -antis(E *Phorbas*) *m.* Phorbas (Æneas 배의 선원).
Phorcus -ī(-ys)(E *Phorcus*) *m.* Phorcus (1. 바다 신; 2. 한 로마인).
Phrygius -a -um(E *Phrygian*) *adj. f.* Phrygia의; Phrygia (트로이가 속해 있던 소아시아의 국가).
Phryx *Phrygis*(E *Phrygian*) *m.* Phrygia 사람; 트로이인.
Phthīa (E *Phthia*) *f.* Tessaly의 지역.
Phyllis -idis(E *rustic woman*) *f.* 시골 여자.
Phyllodocē -ēs(E *Phyllodoce*) *f.* Phyllodoce (네레이스).
piāculum (E *purification*) *n.* 속죄의 의식 혹은 제물, 정제.
piceus -a -um(E *of pitch*) *adj. f.* 송진이 많은, 송진 같은; 까만, 캄캄한; 소나무
pictūra -ae(E *painting*) *f.* 그림.

pictūrātus -a -um(E embroidered) adj. 수놓아진, 장식된.
pictus -a -um pingo의 과거분사.
Pīcus -ī(E Picus) m. Picus (전설상의 이탈리아 왕으로, 크로노스의 아들이자 파우누스의 아버지이다. 키르케에 의해 딱따구리로 변한다).
Pīerides -um(E Muses) f. pl. 뮤즈들 (그들이 사는 테살리의 Pieria에서 이렇게 불림).
pietās -tātis(E filial affection) f. 자식으로서의 애정, 의무, 효심; 신에 대한 존경, 신앙심.
piger -gra -grum(E slothful) adj. 느린, 게으른.
piget -uit (-itum est) -re(E irk) v. impers. 지루하게 하다, 지긋지긋하다.
pignus -oris(E pledge) n. 담보, 보증.
pīla -ae(E pier) f. 부두, 방파제.
pīlātus -a -um(E armed with the javelin) adj. 투창으로 무장한.
pīlentum -ī(E carriage) n. 사륜마차, 운반대 (성스러운 상징, 성구 등을 운반하는 데에 사용되던 사륜마차로 이후 로마 여인들에 의해 사용되었다).
pīlum -ī(E pestle) n. 막자, 공이, 절굿공이; 투창.
Pīlumnus -ī(E Pilumnus) m. Plumnus (오래된 로마의 신 혹은 신으로 받들어진 왕으로 Turnus의 선조이며 절굿공이로 상징된다).
Pīnārius -a -um(E Pinarius) adj. Pinarius (한 로마 민족의 이름)
Pindus -ī(E Pindus) m. Pindus (테살리의 산).
pīneus -a -um(E of pine) adj. 소나무의.
pingō pinx pictum pingere(E paint) vt. 물감, 염료, 도료.
pinguēscō no perf. no sup. -escere(E grow fat) vi. inceot. 윤택해지다, 비옥해지다, 풍성해지다.
pinguis -e(E rich) adj. 비옥한, 기름진, 윤택한, 수지의.
pīnifer -era -erum(E pine-bearing) adj. 소나무로 덮힌.
pinna -ae(E turret) f. 작은 탑, 포탑.
pīnus -ī(-ūs) (E pine tree) f. 소나무, 솔; 소나무로 만들어진 것.
piō -āvī -ātum -āre(E purify) vt. 깨끗이 하다, 정화하다; 달래다; 속죄하다.
Pīrithous -ī(E Pirithous) m. Pirithous (Ixion의 아들 Proserpine을 지하세계로부터 데려오려고 했음).
pirus -ī(E pear-tree) f. 배나무.
Pīsa -ae(E Pisa) f. 피사 (Olympia 근처 Elis의 도시).
Pīsae -ārum(E Pisa) f. pl. 피사 (에트루리아의 도시로 고대인들은 Elis로부터 식민지화 됐다고 생각함).

Vergil's Aeneid Vocabulary 197

piscis -is(E fish) m. 생선; (주로 복수형으로 쓰여서) 물고기자리.
piscōsus -a -um(E full of fish) adj. 물고기로 가득한, 물고기가 잘 나오는.
pistrīx -icis(E pistrix) f. pistrix (바다 괴물).
pius -a -um(E pious) adj. 자식의, 독실한, 고결한, 정숙한, 순수한.
pix picis(E pitch) f. 던지기; 음조; 가게 터; 경사도.
plācābilis -e(E placable) adj. 달래기 쉬운, 온화한.
placeō palacuī placitum placare(E please) vt. 기쁘게 하다, 즐겁게 하다.
placidē (E quietly) adv. 조용히, 조심스럽게, 평화롭게.
placidus -a -um(E calm) adj. 차분한, 조용한, 평화로운.
placitus -a -um **placo**의 과거분사.
placitus -a -um **placeo**의 과거분사.
plācō -āvī -ātum -āre(E appease) vt. 달래다, 진정시키다.
plaga -ae(E region) f. 지역, 지방, 지구, 구역.
plāga -ae(E blow) f. 일격, 타격; 부상.
plaga -ae(E snare) f. 덫, 올가미.
plangō planxī planctum plangre(E beat) vt. vi. 때리다, 치다.
plangor -ōris(E shriek) m. 새된 소리, 비명, 외침, 부르짖음.
planitiēs -ēī(E plain) f. 평지, 평원, 수평.
planta -ae(E sole) f. 발바닥, 바닥, 밑창; 접순.
plantārium -ī(-iī) or -āre -is(E shoot) n. 사격, 발포; 접순.
plānus -a -um(E level) adj. 평평한, 수평의.
platanus (E plane tree) f. 플라타너스, 버짐나무.
plaudō (plō-) plausī plausum plandere(E clap) vt., vi. 손뼉 치다, 두드리다.
plaustrum -ī(E cart) n. 수레, 짐마차.
plausus -ūs(E applause) m. 박수, 갈채, 칭찬.
plēbs plēbis(E multitude) f. 군중, 평민, 서민, 대중.
Plēias -adis(E Pleiad) f. Pleiad (아틀라스의 일곱 딸들 중 하나로 Pleiades 별자리로 변함).
Plēmyrium -ī(-iī)(E Plemyrium) n. Plemyrium (Syracuse 근처 Sicily의 갑).
plēnus -a -um(E full) adj. 가득 찬, 채워진.
plērusque (E usually) adv. 일반적으로, 대부분.
plicō -āvī(-uī) -ātum(-itum) -āre(E fold) vt. 접다, 접어 올리다.
plūma -ae(E feather) f. 깃털.
plumbum (E lead) n. 납.
pluō pluī(plūvī) no sup. pluere(E rain) vt. vi. 비가 내리다, 소나기가

내리다, 쏟아지다.
plūrimus *-a -um* multus 참조.
plūs multus 참조.
Plūtōn *(-ō) -ōnis*(E *Pluto*) *m.* 플루토 (쥬피터와 넵튠의 남자 형제로 지하세계의 왕).
pluviālis *-e*(E *rainy*) *adj.* 비가 오는, 비의, 비를 부르는.
pluvius *-a -um*(E *rainy*) *adj. f.* 비오는, 소나기가 쏟아지는; 비, 소나기.
- pluvium frigus (cold rain).

pōculum *-ī*(E *goblet*) *n.* (손잡이가 없는) 받침 달린 잔, 사발.
podagra *-ae*(E *gout*) *f.* 통풍, 방울, 응형 (혹은 양들이 걸리는 비슷한 질병).
Podalīrius *(-iī)*(E *Podalirius*) *m.* Podalrius (트로이인).
poena *-ae*(E *penalty*) *f.* 벌, 벌칙, 복수.
Poenus *-a -um*(E *Carthaginian*) *adj.* 카르타고의, 페니키아의 (남성 복수로 쓰여 카르타고 인들을 뜻함).
poenitet paenitet 참조.
poēta *-ae*(E *poet*) *m.* 시인.
poliō *-īvī(-iī) -ītum -īre*(E *polish*) *vt.* 닦다, 윤내다.
Polītēs *-ae*(E *Polts*) *m.* Polts (트로이 인으로 프리암의 아들).
polītus *-a -um* polio의 과거분사.
pollex *-icis*(E *thumb*) *m.* 엄지손가락.
polliceor *-lieitus -licī*(E *offer*) *v. dep.* 제안하다, 약속하다,
pollicitus *-a -um* **polliceor**의 과거분사.
Polliō (**Pōl-**) *-ōnis*(E *Pollio*) *m.* Pollio (로마의 성)
polluō *-luī -lūtum -luere*(E *pollute*) *vt.* 오염시키다, 감염시키다, 더럽히다; 위반하다.
Pollūx *-ūeis*(E *Pollux*) *m.* Pollux (쥬피터와 레다의 아들들 중 하나이자 카스토르의 남자 형제로 복서로 유명하다.)
polus *-ī*(E *pole*) *m.* 극, 극지; 북극, 천국.
Polybōtēs Polyphoetes 참조.
Polydōrus (E *Polydorus*) *m.* Polydrus (프리암의 아들로 Thrace로 보내졌으며, Polymnester에 의해 죽임을 당했다.
Polyphēmus (E *Polyphemus*) *m.* Polyphmus (율리시즈에 의해 눈이 뽑힌 키클롭스).
Polyphoetēs (**-bōtēs**) *-ae*(E *Polyphoetes*) *m.* Polyphoetes (Ceres의 사제인 트로이인).
Polytes Polites 참조.

Pōmetiī -ōrum(E Suessa Pometia) m. pl. Suessa Pometia (Pomptine Marshes 지역 Volsci의 도시).
pompa -ae(E sacred rite) f. 신성한 의식, 신성한 행렬, 장례 행렬.
pōmum -ī(E fruit) n. 과일 (사과, 배, 자두 등); 과일 나무.
pondus -eris(E weight) n. 짐, 부담, 덩어리.
pōne (E behind) adv. 뒤에.
pōnō posuī positum pōnere(E lay down) vt. 내려놓다, 두다; 잃다, 버리다, 포기하다.
pōns -ontis(E bridge) m. 다리, 갱도, 도개교.
pontus -ī(E sea) m. 바다, 파도; 흑해.
Pontus -ī(E Pontus) m. Pontus (흑해의 남쪽 지역).
poples -itis(E ham) m. 햄, 허벅다리 고기.
populātus -a -um **populo**의 과거분사.
populāris -e(E popular) adj. 대중의, 대중적인, 인기 있는.
pōpuleus -a -um(E of the poplar) adj. 포플러의, 백양의.
populō -āvī -ātum -āre(E ravage) vt. 파괴하다, 유린하다, 약탈하다, 황폐시키다.
Populnia -ae(E Populnia) f. Populnia (Etruria의 해변도시).
pōpulus -ī(E poplar tree) f. 포플러 나무, 백양나무.
populus -ī(E people) m. 국민, 민족, 국가, 나라, 부족.
por (port-)(E towards) prep. [+ 대격] ~을 향해, ~로.
porca -ae(E pig) f. (암컷) 돼지, 암퇘지.
porgō porrigo 참조.
porrectus -a -um **porrigo**의 과거분사.
porriciō -ēcī -ectum -icere(E offer) vt. 재물로 바치다.
porrīgō (porgō) -rexī -rectum -rigere(E extend) vt. 늘리다, 연장하다; 연장되다.
porrō (E beyond) adv. 앞으로, 넘어서; 이후로.
Porsēna (-enna) -ae(E Porsena) m. Porsena (Etruria의 왕으로 추방된 Tarquins를 복귀시키려고 시도함).
porta -ae(E gate) f. 문, 통로, 입구, 출구.
portendō -tendī -tentum -tendere(E forebode) vt. 전조가 되다, 예시하다, 예고가 되다.
portentum -ī(E omen) n. 조짐, 징조.
porticus -ūs(E colonnade) f. 열주, 주랑, 아케이드.
portitor -ōris(E boatman) m. 배 젓는 사람, 뱃사공.

portō *-āvī -ātum -āre*(E *convey*) *vt.* 운반하다, 가져가다.
Portūnus *-ī*(E *Portnus*) *m.* Portnus (harbor의 신).
portus *-ūs*(E *harbor*) *m.* 항구, 정박소.
pōscō *poposeī no sup. -poscere*(E *ask*) *vt.* 부탁하다, 요구하다, 요청하다.
positus *-a -um* pono의 과거분사.
possessor *-ris*(E *possessor*) *m.* 소유자, 주인.
possum, *potu posse*(E *can*) *irr. vi.* ~할 수 있다, ~할 능력이 있다.
post (E *behind*) *adv.* 뒤에, 후에, 나중에, 다음에; *prep.* [+ 대격] ~의 뒤에, 나중에
posterior *-us -ris*(E *later*) *comp.* 뒤의, 이후의.
posterus *-a -um*(E *following*) *adj.* 뒤따르는, 다음의.
posthabeō *-habuī -habitum -habēre*(E *neglect*) *vt.* 무시하다, 경시하다, 미루다.
posthabitus *-a -um* posthabeo의 과거분사.
posthāc (E *henceforth*) *adv.* 차후에, 앞으로, 지금부터.
posthinc (E *thereupon*) *adv.* 거기서, 그래서, 그 이후로.
postis *-is*(E *doorpost*) *m.* 문설주, 기둥; 문.
postquam (E *as soon as*) *adv.* ~하자마자, 그 이후에, 그 때.
postrēmō posterus 참조.
postrēmus (postumus) *-a -um*(E *latest*) *superl.* 최신의, 마지막의, 최소의.
postumus posterus 참조.
potēns *-entis* possum의 참조.
potentia *-ae*(E *power*) *f.* 힘, 능력, 영향력, 세력.
potestās *-tātis*(E *power*) *f.* 힘, 권력, 지배.
potior *-ītus -īrī (potītur in 3.)*(E *possess*) *v. dep.* 소유하다, 주인이 되다, 얻다, 차지하다.
potior *-us*(E *preferable*) *adj.* 선호할 만한, 더 낫은.
potis *-e* (E *powerful*) *adj.* 강한, 능력 있는.
Potītius *-ī(-iī)* (E *Potitius*) *m.* 로마 기독교도의 이름.
potītus *-a -um* **potior**의 과거분사.
Potnias *-adis* (E *of Potniae*) *adj.* 포트니아에의.
pōtō *-āvī -ātum -āre* (E *drink*) *vt.* 마시다.
pōtus *-ūs* (E *drinking*) *m.* 마시기.
pōtus *-a -um* p.p., act. and pass. 술 취한, 취한 도취된.
prae (E *before*) *adv. prep.* [+ 탈격] 앞에, 전방에.

praebeō *-buī -bitum -bēre* (E *afford*) vt. 제공하다, 공급하다.

praeceēdō *-cēssī -cēssum -cēdere* (E *go before*) vt. n. 선행하다, 앞서다.

praecelsus *-a -um* (E *lofty*) adj. 매우 높은 치솟은.

praeceps *-cipitis* (E *with speed*) adj. 빠른 급속한.

praeceptum *-ī* (E *instruction*) n. 훈련, 교수, 교육.

praeceptus *-a -um* **praecipio**의 과거분사.

praecīdō *-cīdī -cīsum -cīdere* (E *cut off*) vt. 베다, 절단하다.

praecipiō *-cēpī -ceptum -cipere* (E *take beforehand*) vt. 미리 가지다.

praecipitō *-āvī -ātum -āre* (E *hurry on*) vt. n. 서두르다, 재촉하다.

praecipuē (E *especially*) adv. 특별히.

praecipuus *-a -um* (E *especial*) adj. 특별한, 주요한.

praecīsus *-a -um* **praecido**의 과거분사.

praeclārus *-a -um* (E *very bright*) adj. 아주 밝은.

praecō *-ōnis* (E *crier*) m. 선구자, 사자, 보도자.

praecordia *-ōrum* (E *diaphragm*) n. plur. 횡격막.

praeda *-ae* (E *booty*) f. 전리품.

praedīcō *-dīxī -dīctum -dīcere* (E *foretell*) vt. 미리 경고하다, 예언한다, 예고하다.

praedīctum *-ī* (E *prediction*) n. 예언, 예보.

praediscō *-didicī no sup. -discere* (E *learn beforehand*) vt. 미리 알다, 예측하다.

praedīves *-itis* (E *wealthy*) adj. 매우 부유한.

praedō *-ōnis* (E *robber*) m. 도둑 약탈자.

praedor *-ātus -ārī* (E *prey*) v. dep. 잡아먹다, 약탈하다; 찾아 헤메다.

praedulcis *-e* (E *precious*) adj. 매우 귀중한, 비싼.

praedūrus *-a -um* (E *very hard*) adj. 매우 단단한, 억센.

praeeō *-īvī (-iī) -itum -īre* (E *precede*) irr. vt. and vi. 선행하다, 앞서다 이끌다.

praefātus *-a -um* **pracfor**의 과거분사.

praeferō *-tulī -lātum -ferre* (E *carry in front*) irr. vt. 앞에서, 운반하다, 제공하다, 선호하다.

praeficiō *-fēcī -fēctum -ficere* (E *set over*) irr. vt. 양도하다, 넘겨주다,

지우다.

praefīgō *-fīxī -fīxum -fīgere* (E fix in front) v.a. 앞에 고정시키다

praefīxus *-a -um* **praefigo**의 과거분사.

praefodiō *-fōdī -fossum -fodere* (E ditch) vt. 앞을 파다 도랑을 파다

praefor *-fātus -fārī* (E preface) v. dep. ~전에 말하다.

praefulgeō *-fulsī -no sup. fulgēre* (E shine in front) vi. 빛나다, 번쩍이다.

praeguāns *(-ās) -āntis (-ātis)* (E pregnant) adj. 임신한.

praelābor *-lāpsus -lābī* (E glide by) v. dep. 날아가다.

praelātus *-a -um* **praefero**의 과거분사.

praemetuō *-metuī -metūtum -metuere* (E be anxious) vi. 걱정스러워 하다.

praemissus *-a -um* **praemitto**의 과거분사.

praemittō *-mīsī -missum -mittere* (E send in advance) vt. 미리 보내다.

praemium *-ī(-iī)* (E prize) n. 상 보상, 보수.

praenatō *-āvī -ātum -āre* (E swim by) vt. 헤엄치다 뜨다, 떠돌아다니다.

Praeneste *-is* (E Praeueste) f. n. 공고히 강화된 라티움의 고더 도시.

Praenestīnus *-a -um* (E of Praeneste) adj. 프라에네스테의.

praenūntia *-ae* (E forerunner) f. 선구자 전조.

praepes *-etis* (E swift) adj. 날렵한.

praepinguis *-e* (E very fat) adj. 매우 뚱뚱한 비옥한.

praer *-ss -stum -rere* (E burn at the point) vt. 타다, 불안에서 단단히 되다.

praereptus *-a -um* **pracripio**의 과거분사.

praeripiō *-ripuī -reptum -ripere* (E snatch away) vt. 움켜쥐다, 잡아채다.

praeruptus *-a -um* (E precipitous) adj. 험한, 가파른.

praesaepe (-sēpe) *-is* (E stall) n. 마구간 벌집.

praesāgus *-a -um* (E prescient) adj. 미리 아는.

praescīscō *-scīvī -seītum -sciscere* (E see in advance) vt. 미리 알다, 미리 보다.

praescius *-a -um* (E divining) adj. 미리 아는, 예측하는.

praescrībō *-scrīpsī -scrīptum -scrībere* (E write before)vt. 미리 쓰다, 앞에 덧붙이다.

praesēns *-entis* (E present) adj. 즉시의, 절박한, 급박한.

praesentia *-ae* (E presence) f. 존재, 현존.

praesentiō *-sēnsī -sēnsum -sentīre* (E *foresee*) *vt.* 예측하다, 예견하다.
praesertim (E *especially*) *adv.* 특별하게, 특히..
praeses *-idis* (E *ruler*) *comm.* 통치자, 지배자.
praesideō *-sēdī -sessum -sidēre* (E *preside over*) *vi.* 통할하다.
praesidium *-ī (-iī)* (E *defence*) *n.* 방어, 방위, 수비.
praestāns *-antis* praesto의 분사.
praestō *-stitī -stitum -stāre* (E *surpass*) *vi. vt.* 뛰어넘다, 능가하다.
praestus *-a -um* **praeuro**의 과거분사.
praesūmō *-sūmpsī -sūmptum -sūmere* (E *anticipate*) *vt.* 예상하다.
praetendō *-tendī -tentum -tendere* (E *hold out*) *vt.* 접근시키지 않다, 보류하다.
praetentus *-a -um* **praetendo**의 과거분사.
praeter (E *along by*) *adv. prep.* [+ 대격] ~의 곁에 ~을 넘어서.
praetereā (E *further*) *adv.* 더욱이, 게다가 그 위에.
praetereō *-īvī(-iī) -īre* (E *pass beyond*) *irr. vt. vi.* 지나쳐 가다.
praeteritus *-a -um* **praeterco**의 과거분사.
praeterlābor *-lāpsus -lābī* (E *glide by*) *v. dep.* 흘러가다.
praetervehor *-vectus -vehi* (E *ride by*) *v. dep.* 타고 가다, 항해하다.
praetexō *-texuī -textum -texere* (E *cover*) *vt.* 감추다.
praetōrium *-ī(-iī)* (E *headquarters*) *n.* 본부, 사령부.
praevalidus *-a -um* (E *too thrifty*) *adj.* 검소한, 무성한, 잘 자라는.
praeveniō *-vēnī, -ventum, -venīre* (E *precede*) *vi.* 선행하다, 앞서다.
praevertō *-vertī, -versum, -vertere* (E *turn aside*) *vt.* 외면하다, 방향을 바꾸다.
praevideō *-vīdī -vīsum -vidēre* (E *foresee*) *vt.* 예견하다.
prānus *-a -um* (E *unholy*) *adj.* 부정한 독신의, 모독적인.
prātum *-ī*(E *meadow*) *n.* 목초지, 풀밭.
prāvus *-a -um* (E *crooked*) *adj.* 꼬부라진.
preeātus *-a -um* **prccor**의 과거분사.
preciae *-ārum* (E *early-ripe grapes*) *f.* 빨리 익는 포도.
precor *-ātus, -ārī* (E *pray*) *v. dep.* 기도하다 탄원하다, 간곡히 부탁하다.
prehendō *preheudī, prehēnsum, prehendere* (E *seize*) *vt.* 붙잡다, 붙들다.

prehēnsō -*āvī* -*ātum*, -*āre* (E *grasp*) *vt.* 붙잡다, 잡다.
prēlum -*ī* (E *wine-press*) *n.* 포도 짜는 기구.
premō *pressī, pressum, premere* (E *press*) *vt.* 누르다, 밀어 붙이다.
prendo prehendo 참고.
prēnso prehenso 참고.
prēnsus prehendo 참고.
pressō -*āvī*, -*ātum*, -*āre* (E *press*) *vt.* 누르다.
pressus -*a*, -*um* (E *pressed*) *adj.* 눌린, 짓눌린, 억눌린, 억제된
pretium -*ī* (-*iī*)(E *price*) *n.* 가격 보상 상.
prex (E *prayer*) *f.* 신께 드리는 기도.
Priamēius -*a* -*um* (E *of Priam*) *adj.* 프리암의.
Priamidēs -*ae* (E *Son of Priam*) *m.* 프리암의 아들.
Priamus -*ī* (E *Priamus*) *m.* 트로이의 왕; 헥토르와 파리스의 아버지.
Priāpus -*ī* (E *Pripus*) *m.* 원예의 신.
prīdem (E *some time ago*) *adv.* 꽤 오래 전에.
prīmaevus -*a* -*um* (E *youthful*) *adj.* 나이 어린.
prīmitiae -*ārum* (E *the first fruits*) *f. plur.* 처음 나온 과일.
prīmus prior참고.
prīnceps -*ipis* (E *first*) *adj.* 처음의.
prīncipium -*ī* (-*iī*) (E *origin*) *n.* 처음, 기원, 발단.
prior -*ōris* (E *former*) *adj.* 전의 최초의, 처음의 고대의.
prīscus -*a* -*um* (E *ancient*) *adj.* 고대의.
prīstīnus -*a* -*um* (E *former*) *adj.* 전의 낡은 처음의.
pristis pistrix 참고.
priusquam (E *sooner than*) *adv.* 더 먼저.
Prīvernum -*ī* (E *Prvernum*) *n.* 볼스키의 한 마을.
Prīveruus -*ī* (E *Rutulian*) *m.* 루툴리아 인.
prō(prōd) (E *before*) *prep.* [+ 탈격] 앞에, 전방에.
prō(proh) (E *oh!*) *interj.* 오!
proavus -*ī* (E *great-grandfather*) *m.* 증조부 조상.
probō -*āvī*, -*ātum*, -*āre* (E *test*) *vt.* 시험하다.
Procās -*ae* (E *Procas*) *m.* 알바의 왕.

procāx -ācis (E insolent) adj. 무례한 뻐기는.
prōcēdō -cēssī, -cēssum, -cēdere (E go forward) vi. 전진하다.
procella -ae (E storm) f. 폭풍, 돌풍.
procerēs -um (E leaders) m. plur. 지도자들.
prōcērus -a -um (E tall) adj. 높은 당당한, 위엄 있는.
prōcessus -ūs (E advance) m. 진보.
Prochyta -ae(-)(-s) (E prochyta) f. 캄파니아의 해변에서 떨어져 있는 한 섬
procimus propior 참조.
prōclāmō -āvī, -ātum, -āre (E cry out) vt. 외치다.
Procnē Progue 참조.
Procris -is (-idis) (E Procris) f. 케팔루스의 아내.
prōcubō -cubuī, -cubitum, -cubāre (E lie along) vi. 늘어져 있다 펼쳐져 있다.
prōcūdō -cūdī, -cūsum, -cūdere (E hammer out) vt. 펴다, 날카롭게 하다.
procul (E at some distance) adv. 간격을 두고 멀리서.
prōculcō -āvī, -ātum, -āre (E trample down) vt. 짓밟다.
prōcumbō -cubuī, -cubitum, -cumbere (E lie) vi. 눕다, 누워 있다.
prōcūrō -āvī -ātum, -āre (E take care of) vt. 돌보다.
prōcurrō -currī(-cucurrī), -cursum, -currere (E run forward) vi. 앞으로 질주하다.
prōcursus -ūs (E rush) m. 돌진 습격.
prōcurvus -a, -um (E curved) adj. 굽은.
procus -ī(E suitor) m. 제소인, 원고.
prōdeō -īvī (-iī), -itum, -īre (E go forward) irr. vi. 전진하다.
prōdigium -ī, (-iī) (E portent) n. 징조, 전조.
prōdigus -a -um (E wasteful) adj. 낭비하는, 사치스러운.
prōditiō -ōnis (E treachery) f. 배반, 반역.
prōdō -didī, -ditum, -dere (E give forth) vt. 주다, 놓다, 선전시키다.
prōdūcō -dūxī -dūetum, -dūcēre (E lead forth) vt. 이끌다 가져오다.
proelium -ī (-iī)(E battle) n. 전투, 싸움.
Proetides -um (E Proetides) f. plur. 프로테우스의 딸.
profectō (E surely) adv. 확실히, 틀림없이.
prōfectus -a -um **proficio**의 과거분사.

profectus -a -um **proficiscor**의 과거분사.

prōferō -tulī, -lātum, -ferre (E *carry forward*) *irr. vt.* 진행하다, 뻗다.

prōficiō -fēcī, -feetum, -ficere (E *make progress*) *vt. n.* 전진하다, 진보하다.

proficīscor -fectus, -ficiscī (E *set out*) *v. dep.* 출발하다, 착수하다.

prōflō -āvī, -ātum, -āre (E *blow forth*) *vt.* 불다 내쉬다.

prōfluō -fluxī, -fluxum, -fluere (E *flow forth*) *vi.* 흐르다.

profor -fātus, -fārī (E *speak out*) *v. dep.* 말하다.

profugus -a -um (E *flying*) *adj.* 도주하는, 도주 중인.

profundō -fūdī, -fūsum, -fundere (E *pour forth*) *vt.* 따르다, 쏟다.

profundus -a -um (E *deep*) *adj.* 깊은, 심원한; 어두운. ▪ *neut.* 깊은 곳.

prōgeniēs -ēī (E *offspring*) *f.* 자식, 자손; 혈통, 가문; (동물의) 새끼

prōgignō -genuī -genitum -gignere (E *beget*) *vt.* -을 생기게 하다, 초래하다

Prognē -ēs *f.* Tereus의 아내이자 Philomela의 자매. 후에 제비로 변한다. Philomela 참조; (시的) 제비.

prōgredior -gressus -gredī (E *proceed*) *vi.* 전진하다, 나아가다.

prōgressus -a -um progredior의 p.p.

proh prō 참조.

prohibeō -hibuī -hibitum -hibēre (E *prevent*) *vi.* -을 못하게 하다, 막다, 제지하다, 방해하다.

prōiciō -iēcī -iectum -icere (E *throw forth*) *vt.* 제시하다, 앞으로 내어 보이다; 내던지다, 팽개치다; (비유的) 버리다, 포기하다; (말을) 불쑥 말하다. ▪ sē ~ 서두르다, 겁 없이 달려들다. ▪ prōiectus -a -um *p.p. as adj.* 툭 튀어나온, 쭉 뻗은; 누워있는, 기진맥진한.

prōiectus -a -um procio의 p.p.

proinde (E *hence*) *adv.* 그러므로; 그래서.

prōlābor -lāpsus -lābī (E *slide forward*) *vi. dep.* 미끄러지듯 나아가다, 조금씩 전진하다; 벗어나다, 실수하다, (나쁜 길로) 빠지다.

prōlāpsus -a -um prolabor의 p.p.

prōlēs -is (E *progeny*) *f.* 자식, 자손; 혈통, 가문

prōlixus -a -um (E *long*) *adj.* 긴, 넓은; (사람이) 친절한, 잘 돌봐주는.

prōlūdō -lūsī -lūsum -lūdere (E *practice*) *vi.* 연습하다, 미리 해 보다.

prōluō -iuī -lūtum -luere (E *wash up*) *vi.* 씻어내다, 없애버리다.

prōluviēs -ēī (E *overflow*) *f.* 넘쳐흐름, 범람, 과잉; 배설물

prōmereō -meruī -meritum -merēre(E deserve) vi. -을 할[받을] 만하다. ▪ **prōmereor** temeritus -merērī dep. -을 할[받을] 만하다. ¶plurima te promeritam 나는 너에게 많은 호의를 빚지고 있다.

Promētheus -eī (-eos) m. Iapetus의 아들. 그가 흙으로 빚어 만든 인간들을 위해 하늘에서 불을 훔쳐다 주었다. 이 때문에 그는 Caucasus산에서 독수리에게 독점을 뜯어 먹히는 벌을 받게 된다.

prōmissum -ī(E promise) neut. 약속; 약속된 보상.

prōmissus -a -um **promitto**의 과거분사형.

prōmittō -mīsī -missum -mittere(E promise) vt. 나아가게 하다, 기르다; 동의하다, 약속하다. ¶ mepromisi ultorem -가 되도록 약속하다. ▪ promissus -a -um p.p. as adj. 긴, 흐르는.

prōmō prōmpsī prōmptum prōmere(E bring out) vt. (특히 무리에서 부분을) 꺼내다, 내어놓다, 사용하다 ▪ prōmptus -a -um p.p. 꺼내놓은, 쓸 수 있는.

Promolus (-ulus) -ī m. Troy 사람.

prōmoveō -mōvī -mōtum -movēre(E move forward) vi. 나아가다, 전진하다; 확장하다; 연기하다.

prōnubus -a -um(E of marriage) adj. 결혼의. ▪ f. 결혼 시 신부의 시중을 드는 기혼 여성; Iuno 여신의 수식어구; 결혼의 여신 Pronuba

prōnus -a -um(E forward) adj. 앞으로 구부러지는, 앞으로 향하는; 몹시 서두르는, 급한; (비유的) 빠른, 날랜, 신속한; (비유的) -을 하고싶어 하는, 마음이 내키는 ¶prona aqua 빨리 흘러내리는 물. ¶prona maria 방해받지 않은.

propāgō -inis(E layer) f., 접지, 꺾꽂이용 가지; (사람의) 자식, 자손, 혈통

prope (E near) adv. 가까이, 근처에. ▪ prep. [+ 대격] ~에 가까이.

properātus -a -um **propero**의 과거분사

properē (E quickly) adv. 빨리, 급하게.

properō -āvī -ātum -āre(E hasten) vt. 서둘러 하다, 급하게 하다. ▪ vi. 서두르다.

properus -a -um(E hastening) adj., 서두르는, 바쁜

prōpexus -a -um(E combed down) adj. 앞으로 빗은, 매달린

propinquō -āvī -ātum -āre(E approach) vi. 다가가다, 가까이 가다. ▪ vt. 다가놓다; -에 가까이 가다.

propinquus -a -um(E near) adj. 가까운, 이웃하는, 접한; 혈족의, 동족의

propior -us -ōris(E nearer) adj. 더 가까운; 더 최근의. ▪ neut. pl. 더 가까운 곳. ▪ neut. sing. as adv. 더 가까이. ▪ proximus -a -um superl.

가장 가까운, 바로 옆의, 가장 유사한. ▪ proxima quaeaue 가장 가까운 것은 무엇이든지.
prōpōnō *-posuī -positum pōnere*(E *propose*) *vt.* 제시하다, 내어 보이다, 제안하다. ▪ ante oculōs ~ 상상하다, 마음에 그리다.
proprius *-a -um*(E *one's own*) *adj.* 자기 자신의, 고유의, 특유한; 계속하는, 영속하는. ¶propriam dieabo 자기 자신의 것을 영속시키다.(?)
propter (E *nearby*) *adv.* 가까이. ▪ *prep.* [+ 대격] -의 가까이; -에 대하여; -에 의하여; -을 위해.
prōpugnāculum *-ī*(E *bulwark*) *neut.* 성채, 보루; 방어, 수비; (성을 지키는) 방어물.
prōra *-ae*(E *prow*) *f.* 뱃머리; 배.
prōripiō *-ripuī -reptum -ripere*(E *drag forth*) *vt.* 질질 끌어내다, 서둘러 떠나게 하다. ▪ sē ~ 서두르다, 급히 떠나다. (sē 종종 생략)
prōrumpō *-rūpī -ruptum -rumpere*(E *fling out*) *vt.* 분출하다 내뿜다; 날뛰다. ¶prorumptum mare 사나운 바다. ▪ *vi.* 서두르다, 돌진하다, 날뛰다.
prōruptus *-a -um* **prorumpo**의 과거분사
prōscaenium (*prōscē-*) *-ī (-iī)*(E *stage*) *neut.* (연극이 상연되는 scaena 앞의) 무대.
prōscindō *-scidī -scissum -scindere*(E *plow*) *vt.* 표면을 깎다; 갈아 젖히다, 파헤치다; (미개간지를) 경작하다; (비유적) 헐뜯다, 비난하다.
prōscissus *-a -um* **proseindo**의 과거분사
prōsequor *-secūtus -sequī*(E *attend*) *vt. dep.* 섬기다, 따라가다, 수행하다; (말을) 계속하다, 잇다.
Prōserpina *-ae f.* Pluto의 아내이자, Ceres의 딸. Pluto가 그녀의 어머니로부터 지하세계로 훔쳐 가 지하세계의 여왕이 된다.
prōsiliō *-siluī (-īvī -iī) -silīre*(E *leap forth*) *vi.* 껑충 뛰다 뛰어나가다; 쏟아져 나오다, 분출하다. *no sup.
prōspectō *-āvī -ātum -āre*(E *look out at*) *vt.* 내다보다, 응시하다; 기다리다, 고대하다.
prōspectus *-ūs*(E *outlook*) *m.* 조망, 경치, 관점, 시야.
prosper *-era -erum*(E *propitious*) *adj.* 호의적인, 순조로운, 상서로운.
prōspiciō *-spexī -spectum -spicere*(E *look out upon*) *vi.* 내다보다, 주시하다; 조심하다. ▪ *vt.* 지켜보다; 발견하다, 찾아내다; 조심하다; 예측하다, 내다보다.
prōsubigō *-igere*(E *dig up*) *vt.* 파헤치다. *no perf. and sup.
prōsum *prōfuī prōdesse*(E *profit*) *irr. vi.* (+*dat.*) -에 도움이 되다 -에게

이롭다.

prōtectus -a -um protego의 p.p.

prōtegō -tēxī -tēctum -tegere(E protect) vt. 덮다, 보호하다, 지키다.

prōtendō -tendī -tentum (-tensum) -tendere (E stretch out) vt. 늘이다, 쭉 뻗다, 잡아당기다.

prōtentus -a -um **protendo**의 과거분사

prōtenus protinus 참조.

prōterō -trīvī -trītum -terere(E trample down) vt. 짓밟다, 부수다; 뒤엎다, 전복하다.

prōterreō -terruī -territum -terrēre(E frighten away) vt. 위협하여 몰아내다, 도망가게 하다.

Prōteus -eī (-cos) m. 바다의 현인이자 예언자. 바다 속 심연까지 들여다볼 수 있는 혜안을 가졌으며, Neptunus의 바다표범들을 돌본다.

prōtinus(prōtenus) (E forward) adv. 앞으로, 전방으로; 계속; 곧, 즉시. ¶protinus una 계속해서 ¶aequasset nocti ludum 온통, 완전히

prōtrahō -trāxī -tractum -trahere(E drag forth) vt. 끌어내다; 드러내다, 밝히다.

prōturbō -āvī -ātum -āre(E drive away) vt. 몰아내다, 쫓아버리다.

prōvectus -a -um **proveho**의 과거분사

prōvehō -vēxī -vectum -vehere(E carry along) vt. 가지고 가다, 옮기다; 증진하다, 나아가게 하다; 몰다, 타다, 항해하다.

prōveniō -vēnī -ventum -venīre(E come forth) vi. 나오다, 나타나다; 일어나다, 발생하다; 나아가다, 번영하다, 성공하다.

prōventus -ūs(E growth) m. 증대, 성장, 발달.

prōvideō -vīdī -vīsum -vidēre(E see ahead) vi. 내다보다; 조심하다, 준비하다. ▪ vt. 예견하다, 대비하다; 돌보다; (위험.곤란 등을) 제거하다.

prōvīsus -a -um **provideo**의 과거분사

prōvocō -āvī -ātum -āre(E provoke) vt. 불러내다, 도전하다; 자극하다, 화나게 하다; 야기하다, 초래하다. ▪ vi. 호소하다, 항소하다.

prōvolvō -volvī -volūtum -volvere(E roll forward) vt. 앞으로 굴리다, 굴러 떨어뜨리다; (pass.) 넘어지다, 쓰러지다, 실패하다. ▪ sē ~ 몸부림치다, 뒹굴다.

prūdēns -ēntis(E wise) adj. 현명한, 선견지명이 있는.

prūdentia -ae(E wisdom) f. 지혜, 슬기로움.

pruīna -ae(E frost) f. 흰 서리, 눈; (詩的) 겨울.

prūna -ae(E live coal) f. 타고 있는 석탄.

prūnum -ī(E plum) neut. 서양자두, 플럼.
prūnus -ī(E plumtree) f. 자두나무.
Prytanis -is m. Troy 사람.
psithius -a -um(E psythian) adj. psythia(포도나무의 한 종류)의.
 ▪ f. psythia 나무.
pūber -eris(E downy) adj. 부드러운 털이 난; 완전히 다 자란.
pūbēs -ēntis(E full grown) adj. 완전히 다 자란; (식물이) 즙이 많은.
pūbēs -is(E down) f. (성년임을 알리는) 솜털, 잔털; 샅, 사타구니; (성년의) 건장한 청년들, 혹은 그들의 무리; 사람들
pūbēscō -pūbuī pūbēscere(E grow up) vi. 자라나다, 성년이 되다; 익다.
pudendus -a -um adj. 부끄러운, 창피스러운.
pudeō -uī (-itum est) -itum -ēre(E make ashamed) vt. 모욕을 주다, 망신시키다; (비인칭 주어+사람의 대격.) -가 망신당하다. ▪ vi. 부끄러워하다, 수치스러워하다.
pudīcitia -ae(E modesty) f. 겸손, 수줍음, 순결, 정숙; 부끄러움.
pudor -ōris(E shame) m. 부끄러움, 겸손, 순결, 단정함, 예의범절..
puella -ae(E girl) f. 소녀, 아가씨, 새색시
puer -erī(E boy) m. 소년, 아이, (대개 17세 이하의) 어린이; 노예
puerīlis -e(E childish) adj. 아이의, 아이 같은
pugna -ae(E fight) f. 싸움, 전투, 경연; (종종) 전쟁
pugnātor -ōris(E fighter) m. 싸움꾼, 전사
pugnātus -a -um pugno의 과거분사.
pugnō -āvī -ātum -āre(E fight) vi. 싸우다, 경쟁하다, 전쟁을 일으키다; 저항하다, 반항하다, 분투하다.
pugnus -ī(E fist) m. 주먹.
pulcher -chra -chrum(E beautiful) adj. 아름다운, 예쁜, 멋진, 잘생긴; (비유的) 영예로운, 고귀한, 뛰어난, 훌륭한.
pullulō -āvī -ātum -āre(E sprout) vi. 싹트다, 발생하다, 급속히 성장하다.
pullus -ī(E young one) m. 어린 것, 망아지.
pullus -a -um(E black) adj. 검은, 어두운.
pulmō -ōnis(E lungs) m. 허파.
pulsātus -a -um pulso의 과거분사.
pulsō -āvī -ātum -āre vt. and vi. 때리다, 가격하다; 뛰다, 고동치다, 떨리다, (리라가) 소리 나다. ▪ pulsātus -a -um (소리 따위가) 다시 반향하는, 울려 퍼지는 (타격 등에) 모욕당한.
pulsus -ūs(E beating) m. 타격, 치기, 짓밟음.

pulsus *-a -um* **pello**의 과거분사.
pulvereus *-a -um*(E *of dust*) *adj.* 먼지의.
pulverulentus *-a -um*(E *dusty*) *adj.* 먼지투성이의, 먼지가 많은.
pulvis *-eris*(E *dust*) *m. and f.* 먼지, 가문 땅, 토지, 부식토 ¶in pulvere 가문 땅 위에.
pūmex *-icis*(E *porous stone*) *m.* 다공석.
pūniceus (poen-) *-a -um*(E *red*) *adj.* 붉은(Tyre의 염료로 만든), 진홍색의, (붉은 빛의) 보라색의.
Pūnicus (Poen-) *-a -um*(E *of Carthage*) *adj.*, 카르타고의.
puppis *-is*(E *stern*) *f.* 선미(船尾), 선미루; 배.
purgō *-āvī -ātum -āre*(E *clean*) *vt.* 치우다, 깨끗이 하다.
purpura *-ae* (E *purple*) *f.* 보라색, 진홍색, 붉은 색; 보라색 옷.
purpureus *-a -um*(E *purple*) *adj.* 보라색의(주로 붉은 빛의), 붉은 색의, 진홍색의; 밝은, 명랑한 ¶purpurei cris- tis iuvenes 보라색 투구와 함께.
pūrus *-a -um*(E *clean*) *adj* 깨끗한, 순수한, 맑은, 밝은; 막히지 않는, 열린; (비유的) 섞이지 않은, 순수한.
putātor *-ōris*(E *pruner*) *neut.* 가지 치는 사람, 정원사.
puteus *-ī*(E *well*) *m.* 우물, 웅덩이.
putō *-āvī -ātum -āre*(E *clean*) *vt.* 깨끗이 하다, 청소하다; (비유的) 계좌나 거래 등을 정리하다; 세다, 계산하다, 고려하다, 생각하다, 가정하다, 숙고하다.
putris (-ter) *-is -e*(E *rotten*) *adj.* 다 익은, 썩은, 부서지기 쉬운, 푸석푸석한.
Pygmaliōn *-ōnis m.* 디도(Dido)의 남자형제. 디도의 남편을 죽였다.
pyra *-ae*(E *pyre*) *f.* 화장(火葬)용 장작.
Pyraemōn *-onis*(E *Cyclops*) *m.* 키클롭스(Etna의 대장간장이).
Pyrgī *-ōrum m. plur.* Etruria의 마을이름.
Pyrgō *-ūs f.* Prian의 아이들을 돌보는 유모. Aeneas의 여정을 함께 하였다.
Pyrrha *-ae f.* Deucalion의 아내. Deucalion과 함께 대홍수에서 살아남아, 등뒤로 돌을 던져 인류를 다시 만들었다.
Pyrrhus *-ī m.* Achilles의 아들. Neoptolemus라고도 불린다. 트로이 전쟁에서 싸운 후, Epirus 왕국을 세운다. Hermione에게 구혼하다 Orestes의 손에 죽는다.

Q q

qua quis의 여성.단수형/중성.복수형.
quā (E *by which*) *rel. adv.* -에 의하여 -에 따라.
quā (E *how*) *interr. adv.* 어떻게.
quāennque (E *in whatever way*) *rel. adv.* 어떻게든, 어떤 방법으로든.
quadra *-ae*(E *square*) *f.* 정사각형, 탁자.
quadrifidus *-a -um*(E *four-cleft*) *adj.* 네 개로 갈라진, 네 부분의.
quadrīgae *-ārum*(E *four-horse team*) *f. plur.* 네 마리의 말; 사륜마차.
quadriiugis *-e* = quadriiugus.
quadriiugus *-a -um*(E *with four horses*) *adj.* 네 마리의 말로, 넷이서 나란히.
quadrō *-āvī -ātum -āre* (E *form in a square*) *vt. and vi.* 사각형으로 형성하다.
quadrupedāns *-antis*(E *galloping*) *adj.* 질주하는, 전속력의. ¶sonitus quadrupedāns 질주하는 소리. ■ *plur.* 말, 준마, 군마.
quadrupēs *-pedis*(E *going on four feet*) *adj.* 네 발로 걷는. ■ *m.f.* 4지 동물; 말, 수사슴.
quaerō *-quaesīvī quaesītum quaerere*(E *seek*) *vt.* 원하다, 찾다, 얻으려 하다; 찾아내다, 얻어내다, 획득하다; 묻다, 알아보다. ■ quaesītus *-a -um p.p. as adj.*; *neut. plur.* 얻은 것, 벌이, 이득. ■ quaerēns *-entis p. as subst.* 찾는 이, 구하는 이; (삽입구로서) 나는 청한다 기도한다.
quaesītor *-ōris*(E *investigator*) *m.* 조사관, 수사관, 심판관.
quaesītus *-a -um* quaero의 과거분사.
quaeso quaero 참조.
quālis *-e*(E *what kind of*) *adj.* (의문문이나 감탄문에서) 어떤, 어떤 종류의, 어떤 인간이; (관계사로서) 마침 ...할 때, 바로 ...한 대로, 이를테면.
quālus *(-um) -ī*(E *basket*) *m. and n.* (특히 버들가지로 만든) 바구니.
quam (E *how*) *adv.* (의문사로서) 어떻게, 얼마나; (관계사로서) ...만큼, ... 보다; (최상급과 함께) 되도록 많이; (강조의) 아주.
quamvīs (E *as you wish*) *adv.* 당신이 원하시는 대로, 아무리 많더라도, 어떻게든; 그러나, 하지만.
quandō (E *at what time*) *adv.* (의문사로서) 몇 시에, 언제; (관계사로서) ...하는 때, 그때에. ■ *conj.* ...하는 때에, ...부터.

quandoquidem (E *since*) *adv.* ...이므로.
quanquam(quam-) (E *however*) *adv.* 그렇지만, 하지만.
quāntus *-a -um*(E *how great?*) *adj.* (의문사로서) 얼마나 큰, 얼마나; (관계사로서) ~만큼 큰, ~만큼
quārē (E *why?*) *adv.* (의문사로서) 왜, 무엇 때문에; (관계사로서) 그런 이유로, 그러므로.
quartus *-a -um*(E *fourth*) *num. adj.* 네 번째.
quassātus *-a -um* **quasso**의 과거분사.
quassō *-āvī -ātum -āre*(E *shake*) *vt.* 흔들다, 뒤흔들다, 휘두르다; 산산히 부수다, 파괴하다. ▪ *vi.* 흔들리다.
quater (E *four times*) *num. adv.* 네 번.
quaternī *-ae -a*(E *four at a time*) *adj. plur.* 하나에 넷 씩, 각각 넷씩.
quatiō *quassī (only in compos.) quassum quatere*(E *shake*) *vt.* 흔들다, 휘젓다, 동요시키다; 산산이 부수다, 파괴하다, 타도하다, 정복하다.
quattuor *(quātuor)*(E *four*) *num. adj. indecl.* 4의.
-que (E *and*) *conj.*, ~와, 그리고 (연결하는 단어나 구의 한 단어에 붙어서 기능한다). ▪ Repeated (or with et, atque, or ac) ~와 ~ 모두, ~도 ~도. ▪ Equal to cum, ~할[한] 때.
queō *quīvī (-iī) quitum quīre*(E *can*) 4. *vi.*, 할 수 있다.
Querēns *-entis, n.,* a Rutulian.
quercus *-ūs*(E *oak*) *f.,* 오크나무, 오크나뭇잎, 오크나뭇가지.
querēla(-ella) *-ae*(E *complaint*) *f.,* 불평, 불만; (불만의) 소리, 울부짖음.
quernus *-a -um*(E *oaken*) *adj.,* 오크나무의, 오크제의.
queror *questus querī*(E *complain*) 3. *vi.* and *vt.* (~에 대해) 불평하다; (~을) 몹시 슬퍼하다; 울부짖다, 구슬프게 울다.
querulus *-a -um*(E *complaining*) *adj.,* 불평하는.
questus *-ūs*(E *complaint*) *m.,* 불평, 불만, 푸념.
quī, *quae quod*(E *that*) rel. *pron.,* ~하는 (사람.사물); <선행사를 생략하여> ~하는 사람.사물; 누구든지, 어떤 사람이든지, 무엇이나. ▪ quod si 이제 만일 ~ 이라면 ▪ quod superest 게다가, 그 위에, 더군다나. ▪ ex quo ~ 했던 때부터, ~이래 줄곧.
quī, qui의 탈격.
quia (E *because*) *conj.,* ~이기 때문에.
quianam *(or separate)*(E *why*) *adv.,* 왜, 어째서.
quiequam see quisquam.
quīenmque *(-cunque) quae- quod- (also separate)*(E *whoever*) indef.

rel. pro*n*., 누구든지, 무엇이든지, ~한 사람이면 누구든; 어떻게든, 가능한 한 어떻게든.

quīdam *quae- quod- (quid-)* (E *someone*) indef. pro*n*., 누구, (불특정의) 어떤 한 사람.

quidem (E *indeed*) adv., 당연히, 따라서, 정말로; 역시, 또한; <반의의> 그러나, 하지만. ■ et quidem 그러나 하지만. ■ ne ~ quidem ~마저도 아닌, ~이 더 이상 아닌.

quiēs *-ētis*(E *rest*) f., 휴식, 잠, 선잠; 편안, 안락, 고요함.

quiēscō, *quiēvī quiētum quiēscere*(E *come to rest*) 3. vi., 쉬다, 휴식을 취하다; 중지하다, 고요해 지다, 조용해지다. ■ quiētus -a -um, p.p. as *adj.*, 조용한, 고요한, 잔잔한.

quīn (E *why not*) adv. 1. Interr., 어째서 ~하지 않느냐; 실은 오히려. 2. ne, rel. conj., 그러나 ~하는; ~할 수밖에 없는. ¶non possum quin 나는 ~할 수밖에 없다.

quīn etiam(E *moreover*) 게다가, 더구나.

quingentī *-ae -a*(E *five hundred*) num. adj. plur., 오백의.

quīnī *-ae -a*(E *five each*) num. adj. plur., 한 번에 다섯씩, 하나에 다섯씩; 다섯.

quīnquāgintā(E *fifty*) num. adj., indecl., 오십의.

quīnque(E *five*) num. adj. indecl., 다섯의.

quīntus *(old quinet-) -a -um*(E *fifth*) num. adj., 다섯 번째의.

quippe (E *truly*) adv., 실로, 의심할 바 없이, 확실히, 물론; <반어적> 참 정말로.

Quirīnālis *-e*(E *of Quirinus*) adj., Quirinus(로마 신화 속 전쟁의 신, 후에 Romulus와 동일시됨)의.

Quirīnus *-ī, m.,* 로마의 주신으로서 Romulus에게 주어지는 이름.

Quirīs *-ītis, m.,* Cures의 거주민들; 로마 시민들.

quīs abl. or dat. plur. of qui.

quis *(quī)* quae *(qua* indef.*)* quid *(quod)* (E *who, what*) interr. pro*n*., 누구, 무엇, 어떤 종류, 어떤 상태. ■ Quid, neut., 왜 무엇; 무엇 때문에, 어떤 일로. ■ As indef., 아무, 아무 것; 어떤, 어떤 이, 어떤 것.

quisnam *(quī-)* quae- quid-(quod-) (also separate)(E *who pray*) interr. and indef., 누가[무엇이] 기도하는가? 누구, 무엇.

quisquam, quae- quid- (quic-), indef. pron. (E *anyone*) 누구든지, 누군가; 무엇이든지; <부정어와 함께> 아무도, 어떤 것도.

quisque *quae- quie- (quic-)*(E *each one*) indef. pro*n*., 각각, 각자, 각기;

Vergil's Aeneid Vocabulary 215

모두, 모든 사람, 모든 것. ■Often with a superlative : proxima quaeque (연속의 의미로) 가까이의 모든 것 ■With two, equal to two comparatives, ~할수록 더 ~.

quisquis *quidquid (quicquid)*(E *whoever*) indef. rel. pron., 누구든지, 무엇이든지.

quo *adv.* 어디로, 어느 방향으로; 어디까지, 무엇을 목표로.

quō (E in order that) conj. (*adv.*), (by which), in order that, that.

quōcircā (E *wherefore*) *adv.* 무엇 때문에, 무슨 까닭으로, 왜.

quōcunque (E *wherever*) rel. *adv.*, 어디든지, 어디로든지, 어떻게든, 아무리 ~해도.

quod (E *because*) conj., ~ 때문에, ~로 인하여. ■est quod, ~한 이유가 있다.

quom cum 참조

quōmodo (E *in what way*) *adv.*, ~한 방식으로, 어떻게.

quōnam (E *whither*) *adv.*, 어떤 곳으로든; 어디로.

quondam (E *once*) *adv.*, 일찍이, 이전에 (한 번), 옛날에는; 언젠가는, 지금부터는, 이후에. ■Indef., 언젠가; 이따금, 때로는.

quoniam (E *now that*) *adv.* (conj.), ~이므로, ~이기 때문에.

quoque (E *also*) conj. 그리고 또한.

quot (E *how many*) adj. indecl. (interr. and rel.), 얼마나 많은; ~만큼 많은. ¶quot(quod) annis 매년, 계속.

quotannīs quot, annus 참조.

quotiēns *(-ēs)*(E *how many times*) *adv.*, 몇 번이나, 얼마나 자주.

quōusque (E *how far*) *adv.* 얼마나 멀리, 얼마나 길게.

R r

rabidus *-a -um*(E *raving*) *adj.* 광란하는, 미쳐 날뛰는, 몹시 분노하는.
rabiēs *-em -ē*(E *madness*) *f.* 광란, 광기, 분노
racēmus *-ī*(E *cluster*) *m.* (포도 등의) 송이, 다발, 묶음; 포도, 베리
radiō *-āvī -ātum -āre*(E *furnish with rays*) *vt.* ~에 빛을 비추다. ▪ *vi.* 빛나다. ▪ **radiāns** *-antis adj.* 밝은, 빛나는.
radius *-ī (-iī)*(E *staff*) *m.* 지팡이, 장대; 얇은 막대, 가닥; 광선, 빛.
rādīx *-īcis*(E *root*) *f.* 뿌리; 토대.
rādō *rāsī rāsum rādere*(E *scrape*) *vt.* 긁어내다, 깎아내다, 벗겨내다; 스치다, 스쳐 지나가다.
Raeticus(Rhae-) *-a -um*(E *Roetian*) *adj.* Roeti (Tyrol의 Danube 남쪽에 위치한 나라)의.
rāmeus *-a -um*(E *of branches*) *adj.* 나뭇가지의.
rāmōsus *-a -um*(E *branching*) *adj.* 가지를 내뻗은.
rāmus *-ī*(E *bough*) *m.* 큰 가지, 나뭇가지, 잔가지.
rāna *-ae*(E *frog*) *f.* 개구리.
rapāx *-ācis*(E *greedy*) *adj.* 욕심 많은, 탐욕스러운.
rapidus *-a -um*(E *fierce*) *adj.* 격렬한, 맹렬한, 거센, 강렬한; 빠른, 신속한, 서두르는.
rapīna *-ae*(E *robbery*) *f.* 강도, 약탈; 전리품.
rapiō *rapuī raptum rapere*(E *snatch*) *vt.* 낚아채다, 잡아 뺏다, 빼앗아 가다; 강탈하다, 훔쳐가다, 날치기하다. ▪ **raptum** *-ī, n.* 강탈, 약탈; 약탈품, 전리품. ▪ *vi.* 서두르다.
Rapō *-ōnis*(E *Rutulian*) *m.* Rutulia 사람.
raptātus *-a -um* **rapto**의 과거분사.
raptim (E *hastily*) *adv.* 빠르게, 급하게.
raptō *-āvī -ātum -āre*(E *drag away*) *vt.* 끌다, 끌고 가다,
raptor *-ōris*(E *plunderer*) *m.* 약탈자.
raptus *-a -um* **rapio**의 과거분사.
rārēscō *-ēseere*(E *grow thin*) *vi.* 여위다, 수척해지다.
rārus *-a -um*(E *loose*) *adj.* 느슨한, 드문드문한, 얼마 없는, 흩어져 있는, 부족한.
rāsilis *-e*(E *polished*) *adj.* 다듬어진, 연마한, 조각칼로 다듬은.

rastrum -ī(pl. -ī -ōrum)(E hoe) n. and m. 괭이.
rāsus -a -um **rado**의 과거분사.
ratiō -ōnis(E reckoning) f. 계산, 계획; 방법, 방도; 정보, 조언.
ratis -is(E raft) f. 뗏목; 배, 범선.
ratus -a -um **reor**의 과거분사.
raucus -a -um(E hoarse) adj. 목소리가 걸걸한, 떠들썩한, 시끌벅적한.
 ▪ Neut. as adv. 거칠게, 난폭하게.
re- (red-)(E back) prep. in comp. 다시 ~ 하는; 합성되는 단어에 《다시, 반복, 도로, 되 …, 뒤로, 서로, 상호, 완성, 반대, 대항, 이탈, 멀리, 대단히, 정반대의 상태》 따위의 뜻을 보태어 주는 접두어
rebellis -e(E insurgent) adj. 다시 싸우는, 반란을 일으키는.
reboō -āre(E resound) vi. 울려 퍼지다, 반향하다.
recaleō -ēre(E be warmed) vi. 따뜻해지다, 데워지다.
recēdō -cēssī -cēssum -cēdere(E move back) vi. 후퇴하다, 철회하다, 물러서다, 물러나다, 양보하다.
recēns -entis(E fresh) adj. 새로운, 신선한, 최근의. ▪ neut. as adj. 지금 막 ~ 한, 최근의.
recēnseō -cēnsuī -cēnsum(-cēnsītum) -cēnsēre(E recount) vt. 세다, 나열하다, 열거하다,
receptō -āvī -ātum -āre(E draw back) vi. 후퇴시키다; (재귀대명사와 함께) 후퇴하다, 철회하다, 숨다.
receptus -a -um **recipio**의 과거분사.
receptus -ūs(E retreat) m. 피난처, 도피처.
recessus -ūs(E withdrawal) m. 후퇴, 철회, 은둔.
recidīvus -a -um(E recurring) adj. 계속 반복되는; 회복된, 재개된.
recīdō -cīdī -cīsum -cīdere(E cut away) vt. 잘라내다, 떼어 놓다.
recinctus -a -um **recingo**의 과거분사.
recingō -cinctum -cingere(E unbind) vt. 풀다, 자유롭게 하다, 놓아주다.
recipiō -cēpī -ceptum -cipere(E take back) vt. 후퇴시키다, 물러나게 하다, 철수시키다, 뒤로 물리다; 회복시키다, 구조하다; 받다, 받아들이다; (재귀대명사와 함께) 물러나다, 철수하다.
recīsus -a -um **recido**의 과거분사.
reclāmō -āvī -ātum -āre(E cry out) vt. 울부짖다, 외치다.
reclīnō -āvī -ātum -āre(E lean back) vt. ~ 에 기대다.
reclūdō -clūsī -clūsum -clūdere(E disclose) vt. 열다, 공개하다, 노출시키다, 파헤치다.

reclūsus -*a* -*um* **recludo**의 과거분사.
recoctus -*a* -*um* **recoquo**의 과거분사.
recognōscō -*gnōvī* -*gnitum* -*gnōscere*(E review) *vt.* 재검토하다, 검사하다.
recolō -*coluī* -*cultum* -*colere*(E retill) *vt.* (논밭을) 되갈다; 고려하다, 숙고하다.
recondō -*condidī* -*conditum* -*condere*(E hide away) *vt.* 숨기다; 파묻다, 몰아넣다.
recoquō -*coxī* -*coctum* -*coquere*(E reforge) *vt.* 고쳐 만들다, 다듬다.
recordor -*ātus* -*ārī*(E recall to mind) *dep. v.* 상기시키다, 일깨우다.
rēctor -*ōris*(E ruler) *m.* 지배자, 지도자, 키잡이.
rēctus -*a* -*um* **rego**의 과거분사.
recubō -*cubāre*(E recline) *vi.* 기대다, 드러눕다.
recumbō -*cubuī* -*cubitum* -*cumbere*(E fall) *vi.* 무너지다, 떨어지다, 가라앉다.
recurrō -*currī* -*cursum* -*currere*(E hasten back) *vi.* 움직이다; 서두르다. 태양. sol recurrens 공전하는
recursō -*āvī* -*ātum* -*āre*(E run back) *vi.* 뒤로 달리다; 재발하다, 다시 돌아오다, 반복되다.
recursus -*ūs*(E reflux) *m.* 역류, 퇴조; 썰물.
recurvus -*a* -*um*(E curving backward) *adj.* 뒤쪽으로 휜; 굽은.
recūsō -*āvī* -*ātum* -*āre*(E make objection) *vi. and vt.* 반대하다, 꺼려하다, 거부하다, 거절하다; 몹시 피하다.
recussus -*a* -*um* recutio의 과거분사.
recutiō *cussum* -*cutere*(E strike back) *vi.* 되돌아오다. ■ recussus -*a* -*um* (과거분사형) 다시 울리는.
redarguō -*nī* -*uere*(E disprove) 반증을 들다, 논박하다.
redditus -*a* -*um* **reddo**의 과거분사.
reddō -*didī* -*ditum* -*dere*(E give back) *vt.* 되돌려주다, 되갚다, 반환하다; 포기하다, 줘버리다, 양보하다; 주다, 수여하다, 제공하다; (재귀대명사와 함께 혹은 수동태로 쓰여) 되돌아가다, 귀환하다; (수동태로 쓰여) 나타나다, 등장하다.
redemptus -*a* -*um* redimo의 과거분사.
redeō -*iī*(-*īvī*) -*itum* -*īre*(E go back) *irr. vi.* 되돌다가다, 귀환하다; (경주 등에서) 도착하다; (산 등을) 둘러싸며 걷다.
redimīculum -*ī*(E band) *n.* 띠, 끈; 머리띠.
redimiō -*iī* -*ītum* -*īre*(E encircle) *vt.* 에워싸다, 둘러싸다.

redimītus *-a -um* **redimio**의 과거분사.
redimō *-ēmī -emptum -imere*(E ransom) *vt.* 배상하다, 갚다.
reditus *-ūs*(E return) *m.* 보상.
redoleō *-oluī -olēre*(E smell of) *vi. and vt.* ~의 냄새를 풍기다; 냄새를 풍기다, 향이 나다. *no sup.
redūcō *-dūxī -dūetum -dūcere*(E lead back) *vt.* 뒤로 이끌다. 후퇴시키다; 회복시키다, 구하다.
reducti remi(E plied with force) 열심히 행해진, 부지런히 움직인. ■ reductus *-a -um p.p. as adj.* 은퇴한; 비사교적인, 은둔한, 외딴.
reductus *-a -um* **reduco**의 과거분사.
redux *-ucis*(E returning) *adj.* 원래대로 되돌아가는; 되돌려진, 회복된.
refectus *-a -um* **reficio**의 과거분사.
refellō *-fellī -fellere*(E refute) *vt.* 반박하다, ~의 그릇됨을 보이다.
referō, *rētulī (rett-) relātum referre*(E bring back) *irr. vt.* 되돌려주다, 반환하다, 원래대로 복구하다; 원래 마땅히 속해야 할 곳으로 옮기다; 반복하다, 나타내다, ~에 닮다; (주제 등을) 제시하다, 내놓다, 이야기하다; (재귀대명사와 함께 혹은 수동태로 쓰여) 귀환하다, 돌아가다.
rēfert *rētulit rēferre*(E it is important) *irr. v. imp.* ~이 중요하다, 적절하다.
reficiō *-fēcī -fectum -ficere*(E change) *irr. vt.* 바꾸다, 새롭게 하다, 수리하다, 복구하다, 재건하다.
refigō *-fīxī -fīxum -fīgere*(E unloosen) *vt.* 떼어내다, 풀다, 흔들리게 하다, 찢어 없애다. ¶fixit leges refixitque 법을 세우고 다시 없애다.
refingō *-fingere*(E refashion) *vt.* 다시 새롭게 하다, 새로운 모습으로 바꾸다. *no perf., no sup.
refixus *-a -um* **refigo**의 과거분사.
reflectō *-flexī -flexum -flectere*(E bend back) 되돌리다, 원래대로 바꾸다. 돌려보내다; (수동태로 쓰여) 굽다, 휘어지다.
reclexus *-a -um* **reflecto**의 과거분사.
refluō *-fluere*(E flow back) *vi.* 물러가다, 멀어지다, 희미해지다, 감퇴하다. *no perf., no sup
reformīdō *-ātum -āre*(E dread) *vt.* 무서워하다, 두려워하다.
refringō *-frēgī -fractum -fringere*(E break off) *vt.* 끊어내다, 중단하다.
refugiō *-fūgī -fugere*(E shrink back) *vt. and vi.* 뒤로 움츠리다, 도망가다, 후퇴하다; 피하다, 꺼려하다, 거절하다, 거부하다.
refulgeō *-fulsī -fulgēre*(E shine forth) *vi.* 빛나다, 번쩍이다, 반짝이다. *no sup.

refundō *-fūdī -fūsum -fundere*(E *pour back*) *vt.* 되던지다, 되돌아가게 하다. 퇴보시키다.

refūsus *-a -um* **refundo**의 과거분사.

refūtō *-āvī -ātum -āre*(E *repel*) *vt.* 쫓아버리다. 격퇴하다; 반박하다, 그 그릇됨을 보이다.

rēgālis *-e*(E *royal*) *adj.* 왕의, 왕실의.

rēgificus *-a -um*(E *regal*) *adj.* 제왕의, 왕의.

rēgīna *-ae*(E *queen*) *f.* 여왕, 왕비, 공주 ▪ *app. as adj.* 왕의, 왕족의.

regiō *-ōnis*(E *direction*) *f.* 방향, 진로, 진행; 지역, 동네.

rēgius *-a -um*(E *royal*) *adj.* 왕의, 왕실의; 왕자다운, 기품 있는, 장엄한, 훌륭한. ▪ rēgia *f.* 왕궁, 왕도.

rēgnātor *-ōris*(E *ruler*) *m.* 통치자, 주권자, 국가 원수, 왕.

regnātus *-a -um* **regno**의 과거분사.

rēgnō *-āvī -ātum -āre*(E *reign*) *vi. and vt.* 통치하다, 지배하다; 통제하다. ¶regnandi cupido 왕권의. ¶ignis regnat per ramos 통제되지 않은 분노.

rēgnum *-ī*(E *realm*) *n.* 국토, 왕국; 왕권, 왕좌; 권력, 권위.

regō *rexī rēctum regere*(E *direct*) *vt.* 이끌다, 인도하다, 나아가게 하다; (특히) 다스리다, 통치하다, 지배하다. 통제하다. ▪ rēctus *-a -um p.p. as adj.* 올바른, 똑바른. ¶recttis vestigia pedibus 일직선의 주로(走路). ¶recto flumine 강을 따라 곧게. ¶recto litore 해안선을 따라 곧게. ▪ rectum *n.* 정도(正道), 미덕.

regressus *-ūs*(E *return*) *m.* 회귀, 원래대로 다시 돌아감.

reiciō (rellc- relc-) *-iēcī -iectum -icere*(E *throw back*) *vt.* 되던지다, 되돌아가게 하다, 격퇴하다; 거부하다, 거절하다.

reiectō *-āvī -ātum -āre*(E *throw back*) *vt.* 되던지다, 거부하다, 거절하다.

reiectus *-a -um* **reicio**의 과거분사.

relābor *-lāpsus -lābī*(E *recede*) *dep. v.* 뒤로 물러나다, 멀어지다.

relātus *-a -um* **refero**의 과거분사.

relaxō *-āvī -ātum -āre*(E *loosen*) *vt.* 풀어주다, 느슨하게 하다.

relegō *-lēgī -lēctum -legere*(E *sail along again*) *vt.* (바다 등을) 건너다, 가로지르다, (해안 등을 따라) 다시 항해하다.

relēgō *-āvī -ātum -āre*(E *remove*) *vt.* 없애다, 제거하다, 치우다, 추방하다, 내쫓다; 건네주다, 인도하다, 위임하다, 맡기다.

relictus *-a -um* **relinquo**의 과거분사.

religātus *-a -um* **religo**의 과거분사.

rēligiō (rell-) *-ōnis*(E *reverence*) *f.* (어떤 사람에 대한) 공경, 존경; (특히)

신들에 대한 공경, 숭상, 신앙심, 종교, 경신(敬神); 신성한 의식, 의례; 聖유물; 신성(神性).

religiōsus (rell-) -a -um(E *sacred*) adj. 신성한.

religō -āvī -ātum -āre(E *bind fast*) vt. 단단히 묶다, 꽉 죄다, 밧줄로 잡아매다; (특히 배를) 잡아매다, 계류하다.

relinō -lēvī -litum -linere(E *unseal*) vt. 개봉하다, 열다.

relinquō -līquī -lictum -linquere(E *leave behind*) 뒤에 남겨놓다, 떠나다, 저버리다, 버리고 가다, 포기하다.

reliquiae (rell-) -ārum(E *remnants*) f. plur. 유적; Danau*m*.

relūceō -lūxī -lūcēre(E *shine forth*) vi. 밝게 빛나다, 타오르다, 번쩍이다. *no sup.

reluctor -ātus -ārī(E *struggle*) dep. v. 몸부림치다, 고군분투하다.

remēnsus -a -um **remetior**의 과거분사.

remeō -āvī -āre(E *return*) vi. 돌아가다, 복귀하다. *no sup.

remētior -mēnsus -metīrī(E *measure back*) dep. v. 재측정하다, 다시 살피다, (같은 길을) 다시 거슬러 올라가다.

rēmex -igis(E *oarsman*) m. 노 젓는 사람.

rēmigium -ī (-iī)(E *rowing*) n. 배젓기, 조정; 노, 노 젓는 사람; (비유的) 기계류.

reminīscor *reminiscī*(E *remember*) dep. v. 기억하다. *no p.p.

remissus -a -um **remitto**의 과거분사.

remittō -mīsī -missum -mittere(E *send back*) vt. 다시 돌려보내다, 반환하다; 포기하다, 양도하다; (재귀대명사와 함께) 항복하다.

remordeō -morsum -mordēre(E *gnaw*) vt. 괴롭히다, 지치게 하다, 약하게 하다. *no perf.

remōtus -a -um **removeo**의 과거분사.

removeō *mōvī* -mōtum -movēre(E *move away*) vt. 없애버리다, 치워버리다, 제거하다, 숨기다.

remūgiō -mūgīre(E *bellow forth*) vi. 큰 소리로 울다, 크게 울리다, 고함지르다. *no perf., no sup.

remulceō -mulsī -mulcēre(E *droop*) vt. (동물의 꼬리 따위를) 축 늘어뜨리다.

Remulus -ī(E *Rutulian*) m. Rutulia 사람.

remurmurō -āre(E *murmur*) vi. 중얼거리다, 투덜거리다, 으르렁거리다

Remus -ī(E *Rutulian*) m. Rutulia 사람. ■ m. Romulus의 형제.

rēmus -ī(E *oar*) m. 노.

renārrō *-āvī -ātum -āre*(E relate) vt. 이야기하다, 설명하다.
renāscor *-nātus -nāscī*(E grow again) dep. v. 다시 자라다. 다시 성장하다.
renātus *-a -um* **renascor**의 과거분사.
renīdeō(-nīduī) *-nīdēre*(E beam forth) vi. 반짝이다, 몹시 빛나다.
renovō *-āvī -ātum -āre*(E renew) vt. 새롭게 하다, 갱신하다, 재거하다.
reor *ratus rērī*(E reckon) dep. v. 계산하다, 생각하다, 추정하다, 판단하다. ▪ ratus *-a -um* [과거분사] 감각, 사고, 이성.
repellō *repulī (repp-) repulsum repellere*(E drive back) vt. 몰아내다, 쫓아버리다, 격퇴하다.
rependō *-pendī -pēnsum -pendere*(E weigh back) 똑같이 갚아주다, 되돌리다.
repēns *-entis*(E sudden) adj. 갑작스러운, 예상치 못한.
repente (E suddenly) adv. 갑자기, 예상 밖으로.
repercussus *-a -um* **repercutio**의 과거분사.
repercutiō *-cussī -cussum -cutere*(E reflect) vt. 반사하다, 반향하다.
reperiō *rēperī (repp-) repertum reperīre*(E find) vt. 찾다, 발견하다, 감지하다.
repertor *-ōris*(E discover) m. 발견자, 발명자, 선구자.
repertus *-a -um* **reperio**의 과거분사.
repetītus *-a -um* **repeto**의 과거분사.
repetō *-petiī (-īvī) -petītum -petere*(E go back to) vt. ~로 다시 돌아가다, ~을 다시 찾다, 다시 가져오다, 다시 요구하다; 다시 시작하다, 반복하다, 기억하다.
repleō *-plēvī -plētum -plēre*(E fill up) vt. 채우다, 가득 부어 넣다, (강 따위를) 넘치게 하다.
replētus *-a -um* **repleo**의 과거분사.
repōnō *-posuī -positum -pōnere*(E replace) vt. 대신하다, 복구하다, 회복하다, 갱생시키다; 치우다, 그만두다; ~을 가져가버리다, 운반해 가다, 수여하다. ▪ repositus (repostus) *p.p. as adj.* 먼, 아득한.
reportō *-āvī -ātum -āre*(E bring back) vt. 다시 가져가다, 다시 옮기다; 보고하다, 알리다.
reposcō *-poscere*(E demand) vt. 요구하다, 청구하다, 구하다.
repostus *-a -um* repono 참조.
reprimō *-pressī -pressum -primere*(E hold back) vt. 잡아드다, 억제하다, 저지하다.

repugnō *-āvī -ātum -āre*(E *resist*) vi. 저항하다, 적대하다.
repulsus *-a -um* **repello**의 과거분사.
requiēs *-ētis (-ēī)*(E *rest*) f. 휴식; 휴지(休止), 정지, 중단.
requiēscō *-quiēvī -quiētum -quiēscere*(E *rest*) vi. 휴식하다. 멈추다.
requīrō *-quīsīvī -quīsītum -quīrere*(E *seek out*) vt. 찾다, 찾아내다, 구하다; ~의 필요성을 느끼다; 묻다, 알아보다.
rēs *reī*(E *thing*) f. 물건, 사물; 일, 사건, 행사; 업적, 공적; 주위의 사정, 상황, 환경; 운수; 권력, 국가, 나라, 제국; 재산, 사유지. ¶res tenerae 연약한 것들. ¶tenues res 보잘것없는 운수. ¶res incognita 미확인 물체, 알려지지 않은 상태의 것. ¶res divinae 신성한 의식. ■ *f. plur.* 환경, 지구, 세계. ¶rerum dominus 세계의 지배자.
rescindō *-scidī -scissum -scindere*(E *cut away*) vt. 잘라내다, 떼어내다, 없애버리다.
rescerō *-āvī -ātum -āre*(E *unbar*) vt. (門의) 빗장을 벗기다, 열다, 개방하다, 공개하다.
resecō *-secuī -sectum -secāre*(E *cut away*) vt. 잘라내다, 떼어내다, (나뭇가지 따위를) 쳐내다.
reservō *-āvī -ātum -āre*(E *reserve*) vt. 남겨두다, 유보하다; 보존하다, 아껴두다, 저장해 놓다.
reses *-idis*(E *inactive*) adj. 한가한, 활동하지 않는, 한산한, 평온한.
resideō *-sēdī -sessum -sidēre*(E *sit down*) vi. 앉다.
resīdō *-sēdī no sup. -sīdere*(E *sink down*) vi. 앉다, 주저앉다; 멈추다, 주둔하다, 정착하다; (비유적) 가라앉다, 잦아들다, 멈추다, 평온해지다.
resignō *-āvi -ātum -āre*(E *unseal*) vt. 개봉하다, 열다, 공개하다; (드물게) 밀봉하다, 닫다.
resistō *-stitī -sistere*(E *stop*) vi. 멈추다, 멈춰서다, 뒤로 물러나다; 거부하다, 저항하다, 반대하다. 버티다, 견뎌내다.
resolūtus *-a -um* **resolvo**의 과거분사.
resolvō *-solvī -solūtum -solvere*(E *unloose*) vt. 풀다, 자유롭게 하다, 개봉하다, 열다, 편하게 하다, 흩어버리다, 해산하다; (재귀대명사와 함께 또는 수동태로 쓰여) 흩어지다, 녹아내리다.
resonō *-āvī no sup. -āre*(E *resound*) vi. 울려 퍼지다, 반향하다, 중얼거리다; (능동태로 쓰여) 소리 나게 하다, (노래 등을) 부르다, ~한 소리가 나다.
resorbeō *-sorbēre*(E *swallow down*) vt. 빨아들이다, 삼켜버리다.
respectō *-āvī -ātum -āre*(E *look back upon*) vi. 되돌아보다, 주시하다,

주의하다.
respergō -spersī -spersum -spergere(E sprinkle) vi. 뿌려지다, 산재하다.
respiciō -spexī -spectum -spicere(E look back) vt. and vi. 뒤돌아보다, 주위를 둘러보다; ~을 찾으러 둘러보다; 알아채다, 인지하다, 고려하다.
respīrō -āvī -ātum -āre(E breathe) vi. 숨쉬다.
resplendeō -ēre(E shine forth) vi. 반짝반짝 빛나다, 번쩍이다.
respondeō -spondī -spōnsum -spondēre(E answer) vi. 대답하다, 답변하다, 반응하다; 교환하다, 주고받다; 보답하다, 답례하다; (소리 따위가) 다시 울려 퍼지다.
respōnsō -āre(E respond) vi. 대답하다, 응답하다, 반응하다.
respōnsum -ī(E answer) n. 대답, 답변; (특히) 신의 계시, 신탁(神託), 예언.
restinctus -a -um **restinguō**의 과거분사.
restinguō -stīnxī -stīnctum -stinguere(E quench) vt. 끄다, 죽이다; (갈증 등을) 가시게 하다.
restituō -stituī -stitūtum -stituere(E restore) vt. 다시 세우다, 복구하다.
restō -stitī -stāre(E stop behind) vi. 뒤에 멈춰서다; 뒤에 남다, 머물다. *no sup.
resultō -ātum -āre(E rebound) vi. 다시 튀어 오르다, 원래대로 되돌아오다, 반향하다. *no perf.
resupīnus -a -um(E on the back) adj. 뒤의. 뒤에 있는.
resurgō -surrexī -surrectum -surgere(E rise again) vi. 다시 일어나다, 재귀하다.
retardō -āvī -ātum -āre(E delay) vt. 미루다, 연기하다, 방해하다, 저지하다.
rēte -is(E net) n. 그물.
retentus -a -um **retego**의 과거분사.
retegō -texī -tēctum -tegere(E uncover) vt. 털어놓다, 공개하다, 드러내다, 적발하다.
retengō -āvī -ātum -āre(E hold back) vt. 잡아놓다, 붙들다, 저지하다.
retexō -texuī -textum -texere(E unweave) vt. (매듭, 꾸러미 등을) 풀다; 원래로 되돌리다.
retināculum -ī(E rope) n. 밧줄, 케이블.
retineō -tinuī -tentum -tinēre(E detain) vt. 잡아두다, 붙들다, 멈추다, 억제하다.
retorqueō -torsī -tortum -torquēre(E turn back) vt. 돌아가게 하다, 되돌리다, 돌려보내다.

retortus *-a -um* **retorqueo**의 과거분사.
retractō *-āvī -ātum -āre*(E seize again) *vt.* 다시 움켜쥐다, 붙들다. ▪ *vt. and vi.* 물러서다, 뒷걸음치다; 되돌리다.
retrahō *-trāxī -tractum -trahere*(E draw back) *vt.* 되돌리다, 철수시키다.
retrō (E back) *adv.* 뒤에, 뒤쪽으로; 거꾸로.
retrōrsum *(-rsus)*(E backward) *adv.* 뒤쪽으로, 뒤에.
retundō *-tudī -tūsum -tundere*(E blunt) *vt.* 무디게 하다, 약하게 하다.
retūnsus *-a -um* **retundo**의 과거분사.
reus *rī*(E party) *m.* (계약.소송 등의) 당사자, 상대방; (특히) 피고.
revehō *-vēxī -vectum -vehere*(E carry back) *vt.* 도로 나르다; 도로 가져가다.
revellō *-vellī -vulsum (vols-) -vellere*(E wrench away) *vt.* 비틀어 돌리다, 잡아떼다.
revertor *-versus*(E turn back) *dep. v.* 뒤돌아 가다, 복귀하다, 귀환하다; 다시 시작하다, 재개하다.
revinciō *-vīnxī -vinctum -vincīre*(E bind back) *vt.* 묶다, 동이다, 둘러 감다.
revīnctus *-a -um* **revinciō**의 과거분사.
revirēscō *-viruī -virēscere*(E grow green again) *vi.* 다시 파릇파릇해지다; 혈기를 회복하다.
revīsō *-vīsere*(E revisit) *vt. and vi.* 재방문하다, 다시 돌아가다.
revocātus *-a -um* **revoco**의 과거분사.
revocō *-āvī -ātum -āre*(E restore) *vt.* (기억 따위를) 되살리다, 복구하다, 재건하다, 회복시키다, 소생하게 하다; 단념시키다, 만류하다.
revolō *-āvī -āre*(E fly back) *vi.* 다시 뒤로 날아가다. *no sup.
revolūtus *-a -um* **revolvo**의 과거분사.
revolvō *-volvī -volūtum -volvere*(E throw back) *vt.* 되던지다, 되돌아가게 하다, 저지하다; 다시 ~ 을 하다, 반복하다.
revomō *-vomuī -vomere*(E vomit up) *vt.* 토해내다. *no sup.
revulsus (-volsus) *-a -um* **revello**의 과거분사.
rēx *rēgis*(E king) *m.* 왕, 왕자, 지도자.
Rhadamanthus *-ī m.* Minos의 형제이자 Jupiter의 아들. Crete섬에서 Minos에 의해 쫓겨난다. 죽은 후 지하세계의 재판관이 된다.
Rhamnēs *-ētis m.* Turnus의 왕자이자 예언자.
Rhea *-ae f.* 신화 속 여 사제. Hercules와 함께 Aventinus를 낳는다.
Rhēnus *-ī*(E Rhine) *m.* Rhine 강. 독일과 갈리아 지방을 가르며 흐른다.
Rhēsus *-ī m.* Thrace의 왕.
Rhodins *-a -um*(E Rhodian) *adj.* Rhodes(지중해 동쪽의 한 섬)의.

Rhodopē *-ēs f.* Thrace의 산.
Rhodopēius *-a -um adj.* Rhodope의.
Rhoebus *-ī m.* Mezentius의 군마.
Rhoetēius *-a -um adj.* Rhœteum의; Troy의.
Rhoeteus *-eī (-eos)*(E *Rutulian*) *m.* Rutulia의.
Rhoetus *-ī*(E *centaur*) *m.* 켄타우루스(그리스 신화에 나오는 반인반마의 괴물); Marsi의 왕.
rīdeō *rīsī rīsum rīdēre*(E *laugh at*) *vt. and vi.* (~에) 웃다, 미소 짓다.
rigeō *(riguī referred to rigesco) rigēre*(E *be stiff*) *vi.* 딱딱해지다. ▪ **rigēns** *-entis p. as adj.* 딱딱한, 딱딱해진.
rigēscō, *riguī rigēscere*(E *grow stiff*) *vi.* 딱딱해지다, 얼다, 응고하다.
rigidus *-a -um*(E *stiff*) *adj.* 딱딱한, 뻣뻣한, 굳은. (무기, 군대 따위가) 저항할 수 없는. 꺾을 수 없는.
rigō *-āvī -ātum -āre*(E *wash*) *vt.* 물로 씻다, 씻기다, 적시다, 축축하게 만들다.
rigor *-ōris*(E *hardness*) *m.* 딱딱함, 경직됨.
riguus *-a -um*(E *watering*) *adj.* 급수(給水)의, 물을 주는; 물이 풍부한.
rīma *-ae*(E *crack*) *f.* 갈라진 틈, 금, 균열.
rīmor *-ātus -ārī*(E *search*) *vt.* 엿보다, 탐색하다, 찾다, 뒤져서 찾다; 사냥하다.
rīmōsus *-a -um*(E *full of chinks*) *adj.* 금이 많이 간, 틈이 많은.
rīpa *-ae*(E *bank*) *f.* (하천 호수의) 둑, 제방; 기슭, 안(岸); 강, 물가
Rīp(h)aeus *-a -um*(E *of the Riphœi*) *adj.* Riphœi산맥의. (Thrace 지방의 산맥)
Rīpheus *-eī (-eos)* (E *a Trojan warrior at the sack of Troy.*) *m.* 트로이 전쟁에 참가했던 트로이의 전사.
rīsus *-ūs*(E *laughter*) *m.*, 웃음, 미소.
rīte (E *in due form*) *adv.,* 적당하게, 정식으로, 알맞은 형식으로; 적절히, 어울리게
rītus *-ūs*(E *form*) *m.,* 형식, 의식, 예법; 풍습, 관례. ▪ abl. ~한 형식으로, ~와 같이
rīvus *-ī*(E *stream*) *m.,* 강줄기, 지류; 강, 수로; 정맥, 혈관; (詩的) 땀
rōbīgō *(rūb-) -inis*(E *rust*), *f.,* (쇠붙이 등의) 綠; (식물 등의) 녹병, 충해.
rōbur *-oris*(E *hardwood*) n. 단단한 재목, 나무, 통나무; (특히) 오크나무; (比喩的) 단단함, 힘, 기세, 용기 ¶annosum robur 오래된 나무
rōbustus *-a -um*(E *stout*) *adj.,* 튼튼한, 강건한

rogitō (E ask) vt., 묻다, 질문하다.
rogō -āvī -ātum -āre(E ask for) 1. vt., 부탁하다, 빌다, 바라다, 간청하다.
rogus -ī(E funeral pile) m., (火葬用의) 장작더미
Rōma -ae(E Rome) f., 로마
Rōmānus -a -um(E Roman) adj., 로마의, 로마인의. ▪ Masc. 로마인.
Rōmuleus -a -um(E of Romulus) adj., Romulus의.
Rōmulidēs -ae(E Romans) m. only in plur., Romulus의 자손들, 로마인들.
Rōmulus -ī, m., Romulus: 전설 속 로마의 始祖.
Rōmulus -a -um(E of Romulus) adj., Romulus의.
rōrō -āvī -ātum -āre(E drop dew) 1. vt. and vi., (물방울이나 이슬 등이) 똑똑 떨어지다; 떨어지게 하다.
rōs *rōris*(E dew) m., 이슬; 물, 빗물, 습기, 물방울. ▪ ros marinus 로즈메리(지중해 지방이 원산지인 상록 관목)
rosa -ae(E rose) f., 장미.
rosārius -a -um(E of roses) adj., 장미의.
rōscidus -a -um(E dewy) adj., 이슬이 맺힌, 촉촉한.
rosētum -ī(E rose garden) n., 장미 덤불, 장미 정원.
roseus -a -um(E rosy) adj., 장미의; 장밋빛의, 장미와 같은.
Rōseus -a -um(E of Rosea) adj., Rosea의: 다산으로 유명한 중부 이탈리아의 한 지방
rōstrātus -a -um(E with beaked prow) adj. 衝角(적선을 충돌 파괴하기 위해 뱃머리에 부착한 금속 돌기)이 있는.
rōstrum -ī(E beak) n., 부리, 긴 코, 주둥이; (배의) 충각(衝角).
rota -ae(E wheel) f., 바퀴; 전차, 마차. ¶volvere rotam (詩的) 진행되다, 전진하다.
rotō -āvī -ātum -āre(E brandish) 1. vt. and vi., 휘두르다, 회전시키다 ▪ Intrans., 회전하다, 구르다.
rubeō no perf., no sup. -ēre(E redden) 2. vi., 붉어지다, 붉히다; 붉게 빛나다. ▪ rubēns -entis, p. as adj., (얼굴을) 붉힌, 붉은, 빛나는.
ruber -bra -brum(E red) adj., 붉은, 불그스레한, 빨개진.
rubēscō -rubuī, no sup. -rubēcere(E redden) 3. vi., 붉히다, 붉어지다.
rubeus -a -um(E of brambles) adj., 검은 딸기(blackberry)의.
rubicundus -a -um(E ruddy) adj., 불그스레한, 붉게 빛나는..
rubor -ōris(E redness) m., 홍조, 얼굴 붉힘.
rubus -ī(E bramble) m., 검은 딸기(blackberry)
rudēns -entis(E rope) m., (배에서 쓰는) 밧줄, 닻줄.

rudīmentum -ī(E *beginning*) n., 처음, 시작.
rudis -e(E *rough*) adj., 거친, 난폭한, 버릇없는.
rudō -īvī -ītum -ere(E *roar*) 3. vi., 외치다, 포효하다, 으르렁거리다.
Rufrae -ārum, f. plur., Samnites나 Campania(이탈리아 중남부에 있던 고대 부족 국가)에 위치했던 것으로 추정되는 고대의 도시.
rūga -ae(E *wrinkle*) f., 주름, 구김살.
ruīna -ae(E *fall*) f., 추락, 낙하, 충돌, 소동; 추락하는 물체; (比喩的) 전락, 몰락, 파멸, 멸망 ¶ trahere ruinam 몰락하다, 멸망하다.
rūminō -āvī, -ātum, -āre (E *ruminate*) vi., 반추하다, 깊이 생각하다.
■ Pass. as dep. 같은 뜻.
rūmor -ōris(E rumor) m., 소문, 풍문.
rumpō rūpī ruptum rumpere(E *break*) 3. vt. and n., lit., 부수다, 깨뜨리다, 꿰찌르다, 절단하다, 끊다; (比喩的) 어기다, 범하다, 위반하다, 훼방놓다.
ruō, ruī rutum ruere(E *overthrow*) 3. vt. and n. 뒤집어엎다, 넘어뜨리다; 전복하다, 타도하다, 파괴하다, 버려두다, 패배시키다. ¶rapiunt ruuntque 약탈하고 버려두다. ■ Intrans., (급류에 휩쓸려) 떨어지다; 몰락하다 ■ Intrans., 무턱대고 뛰어가다, 돌진하다, 달려들다. ■ (比喩的) 끝나다, 나빠지다, (가치 등이) 떨어지다.
rūpēs -is(E *rock*) f., 바위, 암석, 암반.
ruptus -a -um, rumpo의 과거분사.
rūrsum (rūrsus)(E *back again*) adv., 다시, 새로 ■ (比喩的) 더욱이, 게다가, 더하여.
rūs rūris(E *country*) n., 시골; 농장, 농지, 벌판. ¶rus opacum 그늘진 땅.
ruscum -ī(E *butcher's broom*) n., 나도죽백(잉글랜드産 백합科의 상록 관목); 쓸모없는 목초.
rūsticus -a -um (E *rustic*) adj., 시골의, 전원생활의. ■ Masc., 시골뜨기, 농부.
rutilō -āvī -ātum -āre(E *glimmer red*) vt. and vi., 붉게 빛나다, 붉게 반짝거리다.
rutilus -a -um(E *red*) adj., 붉은, 오렌지색의.
Rutulus -a -um(E *of the Rutuli*) adj., Rutuli人들의: Ardea를 수도로 했던 Latium 지방의 작은 종족. 전설 속 Æneas와 적대하였으며, Turnus 왕의 지도하에 트로이 인들이 이탈리아에 정착하는 것을 막았다. ■ Masc. plur. Rutuli人들.

S s

Sabacus -*a* -*um* (E of Saba) *adj.* 사바(Saba)의: 몰약과 유향으로 유명했던 아라비아(Arabia)의 도시로, 부유하고 호사스러운 삶을 영위했다고 한다. ■ *m.pl.* 사바(Saba)사람들.
Sabellicus -*a* -*um* (E Sabellian) *adj.* 사벨리(Sabelli)인의: 사비누스(Sabinus) 등 고대 이탈리아 중.남부의 주민.
Sabellus -*a* -*um* (E Sabellian) *adj.* 사벨리(Sabelli)의.
Sabīnus -*a* -*um* (E Sabine) *adj.* 사비누스(Sabinus)의: 중부 이탈리아를 장악했던 대부족. 라시움(Latium)과 남부 이탈리아를 침략했었다. ■ *m.pl.* 사비누스(Sabinus)인들. ■ *f.pl.* 사비누스(Sabinus)의 여자들. ■ *m.sing.* 사비누스(Sabinus): 낫으로 상징되는 사비누스(Sabinus)의 전설 속 시조.
saburra -*ae* (E sand) *f.* 모래, 자갈.
sacellum -*ī* (E shrine) *n.* 제단, 예배당; 신성한 동굴.
sacer -*cra* -*crum* (E sacred) *adj.* 신성한, 성스러운; 바쳐진, 봉납된 ■ *n.pl.* 성스러운 도구, 신성한 상징; 제물, 봉납물; 신성한 의식, 성가.
sacerdōs -*dōtis* (E priest) *m.* 성직자, 사제; 신성한 음유시인.
Sacēs -*ae* (E Rutulian) *m.* 루툴리아인.
Sacrānus -*a* -*um* (E of the Sacrani) *adj.* 사크라니(Sacrani)인들의: 라시움(Latium) 지방의 부족.
sacrārium -*ī* (-*iī*) (E sanctuary) *n.* 신성한 곳, 성소, 제단.
Sacrātor -*ōris, m.* 루툴리아인.
sacrātus -*a* -*um, adj.* [sacrō의 과거분사]
sacrilegus -*a* -*um* (E sacrilegious) *adj.* 신성을 더럽히는, 불경스러운, 성물을 훔치는.
sacrō -*āvī* -*ātum* -*āre* (E consecrate) *vt.* 신성하게 하다, 봉헌하다, 바치다 ■ sacrātus -*a* -*um* -*adj.* 신성화된, 성스러운. ¶sacrata iura 신성한 맹세.
saeculum (*sacclum sē-*) -*ī* (E generation) *n.* 세대, 종족, 사람; (시간으로서의) 세대, 일생, 시대. ■ *pl.* 오랜 세월, 시대, 후세. ¶per saecula 영원히.
saepe (E frequently) *adv.* 자주, 종종. ■ saepius, -*adj..* 더 자주.
saepēs -*is* (E fence) *f.* 울타리, 담; 과수원.
saepiō (*sēp-*) *saepsī saeptum saepire* (E enclose) *vt.* 두르다, 에워싸다,

포위하다, 속박하다. ▪saeptus *-a -um -adj.* 둘러싸인. ▪saeptum *n.* 울로 둘러막은 땅, 과수원.

saeptus *-a -um adj.* **Saepiō**의 과거분사

saeta *(sēt-) -ae* (E stiff hair) *f.* 곤두 선 털, 거센 털, 강모(剛毛).

saetiger *(sēt-) -era -erum* (E bristly) *adj.* 강모질의, 뻣뻣한.

saetōsus *(sēt-) -a -um* (E bristly) *adj.* 강모질의, 뻣뻣한.

saeviō *-īvī (-iī) -ītum -īre* (E rage) *vi.* 화가 나다, 격노하다, 고함치다.

saevus *-a -um* (E furious) *adj.* 화가 난, 분노한, 사나운, 가차 없는, 잔인한; (싸움 등에서) 용맹한.

Sagaris *-is, m.* 트로이아인.

Sagēs *(-is) m.* 루툴리아인.

sagitta *-ae* (E arrow) *f.* 화살

sagittifer *-era -erum* (E armed with arrows) *adj.* 화살로 무장한

sagulum *-ī* (E cloak) *n.* (병사들이 갑옷 위에 입었던) 망토, 외투.

sāl *salis* (E water) *(m.) n.* 물, 소금물, 바닷물, 바다, 심해; 소금; (比喻的) 기지, 재치, 지혜.

Salamis *-mīnis, f.* 사로니코스 만의 섬이자 텔라몬(Telamon)의 고향. 아테네인들이 페르시아를 전쟁에서 이긴 곳이기도 함.

Sālentīnus *(Sall-) -a -um* (E of the Salentini) *adj.* 살렌티니(Salentini)인들의: 칼라브리아(Calabria)에 사는 종족.

salictum *-ī* (E willow thicket) *n.* 버드나무, 버드나무숲.

salignus *-a -um* (E of willow) adj. 버드나무의.

Saliī *-ōrum* (E the Salii) *m.pl.* 마르스(Mars)의 춤추는 열두 명의 사제. 1년에 한 번씩, 각종 장신구나 성스러운 방패를 들고 춤추며 도시를 돌아다녔다고 전해짐. 웨르질리우스(Vergilius)은 이 의식이 에완데르(Evander)가 살았던 시대에 이루어졌다고 기록했음.

saliō *-uī (-īvī) -tum -īre* (E leap) *vi.* 뛰다, 뛰어오르다.

saliunea *-ae* (E valerian) *f.* 쥐오줌풀.

Salius *-ī, m.* :트로이인의 이름.

salix *-icis* (E willow) *f.* 버드나무, 버드나무 가지.

Salmōneus *-eos, m.* 아에올루스(Æolus)의 아들. 엘리스(Elis)를 지배하였으며, 이우피테르(Jupiter)의 벼락을 닮은 자긍심에 차 있었음. 이러한 자만 때문에 벼락을 맞고 지하세계로 추방당함.

Salmōnia *-ae f.* 에니페우스(Enipeus) 강가에 있던 엘리스(Elis)의 한 도시.

salsus *-a -um* (E salted) *adj.* 짠, 소금기 있는; (특히, 생명어게 필요 불가결함을 나타내는) 제사에 쓰였던 식사와 소금의.

saltem (E at least) *adv.* 적어도

saltō *-āvī -ātum -āre* (E leap) *vt.* 뛰어 돌아다니다, 뛰어넘다.

saltus *-ūs* (E leap) *m.* 뛰어오름, 도약.

saltus *-ūs* (E pasture) *m.* (숲 사이의) 빈터, 목초지; 작은 숲, 삼림지.

salūbris *-e* (E healthful) *adj.* 건강에 좋은, (병을) 치유하는.

salum *-ī* (E sea) *n.* 바다, 심해.

salūs *-ūtis* (E health) *f.* 건강, 번영, 행복; 구제, 보호; 무사.안녕에 대한 염원.

salūtō *-āvī -ātum -āre* (E salute) *vt.* 건강을 기원하다, 인사하다, 환영하다, 환호하여 맞이하다. ■ salūtāns *-antis m.f.* 방문객.

salvē salveō 참조.

salveō *salvēre* (E be well) *vi.* 건강히 지내다. ■ salvē (-ētc), *imperat.* 만세; 반갑네.

salvus *-a -um* (E safe) *adj.* 안전한, 무사한.

Samē *-ēs, f.* 이오니아海의 한 섬. 후에 체팔로니아(Cephalonia)라 불린다.

Samos *(-us) -ī, f.* 소아시아의 이오니아海 연안에 있던 큰 섬, 유노(Juno) 신을 위한 신전으로 유명했다. ; 트라치아(Threicia), 사모트라치아(Samothracia)의 다른 이름.

Samothrācia *-ae, f.* 트라치아(Thracia)의 연안에 있던 한 섬, 카비리(Cabiri) 신들을 숭배한 것으로 알려짐. 사모스 트라치아(Samos Thracia)라고도 불렸음.

sanciō *sānxī sanctum sancīre* (E make sacred) *vt.* 신성화하다, 불가침화하다. ■ sanetus *-a -um -adj.* 신성한, 성스러운, 불가침의, 존경할; 순수한, 순결한.

sanctus *-a -um -adj.* **sanciō**의 과거분사.

sandyx *-ўcis* (E scarlet) *f.* 주홍색.

sānē (E very much) *adv.* 아주, 아주 많이; 정말로, 진짜.

sanguineus *-a -um* (E of blood) *adj.* 피의, 피로 물든, 핏발이 선. .

sanguis *(sanguen) -inis* (E blood) *m.* 피; 유혈, 살육, 학살; 인종, 종족, 혈육, 가문; 생기, 정력.

saniēs *-ēī* (E ichor) *f.* 핏덩어리, 고름.

sānus *-a -um* (E sound) *adj.* 건전한, 건강한; 도리에 맞는, 정상인.

sapor *-ōris* (E flavor) *m.* 맛, 풍미; 냄새, 향기.

sarciō *sarsī sartum sarcīre* (E mend) *vt.* 고치다, 수리하다.

Sardōns *-a -um* (E Sardinian) *adj.* 사르드니아(Sardinia)의: 떫은 약초로 유명했음.

sarmentum -ī (E twig) n. 잔 나뭇가지, 곁가지.

Sarnus -ī, m. 폼페이(Pompeii)가 위치했던 캄파니아(Campania)의 강, 거대한 화산폭발로 강의 흐름이 바뀌었음.

Sarpēdōn -inis m. 트로이아(Troia)에서 죽은 리치아(Lycia)의 왕.

Sarrānus -a -um (E of Sarra) adj. 사라(Sarra)의: 티레(Tyre)의 옛 이름; 티레(Tyre)의.

Sarrastēs -um, m.pl. 캄파니아(Campania)인들.

sat satis 참조.

sata sero 참조.

Saticulus -a -um (E of Saticula) adj. 사티쿨라(Saticula)의: 삼니움(Samnium)[이탈리아 중.남부의 고대국가]의 도시. ▪ m. 사티쿨라(Saticula)인.

satiō -ōnis (E sowing) f. 씨뿌리기, 파종; 파종하는 시기.

satiō -āvī -ātum -āre (E satisfy) vt. (충분히) 만족시키다.

satis adj. 충분한, 족한. ▪ adv. 충분히; (부정어구와 함께) 그다지, 그다지 많지 않게. ▪ satius -adj 더 좋은, 오히려 더 나은.

satius satis 참조.

sator -ōris (E planter) m. 씨 뿌리는 사람; 시조, 선조, 아버지.

satur -ura -urum (E full) adj. 배부른, 배불리 먹은; 부유한, 풍요로운; (색 등이) 깊이 물든, 선명한.

Satura -ae f. 라시움(Latium)에 있던 호수 (혹은 늪).

saturātus -a -um adj. [saturō의 과거분사]

Sāturnia -ae f. 카피톨리누스(Capitolinus) 언덕의 옛 이름, 고대 로마의 최대 번화가였을 것으로 추정.

Sāturnius -a -um (E of Saturn) adj. 사투르누스(Saturnus)의; 사투르누스의 자식의.

Sāturnus -ī, m. 원래 농업을 관장하던 이탈리아의 고대 신을 가리켰으나, 후에 그리스 신화의 크로누스(Cronus)신과 동일시되었다.

saturō -āvī -ātum -āre (E satiate) vt. 가득 채우다, 만족시키 다, 포화시키다.

satus -a -um adj. [serō의 과거분사]

Satyrus -ī (E Satyr) m. 반인반수의 모습을 한 숲의 하급신. 염소의 다리와 뿔을 가졌으며, 박쿠스(Bacchus)를 종종 동행한다. 로마 신화의 파운(Faun) 신에 해당.

saucius -a -um (E wounded) adj. 다친, 세게 맞은, 난도질당한; 괴로운, 고뇌하는.

saxeus *-a -um* (E rocky) *adj.* 바위로 된, 바위투성이의; 바위 같은.
saxōsus *-a -um* (E stony) *adj.* 돌투성이의, 돌 같은.
saxum *-ī* (E rock) *n.* 바위, 돌; (물가의) 부서진 돌.
scaber *-bra -brum* (E rough) *adj.* 거친, 울퉁불퉁한.
scabiēs *-ēī* (E itch) *f.* 옴, 개선(疥癬), 비듬; 녹, 부식.
Scaea *-ae (Scaeae -ārum)* adj. fe*m.* (porta와 함께 쓰여) 스카에아 (Scaea).: 트로이아(Troia)의 서대문, 가장 주요하고 유명한 입구였었음.
scaena *(seē-) -ae* (E scene) *f.* (아치 모양으로 생긴) 무대의 배경; 무대의 좌우 공간; 무대.
scālae *-ārum* (E ladder) *f.pl.* 사닥다리; 공성 사다리.
scandō *perf. and sup. not found scandere* (E climb) *vt.* 오르다, 올라가다, 상승하다.
scatebra *-ae* (E stream) *f.* 시내, 개울; 샘.
scelerātus *-a -um adj.* [scelerō의 과거분사]
scelerō *-ātum -āre* (E pollute) *vt.* 오염시키다, 더럽히다. ▪ scelerātus *-a -um -adj.* 사악한, 불경스러운, 저주받을.
scelus *-eris* (E villainy) *n.* 극악, 사악, 비열; 범죄, 사악한 짓; 악당, 범죄자. ¶artificis scelus 교활한 악당.
scēptrum *-ī* (E scepter) *n.* 홀(笏); (비유的) 권력, 지배, 왕권, 왕위, 왕국.
scīlicet (E *certainly*) *adv.* 틀림없이, 확실히, 반드시, 당연히; (반어的) 참 정말로,
scilla *-ae* (E squill) *f.* 해총(구근 모양의 식물)
scindō *scidī scissum scindere* (E split) *vt.* 자르다, 잘라 쪼개다, 찢다, 부수다, 파헤치다; (비유的) 나누다.
scintilla *-ae* (E spark) *f.* 불꽃, 불똥.
scintillō *-āvī, -āre* (E throw spark) *vi.* 불똥이 튀다.
scio *scīvī scītum scīre* (E know) *vt.* 알다, 배우다.
Scīpiadās *-ae, m.* 스치피오스(Scipios)의 아들. ▪ *pl.* 스치피오스(Scipios)가(家): 로마의 유명한 지도자.정치가 가문.
scissus *-a -um adj.* [**scindō**의 과거분사]
scītor *-ātus -ārī* (E inquire) *vt.* 질문하다, 배우다, 찾다.
scopulus *-ī* (E crag) *m.* 울퉁불퉁한 바위, 낭떠러지; 바위, 암초.
Scorpius *-ī* (E Scorpio) *m.* 전갈자리.
scrobis(scrobs) *scrobis* (E ditch) *m.f.* 도랑, 개천, 참호, 구덩이.
scrūpeus *-a -um* (E stony) *adj.* 뾰족한 돌이 많은. 부싯돌로 된.
scūtātus *-a -um* (E armed with shields) *adj.* 방패로 무장한.

scūtum -*ī* (E shield) *n.* 방패; (특히, 나무로 만들고 깃털로 덮은 길고 굽은) 로마식(式) 방패

Scylacēum -*ī, n.* 남부 이탈리아의 한 도시, 항해에 위험한 벼랑 근처에 있었다고 함.

Scylla -*ae, f.*: 메시나(Messina) 해협의 바위에 살았다고 전해지는 바다괴물; 니수스(Nisus)의 딸, 아버지의 붉은 머리카락을 뽑아서 배신한 뒤 새가 됨. -*Pl.* 1번과 같은 바다괴물들.

Scylla -*ae f.* 배의 이름.

Scyllaeus -*a* -*um* (E of Scylla) *adj.* 스킬라(Scylla)의.

scyphus -*ī* (E cup) *m.* 컵, 잔.

Scȳrius -*a* -*um* (E of Scyros) *adj.* 스키로스(Scyros)의. [에우보에아(Euboea) 섬 근처의 작은 섬, 아킬레스(Achilles)가 여자로 변장하여 숨어 있었던 곳임]

Scythia -*ae, f.* 스키타이. 옛날 흑해의 동부에 있었던 지방.

sē- *(sēd-)* (E apart) *prep.* [+ 탈격] ~와 떨어져, ~ 없이, ~을 가지지 않고.

sē suī 참조.

Sēbēthis -*idis* (E nymph) *f.* 님프. (특히) 캄파니아(Campania) 지방의 세베토스(Sebethos) 강에 사는 님프.

sēcernō -*crēvī* -*crētum* -*cernere* (E separate) *vt.* 분리하다, 떼어놓다. ▪ sēcrētus -*a* -*um* -*adj.* 분리된, 떨어진, 멀리 있는; 뚜렷하지 않는, 눈에 띄지 않는, 숨겨진; 말이 없는, 조용한, 혼자의. ▪ *n.pl.* 사적인 공간, 비밀 거처.

sēcessus -*us* (E retirement) *m.* 정지, 휴지(休止); 퇴각, 철수, 중단.

sēcius secus 참조.

sēclūdō -*clūsī* -*clūsum* -*clūdere* (E shut off) 닫다, 잠그다; 쫓아내다, 몰아내다. ▪ sēclūsus -*a* -*um* -*adj.*, 격리된, 은둔한.

sēclum saeculum 참조.

sēclūsus -*a* -*um adj.* [**sēclūdō**의 과거분사.]

secō *secuī sectum secāre* (E cut across) *vt.* 베다, 자르다, 깎다, 끊다, 쪼개다, 찢다.

sēcrētus -*a* -*um adj.* [**sēcernō**의 과거분사.]

sector -*ātus* -*ārī* (E pursue) *vt.* 뒤쫓다, 추적하다, 따라다니다.

sectus -*a* -*um adj.* [**secō**의 과거분사.]

sēculum saeculum 참조.

sēcum suī와 cum 참조.

secundō no perf. no sup. -*āre* (E favor) *vt.* 호의를 보이다, 돌보다, 돕

다, 번창케 하다.

secundum (E along) *adv. and prep.* [+ 대격] (방향.운동 등) ~을 따라서; 가까이.

secundus *-a -um* (E second) *adj.* (시간.순서.정도 따위가) 둘째의, 아래의, 하위의; (바람, 조류 따위가) 순조로운, 알맞은; 번창하는, 길조의. ¶venti secundi 순조로운 바람.

secūris *-is* (E axe) *f.* 도끼, 전투용 큰 도끼.

sēcūrus *-a -um* (E careless) *adj.* 개의치 않는, 무서움을 모르는, 대담무쌍한.

secus (E otherwise) *adv.* 다른 경우라면, 그밖에는; (부정어와 함께) 그 이상 ~하지 않는; (atque와 함께 쓰여) ~와 같이, ~만큼; (부정어와 함께) 하지만, 그렇지만, 그렇더라도.

secūtus *-a -um adj.* [**sequor**의 과거분사.]

sed (E but) *conj.* 그러나, 하지만.

sēdātus *-a -um adj.* [**sēdō**의 과거분사]

sedeō *sēdī sessum sedēre* (E sit) *vi.* 앉다; 있다, 위치하다, (배가) 닻을 내리다, (군대가) 주둔하다; (특히) 꾸물거리다, 빈둥거리다; (比喩的) 고정되다, 정착하다.

sēdēs *-is* (E seat) *f.* 자리, 좌석, 왕좌. ■ *sing.pl.* 집, 거처, 토지, 땅; 곳, 지방, 신전, 도시; 무덤.

sedīle *-is* (E seat) *n.* 자리, 의자; (노젓는 사람이 앉는) 보트의 좌판.

sēditiō *-ōnis* (E mutiny) *f.* 반항, 반란, 폭동; 파벌 다툼, 선동, 교사.

sēdō *-āvī -ātum -āre* (E settle down) *vt.* 진정시키다, 가라앉히다; 완화하다, 경감하다.

sēdūcō *-dūxī -dūctum -dūcere* (E draw apart) *vt.* 분리하다, 떼어놓다, 가르다.

seges *-etis* (E crop) *f.* (곡물.야채.과수 따위의) 작물, 곡물; 곡식알, 씨앗; 농작지, 경작지.

sēgnis *-e* (E slow) *adj.* 느린, 둔한, 게으른, 굼뜬, 겁이 많은, 비생산적인. ■ segnior *-us -adj.* 더 느린, 더 게으른, 덜 생산적인.

sēgniter (E inactively) *adv.* 나태하게, 활발치 못하게.

sēgnitiēs *-ēī* (E sloth) *f.* 게으름, 나태함.

Selīnūs *-ūntis f.* 야자수로 유명했던 시칠리(Sicily)섬의 남부 해안의 한 도시.

sella *-ae* (E seat) *f.* 자리, 권좌; (특히, 고대 로마의) 상아 박은 고관 의자.

semel (E once) *adv.* 한 번, 1회.

sēmen *-inis* (E seed) *n.* 씨; 자손, 후손; 종족, 민족, 혈통. ■ Plur. 요소, 성분, 생명의 씨앗, 싹.

sēmentis -is (E sowing) f. 씨뿌리기, 파종. ¶sementem extende 파종기를 연장하다.
sēmēsus *(sēmiēsus)* -a -um (E half eaten) adj. 반쯤 먹힌.
sēmianimis -e (E half lifeless) adj. 반쯤 죽은, 꺼져 가는, 죽어 가는.
sēmifer -era -erum (E half-brute) adj. 반수(半獸)의.
sēmihomō -inis (E half-man) adj. 반인(半人)의.
sēminex -necis (E half dead) 반쯤 죽은, 죽어가는, 치명적 상처를 입은.
sēminō -āvī -ātum -āre (E sow) vt. 씨뿌리다, 심다; 생산하다.
sēmiputātus -a -um (E half-pruned) adj. 반쯤 취한; 반쯤 제거된
sēmita -ae (E by-path) f. 옆길, 골목길; 길. 도로.
sēmivir -virī (E half-man) adj. 중성의, 사내답지 못한, 여자 같은.
semper (E always) adv. 항상, 영원히, 계속.
sēmustus -a -um (E half burned) adj. 반쯤 타버린, 반쯤 없어진, 까맣게 태운.
senātus -ūs (E elders) m. 연장자, 노인, 장로; (특히, 고대 로마의) 원로원
senecta -ae (E old age) f. 노령, 고령; 나이.
senectūs -tūtis (E old age) f. 노령, 고령; 나이.
senex *senis* (E old) adj. 늙은, 고령의, 공경할 만한. ▪ m.f. 연장자, 조상.
▪ **senior** -ōris -adj 더 늙은.
sēnī -ae -a (E six each) adj.pl. 한 번에 여섯씩, 하나에 여섯씩. ¶bis seni 12개의.
sēnsus -ūs (E taste) m. 맛, 느낌, 감각; 지성, 지능, 사고력, 의식.
sententia -ae (E way of thinking) f. 사고방식, 판단. 감정; 결심, 결단; 의견, 견해.
sentiō -sēnsī sēnsum sentīre (E perceive) vt. (감각으로) 지각하다, 인지하다, 느끼다, 알아채다; (마음으로) 받아들이다, 알다, 배우다, 이해하다; (특히) 경험하다, 알게 되다; 생각하다, 판단하다.
sentis -is (E thornbush) m. 가시덤불. 찔레덤불.
sentus -a -um (E rough) adj. 거친, 무성한.
sepeliō *sepelīvī (-iī) sepultum sepelīre* (E bury) vt. 묻다, 매장하다. ▪ sepultus -a -um -adj. 묻힌; (술이나 잠 따위에) 취한.
sēpēs -sēpiō saepēs, saepiō 참조.
septem (E seven) indecl. num. adj. 일곱.
septemgeminus -a -um (E sevenfold) adj. 7배의, 일곱 겹의, 7개의 부분으로 된.
septemplex -plicis (E seven-fold) adj. 일곱 겹의.

septēnī *-ae -a* (E seven each) *num.adj.pl.* 한 번에 일곱씩, 하나에 일곱씩; 일곱.

septentriō *-ōnis* (E Charles's Wain) *m.* 북두칠성.

septimus *-a -um* (E seventh) num. *adj.* 일곱번째.

septus *-a -um* **saepiō** 참조.

sepulcrum *-ī* (E tomb) *n.* 무덤, 묘지; 매장.

sepultus *-a -um adj.* [**sepeliō**의 과거분사]

sequāx *-ācis* (E following) *adj.* 후의, 뒤따르는.

sequester *-tra -trum* (E depositary) *adj.* 보관의, 중간의. ■ *m.* 중재인, 조정자.

sequor *secūtus -sequī* (E follow) *vt.* 뒤따르다, 뒤쫓다, 추격하다; (순서가) 다음에 오다, 잇따라 일어나다, 뒤를 잇다; 따라가다, 동반하다; 겨누다, 노리다, 지향하다; 받다, 경험하다; 겪다, 경험하다; 따라잡다, 앞지르다. ■ sequēns *-entis -m.* 추적자, 뒤쫓는 사람, 뒤에 있는 사람.

serēnō *-āvī -ātum -āre* (E clear) *vt.* 정리하다, 깨끗이 하다, 조용히 하다.

serēnus *-a -um* (E clear) *adj.* 맑은, 갠, 밝은, 구름 한 점 없는, 고요한. ■ *n.* 맑은 날씨.

Sēres *-um m.pl.* 목화를 키우던 동아시아의 한 민족.

Serestus *-ī m.* 아에네아스(Æneas)의 한 추종자.

Sergestus *-ī m.* 아에네아스(Æneas)의 한 추종자.

Sergius *-a -um, adj.* 로마의 이방인들이 쓰던 한 이름.

seriēs *-ēī* (E row) *f.* 줄, 열, 연속, 일련(一連).

sērius *-a -um* (E serious) *adj.* 진지한. ■ *n.pl.* 진지한 일.

sermō *-ōnis* (E discourse) *m.* 이야기, 담화, 담론; 소문, 풍문; 언어.

serō perf. not found, *sertum serere* (E join) *vt.* 합치다, 땋다, 엮다. ¶multa serebant (比喩的) 많이 이야기했다.

serō *sēvī -satum serere* (E sow) *vt.* 씨뿌리다, 심다; 흩뿌리다, 널리 퍼뜨리다; (詩的) 농부가 되다; 자식을 보다. ■ sereus *-entis -m.* 씨 뿌리는 사람, 농부. ■ satus *-a -um -adj.* ~에서 태어난, ~에서 비롯된. ■ satus *-a -adj* ~의 아들인, ~의 딸인. ■ sata *n.pl.* 파종한 경작지; 자라는 작물.

serpēns *-entis* (E serpent) *m.* 뱀.

serpō *serpsī serptum serpere* (E crawl) *vi.* 기다, 기어가다; 미끄러지듯이 움직이다.

serpyllum *-ī* (E wild thyme) *n.* <식물> 야생 백리향(百里香)

serra *-ae* (E saw) *f.* 톱.

Serrānus *-ī, m.* 아틸루스 레굴루스 세라누스(Atilius Regulus Serrarus)[밭을 갈고 있다가 자신이 집정관으로 선출되었다는 소식을 전해들였던 고대 로마인].
sertum *-ī* (E garland) *n.* 화환, 화관.
serum *-ī* (E whey) *n.* 유장(치즈를 만들 때 우유가 응고한 뒤 분리되는 액체).
sērus *-a -um* (E late) *adj.* 늦은, 너무 늦은, 느린, 굼뜬. ▪ *adv.* 늦게.
serva *-ae* (E maid-servant) *f.* 하녀.
servātus *-a -um adj.* [**servō**의 과거분사]
serviō *-īvī (-iī) -itum -īre* (E be a slave) *vi.* 노예가 되다, 시중들다; 복종하다.
servitium *-ī (-iī)* (E slavery) *n.* 노예 상태, 예속; (사람.동물 등의) 복종, 종속.
servō *-āvī -ātum -āre* (E watch over) *vt.* 지켜보다, 망보다, 경계하다, 돌보다, 보호하다, 지키다; 계속시키다, 존속시키다. ▪ **servāns** *-antis (superl. servāntīssimus) -adj.,* 파수꾼, 지켜보는 사람.
sescentī *(sex-) -ae -a* (E six hundred) *adj.* 육백.
sēsē *suī* 참조.
sēta *sētiger sētosus ;* saeta 참조.
seu *sive* 참조.
sevērus *-a -um* (E strict) *adj.* 엄한, 엄격한, 엄숙한; 잔인한 잔혹한.
Sevērus *-ī m.* 사비네(Sabine) 지역의 산.
sex (E *six*) *adj.* 여섯.
sexcentī sescentī참조.
sī (E if) *conj.* 만약, ~할 경우에; ~할 때, ~하면, ~할 때에는 언제나; <소망> ~하기만 한다면; <양보> ~이더라도. ▪ With indef. pron. and adverbs: si quis 누구든지, 언제든지. ▪ si modo ~하기만 하면. ▪ quam si, in comparisons, 마치 ~인 것처럼.
sībilō *-āvī -ātum -āre* (E hiss) *vi.* 쉿 하고 야유하다[제지하다, 쫓다].
sībilus *-a -um* (E hissing) *adj.* 쉿 소리를 내는; 속삭이는, 바스락거리는; ▪ *m.* 바스락거리는 소리, 속삭임, 중얼거림.
Sibylla *-ae* (E Sibyl) *f.* 무당, 무녀; 여자 예언자[신화에는 이와 같은 인물이 많이 등장하는데, 그 중 가장 유명한 인물은 크마에안(Cumæan)이었는데, 아에네아스(Aeneas)가 찾아와 그를 지하세계로 인도하였음].
sīc (E thus) *adv.* 따라서, 그래서, 이와 같이.
Sicānius *-a -um* (E of Sicani) *adj.* 시카니(Sicani)의. ▪ *f.* 시칠리(Sicily)섬.
Sicānus *-a -um* (E of the Sicani) *adj.* 시카니(Sican)족 [시카니(Sicily)섬을 정복했다고 알려진 중부 이탈리아의 고대부족의. ▪ *m.pl.,* 시카니

(Sicani)족; 시칠리(Sicily)사람.
siccō -āvī -ātum -āre (E dry) vt. 말리다, 건조시키다.
siccus -a -um (E dry) adj. 건조한, 건조시킨, 말라붙은. ▪ n. 건조지.
Sicelis -idis (E Sicilian) adj. 시칠리(Sicily)의 ▪ f. 시칠리(Sicily) 여자.
Sichaeus Sychaeus 참조.
sīcubi (E wherever) adv. 어디에 있든, 어디든, 어디에.
Siculus -a -um (E of Sicily) adj. 시칠리(Sicily)의.
sīcut (E just as) adv. ~와 같이, ~처럼.
Sicyōnius -a -um (E of Sicyon) adj. 시치온(Sicyon)[올리브나무로 유명했던 펠로폰네소스 반도의 도시]의.
sīdereus -a -um (E starry) adj. 별의, 별이 많은, 별 같은.
Sidicīnus -a -um (E of the Sidicini) adj. 시디치니(Sidicini)[캄파니아(Campania)지방의 한 종족]의.
sīdō sīdī, no sup. sīdere (E sit down) vi. 앉다; (말.차 따위에서) 내리다, 내려 앉다.
Sīdōn -ōnis f. 티레(Tyre)를 정복한 포에니치아(Phœnicia)의 고대도시.
Sīdōnius -a -um (E of Sidon) adj. 시돈(Sidon)의; 티레(Tyre)의; 포에니치아(Phœnicia)의.
sīdus -eris (E constellation) n. 별자리, 성좌, 천체; (詩的) 날씨, 계절, 거친 날씨. ▪ pl. 하늘, 천공, 천국.
Sīgēus -a -um (E of Sigeum) adj. 시제움(Sigeum)[트로아드(Troad)의 낭떠러지]의. ▪ n. 시제움(Sigeum).
significō -āvī -ātum -āre (E make a sign) vt. 신호하다, 신호를 주다.
signō -āvī -ātum -āre (E mark) vt. 표시하다, 구분하다, 나타내다; 인지하다, 알아차리다, 보다; 명예를 주다.
signum -ī (E mark) n. 표시, 지시; (~이라는) 기미, 증거; (특히) 상(像) 형태, 모양; 조각, 자수; 별자리, 별, 징조; 군기(軍旗),
Sīla -ae f. : Bruttium의 숲.
Silarus -ī, m. 루카니아(Lucania)와 캄파니아(Campania) 사이를 흐르는 강이었으며, 그 주위로는 드넓은 목초지와 평야가 펼쳐져 있다.
silentium -ī (-iī) (E silence) n. 고요함, 조용함; 비밀, 은밀.
Sīlēnus -ī, m. 늙은 사티로스(반인반수의 숲의 신)이며, 박쿠스(Bacchus)신을 모시는 최고종자(從者)이다. 주로 술에 취해 늙고 뚱뚱한 모습으로 그려진다.
sileō -uī, no sup. -ēre (E be silent) vi. 침묵하다, 조용히 하다, 가만히 있다. ▪ **silēns** -ēntis -adj. 조용한, 가만히 있는. ▪ m.pl. 무언의 그림자,

유령.

siler -*cris* (E willow) *n.* 버드나무, (그 중에서도 특히) 살릭스 우,툴리나 (Salix Vitulina)종.

silēscō no perf., no sup. -*ēscere* (E be silent) *vi.* 조용히 하다, 침묵하다.

silex -*icis* (E flint) *m.f.* 부싯돌, 조약돌, 자갈; 바위, 벼랑.

siliqua -*ae* (E pod) *f.* (곡물 등의) 껍질, 꼬투리.

silva -*ae* (E wood) *f.* 나무, 숲, 삼림; 덤불, 잡목 숲; 숲지대.

Silvānus -*ī, m.* 숲과 농업, 가축을 관장하는 이탈리아의 신. 꽃과 갈대로 엮은 화환으로 상징된다.

silvestris -*e* (E woody) *adj.* 나무의, 숲의, 숲이 많은; (比喩的) 전원생활의, 시골풍의.

Silvia -*ae, f.* 라티눔(Latium)의 소녀, 애완동물로 키우던 수사슴을 이울루스(Iulus)가 죽인다.

silvicola -*ae* (E dwelling in the woods) *m.* 산중의 거처; 숲.

Silvius -*ī (-iī), m.* 알바(Alba)의 왕들이 썼던 이름 (특히 아에네아스(Æneas)의 추정상의 아들).

similis -*e* (E like) *adj.* ~와 같은, 닮은, 비슷한.

Simoīs -*entos, m.* Troad의 강.

simplex -*icis* (E simple) *adj.* 순수한, 깨끗한, 맑은; (부정어와 함께) 다양한, 갖가지의.

simul (E at the same time) *adv.* 동시에. ~하자마자. ▪ simul atque ~ 하자마자.

simulācrum -*ī* (E image) *n.,* 상(像); 유령, 귀신, 도깨비; 모방, 모조품.

simulātus -*a* -*um adj.* [simulō의 과거분사]

simulō -*āvī* -*ātum* -*āre* (E imitate) *vt.* 흉내 내다, 모방하다, 위조하다; 가장하다, ~인 체하다. ▪ simulātus -*a* -*um* -*adj.* 가짜의, 겉치레의, 모조의.

sīmus -*a* -*um* (E flat-nosed) *adj.* 납작코의.

sīn (E but if) *conj.* 그러나 만약, 한편 만일.

sine (E without) *prep.* [+ 탈격] ~없이.

singultō no perf. -*ātum* -*āre* (E hiccup) *vi.* 딸꾹질하다, 숨을 헐떡거리다.

singultus -*ūs* (E gasping) *m.* 딸꾹질, 헐떡거림.

singulus -*a* -*um* (E one by one) *adj.* 한번에 하나씩, 하나씩 꼼꼼히, 하나씩. ▪ *n.* (as subst.), 하나, 각각; 모든 것, 모두, 만사.

sinister -*tra* -*trum* (E left) *adj.* 왼쪽의, 왼손의; 불길한, 재수 없는, 해로운. ▪ *f.* 왼손.

sinō *sīvī situm sinere* (E place) *vt.* 놓다, 두다, 남겨두다; 허락하다, ~ 하도록 내버려두다; 그만두다, 단념하다. ■ situs *-a -um -adj.* 놓인.

Sinon *-ōnis m.* 트로이 전쟁에서 트로이인들에게 성 안으로 목마를 들여보내게 한 공작꾼.

sīnum *-ī* (E bowl) *n.* (술 마시는데 쓰인) 사발.

sinuō *-āvī -ātum -āre* (E bend) *vt.* 접다, 꼬다, 감다.

sinuōsus *-a -um* (E in folds) *adj.* 접힌, 꼬인, 감긴, 구불구불한, 비틀린.

sinus *-ūs* (E bend) *m.* 접힌 곳, 굴곡, 움푹 파인 곳, (파도나 돛 따위의) 너울거리는 면; (특히) 가슴, 흉부; 만(灣).

sīqua *-sīquando sīquis* ; sī, quis 참조.

Sīrēn *-ēnis* (E the Sirens) *f.pl.* 사이렌(여자의 머리와 새의 몸을 가진 바다 요정, 아름다운 노랫소리로 뱃사람들을 홀렸다고 한다.)

Sīrius *-ī (-iī)* (E Sirius) *m.* <천문> 시리우스 (7월 중순 태양과 함께 떠오르는 별자리, 여름의 무더위를 상징한다.)

sistō *stitī (stetī) statum sistere* (E cause to stand) *vt.* 서게 하다, 멈추게 하다, (말 따위를) 고삐로 제지하다; 복귀시키다, 본래대로 하다. ■ *vi.* 가만히 서다, 멈추다, 머물다.

sistrum *-ī* (E sistrum) *n.* 시스트럼(딸랑이와 비슷한 고대 이집트의 타악기, 여신 Isis 제(祭) 때와 전시(戰時)에 사용하였다.)

Sīthonius *-a -um* (E of the Sithonii) *adj.* Sithonii족(Thracia의 부족)의.

sitiō *-īvī(-iī), no sup. -īre* (E thirst) *vi.vt.* 목마르다, 목말라 하다, 바싹 마르다. ■ sitiēns *-entis -adj.* 목마른, 바싹 마른, 갈망하는.

sitis *-is* (E thirst) *f.* 목마름, 갈증; 가뭄, 바싹 마르게 하는 열.

situs *-a -um adj.* [**sinō**의 과거분사]

situs *-ūs* (E neglect) *m.* 무시, 휴작, 휴경, 휴지; 위치, 장소.

sīve *(seu)* (E or if) *conj.* 또는, 만일. ■ Repeated, 만일 ~ 이든 아니면,

sobolēs suboles 참조.

socer *-erī* (E father-in-law) *m.* 장인, 시아버지. ■ *pl.* 장인.장모, 시부모.

sociātus *-a -um adj.* [**sociō**의 과거분사]

sociō *-āvī -ātum -āre* (E ally) *vt.* 동맹을 맺다, 연합하다, 제휴하다, 합치다; (특히) 혼인관계를 맺다.

socius *-a -um* (E accompanying) *adj.* 수반하는, 동맹을 맺은, 연합된, 관련된. ■ *m.f.* 동맹, 동반자, 추종자, 지지자.

sodālis *-is* (E comrade) *m.* 동료, 친구.

sōl *sōlis* (E sun) *m.* 태양; 태양신 Apollo; 일광, 태양열; ■ plur. 매일 떠오르는 태양, 태양이 환한 날들; 낮 동안, 일광.

solācium *(sōiāt-) -ī (-iī)* (E solace) *n.* 위로, 위안.
solāmen *-inis* (E solace) *n.* 위로, 위안, 경감, 완화.
solātium solacium 참조.
solātus *-a -um adj.* [solor의 과거분사]
solemnis sollemnis 참조.
soleō *solitus sum solēre* (E be accustomed) *vi.* 익숙해지다, ~하는 습관이 생기다, 사용하다. ■ solitus *-a -um -adj.* 익숙해진, 일상의, 흔히 있는.
solers sollers 참조.
solidō *-āvī -ātum -āre* (E make solid) *vt.* 단단하게 하다, 굳히다.
solidus *-a -um* (E solid) *adj.* (힘이) 단단한, 튼튼한, 강건한; 완전한, 전체의; 손상되지 않은, 기운찬. ■ *n.* 단단한 땅, 단단한 나무.
solium *-ī (-iī)* (E seat) *n.* 자리; 권좌.
sollemnis *-e* (E yearly) *adj.* 1년의, 1년 간의; 해마다의, 1년에 한 번의; 지정된, 약속된; <해마다의 신성한 의식에서 비롯되어> 경건한, 신성한. ■ *n.* 신성한 의식. ■ *n.pl.* 장례의식.
sollers *ertis* (E skillful) *adj.* 솜씨 좋은, 숙련된.
sollicitō *(sōl-) -āvī -ātum -āre* (E stir up) *vt.* 선동하다, 동요하게 하다; (질서.평화 등을) 깨뜨리다, 어지럽히다, 괴롭히다; ~을 일으키다, 자극하다.
sollicitus *(sōl-) -a -um* (E violently agitated) *adj.* 격렬히 동요하는, 매우 흥분한; 걱정하는, 염려하는.
sōlor *-ātus -ārī* (E console) *vt.* (슬픔.고통 따위를) 녹이다, 위로하다; 안정시키다, 힘내게 하다, 용기를 북돋우다; (고통 등을) 완화시키다, 경감하다.
sōlstitium *-ī (-iī)* (E summer solstice) *n.* <천문> 하지(夏至); 여름, 더운 날씨.
solum *-ī* (E ground) *n.* 땅, 대지, 지구.
sōlum sōlus 참조.
sōlus *-a -um gen. -īus* (E alone) *adj.* 혼자의, 고독한; 유일한, 단독의; 외톨이의, 버림받은.
solūtus *-a -um adj.* [solvō의 과거분사]
solvō *solvī solūtum solvere* (E unbind) *vt.* (새끼.매듭을) 풀다, 끄르다; (속박에서) 해방시키다, 자유롭게 하다; 풀다, 누그러뜨리다; (의무.책임에서) 해방시키다, (책무 따위를) 행하다, 상환하다. ■ solūtus *-a -um -adj.* 풀린, 해방된, 구속되지 않은.
somnifer *-era -erum* (E soporific) *adj.* 최면의; 졸리는, 꾸벅꾸벅 조는.
somnium *-ī (-iī)* (E dream) *n.* 꿈.
somnus *-ī* (E sleep) *m.* 잠, 졸음; 꿈, 환상; 밤.
sonipēs *-edis* (E prancing steed) *m.* 껑충거리며 날뛰는 말.

sonitus *-ūs* (E sound) *m.* 소리; 시끄러운 소리.소음, (특히) 쨍그랑거리는 소리.

sonō *-uī -itum -āre* (E sound) *vi.* 소리를 내다, (소리를) 울리게 하다; 시끄럽게 노래하다, 고함치다, 소리지르다. ▪ [+ 대격] (소리로) 가득차다, 시끄럽게 말하다. ▪ sonāns *-antis -adj.,* 소리가 나는, 소리를 내는, 울려 퍼지는; 시끄러운.

sonor *-ōris* (E sound) *m.* 소리; (시끄러운) 소음.

sonōrus *-a -um* (E sounding) *adj.* 소리가 나는, (시끄러운) 소리를 내는.

sōns *sontis* (E guilty) *adj.* 유죄의. ▪ *m.pl.* 죄인.

sonus *-ī* (E sound) *m.* 소리; 시끄러운 소리.소음.

Sophoclēus *-a -um* (E of Sophocles) *adj.* Sophocles(고대 그리스의 비극 시인)의; 비극적인.

sōpiō *-īvī(-iī) -ītum -īre* (E lull to sleep) *vt.* 재우다, 잠들게 하다. ▪ sōpītus *-a -um -adj.,* 잠든, 재운.

sōpītus *-a -um adj.* [**sōpiō**의 과거분사]

sopor *-ōris* (E sleep) *m.* 잠.

sopōrātus *-a -um* (E *soporific*) *adj.* 잠의; 졸리는, 꾸벅꾸벅 조는.

sopōrifer *-era -erum* (E sleep-inducing) *adj.* 졸리게 하는, 나른한.

sopōrus *-a -um* (E drowsy) *adj.* 졸리는, 나른한, 맥빠진.

Sōracte *-is n.* 로마에서 조금 떨어진 에트루리아(Etruria)의 고산. 산 정상에는 아폴로(Apollo)신을 모시던 신전이 있었으며, 그를 기리는 축제가 행해졌다.

sorbeō *-uī no sup. -ēre* (E suck in) *vt.* 삼키다, 흡수하다.

sorbum *-ī* (E berry) *n.* 베리; (아마도) 마가목의 열매.

sordeō no perf. no sup. *sordēre* (E be foul) *vi.* 더럽게 되다; 쓸모없다, 가치없다.

sordidus *-a -um* (E foul) *adj.* 몹쓸, 불결한, 더러운.

soror *-ōris* (E sister) *f.* 자매, 누이, 언니, 여동생. ▪ *pl.* 뮤즈의 아홉 여신 (Calliope, Clio, Erato, Euterpe, Melpomene, Polyhymnia, Terpsichore, Thalia, Urania); 님프들.

sors *sortis* (E lot) *f.* 몫, 할당받은 부분; 제비, 제비뽑기; 운명, 운. ▪ *pl.* 신탁, 예언.

sortior *-ītus -īrī* (E choose by lot) *vt.* 제비를 뽑다, 제비로 정하다; 정하다, 고르다, 선택하다.

sortītus *-a -um adj.* [**sortior**의 과거분사]

sortītus *-ūs* (E allotment) *m.* 제비로 정하기; 할당, 지정.

sospes *-itis* (E safe) *adj.* 안전한, 무사한, 살아있는.
spādīx *-īcis* (E bay) *adj.* 적갈색인, 밤색인.
spargō *sparsī sparsum spargere* (E strew) *vt.* (꽃.종자 따위를) 뿌리다, 여기저기 흩뿌리다; 퍼뜨리다, 확산하다, 유포시키다.
sparsus *-a -um adj.* [spargō의 과거분사]
Sparta *-ae f.* 라체도에몬(Lacedœmon)이라고도 불렸던 고대 그리스 남부 라코니아(Laconia)의 수도.
Spartānus *-a -um* (E Spartan) *adj.* 스파르타(Sparta)의.
sparus *-ī* (E bill hook) *m.* (가지치기용) 낫의 일종; (사냥용) 창.
spatior *-ātus -ārī* (E walk back and forth) *vi.* 걷다, 산책하다; 여기저기 어슬렁거리다.
spatium (E space) *n.* (often plur.), 공간; (시간의) 사이; (특정한 길이의) 간격, 거리; 정도, 범위, 한계; (比喩的) 시공간.
speciēs *-ēī* (E appearance) *f.* 외관, 모양, 겉보기; 상(像), 종(種), 종류.
specimen *-inis* (E mark) *n.* 표시, 상징; 예시, 증거.
spectāculum *-ī* (E spectacle) *n.* 광경, 장관; 전람, 전시.
spectātor *-ōris* (E spectator) *m.* 구경꾼, 관람객.
spectātus *-a -um adj.* [spectō의 과거분사]
spectō *-āvī -ātum -āre* (E gaze upon) *vt.* 응시하다, 가만히 보다, 주시하다; 시험하다; 고려하다, 간주하다, 여기다. ▪ **spectātus** *-a -um -adj.* 시험을 거친, 검증된.
specula *-ae* (E watchtower) *f.* 망루, 감시탑.
speculātor *-ōris* (E spy) *m.* 간첩, 공작꾼.
speculātus *-a -um adj.* [speculor의 과거분사]
speculor *-ātus -ārī* (E watch) *vt.* 지켜보다, 알아내다; 찾아내다, 조사하다, 분간하다, 알아보다.
specus *-ūs* (E cave) *m.f.n.* 동굴; 틈, 협곡; (상처 등의) 구멍, 깊은 틈.
spēlaeum *-ī* (E cave) *n.* 굴, 동굴.
spēlunca *-ae* (E chasm) *f.* 굴, 동굴; (바위의) 쪼개진 틈.
Sperchīus(-ēus) *-ī m.* : Thessaly의 유명한 강. 고대 그리스의 시에서 자주 찬양되었다.
spernō *sprēvī sprētum spernere* (E remove) *vt.* 없애다, 쫓아내다; 깔보다, 퇴짜 놓다, 경멸하다.
spērō *-āvī -ātum -āre* (E hope) *vt.* 희망하다, 소망하다; 기대하다, 기다리다.
spēs *speī (old nom. plur. speres)* (E hope) *f.* 소강, 기대; 꿈.
spīceus *-a -um* (E bearded) *adj.* 수염이 있는, 수염을 기른.

spīculum -ī (E dart) n. (가볍고 짧은) 투창(投槍); 화살; (벌의) 가시.
spīna -ae (E thorn) f. 가시; 척추.
spīnētum -ī (E thorn brake) n. 가시덤불.
spīnus -ī (E thorn bush) f. 가시나무.
Spiō -ūs (E sea nymph) f. 바다의 요정.
spīra -ae (E coil) f. 접힘, 주름, 꼬임.
spīrābilis -e (E respirable) adj. 호흡할 수 있는, 호흡에 적합한.
spīrāculum -ī (E vent-hole) n. (공기.연기 따위의) 출구, 통기구; 중지, 중단, 휴지.
spīrāmentum -ī (E air hole) n. 통풍구, 바람구멍; 좁은 틈새.
spīritus -ūs (E breath) m. 숨, 호흡; 생기, 활기; 혈기 왕성, 용기.
spīrō -āvī -ātum -āre (E breathe) vi.vt. 쉬다, 호흡하다; ~을 들이마시다; (공기가) ~에서 나오다; 거품이 일다, 부글부글하다.
spissus -a -um (E thick) adj. 빽빽한, 밀집한, 혼잡한.
splendeō -uī no sup. -ēre (E shine) vi. 빛나다, 번쩍거리다.
splendēscō -duī, no sup. -dēscere (E shine) vi. 빛나다.
splendidus -a -um (E bright) adj. 밝은, 밝게 빛나는; 장대한, 화려한, 훌륭한, 근사한.
spoliātus -a -um adj. [**spoliō**의 과거분사]
spoliō -āvī -ātum -āre (E strip) vt. (~에게서) 빼앗다, 약탈하다, 탈취하다.
spolium -ī (-iī) (E spoil) n. 약탈품, 노획품; 노획, 약탈, 정복, 획득.
sponda -ae (E bed) f. 침대; 긴 의자.
spondeō spopondi spōnsum spondēre (E promise) vt. 약속하다, 동조하다; 확신하다. ■ **spōnsus** -a -um -adj. 약혼자[약혼녀]가 된.
spōnsa spondeō 참조.
sponte (E voluntarily) adv. 자발적으로, 임의로, 자유 의지에 의해. 자원하여.
sprētus -a -um adj. [**spernō**의 과거분사]
spūma -ae (E froth) f. 거품, 포말.
spūmeus -a -um (E foamy) adj. 거품이 많은, 거품 투성이의; 거품이 이는.
spūmō -āvī -ātum -āre (E foam) vi. 거품이 일다, 거품으로 뒤덮이다. ■ **spūmāns** -āntis, p. as adj. 거품이 많은, 거품이 이는.
spūmōsus -a -um (E foamy) adj. 거품이 많은, 거품이 이는.
spuō spuī spūtum spuere (E spit) vt. (~에) 침 뱉다.
squāleō no sup. -ēre (E be rough) vi. 거칠어지다, 울퉁불퉁하게 되다; (토지 따위가) 황량해지다.
squālēns -ēntis (E rough) adj. 거친, 울퉁불퉁한; 흐트러진, 단정치 못한.

squālor *-ōris* (E foulness) *m.* 거침, 더러움, 단정치 못함.
squāma *-ae* (E scale) *f.* 비늘; (갑옷의) 금속판.
squāmeus *-a -um* (E scaly) *adj.* 비늘로 덮인, 비늘 모양의.
squāmōsus *-a -um* (E scaly) *adj.* 비늘로 덮인, 비늘 모양의.
stabilis *-e* (E stable) *adj.* 안정된, 굳은, 단단한; 영속하는, 오래 지속되는.
stabulō no perf. no sup. *-āre* (E be kept) *vi.* (동물 따위가) 길러지다, 보금자리를 두다; (켄타우로스가) 살다, 지내다.
stabulum *-ī* (E stall) *n.* 외양간, 마구간, 벌집, 가축우리; 짐승의 떼; (야생동물의) 보금자리; 거처, 동굴, 양치기의 오두막.
stāgnō *-āvī -ātum -āre* (E stagnate) *vi.* 꾸물거리다, 정체되다. ■ stagnāns *-antis -adj.* 고여 있는; 활기가 없는, 침체해 있는.
stāgnum *-ī* (E pool) *n.* 고여 있는 물, 개울, 연못; 저수지, 호수, 못; 바다, 심해.
statiō *-ōnis* (E standing) *f.* 지위, 상황, 위치; 쉬어 가는 곳, 휴게소, (군대의) 주둔지; 항구, (앞바다의) 정박지, 상륙하는 곳; 집.
statuō *-uī -ūtum -uere* (E set up) *vt.* ~에 두다, 차리다, 세우다, 설치하다; (사람들을) 불러 모으다; (기력을) 회복하다, 되찾다; 해결하다, 결정하다.
status *-us,* (E position) *m.,* 위치, 상태, 상황.
stella *-ae* (E star) *f.* 별, 행성, 유성(流星), 별똥별; 별자리.
stellāns *-antis* (E starry) *adj.* 별이 많은.
stellātus *-a -um* (E studded with stars) *adj.* 온통 별이 산재한; ~이 별처럼 산재한.
stelliō *-ōnis* (E newt) *m.* 도롱뇽, 도마뱀.
sterilis *-e* (E barren) *adj.* 불모인, 메마른, 열매를 맺지 못하는.
sternāx *-ācis* (E throwing its rider) *adj.* (말 따위가) 기수를 떨어뜨리는[내던지는]; 비틀거리는, 휘청휘청 거리는.
sternō *strāvī strātum sternere* (E spread out) *vt.* 널리 퍼뜨리다, 흩뿌리다; 평평하게 펴다; 땅에 내던지다; 죽이다, 살해하다, 쓸어버리다, 뒤집어엎다, 전복[타도]하다. ■ *pass.* 눕다, 쓰러지다. ■ strātus *-a -um -adj.* 널리 퍼진, 흩뿌려진; 파괴당한; (바다 따위가) 잠잠한, 고요한. ■ *n.* 침대, 긴 의자; 포장.
Steropēs *-is, m.* 우울칸(Vulcan)의 대장장이 중 하나.
Sthenelus *-ī m:* 디오메데스(Diomedes)의 전차를 몰았던 고대 그리스의 전사; 스테니우스(Sthenius)에 의해 죽은 고대 트로이아(Troia)의 용사.
Sthenius *-ī (-iī) m.* 팔라스(Pallas)에 의해 죽은 루툴리아인.

Vergil's Aeneid Vocabulary 247

Stimichōn(-ontis) (E shepherd) *m.* 양치기.
stimulō *-āvī -ātum -āre* (E spur on) *vt.* 박차를 가하다, 몰아붙이다, 선동하다, 자극하다.
stimulus *-ī* (E goad) *m.* 찌르는 막대기, 박차; 자극, 격려, 고무, 선동.
stīpātus *-a -um* (E crowded) *adj.* 붐비는, 꽉 찬, 혼잡한; 호위를 받는 [**stipō**의 과거분사].
stīpes *-itis* (E trunk) *m.* 나무줄기; 그루터기.
stīpō *-āvī -ātum -āre*(E crowd) *vt.* ~에 떼 지어 모이다, 붐비게 하다; 동행하다, 호위하다, 수행하다.
stipula *-ae* (E stalk) *f.* 줄기, 대; 그루터기.
stīria *-ae* (E icicle) *f.* 고드름.
strips *stirpis* (E stock) *m.f.* 줄기, 대; 뿌리; 그루터기; (比喩的) 혈통, 종족, 가문; (개인의) 자손, 후손. ■ ab stirpe 맨 밑에서, 뿌리에서.
stīva *-ae* (E plow handle) *f.* 쟁기 손잡이.
stō *stetī statum stāre* (E stand) *vi.* 서다, 꼿꼿이 서다, 가만히 서 있다; (사물이) 꼿꼿이 서 있다, 세워졌다; (比喩的) 머무르다, 남아있다, 버티다; 멈추다, 정지하다; (가격 등이) 고정되다, 정해지다.
stomachus *-ī* (E stomach) *m.* 위(장); 배, 복부.
strāgēs *-is* (E devastation) *f.* 황폐화; 살육, 대학살. ¶confusae stragis acervus 혼잡한 시체더미.
strāmen *-inis* (E straw) *n.* 짚, 지푸라기.
stratum sternō 참조.
strātus *-a -um adj.* [**sternō**의 과거분사]
strepitō no perf. no sup. *-āre* (E make a noise) *vi.* 소리를 내다, 떠들어대다.
strepitus *-ūs* (E noise) *m.* 소음, 시끄러운 소리, 으르렁거리는 소리; (도시의) 바쁜 소음.
strepō *-uī,* no sup. *-ere* (E make a confused noise) *vi.* 난잡한 소리를 내다; 시끄럽다, (소리로) 가득 차다; (동물이) 날카롭게 울다.
strictūra *-ae* (E pressure) *f.* 무게, 압박; 제련한 철, 연철(鍊鐵)
strictus *-a -um adj.* [**stringō**의 과거분사]
strīdeō *strīdī,* no sup. *strīdēre* (E grate) *vi.* 삐걱거리다, 덜컹거리다, 탕하고 울리다; 시끄러운 소리를 내다.
strīdō *strīdī,* no sup. *strīdere* (E grate) *vi.* 삐걱거리다, 덜컹거리다, 탕하고 울리다; 시끄러운 소리를 내다.
strīdor *-ōris* (E harsh noise) *m.* 시끄러운 소음, 삐걱거림, 덜컹거림.

strīdulus *-a -um* (E grating) *adj.* 시끄러운 소음을 내는, 삐걱거리는, 덜컹거리는.

stringō *strinxī strietum strlugere* (E bind) *vt.* 묶다, 결박하다, 압착하다; (무기를) 빼어 들다; (칼 따위를) 칼집에서 빼다; (무기가) 스치고 지나가다, 상처를 입히다; 강탈하다, 베어내다.

Strophades *-um f.pl.* 이오니아해(海)의 남쪽에 위치한 두 섬. 이곳으로 북풍의 아들들이 하르피에스(Harpies)를 쫓아왔음.

struetus *-a -um adj.* [**struō**의 과거분사]

struō *struxī struetum struere* (E pile) *vt.* 쌓다, 쌓아올리다; 짓다, 세우다; 배치하다, 배열하다, 알맞은 곳에 두다; 계획하다, 준비하다; 이룩하다, 성취하다.

Strȳmōn *-ōuls m.* 두루미로 유명한 마체도니아(Macedonia)의 강.

Strȳmonius *-a -um* (E of the Strymon) *adj.* 스트리몬(Strymon)의.

Strȳmonius *-ī, m.* 트로이인.

studium *-ī (-iī)* (E zeal) *n.* 열정, 열의, 근면, 부지런함; 흥미, 관심, 욕구; 기호, 호감.

stultus *-a -um adj.* (E foolish) 바보같은.

stūpa stuppa 참조.

stupefaciō *-fēcī -factum -facere* (E stun) *vt.* ~을 기절시키다, 깜짝 놀라게 하다.

stupefaetus *-a -um adj.* [**stupefaciō**의 과거분사]

stupeō *-uī no sup. -ēre* (E be amazed) *vi.* 깜짝 놀라다, 현혹당하다, 매료당하다, 감탄하다.

stupor *-ōris* (E amazement) *m.* 깜짝 놀람; 둔함, 굼뜸, 무감각함.

stuppa *(stūp-) ae* (E tow) *f.* 삼, 대마.

stuppeus *-a -um* (E hempen) *adj.* 삼의, 삼으로 만든.

Stygius *-a -um* (E of the Styx) *adj.* 스틱스(Styx)강의; 지하세계의; Hades의.

Styx *-ygis f.* 지하세계에서 망자들이 건너는 강; 지하세계, 하데스(Hades)[지하세계의 신].

suādeō *suāsī suāsum suādēre* (E advise) *vt.vi.* 조언하다, 충고하다, 권고하다; 설득하다, 제의하다; ~하도록 자극[고무]하다.

suādus malesuada 참조.

suāvis *-e* (E sweet) *adj.* 달콤한, 향기로운 ■ *n. adv.* 달콤하게.

sub (E under) *prep.* [+ 탈격] ~의 밑에[의, 을], ~에 가까이, ~에, ~의 바로 뒤에; ~동안, (하룻밤)에; (지배.감독.보호 따위의) 아래에. ■

adv. 아래에, 이하에, 종속하여; 조금, 살짝, 몰래.

subātcus *-a -um adj.* [**subigō**의 과거분사]

subditus *-a -um adj.* [**subdō**의 과거분사]

subdō *-didī -ditum -dere* (E put under) *vt.* 밑에 두다, 아래에 두다, 아래로 던져버리다.

subdūeō *-dūxī -dūetum -dūcere* (E draw up) *vt.* 위로 올려놓다, 아래에서 가져오다; 도로 거둬들이다; 구하다; 훔치다, 빼앗다.

subdūetus *-a -um adj.* [**subdūeō**의 과거분사]

subeō *-īvī (-iī) -itum -īre* (E go under) *vt.vi.* 아래로 가다, 밑으로 가다; 보조하다, 돕다, 지원하다; 겪다, 견디다, 참다; 튀어 오르다, 앞으로 나오다, 성공하다; ~을 따르다, ~의 뒤에 오다; 생기다, 마음 속에 떠오르다. ■ subitus *-a -um p.p.* as *adj.* 살금살금 다가오는, 한 번에 나타나는.

sūber *-eris* (E cork tree) *n.* 코르크나무; 코르크.

subferō sufferoō 참조.

sūbiciō(subiiciō) *-iēci -iectum -icere* (E throw under) *vt.* 아래에 놓다, 밑으로 던지다; 떠오르다; 불을 붙이다, 북돋우다. ■ subicctus *-a -um -p.p. -adj.* 가라앉아 있는; 떠오르는. ■ masc. plur. 피정복민.

subiectō *-āvī -ātum -āre* (E throw up) 1. *v.t.* 밀어 올리다, ~에 떠오르다, 상승하다.

subiectus *-a -um adj.* [**subiciō**의 과거분사]

subigō *-ēgī -āctum -igere* (E impel) *vt.* 밀어내다, 밀고 나아가다, 추진하다; 정복하다, 진압하다, 억누르다.

subitō subeō 참조.

subitus *-a -um adj.* [**subeō**의 과거분사]

subiunetus *-a -um adj.* [**subiungō**의 과거분사]

subiungō *-xī -ctum -gere* (E yoke) *vt.* 멍에를 메우다; 짝짓다, 동행이 되다; 꾸미다, 장식하다; 복종시키다, 조종하다.

sublābor *-lāpsus -lābī* (E fall down) *vi.* 떨어지다, 낙하하다, 추락하다; 쓰러지다, 붕괴하다, 멸망하다; 살그머니 기어가다; (시간이) 미끄러지듯 지나가다.

sublāpsus *-a -um adj.* [**sublābor**의 과거분사]

sublātus *-a -um adj.* [**sufferō**의 과거분사]

sublegō *-lēgī -lectum -legere* (E pick up by stealth) *vt.* 살그머니 집다, 몰래 잡다.

sublevō *-āvī -ātum -āre* (E raise up) *vt.* 올리다, 들어올리다; 일으키다, 세우다.

subligō -āvī -ātum -āre (E fasten) vt. 단단히 고정시키다, (특히, 방패를) 단단히 동여매다.
sublīme (E aloft) adv. 위로 높이; 고결한 태생의.
sublīmen adv. 아래쪽으로, 아래로.
sublīmis -e (E lofty) adj. 매우 높은, 우뚝 솟은; 고상한, 고결한; 크게 기뻐하는, 환희하는.
sublūceō no perf. no sup. -ēre (E glimmer) vi. 희미하게 빛나다, 반짝거리다.
subiustris -e (E dim) adj. 희미한, 어렴풋이 반짝거리는.
submergō (summ-) -mersī -mersum -mergere (E drown) vt. ~에 빠뜨리다, 흠뻑 젖게 하다; 압도하다.
submersus (summ-) -a -um adj. [submergō의 과거분사]
submissus (summ-) -a -um adj. [submissus의 과거분사]
submittō (summ-) -mīsī -missum -mittere (E put under) vt. 내리다; 아래쪽에 놓다.
submōtus (summ-) -a -um adj. [submoveō의 과거분사]
submoveō (summ-) -mōvī -mōtum -movēre (E raise up) vt. 위로 올리다; 옆으로 치우다.
subnectō -nexuī, -nexum -nectere (E bind beneath) vt. 밑으로 묶다.
subnexus -a - um adj. [**subnectō**의 과거분사]
subnīxus -a -um (E supported by) adj. 받쳐져 있는; 지탱이 되어있는.
subolēs (sob-) -is (E a new race) f. 새로운 세대; 자손.
subrēmigō (surr-) -āre (E row quietly along) vi. 조용히 노를 저어가다.
subrīdeō (surr-) -rīsī -rīdēre (E smile) vi. 웃다; 미소를 짓다.
subrigō (surr-) surgō 참조.
subsidlum -ī (-iī) (E a reserve) n. 비축된 것; 보급품.
subsīdō -sēdī -scssum -sīdere (E sink down) vt. 밑으로 잠기다; 움츠리다.
subsistō -stitī -sistere (E stop behind) vi. 뒤에 서다; 대항하다; 버티다.
subsum -esse (E be under) vi. 밑에 있다; 뒤에 있다.
subtēmeu -inis (E the woof) n. (직물의) 씨, 씨줄.
subter (E beneath) adv. 밑에; 아래쪽에.
subterlābor -lāpsus -lābī (E flow under) vi. 아래로/밑으로 흐르다.
subtexō -texuī -textum -texere (E weave underneath) vt. 밑에 (실·천을) 짜다; 덮개로 가리다.
subtrahō -traxī -tractum -trahere (E withdraw) vi. 뒤로 빼다; 물러나다.
subulcus -ī (E swineherd) m. 양돈업자.

suburgeō *-urgēre* (E force towards) *vi.* ~을 향해 밀다; ~쪽으로 밀어 붙이다.

subvectō *-āvī -ātum -āre* (E carry up) *vt.* 가지고 올라오다; 운반하다.

subvectus *-a -um adj.* [**subvehō**의 과거분사]

subvehō *-vexī, vectum -veliere* (E bring up) *vt.* 가지고 올라오다; 타고 올라오다.

subveniō *-vēnī -ventum -venīre* (E aid) *vt.* 도와주러 오다; 도움을 주다.

subvolvō *-volvere* (E roll up) *vi.* (위로) 말아 올리다.

succēdō *-cēssī -cēssum -cēdere* (E go beneath) *vi.* 밑으로 내려가다; 들어가다; 대신하다.

succendō *-cendī -cēnsum -cendere* (E set on fire beneath) *vt.* (밑에) 불을 붙이다.

succēnsus *-a -um adj.* [**succendō**의 과거분사]

succēssus *-ūs* (E career) *m.* 성공; 출세.

succidō *-cidī -cidere* (E fall down) *vi.* 넘어지다; 밑으로 잠기다.

succīdō *-cīdī -cīsum -cīdere* (E cut beneath) *vt.* 아래로 자르다.

succinctus *-a -um adj.* [**succingō**의 과거분사]

succingō *-cinxī -cinctum -cingere* (E bind under) *vt.* (밑으로) 묶다; 졸라매다; 두르다.

succīsus *-a -um adj.* [**succīdō**의 과거분사]

succumbō *-cubuī -cubitum -cumbere* (E fall under) *vt.* 아래로 속하다; 포기하다; 양보하다.

succurrō *-currī -cursum -currere* (E run to aid) *vi.* 도와주러 오다; 살려주다.

Sucrō *-ōnis* (E a Rutulian) *m.* 루툴리아인들은 전설속의 이탈리아계 부족 사람들이다. <아이네이드> 안에서는 투루누스(Turnus)의 지휘 하에 있는 사람들이다.

sūcus *(succus)* *-ī* (E juice) *m.* 주스; 중요한 수분; 수액; 힘.

sudis *-is* (E a stake) *f.* 말뚝; 막대기.

sūdō *-āvī -ātum -āre* (E sweat) *vi.* 땀을 흘리다; 흠뻑 젖다.

sūdor *-ōris* (E perspiration) *m.* 땀.

sūdus *-a -um* (E dry) *adj.* 마른; (날씨) 맑은, 좋은.

suēscō *-suēvī, suētum, suēscere* (E be accustomed) *vt.* 적응이 되다; 맞춰지다.

suētus *-a -um adj.* [**suēscō**의 과거분사]

suffectus *-a -um adj.* [**suēscō**의 과거분사]

sufferō *sustulī, sublātum, sufferre* (E withstand) *vt.* 버티다.

sufficiō *-fēcī -fectum -ficere* (E dip in, dye) *vt.* 찍다; 물들이다.
suffiō *-īvī (-iī) -ītum -īre* (E fumigate) *vt.* 그을리다
suffodiō *-fōdī -fossum -fodere* (E stab beneath) *vt.* 밑을 찌르다; 밑에서 찌르다.
suffossus *-a - um adj.* [**suffodiō**의 과거분사]
suffundō *-fūdī -fūsum -fundere* (E pour in or on) *vt.* 부어넣다; 붓다.
suffūsus *-a -um adj.* [**suffundō**의 과거분사]
suggerō (sub-) *-gessī -gestum -gerere* (E place under) *vt.* 밑에 두다.
suī (E gen. reflex. pron. 3d pers., referring to the subject) 그(그녀, 그것, 그들, 그녀들, 그것들)의 [3인칭 주어에 맞춘 속격 재귀형]
suleō *-āvī -ātum -āre* (E plough) *vt.* 갈다, 경작하다.
sulcus *-ī* (E a furrow) *m.* 길쭉한 홈.
Sulmō *-ōnis* (E Rutulian) *m.* 루툴리아인들은 전설속의 이탈리아계 부족 사람들이다. (Sucro 참조)
sulphur (sulf-) *-uris* (E sulphur) *n.* 황.
sulphureus(sulf-) *-a -um* (E sulphurous) *adj.* 유황의; 유황색의.
sum *fuī, futūrus -esse* (E exist; live) *vi.* -이다; -되다; 존재하다
summ- subm- 참조
summa *-ae* (E the main thing) *f.* 중요한 것; 결과적인 것.
summus *-a -um* [superus의 최상급]
sūmō *sūmpsī, sūmptum, sūmere* (E take; take up) *vt.* 가지다; 견디다; 입다.
sumptus *-a -um adj.* [**surnō**의 과거분사]
suō *suī, sūtum, sucre* (E sew) *vt.* 바느질하다; 꿰메다.
supellex *supellectilis* (E household furniture) *f.* 집안 가구.
super (E above; over) *adv. perp.* [+ 대격/탈격] -보다 위에; -보다 나은.
superadditus *-a -um* (E added) *adj.* superaddo의 과거분사; 더해진, 첨가된
superaddo *-dĭdī, -dĭtum, -ĕre* (E add, superinduce) *vt.* 더하다, 첨가하다, 덧붙이
superadstō *-stitī* (E light upon) *vt.* 위에 내려앉다; 위에 비추다.
superbia *-ae* (E pride) *f.* 자부심; 자만함; 무법의.
superbus *-a -um* (E overweening) *adj.* 자만한; 오만한.
supercilium *-ī (-iī)* (E the eyebrow) *n.* 눈썹.
superēmineō *-ēre* (E rise above) *vt.* 위로 솟다; 일어나다.
superiaciō *-iēcī -ieetum -iacere* (E throw over) *vt.* 위로 덮다; 의에 씌우다.

superimmineō *-ēre* (E overhang) *vi.* 위에 걸리다; 위에 올라서다.
superimpōnō *-pósu, -pósĭtum, -ĕre* (E put over, put on) *vt.* 위에 두다[놓다], 겹쳐놓다
superiniciō *-iéci, -iéctum, -ĕre* (E throw over) *vt.* 위로 던지다, 위에 쏟다.
superintonō *-āre* (E rattle above) *vi.* (위에서) 우르르 소리 나다.
superō *-āvī -ātum -āre* (E rise above) *vt..* 위로 솟다; 넘어서다; 제압하다.
superstes *-itis* (E standing by) *adj.* 옆에 서있다; 살아남다.
superstitiō *-ōnis* (E superstition) *f.* 미신; 공포스러운 것
superstō *-stāre* (E stand over) *vi.* 위에 서다.
supersum *-fuī -esse* (E remain) *vi.* 버티다; 살아남다.
superus *-a -um* (E being above) *adj.* (주로 복수형) 위에 있는; -보다 위에 있는.
suprēmus *-a -um* (E highest) 제일 높은; 최상의.
superveniō *-vēnī -ventum -venīre* (E come upon) *vi.* 다다르다; 도착하다.
supervolitō *-āvī -āre* (E fly over) *vi.* 날아오다; 날아다니다.
supervolō *-āre* (E fly over) *vi.* 날아오다.
supīnātus *-a -um adj.* [**supinō**의 과거분사]
supīnō *-āvī -ātum -āre* (E bend back) *vt.* 뒤로 구부리다; 뒤로 눕다.
supīnus *-a -um* (E laid on the back) *adj.* (얼굴이 위를 향해) 뒤로 누워있다.
suppleō *-plēvī -plētum -plēre* (E supply) *vt.* 제공하다; 채우다.
supplex *-plicis* (E as a suppliant) *adj.* 탄원하는; 애원하는.
suppliciter (E as a suppliant) *adv.* 탄원하는; 애원하는.
supplicium *-ī (-iī)* (E supplication) *n.* 간청; 형벌; 처벌.
suppōno *-posuī -positum(-postum), pōnere* (E place beneath) *vt.* 밑에 두다; -아래 두다.
suppositus *-a -um adj.* [**suppono**의 과거분사]
suppostus *-a -um* suppono 참조.
suprā (E above; over) *adv.prep.* 위쪽에; -위에.
suprēmus *-a -um* superus 참조.
sūra *-ae* (E calf of the leg) *f.* 장딴지; 종아리; 발목.
sureulus *-ī* (E a sprout) *m.* 새싹.
surdus *-a -um* (E deaf) *adj.* 귀가 먼; 귀머거리의.
surgō *subrexī, subrectum, surgere* (E raise) *vt.[vi.]* 올리다; 들어 올리다.
sūs *suis* (E a swine) 돼지; 멧돼지.

susceptus *-a -um adj.* [**suscipiō**의 과거분사]
suscipiō *(succ-) -cēpī -ceptum -cipere* (E take up; raise up) *vt.* 집어 올리다; 들어 올리다.
suscitō *-āvī -ātum -āre* (E shake up) *vt.* 흔들어 섞다; 긴장시키다.
suspectus *-a -um adj.* [**suspiciō**의 과거분사]
suspectus *-ūs* (E a look upward) *m.* 위로 바라본 것; 높이
suspendō *-pendī -pēnsum -pendere* (E hang up) *vt.* 메달다; 걸다.
suspēnsus *-a -um adj.* [**suspendō**의 과거분사]
suspiciō *-spexī -spectum -spicere* (E look up at) *vt.[vi.]* 위를 바라보다.
suspīrō *-āvī -ātum -āre* (E sigh) *vi.* 한숨; 한숨 쉬다.
sustentō *-āvī -ātum -āre* (E hold up) *vt.* 위로 치켜들다; 버티게 하다.
sustineō *-tinuī -tentum -tinēre* (E support) *vt.[vi.]* 지탱하다; 버티게 하다.
susurrō *-āre* (E hum) *vi.* 윙윙거리는 소리; 웅성거리다.
susurrus *-ī* (E a whisper) *m.* 속삭임.
sūta *-ōrum* suō 참조.
sūtilis *-e* (E sewn) *adj.* 바느질된; 꿰매어진.
sūtus *-a -um adj.* [**suō**의 과거분사]
suus *-a -um* (E poss. pron. (of 3d pers. reflex.), his, her, its, their) *adj.* 그(그녀, 그것, 그들, 그녀들, 그것들)의 [3인칭 소유형용사]
Sybaris *-is* (E a Trojan) *m.* 트로이아인.
Sȳchaeus *(Sī-) -ī* (E the husband of Dido) *m.* Dido의 남편. Acerbas라고도 알려져 있음.
Symaethius *-a -um* (E of the Symœthus) *adj.* 시메투스 강의 (시실리 섬의 동쪽에 있는 강).
Syrācosius *-a -um* (E of Syracuse) *adj.* 시라큐스의.
Syrius *-a -um* (E of Syria) *adj.* 시리아의.
Syrtis *-is f.* 시드라 만과 카베스 만 (리비아의 북쪽에 있는 얕은 해안), 높은 파도와 거센 바람 때문에 굉장히 위험한 지역으로 선원들에게 알려져 있음.

T t

talentum -ī (E a talent) n. 달란트 (그리스의 무게를 재는 단위)

tālis -e (E in such guise) pron. adn. 이와 같은; 이처럼.

Talos -ī, m. Rutulian. Rutulians는 전설속의 이탈리아계 부족 사람들이다. Sucro 참조.

talpa -ae (E a mole) f.m. 두더지.

tālus -ī (E the ankle) m. 발목뼈; 발목.

tam (E so much; as much) adv. -만큼; -정도의.

tamen (E yet; however) adv. 그렇지만; 아직; 그럼에도 불구하고.

Tanager -grī, m., Lucania의 강

Tanais -is, m. 1. Scythia의 강. 2. 아이네아스와 함께 여행한 트로디아인.

tandem (E at last) adv. 곧; 마침내.

tangō tetigī, taetum, tangere (E take hold of) vt. 잡다; 얻어내다; 구하다.

tanquam (tam-) (E as much as) adv. -정도는; -만큼은.

tantus -a -um (E so much such) pron. adj. 얼마나 많아서; 얼마나 많았으면.

tapēte -is (E hangings) n.(and m.) 가리개; 커튼.

Tarehētius -ī (E Rutulian) m., Rutulians는 전설속의 이탈리아계 부족 사람들이다. (Sucro 참조).

Tarchō (-ōn) -ontis (-ōnis) (E Etrurian ally of Æneas) m., 에투루리아 출신인 아이네이아스의 동지.

tardātus -a -um (E kept back) tardo의 과거분사형

tardē (E slowly) adv., 천천히

tardō -āvī -ātum -āre (E keep back) vt. 방해하다; 천천히 가게 하다.

tardus -a -um (E slow) adj., 느린; 게으른.

Tarentum -ī (E a city of Apulia) n., 이탈리아 반도에서 가장 티옥한 부분들 중의 하나로서, 여기에서는 아풀리아의 도시를 뜻한다.

Tarpēius -a -um (E a Roman gentile name) adj., 로마의 이교도적 이름. 로마에 있는 Jupiter의 신전과 연관이 있다.

Tarquinius -(i)ī (E a Roman gentile name) m. 로마의 이교도적 이름. Tarquin은 로마의 마지막 왕의 이름이었다.

Tarquitus -ī (E a Latin hero) m., 아이네이아스에게 죽임을 당하는 라틴계의 영웅.

Tartareus *-a -um* (E of Tartarus) *adj.*, Tartarus의; 지옥의, 지옥같은.

Tartarus *-ī* (E a deep abyss below the infernal world) *m.(n.)*, 죽은 자들의 세계; 저승세계.

Tatius *-ī (-iī)* (E Titus) *m.*, 사비네의 왕 타이터스, 로뮬루스와 왕권을 나눠가졌다고 알려져 있다.

taureus *-a -um* (E of a bull) *adj.*, 황소의.

taurīnus *-a -um* (E of a bull) *adj.*, 황소의.

taurus *-ī* (E a bull) *m,* 황소; 황소자리 (타우루스).

taxus *-ī* (E a yew tree) *f.,* 주목나무; 주목.

Tāygetē *-ēs* (E one of the Pleiades) *f.,* 아틀라스 (Atlas)의 일곱 딸 플레이아데스 중 한 명; 천문학적으로는 플레이아데스 성단, 묘성을 뜻한다.

Tāygetus *-ī, also -a -ōrum* (E a mountain range of Laconia) *m. and n.*, Laconia의 산맥. 사냥터와 축제로 잘 알려진 지방이다.

tectum tego 참조.

tectus *-a -um* (E covered) tego의 과거분사형; 덥혀진, 가려진, 숨겨진.

tēccum tu 참조; 너와 함께(te + cum)

Tegeaeus *(-ēus) -a -um* (E of Tegea) *adj.*, Tegea의; Arcadia의 한 지방.

tegmen *(tegu- -tegi-) -inis* (E a covering) *n.*, 가리개; 걸치는 옷; 보호대, 갑옷.

tegō *texī, tectum, tegere* (E cover) *vt.* 가리다; 숨기다; 둘러싸다.

tegumen tegmen 참조.

tēla *-ae* (E a web) *f.*, 직기 또는 베틀에 짜여져 있는 그물 또는 천.

Tēleboae *-ārum* (E some islands on the Leucadian coast) *m. pl.*, 루카디아 해안 쪽에 위치해 있는 섬들. 이곳에서 카프리의 이주자/정착자들이 왔다고 추정된다.

tellūs *-ūris* (E the earth) *f.*, 땅; 흙.

Telōn *-ōnis* (E a hero of Capri) *m.*, 카프리 출신의 영웅. Œbalus의 부친.

tēlum *-ī* (E a weapon) *n.*, 던지는 무기: 창, 화살 등.

temerātus *-a -um* (E profaned) **temero**의 과거분사형.

temere (E heedlessly) *adv.*, 조심성 없이; 임의로.

temerō *-āvī -ātum -āre* (E profane) *vt.* 신성을 더럽히다; 오염시키다.

temnō *temnere* (E despise) *vt.* 증오하다; 꺼리다.

tēmō *-ōnis* (E a pole) *m.*, 수레의 받침대; 지지대.

Tempē (E a valley in Thessaly) *n. pl.*, 테살리아의 아름답기로 알려진 계곡.

temperō *-āvī -ātum -āre* (E mix) *vt.vi.* 일정한 비율에 맞게 섞다; 정도

에 맞게 행동하다.
tempestās *-ātis* (E a space of time) *f.*, 시간의 정도; 한 계절.
tempestīvus *-a -um* (E seasonable) *adj.*, 계절에 맞게; 시간에 맞게
templum *-ī* (E a consecrated spot) *n.*, 점쟁이나 복점관에 의해 신성해진 곳.
temptāmentum *(tentā-) -ī* (E an attempt) *n.*, 시도; 간청.
temptō *-āvī -ātum -āre* (E try the strength of) *vt.* 힘을 겨루다; 공격하다.
tempus *-oris* (E a point of time) *n.*, 어느 한 시점; 시간의 정도.
tenax *-ācis* (E tenacious) *adj.*, 욕심 부리는; 잘 붙는.
tendō *tetendī, tentum (tēnsum), tendere* (E stretch) *vi, vt.* 늘어나다, 늘이다; 꼭 붙잡다.
tenebrae *-ārum* (E darkness) *f. pl.*, 어둠; 밤.
tenerōsus *-a -um* (E dark) *adj.*, 어두운; 울적한.
tenedos *-ī* (E island in the Ægean) *f.* 에게 해의 트로이 쪽에 뒤치한 섬.
teneō *tenuī, tentum, tenēre* (E hold) *vi, vt.* 잡다; 들고 있다.
tener *-era -erum* (E delicate) *adj.*, 섬세하다; 여리다.
tenor *-ōris* (E a course) *m.*, 방향; 인물.
tento tempto 참조.
tentōrium *-ī (-iī)* (E a tent) *n.*, 천막; 텐트.
tenuis *-e* (E thin) *adj.*, 얇은; 섬세한.
tenuō *-āvī -ātum -āre* (E make thin) *vi.* 얇게 하다; 닳아 없어지게 하다.
tepefaciō *-fēcī -factum -faeere* (E warm) *vt.* 따뜻한; 데우다
tepefactus *-a -um* (E warm) **tepefacio**의 과거분사형.
tepeō *-ēre* (E be warm) *vi.* 따뜻해지다.
tepēscō *tepuī, tepēseere* (E become warm) *vi.* 따뜻해지다.
tepidus *-a -um* (E warm) *adj.* (아직) 따뜻한; 데운.
terebinthus *-ī* (E a turpentine tree) *f.*, 테레빈유(송진)을 가진 나무, 주로 소나무.
terebrō *-āvī -ātum -āre* (E bore) *vt.* (구멍)을 뚫다; (속)을 도려내다.
teres *-etis* (E smooth and round) *adj.*, 매끄럽고 둥근 모양의; 원기둥형의.
Tēreus *-eī, m.*: 1. 트리키아의 왕; 2. 트로이아인.
tergeminus *(tri-) -a -um* (E threefold) *adj.*, 세 개의 몸을 가지는, 세 가지의.
tergeō *tersī, tersum, tergēre (also -o -ere)* (E clean) *vt.* 닦다; 광을 내다.
tergum *-ī* (E the back) *n.* (사람 또는 동물의) 등 부분, 옆 부분.
tergus *-oris* (E the back) *n.* (동물의; 사람 제외) 등 부분.

terminō -āvī -ātum -āre (E limit) vt. 제한을 두다.
terminus -ī (E a bound) m., 제한; 한계.
ternus -a -um, usually (E threefold) pl., adj., 세 개의; 세 번씩.
terō trīvī, trītum -terere (E crush) vt. 비비다, 닳게 하다.
terrēnus -a -um (E earthy) adj., 지구의; 땅과 관련된.
terreō -nī -itum -ēre (E frighten) vt. 놀라게 하다; 공포심을 일으키다.
terreus -a -um (E of earth) adj., 지구의; 이 세상의.
terribilis -e (E dreadful) adj., 공포심을 일으키는.
terrificō -āre (E frighten) vt. 놀라게 하다.
terrificus -a -um (E awe-inspiring) adj., 굉장한; 무시무시한.
territō -āre (E alarm) vt. 놀라게 하다; 공포 스러운.
territus -a -um (E frightened) **terreo**의 과거분사형.
terror -ōris (E terror) m., 놀람; 경악.
tertius -a -um (E third) adj., 세 번째.
tessera -ae (E a square) f., 정사각형.
testa -ae (E baked clay) f. 타일; 구운 진흙/찰흙
testātus -a -um (E called to witness) **testor**의 과거분사형.
testis -is (E a witness) comm. (어떤 사건의) 증인, 목격자.
testor -ātus -ārī (E call to witness) vt. 증인으로 부르다, 증언하다; -에 맹세하다.
testūdō -inis (E a tortoise) f., 거북; 자라.
tēte tu 참조.
tēter taeter 참조 (더 나은 철자).
Tēthys -yos (E the nurse of Juno) f., Juno의 유모이자 Oceanus의 부인인 바다 여신. 모든 물의 어머니이고 바다의 신들 중에서 제일 연로하기로 알려져 있다.
Tetrica (Tae-) -ae (E a mountain in the Sabine territory) f., 사비니인들의 구역 쪽의 산이나 절벽.
Teucer (-crus) -crī, m.: 1. 살라미스의 왕 텔라몬의 아들. 아약스 (Ajax)의 이복형제. 2. Scamander와 님프족의 Idæa 사이에서 태어난 아들.
Teucria -ae (E the land of Teucer) f., Teucer 땅; 트로이아 땅.
Teucrus -a -um (E Trojan) adj., 트로이아인, 트로이아인의.
Teuthrās -antis (E a Trojan) m., 트로이아인.
Teutonicus -a -um (E of the Teutones) adj., 튜턴 사람의; 게르만 사람의.
texō texuī, textum, texere (E weave) vt. (천이나 베 따위를) 짜다; (머리털.밀짚 따위를) 땋다, 엮다)

textilis -*e* (E woven) *adj.*, 짜여져 있는; 엮어져 있는.
textus -*a* -*um* (E woven) **texo**의 과거분사형.
Thaemōn -*ontis* (E a Trojan) *m.*, 트로이아인.
thalamus -*ī* (E a chamber) *m.*, 방; 작은 공간.
Thalīa -*ae*, *f.*: 1. 뮤즈(Muse)들 중의 한 명, 주로 희곡에 지정받는다. 2. 바다 요정.
Thamyrus (-is) -*ī* (E a Trojan) *m.*, 트로이아인.
Thapsus -*ī*, *f.*, 시실리아의 동쪽 해안에 위치한 도시.
Thasius -*a* -*um* (E of Thasos) *adj.*, 트라키아의 해안쪽에 위치한 섬 Thasos와 관련된; Thasos의.
Thaumantias -*ados* (E daughter of Thaumas) *f. adj.*, Thaumas의 딸, 아이리스(Iris).
Theānō -*ūs* (E a Trojan woman) *f.*, 트로이아의 여인.
theātrum -*ī* (E a theatre) *n.*, 극장; 오락의 장소.
Thēbae -*ārum* (E Thebes) *f.*, Bœotia의 유명한 도시 테베.
Thēbānus -*a* -*um*, *adj.*: 1. 테베의; 2. Mysia의 도시 Thebe의.
Themillās -*ae* (E a Trojan warrior) *m.*, 트로이아의 용사.
Thermōdōn -*ontis* (E a river of Pontus) *m.*, 아마존족이 사는 지역에 있기로 유명한 폰투스의 강.
Thērōn -*ōnis* (E a Latin) *m.*, 라틴인.
Thersilochus -*ī*, *m.*, 하데스(저승)에 있는 동명이인의 두 트로이아인.
thēsaurus (thēns-) -*ī* (E a hoard) *m.*, 무더기; 보물 단지.
Thēseus -*eī (-eos)* (E a king of Athens) *m.*, 미노타우로스(사람의 몸에 소의 머리를 한 괴물)를 무찌른 사람이자 아테네의 왕 테세우스.
Thēsīdēs -*ae* (E son of Theseus) *m.*, 테세우스의 아들/자손; 아테네 사람.
Thessandrus -*ī* (E a Greek hero) *m.*, 그리스의 영웅.
Thestylis -*is* (E a rustic woman) *f.*, 시골의 여인; 양치기의 부인 혹은 노비.
Thetis -*idis* (E mother of Achilles) *f.*, 바다의 여신. 펠레우스(Peleus)의 부인이자 영웅 아킬레우스의 어머니.
thiasus -*ī* (E the thiasus) *m.*, Bacchus 신을 위해 드리는 측제에서 추는 춤.
Thoās -*antis*, *m.*: 1. 목마 안의 트로이아인; 2. 트로이아인.
tholus -*ī* (E a dome) *m.*, 돔.
thōrāx -*ācis* (E breastplate) *m.*, 가슴장식.
Thrāca (thrae-) -*as* (E Thrace) *f.* 트로키아.
Thrācius (Thrae-) -*a* -*um* (E Thracian) *adj.*, 트로키아엔; 트로키아의.
Thrax (Thraex) -*āeis* (E Thracian) *m.*, 트로키아인.

Thrēicius -a -um (E of Thracian) adj., 트로키아의.
Thrēissa -ae (E Thracian) f., 트로키아의 여인.
Throuius -ī (E a Trojan) m., 트로이아인.
Thūlē (-ȳlē) -es, f., 유럽의 극북동쪽에 위치한 가상의 섬. Pytheas에 의해 발견되었다.
thūreus tureus 참조.
thūrieremus tnri- 참조.
thūrifer turi- 참조.
thūs tus 참조.
Thȳbrīnus Tiberīnus 참조.
Thȳbris (Tȳ-) -is, m.: 1. 트로이아 진영의 영웅; 2. Tiberis 참조.
Thyias (Thyas) -adis, f., 디오니소스 (Bacchus)의 여사제/무녀; 여자 술꾼.
Thymber -brī, m., Rutulian 참조.
Thymbra -ae, f., 아폴로 신전이 유명한 트로이아 근처의 도시.
thymbra -ae (E fragrant herb) f., 향기로운 약초; 향초.
Thymbraeus -a -um (E of Thymbra) adj., 1. 아폴로 신; 2. 트로이아인의 이름.
Thymbris -is (E a Trojan) m., 트로이아인.
Thymoetēs -ae (E a Trojan at the siege of Troy) m., 트로이아 전쟁 때 있었던 트로이아인.
thymum (-us) -ī (E thyme) n., 백리향.
Thyrsis -idis (E a shepherd) m., 양치기.
thyrsus -ī (E a plant-stalk) m. (식물의) 줄기, 대, 잎자루.
Tiberīnus (Tibr-, Thy̆-) -a -um (E of the Tiber) adj., 티베르의.
Tiberis (Tībr-, Thy̆-) -is(-idis), m.: 1. 로마의 티베르 강; 2. 고대 이탈리아의 영웅; 강 이름을 이 영웅의 이름을 따서 지었다고 한다.
tībia -ae (E the leg-bone) f., 양치기들이 불던 피리.
Tībur -uris, n., 라티움의 오래된 도시.
Tīburtus -ī, m., 티부르의 전설적 설립자들 중의 하나.
Tīburs -uris (E of Tiber) adj., 티부르의. 티부르인.
tignum -ī (E a beam) n., 기둥.
tigris -is (-idis) (E a tiger) m. and f., 호랑이.
Tigris -idis (-is), m., 메소포타미아와 아시리아의 사이를 흐르는 아시아의 강. 페르시아반도에서 유프라테스 강과 만난다.
tilia -ae (E the linden) f., 참피나무 목재
Timāuuns -ī m., 이스트리아와 베네치아 사이로 흐르는 강.

timeō *-uī -ēre* (E fear) *vt.vi.* 두려움; 공포.
timidus *-a -um* (E fearful) *adj.*, 겁 많은; 겁 먹은.
timor *-ōris* (E fear) *m.*, 두려움; 공포.
tinea *-ae* (E a worm) *f.*, 벌레, 지렁이; 나방.
tingō *(tinguō), tinxī, tinctum, tingere* (E wet) *vt.* 젖다; 닦다.
tinnītūs *-ūs* (E a rattling noise) *m.*, 달랑달랑 소리, 쨍그랑 소리.
Tīphys *-yos* (E pilot of the Argo) *m.*, 선박 아르고 호의 선장.
Tīrynthius *-a -um* (E of Tiryns) *adj.*, 아르골리스의 고대 마을 티린스 (Tiryns)의. 티린스는 헤라클레스가 교육을 받은 곳이다.
Tīsiphonē *-ēs* (E one of the Furies) *f.*, 복수의 여신들 중 하나.
Tītān *-anis, m.*, 타이탄들과 자주 혼동되는 태양 신의 이름. Titan.us 참조.
Tītānius *-a -um* (E of the Titans) *adj.*, 타이탄 족들의. (타이탄들은 하늘과 땅의 자식들이자 제우스와 전쟁을 한 거인 족들이다.)
Tithōnius *-a -um* (E of Tithonus) *adj.*, 티토누스 (Tithonus)와 관련된.
Tīthōnus *-ī, m.*, 라오메돈(Laomedon)의 아들이자 멤논(Memnon)의 아버지.
titubātus *-a -um* (E p.p. of titubo) **titubo**의 과거분사형.
titubō *-āvī -ātum -āre* (E stumble) *vt.vi.* 비틀거리다, 휘청거리다.
Tīturus *-ī, m.*, 목가/시에 등장하는 양치기의 이름.
Tityus (-os) *-ī, m.*, 유베아(Euboea)의 거인. 아르테미스(Diana)에게 폭력을 행했다가 저승(Tartarus)에서 독수리들에게 간을 뜯겨먹히는 벌을 받게 된다.
Tmarius *-a -um* (E of Tmaros) *adj.*, 트마로스(Tmaros)의.
Tmarus *-ī* (E a Rutulian) *m.*, Rutulian 참조.
Tmōlius *-a -um* (E Tmolian) *adj.*, 트몰루스(Tmolus)의.
Tmōlus *-ī, m.*, 리디아에 있는 산. 특산물인 와인이 뛰어나다.
tōfus (toph-) *-ī* (E tufa) *m.*, 탄산석회; 석회화.
togātus *-a -um* (E clad in the toga) *adj.*, 토가(고대 로마 시민이 입던 헐거운 겉옷)의. 토가를 입고 있는.
tolerābilis *-e* (E tolerable) *adj.*, 참을만한; 견딜만한.
tolerō *-āvī -ātum -āre* (E support) *vt.* 지지하다; 버티다.
tollō *sustulī, sublātum, tollere* (E lift) *vt.* 들다, 들어올리다.
Tolumnius *-ī (-iī)* (E augur of the Rutuli) *m.*, Rutuli 족의 점쟁이/복점관.
tondeō *totondī, tōnsum, tondēre* (E shear) *vt.* 자르다 손질하다.
tonitrus *-ūs* (E thunder) *m.*, 천둥; 천둥소리.
tonō *tonuī, tonitum, tonāre* (E thunder) *1. v. n.*, 천둥소리.
tōnsus *-a -um* (E p.p. of tondeo) **tondeo**의 과거분사형.

tōphus tofus 참조.

tormentum *-ī* (E an engine) *n.*, 투석기; 밧줄을 비틀어서 무거운 물건을 움직이게 하는 기계.

tornus *-ī* (E a lathe) *m.*, 선반; 녹로.

torpeō *-uī -ēre* (E be benumbed) *2. v. n.* (촉감이) 얼얼해지다; 경직되어 버리다.

torpor *-ōris* (E torpor) *m.* (지각의) 지둔, 활발하지 못함; 무반응, 마비 상태.

Torquātus *-ī, m.*, 티투스(Titus Manlius Torquatus)에게 골(갈리아; Gaul)족을 단판승부로 무찌른 공으로 주어진 이름.

torqueō *torsī, tortum, torquēre* (E whirl) *vt.* 빙빙 돌다; 소용돌이치다; 선회하다.

torquēs *(-is) -is* (E a necklace) *m.f.*, 목걸이; 목에 거는 장식.

torrēns torreo 참조.

torreō *torruī, tostum, torrēre* (E roast) *vt.* (불을 이용해서) 굽다; (젖은 것을) 말리다.

torridus *-a -um* (E burning) *adj.* (불에 의해) 타고 있는; 매우 뜨거운.

torris *-is* (E a firebrand) *m.*, 불붙은 나무 토막, 관솔, 횃불.

tortilis *-e* (E twisted) *adj.*, 비틀어진; 둥그렇게 쳐져 있는.

tortus *-a -um* (E whirled) **torqueo**의 과거분사형.

tortus *-ūs* (E a coil) *m.*, 고리; 사리.

torus *-ī* (E a bulge) *m.*, 중배; 불룩한 부분.

torvus *-a -um* (E piercing) *adj.*, 뚫어보는; 퉁명스럽게 쳐다보는.

tostus *-a -um* (E roasted) **torreo** 참조.

tot (E so many) *indecl. adj.*, 그만큼 많이; 어느 정도 많은.

totidem (E just so many) *indecl. adj.*, 그정도는 충분히 많이; 어느 정도 많이.

totiēns *(-ēs)* (E so many times) *adv.*, 가끔; 여러 번, 여러 차례.

tōtus *-a -um* (E the whole of) *adj.*, 모든, 전체적인.

trabālis *-e* (E of a beam) *adj.*, 기둥의; 기둥과 같은.

trabea *-ae* (E a trabea) *f.*, 길고 헐거운 겉옷; 예복, 관복, 법복.

trabs *(trabēs) -is* (E a beam) *f.*, 기둥; 나무기둥.

tractābilis *-e* (E manageable) *adj.*, 처리/관리할 수 있는.

tractim (E draggingly) *adv.*, 천천히; 서서히.

tractō *-āvī -ātum -āre* (E handle) *vt.* 처리; 관리.

tractus *-a -um* (E dragged) **traho**의 과거분사형.

tractus *-ūs* (E a drawing) *m.*, 그림.

trādō *-didī -ditum -dere* (E hand over) *vt.* 넘기다, 포기하다; 항복하다.

trādūcō *-dūxī -dūctum -dūcere* (E draw over) *vt.* 위로 그리다, 지우다.
trahea *-ae* (E a frag) *f.*, 썰매.
trahō *traxī, tractum, trahere* (E drag) *vt.* 끌고 가다; 추측해 내다.
trāiciō *(trānsicio, also separate, trāiie- transiie-) -iēcī -iectum -icere* (E throw across) *vt.* 던지다, 던져 버리다.
trāiectus *(trāns-) -a -um* (E thrown away) **traicio**의 과거분사형.
trāmes *-itis* (E a cross-path) *m.*, 건널목, 길.
trānō *(trāns-) -āvī -ātum -āre* (E swim across) *vt.* 수영해서 건너다; (강, 바다 등을) 건너다.
tranquillus *-a -um* (E quiet) *adj.*, 조용하다; 평화롭다.
trātus (E across) *prep.* [+ 대격] -건너 –통해 –위로.
trānsabeō *-īī -īre* (E pass beyond) *irr. vt.vi.* -너머로 지나가다.
trānsadigō *-ēgī -actum -igere* (E thrust through) *vt.* 관통시키다; 뚫다.
trānscrībō *(transs-) -serīpsī -serīptum -serībere* (E transcribe) *3vt.* 옮기다; 옮겨 적다.
trānscurrō *-cucurrī (-currī) -currere* (E run across) *vt.vi.* 뛰어 건너다, 날아 건너다.
transeō *-iī (-īvī) -itum -īre* (E pass over) *irr. vt.vi.* 건너다; 지나가다.
transferō *-tulī -lātum -ferre* (E carry over) *irr. vt.* 들고 건너다; 옮기다.
transfīgō *-fīxī -fīxum -fīgere* (E thrust through) *vt.* 뚫다.
transfīxus *-a -um* (E perforated) **transfigo**의 과거분사형.
transfodiō *-fōdī -fossum -fodere* (E pierce) *vt.* 뚫다; 고정시키다.
transformō *-āvī -ātum -āre* (E transform) *vt.* 변신하다.
transfossus *-a -um* (E pierced) **transfodio**의 과거분사형.
transiliō *(transs-) -uī (-īvī) -īre* (E leap across) *vt.vi.* 뛰어 넘다; 건너다.
transmissus *-a -um* (E p.p. of transmitto) transmitto의 과거분사형.
transmittō *-mīsī -missum -mittere* (E suffer to pass across) *vt.vi.* 건너게 두다.
transportō *-āvī -ātum -āre* (E bear across) *vt.* 가지고 건너다; 옮기다.
transtrum *-ī* (E a cross-beam) *n.*, 기둥; 벤치.
transverberō *-āvī -ātum -āre* (E strike through) *vt.* 뚫어버리다; 고정하다.
transversus *-a -um* (E turned athwart) **transverto**의 과거분사형.
transvertō *-vertī -versum -vertere* (E turn athwart) *vt.* 옆으로 돌다; 비스듬히 돌다.
trapētus *-ī* (E an oil-mill) *m.*, 착유기.
trecentī *-ae -a* (E three hundred) *adj.*, 삼백 (300).

tremebundus -a -um (E trembling) *adj.*, 떨고 있는.
tremefaciō -fēcī -faectum -facere (E make tremble) *vt.* 떨다, 긴장하다.
tremendus tremo 참조.
tremescō (-iscō) -ere (E tremble) *vt.vi.* 떨다.
tremō -uī -ere (E quake) *vt.* 떨다; 흔들리다.
tremor -ōris (E a trembling) *m.*, 흔들림.
tremulus -a -um (E tremulous) *adj.*, 떨리는, 전율하는, 진동하는.
trepidō -āvī -ātum -āre (E tremble) *vt.vi.* (겁이 나서) 떨다; 전율하다.
trepidus -a -um (E trembling) *adj.*, 전율하는; 진동하는.
trēs -tria (E three) *num. adj. pl.*, 셋 (3).
trībulum -ī (E a drag) *n.*, 큰 써레 (탈곡용).
tribulus -ī (E a caltrop) *m.*, 마름쇠; 여철.
tribus -ūs (E a tribe) *f.*, 부족.
tricorpor -oris (E three-bodied) *adj.*, 세 개의 몸을 지닌.
tridēns -entis (E three-toothed) *adj.*, 세 개의 뿔을 지닌 (삼지창과 같은).
trietēricus -a -um (E biennial) *adj.*, 2년마다의, 격년의.
trifaucis -faucis (E three-throated) *adj.*, 세 개의 목/입을 지닌.
trigintā (E thirty) *indecl. num. adj.*, 서른 (30).
trilīx -līcis (E three-ply) *adj.*, 세 겹의, 세 겹으로 포갠.
Trīnacrius -a -um (E of Sicily) *adj.*, 시칠리아의 (시칠리아는 세 개의 갑이 있어서 Trinacria라고 불린다).
Triōnēs -um (E Ursa Major and Minor) *m. pl.*, 큰곰자리와 작은곰자리.
triplex -icis (E threefold) *adj.*, 세 가지의, 세 개의.
tripūs -odis (E a tripod) *m.*, 삼각대, 삼각의자; 삼발이.
tristis -e (E gloomy) *adj.*, 슬픈, 우울한.
trisulcus -a -um (E three-forked) *adj.*, 세 갈래의, 세 곳으로 분기한; 삼지창과 같은.
trīticeus -a -um (E of wheat) *adj.*, 밀의, 밀과 같은.
Trītōn -ōnis, *m.*: 포세이돈(Neptune)의 아들인 바다의 신. 주로 소라고둥 나팔을 부는 모습으로 표현된다.
Trītōnia -ae, *f.*, 팔라스(미네르바)의 명칭. (근원은 불확실하다)
Trītōnis -idis, *f.*, 위의 Tritonia와 같음.
trītūra -ae *f.* (곡물 따위)를 도리깨로 두드리다, 탈곡하다.
trītus -a -um (E crushed) **tero**의 과거분사형.
triumphātus -a -um (E victorious) **triumpho**의 과거분사형.
triumphō -āvī -ātum -āre (E triumph) *vt.vi.* 승리하다, 정복하다.

triumphus -ī (E a triumph) m., 승리(로마의 경우, 사령관이 군대와 함께 제우스 신전으로 가서 제물을 바치는 전통이 있었다.)
Trivius -a -um (E of three ways) adj., 세 가지의. 세 부분의.
Trōas -adis (E a Trojan woman) adj. 트로이 여자.
Trōia Trōius 참조.
Trōiānus -a, -um (E Trojan) adj. 트로이의.
Trōilus -ī (E Troilus) m. 트로일루스 (프리암 왕의 아들로 트로이 전쟁에서 전사)
Trōiugena -ae (E Trojan) comm. 트로이의.
Trōius -a, -um (E of Tros) adj. 트로스의.
tropaeum (-phaeum) -ī (E trophy) n. 트로피.
Trōs -ōis (E Tros) m. 프리기아의 왕, 트로이 인들의 시조로 여겨졌음.
trucīdō -āvī, -ātum, -āre (E slaughter) vt. 자르다; 살해하다, 학살하다.
trudis -is (E pole) f. 돛대.
trūdō trūsī, trūsum, trūdere (E push) vt. 밀다, 누르다.
truncus -a, -um (E stripped) adj. 잘린, 절단된.
tū tuī (E you) pers. pron. (인칭 대명사) 너, 당신.
tuba -ae (E tuba) f. 튜바, 나팔
tueor tuitus (tūtus), tuērī (E gaze at) 2. v. dep. 지켜보다, 바라보다.
tugurium -ī (-iī) (E hut) n. 오두막집.
Tulla -ae (E Tulla) f. 카밀라의 시중.
Tullus -ī (E Tullus) m. 툴루스 (로마 이름).
tum (E then) adv. 그때, 그전에.
tumeō tumuī, no sup., -ēre (E swell) vi. 부풀다, 팽창하다.
tumēscō no perf., no sup., -mēscere (E swell) vi. 부풀다, (수면 등이) 올라오다.
tumidus -a, -um (E swelling) adj. 부풀어 오르는.
tumor -ōris (E swelling) m. 팽창; 분노.
tumultus -ūs (E uproar) m. 폭동, 소란, 소동.
tumulus -ī (E hill) m. 언덕.
tunc (E then) adv. 그 때 (tum과 비슷하나 더 확실한 시간을 나타냄)
tundō tutudī, tunsum(tūsum), tundere (E strike) vt. 치다, 때리다.
tunica -ae (E tunic) f. 튜닉 (고대의 의상).
tunsus -a, -um tundo의 과거분사.
turba -ae (E disturbance) f. 소란, 혼란, 교란.
turbātus -a, -um turbō의 과거분사.

turbidus *-a, -um* (E confused) *adj.* 혼란스러운, 격렬한, 맹렬한.
turbō *-āvī, -ātum, -āre* (E agitate) *vt.* 자극하다, 방해하다, 혼란시키다.
turbō *-inis* (E whirling) *m.* 소용돌이치는.
tūreus (thū-), *-a, -um* (E incense) *adj.* 격렬한.
turgeō *tursī, no sup., turgēre* (E swell) *vi.* 부풀다.
tūricremus *-a, -um* (E incense) *adj.* 격노한.
tūrifer *-era, -erum* (E incense-bearing) *adj.* 분노하게 하는.
turma *-ae* (E troop) *f.* 군대, 대대.
Turnus *-ī* (E Turnus) *m.* 투르누스 (루툴리아의 왕, 아에네아스의 정착을 반대하다가 살해당함).
turpis *-e* (E unseemly) *adj.* 보기 흉한, 꼴사나운.
turriger *-era, -erum* (E tower-bearing) *adj.* 건물로 가득 찬.
turris *-is* (E tower) *f.* 건물, (성벽 등의) 타워.
turrītus *-a, -um* (E armed with towers) *adj.* 건물로 가득 찬.
turtur *-uris* (E turtle-dove) *m.* 호도애, 염주비둘기 (인연의 상징).
tūs (thūs) *tūris* (E incense) *n.* 광폭한.
Tuscus *-a, -um* (E Etruscan) *adj.* 에트루리아의.
tussis *-is* (E cough) *f.* 기침.
tūtāmen *-inis* (E defence) *n.* 방어.
tūte tū 참조.
tūtēla *-ae* (E protection) *f.* 보호.
tūtor *-ātus, -ārī* (E protect) *v. dep.* 보호하다, 지키다.
tūtus *-a, -um* **tueor**의 과거분사.
tuus *-a, -um* (E your) *poss. pron.* (소유형용사) 너의.
Tӯbris Tiberis 참조.
Tȳdeus *-eī (-eos)* (E Tydeus) *m.* 티데우스.
Tȳdīdēs *-ae* (E Diomedes) *m.* 디오메데스 (티데우스의 아들).
tympanum *-ī* (E drum) *n.* 팀파니, 북.
Tyndaris *-idis* (E Helen) *f.* 헬렌, 틴다루스의 딸.
Typhōeus *-eī(-eos)* (E Typhon) *m.* 타이폰 (거인, 유피테르의 벼락을 맞아서 에트나 화산 아래에 매장됨).
Typhōeis *-a, -um* (E of Typhon) *adj.* 타이폰의.
tyrannus *-ī* (E king) *m.* 왕, 군주.
Tyrēs *-ae* (E Tyres) *m.* 티레스 (아에네아스 군대에 있던 트로이 인).
Tyrius *-a, -um* (E Tyrian) *adj.* 티레의.
Tyros (-us) *-ī* (E Tyre) *f.* 티레 (페니키아의 도시).

Tyrrhēnus -a, -um (E Etruscan) adj. 에트루리아의.
Tyrrhēnus -ī (E Tyrrhenus) m. 티레누스.
Tyrrheus (Tyrrhus) -eī (E Tyrrheus) m. 티레우스 (라티누스 왕의 양지기).
Tyrrhīdae -ārum (E sons of Tyrrheus) m. pl.. 티레우스의 아들들.

U u

ūber -*eris* (E breast) *n.* 가슴, 유방; 대지, 흙.
ūber -*eris* (E fertile) *adj.* 비옥한, 다산의.
ubī (E where) *adv.* (의문사) 어디; (관계대명사) 그곳.
ubīque (E everywhere) *adv.* 어디든지.
Ūealegōn -*ontis* (E Uealegon) *m.* 트로이 인.
ūdus -*a* -*um* (E wet) *adj.* 습기찬, 축축한.
Ufēns -*entis* (E Ufens) *m.* 라티움에 있는 강.
ulcīscor *ultus ulcīscī* (E avenge) *vt.* 복수하다, 위해를 가하다.
ulcus -*eris* (E ulcer) *n.* 궤양.
ūlīgō -*inis* (E moisture) *f.* 습기.
Ulixēs -*ī* (-*eī*, -*is*) (E Ulysses) *m.* 율리세스 (트로이 전쟁에서의 그리스 영웅으로, 오딧세이의 주인공)
ulmus -*ī* (E elm) *f.* 느릅나무.
ulna -*ae* (E forearm) *f.* 팔꿈치.
ulterins ulter 참조.
ultimus -*a* -*um* ulter 참조.
ultor -*ōris* (E avenger) *m.* 복수자.
ultrā (E beyond) *adv.prep.* 너머서, 더 멀리.
ultrīx -*īcis* (E avenger) *f.* 여자 복수자, 자객.
ultrō (E beyond) *adv.* 더 멀리.
ultus -*a* -*um adj.* ulcīscor의 과거분사.
ulula -*ae* (E screech-owl) *f.* 귀신소쩍새 (불길한 징조로 여겨졌음).
ululātus -*a* -*um adj.* ululō의 과거분사.
ululātus -*ūs* (E howl) *m.* 울부짖음, 울음, 통곡.
ululō -*āvī* -*ātum* -*āre* (E howl) *vt.vi.* 울다, 통곡하다.
ulva -*ae* (E sedge) *f.* 사초(沙草).
Ulyssēs Ulixes 참조.
Umber -*bra* -*brum* (E of Umbri) *adj.* 움브리아의 (북이탈리아의 루비콘, 나르, 티베르 강 사이의 지역).
umbō -*ōnis* (E boss) *m.* 방패 등의 장식적 돌기.
umbra -*ae* (E shadow) *f.* 그늘, 그림자.
umbrāculum -*ī* (E bower) *n.* 정자, 쉼터.

umbrātus *-a -um adj.* umbrō의 과거분사.
umbrifer *-era -erum* (E shady) *adj.* 그늘진.
Umbrō *-ōnis* (E Umbro) *m.* 투르누스의 동맹 지도자.
umbrō *-āvī -ātum -āre* (E shade) *vt.* 그늘지게 하다, 가리다.
umbrōsus *-a -um* (E shady) *adj.* 그늘진.
ūmectō (hum-) *-āvī -ātum -āre* (E moisten) *vt.* 액체에 적시다, 젖게 하다.
ūmeō (hum-) *no perf., no sup. -ēre* (E be wet) *vi.* 젖다.
umerus (hum-) *-ī* (E shoulder) *m.* 어깨.
ūmēscō (hum-) *no perf. no sup. -ere* (E be moistened) *vi.* 적셔지다.
ūmidus *-a -um* (E moist) *adj.* 습기 찬, 축축한.
ūmor (hūm-) *-ōris* (E moisture) *m.* 습기; 체액.
unquam unquam 참조.
ūnā (E together) *adv.* 같이, 동시에.
ūnanimus *-a -um* (E harmonious) *adj.* 조화로운, 만장일치의.
unctus *-a -um adj.* ungō의 과거분사.
uneus *-a -um* (E bent) *adj.* 휜, 비뚤어진.
unda *-ae* (E wave) *f.* 파도, 바다.
unde (E whence) *adv.* (의문사, 관계사) 어디서부터
undecimus *-a -um* (E eleventh) *adj.* 11번째.
undique (E everywhere) *adv.* 모든 곳에서.
undō *-āvī -ātum -āre* (E wave) *vi.* 물결치다, 파도치다.
undōsus *-a -um* (E boisterous) *adj.* 심술궂은.
ungō (unguō) *unxī unctum ungere* (E smear) *vt.* (기름 등을) 바르다, 칠하다; 성유를 붓다.
unguen *-inis* (E fat) *n.* 기름, 미끈미끈한 물질.
unguis *-is* (E nail) *m.* 손톱, 발톱; 갈고리 발톱.
unquam (umquam) (E ever) *adv.* 언제든지; [부정형과 같이 쓰여서] 절대로.
ūnus *-a -um -īus* (E one) *num. adj.* 하나의, 유일한.
ūpiiiō *-ōnis* (E shepherd) *m.* 목자, 양치기.
urbs *-urbis* (E city) *f.* 도시.
urgeō (-ueō) *ursī no sup. urgēre* (E press) *vt.* 압박하다, 압도하다.
urna *-ae* (E jar) *f.* 용기, 도가니, 병.
ūrō *ūssī ūstum ūrere* (E burn) *vt.* 태우다.
ursa *-ae* (E shebear) *f.* 암컷 곰.
ursus *-ī* (E bear) *m.* 수컷 곰.

ūrus -*ī* (E wild ox) *m.* 야생 황소 (이탈리아 들소).
usquam (E anywhere) *adv.* 어디든지.
usque (E always) *adv.* 언제든지.
ūsus -*ūs* (E use) *m.* 사용, 용도.
ut(utī) (E how) *adv.* 왜.
ūter -*ūtris* (E bag) *m.* 가방, 가죽 부대.
uterque *utraque utrumque utrīusque* (E both) *pron. adj.* 둘 다.
uterus -*ī* (E womb) *m.* 자궁.
utī ut 참조.
ūtilis -*e* (E useful) *adj.* 유리한, 유용한.
utinam (E if only) *conj.* ~이라면.
ūtor -*ūsus* -*ūtī* (E use) *vi.* 사용하다, 이용하다.
utrimque (E from both sides) *adv.* 양쪽에서.
ūva -*ae* (E grape) *f.* 포도.
ūvidus -*a* -*um* (E soaked) *adj.* 젖은.
uxor -*ōris* (E wife) *f.* 아내.
uxōrius -*a* -*um* (E of a wife) *adj.* 아내의.

V (consonant)

vacca *-ae* (E cow) *f.* 소.
vaceīnium *-ī (-iī)* (E whortleberry) *n.* 산앵도나무.
vacō *-āvī -ātum -āre* (E be empty) *vi.* 비다.
vacuus *-a -um* (E vacant) *adj.* 빈, 공허한.
vādō *perf. and sup. not found vādere* (E go) *vi.* 가다, 걷다, 진행하다.
vadōsus *-a -um* (E shallow) *adj.* 얕은.
vadum *-ī* (E ford) *n.* 여울.
vāgīna *-ae* (E sheath) *f.* 껍질, 칼집.
vāgītus *-ūs* (E crying) *m.* 통곡.
vagor *-ātus -ārī* (E wander) *vi.* 옮기다, 방황하다, 방랑하다.
valeo *-nī -itum -ēre* (E be strong) *vi.* 강하다, 대담하다.
Valerus *-ī* (E Valerus) *m.* 어떤 루툴리아 사람.
validus *-a -um* (E strong) *adj.* 강한, 대담한.
vallis (-ēs) *-is* (E valley) *f.* 계곡.
vallō *-āvī -ātum -āre* (E fortify) *vt.* 요새화하다.
vallum *-ī* (E rampart) *n.* 성벽, 누벽.
vallus *-ī* (E stake) *m.* 막대기, 말뚝.
vannus *-ī* (E basket) *f.* 바구니.
vānus *-a -um* (E empty) *adj.* 공허한, 빈, 의미 없는.
vapor *-ōris* (E vapor) *m.* 증기, 수증기, 김.
vapōrō *-āvī -ātum -āre* (E steam) *vt.vi.* 김을 내다.
variō *-āvī -ātum -āre* (E diversify) *vt.vi.* 다양화하다.
varius *-a -um* (E various) *adj.* 다양한, 다종의.
Vārus *-ī* (E Varus) *m.* 로마 이름.
vastātor *-ōris* (E destroyer) *m.* 파괴자, 약탈자.
vastō *-āvī -ātum -āre* (E devastate) *vt.* 파괴하다, 약탈하다
vastus *-a -um* (E desolate) *adj.* 황량한, 필요 없는.
vūtēs *-is* (E seer) *m.f.* 예언자.
vectis *-is* (E pole) *m.* 막대기.
vectō *-āvī -ātum -āre* (E carry) *vt.* 운반하다.
vector *-ōris* (E voyager) *m.* 여행자, 방랑자, 유랑자.
vectus *-a -um* *adj.* **vehō**의 과거분사.

vehō *vexī vectum vehere* (E carry) *vt.* 운반하다.
vel (E either~ or~) *conj.* 둘 중 하나.
vēlāmen *-inis* (E veil) *n.* 옷, 의상, 베일.
vēlātus *-a -um adj.* **velō**의 과거분사.
Velīnus *-a -um* (E of velia) *adj.* 벨리아의, (다른)벨리아의.
vēlivolus *-a -um* (E winged with sails) *adj.* 돛을단.
vellō *vulsī(volsī) vulsum(volsum) vellere* (E pull) *vt.* 끌다; 뜯다, 잡아 뽑다.
vellus *-eris* (E fleece) *n.* 양털; 양가죽.
vēlō *-āvī -ātum -āre* (E cover) *vt.* 덮다; 가리다.
vēlōx *-ōcis* (E swift) *adj.* 날랜, 빠른.
vēlum *-ī* (E sail) *n.* 돛.
veiut (-uti) (E just as) *adv.* 마치~처럼.
vēna *-ae* (E vein) *f.* 정맥; 동맥.
vēnābulum *-ī* (E hunting-spear) *n.* 사냥용 창.
vēnātor *-ōris* (E hunter) *m.* 사냥꾼.
vēnātrīx *-īcis* (E huntress) *f.* 여자 사냥꾼.
vēnātus *-ūs* (E hunting) *m.* 사냥.
vendō *-didī -ditum -dere* (E sell) *vt.* 팔다; 배반하다.
venēnum *-ī* (E poison) *n.* 독.
venerābilis *-e* (E venerable) *adj.* 존경할 만한, 훌륭한.
venerātus *-a -um adj.* **venerō**의 과거분사.
venerō *-āvī -ātum -āre* (E worship) *vt.* 숭배하다; 예배하다.
venia *-ae* (E favor) *f.* 호의, 친절; 용서.
Venīlia *-ae* (E Venilia) *f.* 투르누스의 어머니.
veniō *vēnī ventum venīre* (E come) *vi.* 오다; 도착하다.
vēnor *-ātus -ārī* (E hunt) *vt.vi.* 사냥하다.
venter *-tris* (E belly) *m.* 복부, 배.
ventōsus *-a -um* (E windy) *adj.* 바람이 센; 폭풍우의; 몹시 사나운.
ventus *-ī* (E wind) *m.* 바람.
Venulus *-ī* (E Venulus) *m.* 투르누스의 전령.
Venus *-eris* (E grace) *f.* 우미, 우아; 아름다움.
veprēs (-is) *-is* (E bramble) *m.* (or *f.*) 가시나무.
vēr *vēris* (E spring) *n.* 봄; 봄 날씨.
verbēna *-ae* (E plant) *f.* 식물, 풀; 마편초.
verber *-eris* (E lash) *n.pl.* 챗열, 채찍.
verberō *-āvī -ātum -āre* (E lash) *vt.* 채찍질하다; 괴롭히다.

verbum *-ī* (E word) *n.* 단어.
vērē (E truly) *adv.* 진실로, 참으로, 진짜로.
vereoi *veritus verērī* (E feel awed) *vi.* 경외심을 느끼다.
Vergilius *(the proper Latin spelling not Virg-) -ī (-iī)* (E Vergilius) *m.* 로마의 기독교도 이름.
vergō *no perf. no sup. vergere* (E bend) *vt.vi.* 구부리다, 숙이다.
veritus *-a -um adj.* **vereor**의 과거분사.
vērō (E truly) *adv.* 진심으로; 확실히, 의심 없이.
verrō *verrī versum verrere* (E sweep) *vt.vi.* 쓸다; 청소하다.
versicolor *-ōris* (E changeable) *adj.* 변하기 쉬운, 변덕스러운; 다채로운.
versō (versō) *-āvī -ātum -āre* (E turn) *vt.* 돌리다; 뒹굴다.
versus (vorsus) *-a -um adj.* **vertō**의 과거분사.
versus *-ūs* (E turn) *m.* 회전, 선회.
vertex (vortex) *-icis* (E whirl) *m.* 회전; 소용돌이, 화방수.
vertō (vor-) *vertī versum vertere* (E turn) *vt.vi.* 돌리다.
verū *-ūs* (E spit) *n.* 뱉음.
vērsum verus 참조.
vērus *-a -um* (E true) *adj.* 진정한, 진실의, 진짜의.
verūtus *-a -um* (E armed with darts) *adj.* 던지는 창으로 무장한.
vēsānus *-a -um* (E insane) *adj.* 미친, 정신이 나간.
vescor *no p.p. vescī* (E feed on) *vi. dep.* 먹이로 하다.
vescus *-a -um* (E small) *adj.* 작은; 빈약한; 얇은.
Vesēvus (Vesuvius) *-ī* (E Vesuvius) *m.* 베수비우스 화산.
vesper *erī and -eris* (E evening) *m.* 저녁.
Vesta *-ae* (E Vesta) *f.* 가족의 불의 여신.
vester *-tra -trum* (E your) *pron. adj.* 당신의, 당신의 것.
vestibulum *-ī* (E porch) *n.* 포치, 현관.
vestigium *-ī* (E track) *n.* 지나간 자국, 발자국.
vestīgō *-āvī -ātum -āre* (E track) *vt.* 발자국, 자국.
vestiō *-īvī (-iī) -ītum -īre* (E clothe) *vt.* 옷을 주다; 싸다, 덮다.
vestis *-is* (E garment) *f.* 의복; 덮기.
Vesulus *-ī* (E Vesulus) *m.* 리구리아의 산.
veternus *-a -um* (E old) *adj.* 늙은.
vetitus *-a -um adj.* **veto**의 과거분사.
vetō *-uī -itum -āre* (E forbid) *vt.* 금지하다.
vetus *-eris* (E of long standing) *adj.* 오래가는.

vetustās -ātis (E age) f. 낡음, 오래됨.
vetustus -a -um (E ancient) adj. 오래된.
vexātus -a -um adj. **vexō**의 과거분사.
vexō -āvī -ātum -āre (E shake) vt. 흔들다; 괴롭히다.
via -ae (E road) f. 길, 도로, 통로.
viātor -ōris (E wayfarer) m. 여행자.
vibrātus -a -um adj. **vibrō**의 과거분사.
vibrō -āvī -ātum -āre (E agitate) vt.vi. 심하게 움직이다, 흔들어대다.
vīburnum -ī (E viburnum) n. 가막살나무속의 식물.
vice vieis 참조.
vicia -ae (E vetch) f. 살갈퀴.
vīcīnia -ae (E nearness) f. 가까움, 근접.
vīcīnus -a -um (E near) adj. 가까운, 이웃하는.
vicis (gen. no nom. found) (E apparently) f. 변화; 상호교환.
vicissim (E alternately) adv. 번갈아, 교대로.
victima -ae (E victim) f. 피해자.
victor -ōris (E victor) m. 승리자, 전승자
victōria -ae (E victory) f. 승리; 성공.
victrīcia victrix 참조.
victrīx -īcis (E conqueror) f. 정복자.
victus -a -um adj. **vineō**의 과거분사.
victus -ūs (E living) m. 생계, 생활; 원조.
vidēne video 와 ne 참조.
video vīdī vīsum vidēre (E see) vt.vi. 보다.
viduātus -a -um adj. **viduō**의 과거분사.
viduō -āvī -ātum -āre (E deprive) vt. 박탈하다, 빼앗다.
vigeō (no perf. no sup.) -ēre (E thrive) vi. 번창하다, 번영하다.
vigil -ills (E wakeful) adj. 잘 깨는; 깨어서, 자지 않고.
vigilāntia -ae (E watchfulness) f. 신중, 경계.
vigilō -āvī -ātum -āre (E be awake) vt.vi. 깨어있다.
vīgintī (E twenty) indecl. adj. 20의; 20개의.
vigor -ōris (E activity) m. 활기, 원기.
vīiis -e (E cheap) adj. 가난한; 싼.
villa -ae (E farm house) f. 농가.
villōsus -a -um (E shaggy) adj. 털북숭이의, 덥수룩한.
villus -ī (E coarse hair) m. 조잡한 머리.

vīmen -*inis* (E twing) *n.* 버드나무.
vīmineus -*a* -*um* (E of wicker) *adj.* 흐느적거리는 가지의.
vinciō *vinxī vinctum vlucīre* (E bind) *vt.* 묶다, 동이다.
vinclum vinculum 참조.
vincō *vīcī victum* (E conquer) *vt.vi.* 정복하다, 패배시키다.
vinctus -*a* -*um adj.* **vinciō**의 과거분사.
vinculum -*ī* (E bond) *n.* 묶는 것; 끈, 띠.
vindēmia -*ae* (E vintage) *f.* 포도 수확기.
vindicō -*āvī* -*ātum* -*āre* (E set free) *vt.* 풀어 놓다.
vīnētum -*ī* (E vineyard) *n.* 포도원.
vīncus -*a* -*um* (E of vines) *adj.* 포도나무의.
vīnitor -*ōris* (E vine dresser) *m.* 포도원의 일꾼.
vīnum -*ī* (E wine) *n.* 포도주.
viola -*ae* (E violet) *f.* 바이올렛.
violābilis -*e* (E to be violated) *adj.* 어겨지는.
vioiārium -*ī* (-*iī*) (E violet bed) *n.* 바이올렛 화단.
violentia -*ae* (E violence) *f.* 폭력; 격노, 격분.
violentus -*a* -*um* (E violent) *adj.* 격렬한, 맹노한; 광포한.
violō -*āvī* -*ātum* -*āre* (E do violence) *vt.* 폭력을 행사하다, 독행하다; 훼손하다.
vīpera -*ae* (E viper) *f.* 독사; 뱀.
vīpereus -*a* -*um* (E of snakes) *adj.* 뱀의; 뱀 같은.
vir *virī* (E hero) *m.* 영웅; 남자; 남편.
virāgō -*inis* (E virago) *f.* 잔소리가 많은 여자.
Virbius -*ī* (E Virbius) *m.* 히폴리투스의 이름.
virectum viretum 참조.
vireō *no perf. no sup. virēre* (E be green) *vi.* 번성하다; 자라다.
virēscō *no perf. no sup. virēscere* (E grow green) *vi.* 번성하다; 무성히 자라다.
virētum (-**ectum**) -*ī* (E grassy spot) *n.* 풀이 무성한 곳.
virga -*ae* (E shoot) *f.* 묘목, 어린 나무; 싹.
virgātus -*a* -*um* (E striped) *adj.* 줄무늬가 있는.
virgens -*a* -*um* (E of shoots) *adj.* 싹의; 묘목의.
virgineus -*a* -*um* (E of a maiden) *adj.* 소녀의; 소녀 같은.
virginitās -*ātis* (E maidenhood) *f.* 처녀성; 순결.
virgo -*inis* (E maiden) *f.* 처녀.

virgultum -ī (E thicket) *n.* 수풀, 덤불.
vīridāns -antis (E green) *adj.* 초록색의.
viridis -e (E green) *adj.* 초록색의.
virīlis -e (E manly) *adj.* 남자다운; 남성의, 남자의.
vīrōsus -a -um (E odorous) *adj.* 악취가 나는.
virtūs -ūtis (E manliness) *f.* 남자다움; 용기.
vīrus -ī (E poison) *n.* 독.
vīs *vīs* (E sing) *f.* 노래; 힘, 능력.
viscum -ī (E mistletoe) *n.* 겨우살이.
viseus -eris *(generally plur.)* (E flesh) *n.* 살; 안쪽.
vīsō *vīsī vīsum vīsere* (E go to see) *vt.* 가보다; 방문하다.
vīsum -ī (E sight) *n.* 시야, 시각; 징조; 광경.
vīsus -a -um videō의 과거분사.
vīsus -ūs (E sight) *m.* 시야; 시각.
vīta -ae (E life) *f.* 생명, 생존.
vītālis -e (E vital) *adj.* 생명의.
vīteus -a -um (E of the vine) *adj.* 포도나무의.
vitiōsus -a -um (E faulty) *adj.* 과실있는; 불합리한.
vītis -is (E vine) *f.* 포도나무; 포도.
vītisator -ōris (E vine planter) *m.* 포도나무 심는 사람.
vitium -ī (-iī) (E flaw) *n.* 결점, 결함.
vītō -āvī -ātum -āre (E avoid) *vt.* 피하다.
vitreus -a -um (E glassy) *adj.* 유리질의; 해록색의.
vitta -ae (E fillet) *f.* 리본, 머리띠.
vitula -ae (E heifer) *f.* 어린암소.
vitulus -ī (E bullock) *m.* 수소.
vīvāx -ācis (E enduring) *adj.* 지속하는, 영속하는.
vīvidus -a -um (E lively) *adj.* 생기 넘치는, 활기찬.
vīvō *vīxī vīctum vīvere* (E live) *vi.* 살다; 살아 있다.
vīvus -a -um (E alive) *adj.* 살아있는.
vix (E with difficulty) *adv.* 어렵게.
vocātus -a -um *adj.* vocō의 과거분사.
vocātus -ūs (E call) *m.* 요구, 요망.
vōciferor -ātus -ārī (E cry out) *vt.vi.* 소리치다, 외치다.
vocō -āvī -ātum -āre (E call) *vt.vi..* 부르다; 요구하다, 호소하다.
voleama -ae (E voleama) *f.* 큰 종류의 배의 이름.

volātilis -*e* (E flying) *adj.* 나는, 날개 있는.
Volcēns -*entis* (E Latin) *m.* 라틴인.
volēma volaema 참조.
volitō -*āvī* -*ātum* -*āre* (E flit about) *vi.* 훌쩍 날다, 훨훨 나다.
volnus vulnus 참조.
volō *voluī no sup. velle* (E wish) *vt.* 기원하다; 동의하다, 허락하다.
volō -*āvī* -*ātum* -*āre* (E fly) *vi.* 날다.
Volscēns Volcens 참조.
Volscus -*a* -*um* (E of the Volsci) *adj.* 볼스키의.
volūbilis -*e* (E whirling) *adj.* 빙빙도는.
volueer (-eris) -*eris* -*ere* (E flying) *adj.* 나는; 날개 달린.
volūmen -*inis* (E roll) *n.* 구르다; 뚤뚤 말다.
voluntās -*ātis* (E wish) *f.* 바라다; 원하다.
voluptās -*ātis* (E pleasure) *f.* 기쁨, 즐거움.
Volusus -*ī* (E Rutulian) *m.* 루툴리아인.
volūtābrum -*ī* (E wallow) *n.* 진창길, 질퍽한 데.
volūtō -*āvī* -*ātum* -*āre* (E roll) *vt.vi.* 구르다, 굴러가다.
volūtus -*a* -*um adj.* volvō의 과거분사.
volvō *volvī volūtum volvere* (E roll) *vt.vi.* 구르다, 굴러가다, 회전하다.
vōmis (vōmer) -*eris* (E plowshare) *m.* 보습.
vomō -*uī* -*itum* -*ere* (E vomit) *vt.vi.* 토하다, 게우다; 트림하다.
vorāgō -*inis* (E abyss) *f.* 심연; 소용돌이.
vorō -*āvī* -*ātum* -*āre* (E devour) *vt.* 게걸스럽게 먹다; 먹어 치우다.
vortex vertex 참조.
vōsmet tu 참조.
vōtum voveō 참조.
vōtus -*a* -*um adj.* voveō의 과거분사.
voveō *vōvī vōtum vovēre* (E vow) *vt.* 맹세하다; 헌신하다; 바치다.
vōx *vōcis* (E voice) *f.* 목소리.
Vulcānius (Vol-) -*a* -*um* (E of Vulcan) *adj.* 불칸의; 불의.
Vuleānus (Vol-) -*ī* (E Vulcan) *m.* 불의 신, 불칸.
vulgātus -*a* -*um adj.* vulgō의 과거분사.
vulgō (volgō) (E generally) *adv.* 일반적으로; 대개.
vulgō (vol-) -*āvī* -*ātum* -*āre* (E spread abroad) *vt.* 멀리 퍼지다; 일반적으로 만들다.
vulgus -*ī* (E populace) *n.* 민중, 대중, 서민.

vulnerō (vol-) -āvī -ātum -āre (E wound) vt. 부상을 입히다, 상처를 입히다.
vuluificus (vol-) -a -um (E wounding) adj. 파괴적인, 날카로운.
vulnus (vol-) -eris (E wound) n. 부상; 강타, 일격, 타격.
vulpēs (vol-) -is (E fox) f. 여우.
vulsus (vol-) -a -um adj. **vellō**의 과거분사.
vultur (vol-) -uris (E vulture) m. 독수리.
Vulturnus (Vol-) -ī (E Vulturnus) m. 캄파니아의 강.
vultus (vol-) -ūs (E expression) m. 표현; 생김새, 용모, 안색.

X x

Xanthō -*ūs* (E *Xantho*) *f.* 바다의 요정 중 한명.
Xanthus -*ī* (E *Xanthus*) *m.* 강의 일반적인 이름; 트로드의 강; 처음으로 이름 지어진 에피루스의 개울; 아폴로가 자주 가던 리시아의 강.

Z z

Zacynthus -*ī* (E *Zaeynthus*) *f.* 이오니아해의 한 섬.
Zephyrus -*ī* (E *Zephyrus*) *m.* 제피루스(서풍)
zōna -*ae* (E *belt*) *f.* 지대, 지방.

▶ 변 화 형 ◀

■ 명사

	1차 격변화	2차 격변화	
	소녀, f	주인, m	전쟁, n
단 수			
주격	puella	dominus	bellum
대격	puellam	dominum	bellum
속격	puellae	dominī	bellī
여격	puellae	dominō	bellō
탈격	puellā	dominō	bellō
복 수			
주격	puellae	dominī	bella
대격	puellās	dominōs	bella
속격	puellārum	dominōrum	bellōrum
여격	puellīs	dominīs	bellīs
탈격	puellīs	dominīs	bellīs

	3차 격변화		
	왕, m	기슭, n	배, f
단 수			
주격	rēx	lītus	nāvis
대격	rēgem	lītus	nāvem
속격	rēgis	lītoris	nāvis
여격	rēgī	lītorī	nāvī
탈격	rēge	lītore	nāve
복 수			
주격	rēgēs	lītora	nāvēs
대격	rēgēs	lītora	nāvēs (-is)
속격	rēgum	lītorum	nāvium
여격	rēgibus	lītoribus	nāvibus
탈격	rēgibus	lītoribus	nāvibus

3차 격변화 계속

	바다, *n*	도시, *f*	동물, *n*
단 수			
주격	mare	urbs	animal
대격	mare	urbem	animal
속격	maris	urbis	animālis
여격	marī	urbī	animālī
탈격	marī	urbe	animāle
복 수			
주격	maria	urbēs	animālia
대격	maria	urbēs (-īs)	animālia
속격	marium	urbium	animālium
여격	maribus	urbibus	animālibus
탈격	maribus	urbibus	animālibus

	4차 격변화		5차 격변화	
	걸음, *m*	뿔, *n*	것, *f*	날, *mf*
단 수				
주격	gradus	cornū	rēs	diēs
대격	gradum	cornū	rem	diem
속격	gradūs	cornūs	reī	diēī
여격	graduī	cornū	reī	diēī
탈격	gradū	cornū	rē	diē
복 수				
주격	gradūs	cornua	rēs	diēs
대격	gradūs	cornua	rēs	diēs
속격	graduum	cornuum	rērum	diērum
여격	gradibus	cornibus	rēbus	diēbus
탈격	gradibus	cornibus	rēbus	diēbus

▶ 대 명 사 ◀

■ 인칭대명사

	나	너
	우리	너희들
단 수		
주격	ego	tū
대격	mē	tū
속격	meī	tuī
여격	mihī	tibī
탈격	mē	tē
복 수		
주격	nōs	vōs
대격	nōs	vōs
속격	nostrī(-um)	vestrī(-um)
여격	nōbīs	vōbīs
탈격	nōbīs	vōbīs

	그	그녀	이것, 저것
	그들	그녀들	이것들,
단 수			
주격	is	ea	id
대격	eum	eam	id
속격	eius	eius	eius
여격	eī	eī	eī
탈격	eō	eā	eō
복 수			
주격	iī(eī, ī)	eae	ea
대격	eōs	eās	ea
속격	eōrum	eārum	eōrum
여격	eīs, iīs	eīs, iīs	eīs, iīs
탈격	eīs, iīs	eīs, iīs	eīs, iīs

■ 재귀대명사

	그 자신, 그녀 자신, 그것 자신, 그들 자신
대격	sē, sēsē
속격	suī
여격	sibī
탈격	sē, sēsē

■ 지시대명사

	이 것		
	m.	f.	n.
단 수			
주격	hic	haec	hoc
대격	hunc	hanc	hoc
속격	huius	huius	huius
여격	huic	huic	huic
탈격	hōc	hāc	hōc
복 수			
주격	hī	hae	haec
대격	hōs	hās	haec
속격	hōrum	hārum	hōrum
여격	hīs	hīs	hīs
탈격	hīs	hīs	hīs

	저 것		
	m.	f.	n.
단 수			
주격	ille	illa	illud
대격	illum	illam	illud
속격	illīus	illīus	illīus
여격	illī	illī	illī
탈격	illō	illā	illō
복 수			
주격	illī	illae	illa
대격	illōs	illās	illa
속격	illōrum	illārum	illōrum
여격	illīs	illīs	illīs
탈격	illīs	illīs	illīs

관계대명사

같은 것

	m.	f.	n.
단 수			
주격	īdem	eadem	idem
대격	eundem	eandem	idem
속격	eiusdem	eiusdem	eiusdem
여격	eīdem	eīdem	eīdem
탈격	eōdem	eādem	eōdem
복 수			
주격	(e)īdem	eaedem	eadem
대격	eōsdem	eāsdem	eadem
속격	eōrundem	eārundem	eōrundem
여격/탈격	eīsdem 혹은 īsdem		

누구, 무엇

	m.	f.	n.
단 수			
주격	quī	quae	quod
대격	quam	quam	quod
속격	cuius	cuius	cuius
여격	cui	cui	cui
탈격	quō	quā	quō
복 수			
주격	quī	quae	quae
대격	quōs	quās	quae
속격	quōrum	quārum	quōrum
여격/탈격	quibus 혹은 quīs		

■ 대명형용사

	같은 것		
	m.	f.	n.
단 수			
주격	idem	eadem	idem
대격	eundem	eandem	idem
속격	eiusdem	eiusdem	eiusdem
여격	eidem	eidem	eidem
탈격	eodem	eadem	eodem
복 수			
주격	(e)idem	eaedem	eadem
대격	eosdem	easdem	eadem
속격	eorundem	earundem	eorundem
여격/탈격	eisdem이나 isdem		

	누구, 무엇		
	m.	f.	n.
단 수			
주격	qui	quae	quod
대격	quam	quam	quod
속격	cuius	cuius	cuius
여격	cui	cui	cui
탈격	quo	qua	quo
복 수			
주격	qui	quae	quae
대격	quos	quas	quae
속격	quorum	quarum	quorum
여격/탈격	quibus나 quis		

▶ 형용사 ◀

1차 & 2차 격변화

bonus 좋은

	m.	f.	n.
단 수			
주격	bonus	bona	bonum
대격	bonum	bonam	bonum
속격	bonī	bonae	bonī
여격	bonō	bonae	bonō
탈격	bonō	bonā	bonō
복 수			
주격	bonī	bonae	bona
대격	bonōs	bonās	bona
속격	bonōrum	bonārum	bonōrum
여격	bonīs	bonīs	bonīs
탈격	bonīs	bonīs	bonīs

3차 격변화

acer 빠른

	m.	f.	n.
단 수			
주격	ācer	ācris	ācre
대격	ācrem	ācrem	ācre
속격	ācris	ācris	ācris
여격	ācrī	ācrī	ācrī
탈격	ācrī	ācrī	ācrī
복 수			
주격	ācrēs	ācrēs	ācria
대격	ācrēs	ācrēs	ācria
속격	ācrium	ācrium	ācrium
여격	ācribus	ācribus	ācribus
탈격	ācribus	ācribus	ācribus

3차 격변화

	ingens 거대한	
	m. & f.	n.
단 수		
주격	ingēns	ingēns
대격	ingentem	ingēns
속격	ingentis	
여격	ingentī	
탈격	ingentī	
복 수		
주격	ingentēs	ingentia
대격	ingentēs	ingentia
속격	ingentium	
여격	ingentibus	
탈격	ingentibus	

3차 격변화

	pauper 가난한		laetior 더 행복한	
	m.& f.	n.	m.& f.	n.
단 수				
주격	pauper	pauper	laetior	laetius
대격	pauperem	pauper	laetiorem	laetius
속격	pauperis		laetiōris	
여격	pauperī		laetiōrī	
탈격	paupere		laetiōre	
복 수				
주격	pauperēs	paupera	laetiōrēs	laetiōra
대격	pauperēs	paupera	laetiōrēs	laetiōra
속격	pauperum		laetiōrum	
여격	pauperibus		laetiōribus	
탈격	pauperibus		laetiōribus	

	비교급	최상급
bonus 좋은	melior 더 좋은	optimus 가장 좋은
malus 나쁜	peior	pessimus
magnus 위대한	maior	maximus
multus 많은	(plūs)	plūrimus
parvus 작은	minor	minimus
senes 늙은 남자	nātū maior	nātū maximus
iuvenis 젊은 남자	iūnior 이나 nātū minor	nātū minimus

▶ 부 사 ◀

	부사	비교급	최상급
bonus	bene 좋게	melius	optimē
malus	male 나쁘게	peius	pessimē
magnus	magnopere 대단하게	magis	maximē
multas	multum 많게	plūs	plūrimum
parvus	paul(l)um 적게	minus	minimē
-	diū 오랫동안	diutius	diūtissimē
-	[post 나중에]	posterius	postrēmō
-	[prope 가까이]	propius	proximē

▶ 동 사 ◀

■ 능동-직설법 (1형, 2형)

	1형 준비다	2형 경고하다
현 재	**parare**	**monēre**
단수 1인칭	parō	moneō
2인칭	parās	mones
3인칭	parat	monet
복수 1인칭	parāmus	monēmus
2인칭	parātis	monētis
3인칭	parant	monent
미 래		
단수 1인칭	parābō	monēbō
2인칭	parābis	monēbis
3인칭	parābit	monēbit
복수 1인칭	parābimus	monēbimus
2인칭	parābitis	monēbitis
3인칭	parābunt	monēbunt
불완료과거		
단수 1인칭	parābam	monēbam
2인칭	parābās	monēbās
3인칭	parābat	monēbat
복수 1인칭	parābāmus	monēbāmus
2인칭	parābātis	monēbātis
3인칭	parābant	monēbant

명령법

단수 2인칭	parā	monē
3인칭	parātō	monētō
복수 2인칭	parāte	monēte
3인칭	parantō	monentō

분사

현 재	parāns	monēns
미 래	parātūrus	monitūrus

동명사

	parandum	monendum

■ 능동-직설법 계속 (1형, 2형)

	1형 격변화	2형 격변화
완료과거		
단수 1인칭	parāvī	monuī
2인칭	parāvistī	monuistī
3인칭	parāvit	monuit
복수 1인칭	parāvimus	monuimus
2인칭	parāvistis	monuistis
3인칭	parāvērunt	monuērunt
미래완료		
단수 1인칭	parāverō	monuerō
2인칭	parāveris	monueris
3인칭	parāverit	monuerit
복수 1인칭	parāverimus	monuerimust
2인칭	parāveritis	monueritis
3인칭	parāverint	monuerint
대과거		
단수 1인칭	parāveram	monueram
2인칭	parāverās	monuerās
3인칭	parāverat	monuerat
복수 1인칭	parāverāmus	monuerāmus
2인칭	parāverātis	monuerātis
3인칭	parāverant	monuerant

부정법

현　재	parāre	monēre
미　래	parātūrus esse	monitūrus esse
완료과거	parāvisse	monuisse

동사형 명사

	parātum	monitum

능동-직설법 (3형, 4형)

	3형 다스리다	4형 듣다
현 재	**regere**	**audire**
단수 1인칭	regō	audiō
2인칭	regis	audīs
3인칭	regit	audit
복수 1인칭	regimus	audīmus
2인칭	regitis	audītis
3인칭	regunt	autiunt
미 래		
단수 1인칭	regam	audiam
2인칭	regēs	audiēs
3인칭	reget	audiet
복수 1인칭	regēmus	audiēmus
2인칭	regētis	audiētis
3인칭	regent	audient
불완료과거		
단수 1인칭	regēbam	audiēbam
2인칭	regēbās	audiēbās
3인칭	regēbat	audiēbat
복수 1인칭	regēbāmus	audiēbāmus
2인칭	regēbātis	audiēbātis
3인칭	regēbant	audiēbant

명령법

단수 2인칭	rege	audī
3인칭	regitō	audītō
복수 2인칭	regite	audīte
3인칭	reguntō	audiuntō

분사

현 재	regēns	audiēns
미 래	rēctūrus	audītūrus

동명사

	regendun	audiendun

■ 능동-직설법 계속 (3형, 4형)

	3형 격변화	4형 격변화
완료과거		
단수 1인칭	rēxī	audīvī
2인칭	rēxistī	audīvistī
3인칭	rēxit	audīvit
복수 1인칭	rēximus	audīvimus
2인칭	rēxistis	audīvistis
3인칭	rēxērunt	audīvērunt
미래완료		
단수 1인칭	rēxerō	audīverō
2인칭	rēxeris	audīveris
3인칭	rēxerit	audīverit
복수 1인칭	rēxerimus	audīverimus
2인칭	rēxeritis	audīveritis
3인칭	rēxerint	audīverint
대과거		
단수 1인칭	rēxeram	audīveram
2인칭	rēxerās	audīverās
3인칭	rēxerat	audīverat
복수 1인칭	rēxerāmus	audīverāmus
2인칭	rēxerātis	audīverātis
3인칭	rēxerant	audīverant

부정법

현 재	regere	audīre
미 래	rēctūrus esse	audītūrus esse
완료과거	rēxisse	audīvisse

동사형 명사

	rectum	auditum

수동-직설법 (1형, 2형)

	1형 준비하다	2형 경고하다
현 재		
단수 1인칭	paror	moneor
2인칭	parāris	monēris
3인칭	parātur	monētur
복수 1인칭	parāmur	monēmur
2인칭	parāminī	monēminī
3인칭	parantur	monentur
미 래		
단수 1인칭	parabor	monebor
2인칭	paraberis	moneberis
3인칭	parabitur	monebitur
복수 1인칭	parabimur	monebimur
2인칭	parabimini	monebimini
3인칭	parabuntur	monebuntur
불완료과거		
단수 1인칭	parābar	monēbar
2인칭	parābaris	monēbāris
3인칭	parābatur	monēbātur
복수 1인칭	parābamur	monēbamur
2인칭	parābaminī	monēbaminī
3인칭	parābantur	monēbantur

명령법

단수 2인칭	parāre	monēre
3인칭	parātor	monētor
복수 2인칭	parāminī	monēminī
3인칭	parantor	monentor

동명사

	parandus	monendus

■ 수동-직설법 계속 (1형, 2형)

	1형 격변화	2형 격변화
완료과거		
단수 1인칭		
2인칭		
3인칭	parātus + esse동사	monitus + esse동사
복수 1인칭		
2인칭	*여기서 esse동사는	*여기서 esse동사는
3인칭	각각	각각
미래완료		
단수 1인칭		
2인칭	완료과거▶현재	완료과거▶현재
3인칭	미래완료▶미래	미래완료▶미래
복수 1인칭	대과거▶	대과거▶
2인칭	불완료과거	불완료과거
3인칭		
대과거		
단수 1인칭	의 시제를 써야한다.	의 시제를 써야한다.
2인칭		
3인칭	예) 완료과거 단수	예) 완료과거 단수
복수 1인칭	1인칭	1인칭
2인칭	parātus sum	monitus sum
3인칭		

* -tus 형은 주어에 성과 수를 일치시켜야 한다.
(명사 2변화 남성형)

부정법

현 재	parārī	monērī
미 래	parātum īrī	monitum īrī
완료과거	parātus esse	monitus esse

분사

완료과거	parātus	monitus

■ 수동-직설법 (3형, 4형)

	3형 격변화	4형 격변화
현 재		
단수 1인칭	regor	audior
2인칭	regeris	audīris
3인칭	regitur	audītur
복수 1인칭	regimur	audīmur
2인칭	regimini	audīminī
3인칭	reguntur	audiuntur
미 래		
단수 1인칭	regar	audiar
2인칭	regēris	audiēris
3인칭	regētur	audiētur
복수 1인칭	regēmur	audiēmur
2인칭	regēminī	audiēminī
3인칭	regentur	audientur
불완료과거		
단수 1인칭	regēbar	audiēbar
2인칭	regēbāris	audiēbāris
3인칭	regēbātur	audiēbātur
복수 1인칭	regēbāmur	audiēbāmur
2인칭	regēbāminī	audiēbāminī
3인칭	regēbantur	audiēbantur

명령형

단수 2인칭	regere	audīre
3인칭	regitor	audītor
복수 2인칭	regiminī	audīminī
3인칭	reguntor	audiuntor

동명사

	regendus	audiendus

■ 수동-직설법 계속 (3형, 4형)

	3형 격변화	4형 격변화
완료과거		
단수 1인칭	rēctus + esse동사	audītus + esse동사
2인칭		
3인칭		
복수 1인칭	*여기서 esse동사는 각각	*여기서 esse동사는 각각
2인칭		
3인칭		
미래완료		
단수 1인칭	완료과거▶현재 미래완료▶미래 대과거▶불완료과거	완료과거▶현재 미래완료▶미래 대과거▶불완료과거
2인칭		
3인칭		
복수 1인칭		
2인칭		
3인칭		
대과거		
단수 1인칭	의 시제를 써야한다.	의 시제를 써야한다.
2인칭		
3인칭		
복수 1인칭	예) 완료과거 단수 1인칭 rectus sum	예) 완료과거 단수 1인칭 auditus sum
2인칭		
3인칭		

* -tus 형은 주어에 성과 수를 일치시켜야 한다.
(명사 2변화 남성형)

부정법

현 재	regī	audīrī
미 래	rēctum īrī	audītum īrī
완료과거	rēctus esse	audītus esse

분사

완료과거	rēctus	audītus

■ 능동-접속법 (1형, 2형)

	1형 격변화	2형 격변화
현 재		
단수 1인칭	parem	moneam
2인칭	parēs	moneās
3인칭	paret	moneat
복수 1인칭	parēmus	moneāmus
2인칭	parētis	moneātis
3인칭	parent	moneant
불완료과거		
단수 1인칭	parārem	monērem
2인칭	parārēs	monērēs
3인칭	parāret	monēret
복수 1인칭	parārēmus	monērēmus
2인칭	parārētis	monērētis
3인칭	parārent	monērent
완료과거		
단수 1인칭	parāverim	monuerim
2인칭	parāverīs	monuerīs
3인칭	parāverit	monuerit
복수 1인칭	parāverīmus	monuerīmus
2인칭	parāverītis	monuerītis
3인칭	parāverint	monuerint
대과거		
단수 1인칭	parāvissem	monuissem
2인칭	parāvissēs	monuissēs
3인칭	parāvisset	monuisset
복수 1인칭	parāvissēmus	monuissēmus
2인칭	parāvissētis	monuissētis
3인칭	parāvissent	monuissert

■ 능동-접속법 (3형, 4형)

	3형 격변화	4형 격변화
현 재		
단수 1인칭	regam	audiam
2인칭	regās	audiās
3인칭	regat	audiat
복수 1인칭	regāmus	audiāmus
2인칭	regātis	audiātis
3인칭	regant	audiant
불완료과거		
단수 1인칭	regerem	audīrem
2인칭	regerēs	audīrēs
3인칭	regeret	audīret
복수 1인칭	regerēmus	audīrēmus
2인칭	regerētis	audīrētis
3인칭	regerent	audīrent
완료과거		
단수 1인칭	rēxerim	audīverim
2인칭	rēxerīs	audīverīs
3인칭	rēxerit	audīverit
복수 1인칭	rēxerīmus	audīverīmus
2인칭	rēxerītis	audīverītis
3인칭	rēxerint	audīverint
대과거		
단수 1인칭	rēxissem	audīvissem
2인칭	rēxissēs	audīvissēs
3인칭	rēxisset	audīvisset
복수 1인칭	rēxissēmus	audīvissēmus
2인칭	rēxissētis	audīvissētis
3인칭	rēxissent	audīvissent

■ 수동-접속법 (1형, 2형)

	1형 격변화	2형 격변화
현 재		
단수 1인칭	parer	monear
2인칭	parēris	moneāris
3인칭	parētur	moneātur
복수 1인칭	parēmur	moneāmur
2인칭	parēminī	moneāminī
3인칭	parentur	moneantur
불완료과거		
단수 1인칭	parārer	monērer
2인칭	parārēris	monērēris
3인칭	parārētur	monērētur
복수 1인칭	parārēmur	monērēmur
2인칭	parārēminī	monērēminī
3인칭	parārentur	monērentur
완료과거		
단수 1인칭		
2인칭	parātus +	monitus +
3인칭	esse동사의 접속법	esse동사의 접속법
복수 1인칭	현재	현재
2인칭	예) parātus sim	예) monitus sim
3인칭		
대과거		
단수 1인칭		
2인칭	parātus +	monitus +
3인칭	esse동사의	esse동사의 접속법
복수 1인칭	접속법	불완료과거
2인칭	불완료과거	예) monitus
3인칭	예) parātus essem	essem

* -tus 형은 주어에 성과 수를 일치시켜야 한다. (명사 2변화 남성형)

■ 수동-접속법 (3형, 4형)

	3형 격변화	4형 격변화
현 재		
단수 1인칭	regar	audiar
2인칭	regāris	audiāris
3인칭	regātur	audiātur
복수 1인칭	regāmur	audiāmur
2인칭	regāminī	audiāminī
3인칭	regantur	audiantur
불완료과거		
단수 1인칭	regerer	audīrer
2인칭	regerēris	audīrēris
3인칭	regerētur	audīrētur
복수 1인칭	regerēmur	audīrēmur
2인칭	regerēminī	audīrēminī
3인칭	regerentur	audīrentur
완료과거		
단수 1인칭 2인칭 3인칭 복수 1인칭 2인칭 3인칭	rēctus + esse동사의 접속법 현재 예) rēctus sim	audītus + esse동사의 접속법 현재 예) audītus sim
대과거		
단수 1인칭 2인칭 3인칭 복수 1인칭 2인칭 3인칭	rēctus + esse동사의 접속법 불완료과거 예) rēctus essem	audītus + esse동사의 접속법 불완료과거 예) audītus essem

* -tus 형은 주어에 성과 수를 일치시켜야 한다.
(명사 2변화 남성형)

■ 불규칙동사

	sum, esse, fui (*to be*)	
	직설법	접속법
현 재		
단수 1인칭	sum	sim
2인칭	es	sīs
3인칭	est	sit
복수 1인칭	sumus	sīmus
2인칭	estis	sītis
3인칭	sunt	sīnt
미 래		
단수 1인칭	erō	
2인칭	eris	
3인칭	erit	
복수 1인칭	erimus	
2인칭	eritis	
3인칭	erunt	
불완료과거		
단수 1인칭	eram	essem
2인칭	erās	essēs
3인칭	erat	esset
복수 1인칭	erāmus	essēmus
2인칭	erātis	essētis
3인칭	erant	essent

possum, posse, potui (*can, to be able*)

	직설법	접속법
현 재		
단수 1인칭	possum	possim
2인칭	potes	possīs
3인칭	potest	possit
복수 1인칭	possumus	possīmus
2인칭	potestis	possītis
3인칭	possunt	possint
미 래		
단수 1인칭	poterō	
2인칭	poteris	
3인칭	poterit	
복수 1인칭	poterimus	
2인칭	poteritis	
3인칭	poterunt	
불완료과거		
단수 1인칭	poteram	potessem
2인칭	poterās	potessēs
3인칭	poterat	potesset
복수 1인칭	poterāmus	potessēmus
2인칭	poterātis	potessētis
3인칭	poterant	potessent

* 미래와 불완료과거 변화형은 규칙동사와 동일하다

nolo, nolle, nolui
(not to want)

	직설법	접속법
현 재		
단수 1인칭	nōlō	nōlim
2인칭	nōn vīs	nōlīs
3인칭	nōn vult	nōlit
복수 1인칭	nōlumus	nōlimus
2인칭	nōn vultis	nōlītis
3인칭	nōlunt	nōlint
미 래		
단수 1인칭	nōlam	
2인칭	nōlēs	
3인칭	nōlet	
복수 1인칭	nōlēmus	
2인칭	nōlētis	
3인칭	nōlent	
불완료과거		
단수 1인칭	nōlēbam	nōllem
2인칭	nōlēbās	nōllēs
3인칭	nōlēbat	nōllet
복수 1인칭	nōlēbāmus	nōllēmus
2인칭	nōlēbātis	nōllētis
3인칭	nōlēbant	nōllent

* 미래와 불완료과거 변화형은 규칙동사와 동일하다

	malo, malle, malui (to prefer)	
	직설법	접속법
현 재		
단수 1인칭	mālō	mālim
2인칭	māvīs	mālīs
3인칭	māvult	mālit
복수 1인칭	mālumus	mālīmus
2인칭	māvultis	mālītis
3인칭	mālunt	mālint
미 래		
단수 1인칭	mālam	
2인칭	mālēs	
3인칭	mālet	
복수 1인칭	mālēmus	
2인칭	mālētis	
3인칭	mālent	
불완료과거		
단수 1인칭	mālēbam	māllem
2인칭	mālēbās	māllēs
3인칭	mālēbat	māllet
복수 1인칭	mālēbāmus	māllēmus
2인칭	mālēbātis	māllētis
3인칭	mālēbnt	māllent

* 미래와 불완료과거 변화형은 규칙동사와 동일하다

	eo, ire, ii, itum (*to go*)		fio, fieri (*to become*)	
	직설법	접속법	직설법	접속법
현 재				
단수 1인칭	eō	eam	fīō	fīam
2인칭	īs	eās	fīs	fīās
3인칭	it	eat	fit	fīat
복수 1인칭	īmus	eāmus	(fīmus)	fīāmus
2인칭	ītis	eātis	(fītis)	fīātis
3인칭	eunt	eant	fiunt	fīant
미 래				
단수 1인칭	ībō		fīam	
2인칭	ībis, 계속		fīēs, 계속	
불완료과거				
단수 1인칭	ībam	īrem	fīēbam	fierem
2인칭	ībās, 계속	īrēs, 계속	fīēbās, 계속	fierēs, 계속

* "계속"은 규칙동사와 어미변화가 같기 때문에 생략한 것들이다.

fero, ferre, tuli, latum (*to bear, to carry*)

	능동		수동	
	직설법	접속법	직설법	접속법
현 재				
단수 1인칭	ferō	feram	feror	ferar
2인칭	fers	feras	ferris	ferāris
3인칭	fert	ferat	fertur	ferātur
복수 1인칭	ferimus	ferāmus	ferimur	ferāmur
2인칭	fertis	feratis	feriminī	ferāminī
3인칭	ferunt	ferant	feruntur	ferantur
미 래				
단수 1인칭	feram		ferar	
2인칭	ferēs, 계속		ferēris, 계속	
불완료과거				
단수 1인칭	ferēbam	ferrem	ferēbam	ferrer
2인칭	ferēbās, 계속	ferrēs, 계속	ferēbaris, 계속	ferrēris, 계속

명령법

	능동	수동
단수 2인칭	fer	ferre
3인칭	fertō	fertor
복수 2인칭	ferte	feriminī
3인칭	feruntō	feruntor

부정사

현 재	ferre	ferrī
미 래	lātūrus esse	lātum īrī
완료과거	tulisse	lātus esse

	edo, esse, edi, esum (*to eat*)	
	직설법	접속법
현 재		
단수 1인칭	edō	edam 혹은 edim
2인칭	ēs	edās 혹은 edīs
3인칭	ēst	edat 혹은 edit
복수 1인칭	edimus	edāmus
2인칭	ēstis	edātis
3인칭	edunt	edant 혹은 edint
불완료과거		
단수 1인칭	edēbam	ēssem
2인칭	edēbās, 계속	ēssēs, 계속

* "계속"은 규칙동사와 어미변화가 같기 때문에 생략한 것들이다.

명령법

단수 2인칭	ēs
3인칭	ēstō
복수 2인칭	ēsre
3인칭	eduntō

▶ 숫 자 ◀

		서수	기수	부사
		하나	첫, 처음의	한 번에
1	I	ūnus	prīmus	semel
2	II	duo	secundus, alter	bis
3	III	trēs	tertius	ter
4	IV	quattuor	quārtus	quater
5	V	quīnque	quīntus	quīnquīens
6	VI	sex	sextus	sexiēns
7	VII	septem	septimus	septiēns
8	VIII	octō	octāvus	octiens
9	IX	novem	nōnus	noviēns
10	X	decem	decimus	deciēns
11	XI	ūndecim	ūndecimus	ūndeciēns
12	XII	duodecim	duodecimus	duodeciēns
13	X	tredecim	tertius decimus	terdeciēns
14	X	quattuor decim	quārtus decimus	quattuordeciēns
15	X	quīndecim	quīntus decimus	quīndeciēns
16	X	sēdecim	sextus decimus	sēdeciēns
17	X	septendecim	septimus decimus	septiēnsdeciēns
18	X	duodēvīgintī	duodē vīcēnsimus	duodēviciēns
19	X	ūndēvīgintī	ūndē vīcēnsimus	ūndēvīciēns
20	XX	vīgintī	vīcēnsimus	vīciēns

30	XXX	trīgintā
40	XL	quandrāgintā
50	L	quīnquāgintā
51	LI	ūnus et quīnquāgintā
60	LX	sexāgintā
70	LXX	septuāgintā
80	LXXX	octāgintā
90	XC	nōnāgintā
100	C	centum
101	CI	centum et ūnus
200	CC	ducentī
300	CCC	trēcentī
400	CCCC	quadringentī
500	D	quīngentī
600	DC	sescentī
700	DCC	septingentī
800	DCCC	octingentī
900	DCCCC	nōngentī
1000	CELͰM	mīlle

	m.	f.	n.
주격	ūnus	ūna	ūnum
대격	ūnum	ūnam	ūnum
속격	ūnīus	ūnīus	ūnīus
여격	ūnī	ūnī	ūnī
탈격	ūnō	ūnā	ūnō

	m.	f.	n.
주격	duo	duae	duo
대격	duōs, duo	duās	duo
속격	duōrum	duārum	duōrum
여격/탈격	duōbus	duābus	duōbus

	m.&f.	n.
주격	trēs	tria
대격	trēs	tria
속격		trium
여격/탈격		tribus

한 · 라 · 영
KOR – LAT – ENG

한국어	라틴어	영어

가

가구	supellex *-ectilis (f.)*	furniture
가구	utensilia *-ium(n.pl.)*	household utensils
가까운	propinquus *-a -um*	near
가까이	circa	near
가까이	circum	near
가까이	comminus	near
가까이 따라가다	insequor *-i*	follow closely
가까이 있다	instō *-āre*	be close
가까이에 있다	subsum *(irregular)*	be close to
가깝게 따라가다	subsequor *-i*	follow closely
가끔	saepe	often
가난한	egēns *-eris*	needy
가난한	pauper *-eris*	poor
가난한	piger *-gra -grum*	apathetic
가느다란	gracilis *-is -e*	slender
가느다란	tenuis *-is -e*	thin
가는	exīlis *-is -e*	fine
가다	eō *(irregular)*	go
가다	meo *-āre*	go
가다	vadō *-ere*	go
가득 찬	plēnus *-a -um[+abl.]*	filled with
가득 찬	replētus *-a -um*	filled
가득히	cumulatē	abundantly
가득히	plene	plenty
가득히 채우다	compleō *-ēre*	fill up
가라앉다	imbuō *-ere*	dip
가라앉히다	mergō *-ere*	sink
가라앉히다	mitigō *-āre*	calm

한국어	라틴어	영어
가로놓인	trānsversus -a -um	sideways
가로막다	obstō -āre	obstruct
가로질러 뛰다	percurrō -ere	run through
가로채다	intercipiō -ere	intercept
가루	farīna -ae(f.)	powder
가르치다	doceō -ēre	teach
가르침	doctrīna -ae(f.)	doctrine
가마	cucuma -ae(f.)	iron pot
가마	furnus -ī(m.)	oven
가마	lectīca -ae(f.)	litter
가마우지	phalacrocorax -acis(m.)	cormorant
가만히	clam	still
가만히	ex occulto	still
가만히	furtim	still
가만히	furtive	still
가방	saccus -ī(m.)	bag
가방	sarcina -ae(f.)	bag
가버리다	abeō -īre	go away
가벼운	levis -is -e	light
가볍게 하다	levō -āre	lighten
가산	rēs familiāris (f.)	family property
가속화되다	accelerō -āre	accelerate
가수(남)	cantātor -ōris(m.)	singer
가수(여)	cantatrix -icis(f.)	singer
가슴	pectus -oris(n.)	chest
가슴	sinus -ūs(m.)	breast
가슴 덮개	thōrāx -ācis(m.)	breast plate
가시	veprēs -is(f.)	brier
가시나무	veprēs -is(f.)	bramble bush
가시덤불	tribulus -ī(m.)	thorn bush
가엾게 여기다	misereō -ēre	pity
가엾게 여기다	miseror -āri	pity

한국어	라틴어	영어
가옥	aedēs -is(f.pl.)	room
가옥	domus -ūs(f.)	house
가위	forfex -icis(f.)	scissors
가을	autumnus -ī(m.)	autumn
가장	paterfamiliās (m.)	head of the family
가장 먼	ultimus -a -um	farthest
가재	astacus -ī(m.)	lobster
가정	familia -ae(f.)	family
가정부	ancilla -ae(f.)	maid
가정의 수호신	Penates	household gods
가져오다	ferō (irregular)	bring
가족	familia -ae(f.)	family
가죽	corium -ī(n.)	skin
가죽	pellis -is(f.)	skin
가죽 상자	vidulus -ī(m.)	leather box
가죽 장수	sūtor -ōris(m.)	shoemaker
가죽부대	uter -tris(m.)	bag
가증할	odiōsus -a -um	annoying
가지	rāmus -ī(m.)	branch
가지고 가다	provehō -ere	carry along
가지다	habeō -ēre	have
가축	pecus -udis(f.)	domestic animal
가축 한 마리	pecus -ōris(n.)	livestock
가치	pretium -ī(n.)	value
가치를 매기다	aestimō -āre	value
가치 있게 여기다	dignor -āri	think worthy
가치 있는	carus -a -um	dear special
가혹하게	duriter	harshly
가혹한	ferōx -ōcis	warlike
가혹한	immānis -is -e	inhuman
가혹한	intolerābilis -is -e	intolerable
각각	sigillatim	apart

한국어	라틴어	영어
각각	singulāriter	singly
각각	singulī -ae -a	one each
각각	virītim	individually
각각의	singulāris -is -e	individual
각자 앞에	virītim	man by man
각처에	ubique	here and there
간	iecur -oris(n.)	liver
간격	intervallum -ī(n.)	interval
간단히	breviter	easily
간단히	summātim	summarily
간섭하다	intercedō -ere	intervene
간신히	aegre	with difficulty
간신히	vix	barely
간청하다	implorō -āre	beg
간통	adulterium -ī(m.)	adultery
간통하다	adulterō -āre	be adulterous
간호하다	cūrō -āre	care for
간호하다	nutriō -īre	nurse
갈다	conterō -ere	grind
갈다	molō -ere	grind
갈대	arundō -inis(f.)	read
갈대	calamus -ī(m.)	reed
갈비	costa -ae(f.)	rib
갈색의	fūscus -a -um	dark
갈증	sitis -is(f.)	thirst
갈퀴	furca -ae(f.)	fork
갉아먹다	rodō -ere	gnaw
감각	sēnsus -us(m.)	sense
감금	carcer -eris(m.)	prison
감금	custōdia -ae(f.)	prison
감람나무	olea -ae(f.)	olive tree
감시하다	omittō -ere	overlook

가

Vergil's Aeneid Vocabulary 319

한국어	라틴어	영어
감시하다	vigilō -āre	keep watch
감싸다	implicō -āre	enfold
감염시키다	inficiō -ere	taint
감옥	carcer -eris(m.)	prison
감옥	vincula -ae(f.)	prison
감자	solanum edule(n.)	potato
감히 ~하다	audeō -ēre	dare
갑옷	lorica -ae(f.)	breast plate
갑자기	repente	suddenly
갑자기	subitō	suddenly
갑자기 세게 끌다	convellō -ere	wrench
강	flūmen -minis(n.)	river
강낭콩	phaseolus -ī(m.)	kidney bean
강도	latrō -ōnis(m.)	robber
강도질	latrōcinium -ī(m.)	robbery
강론	homilia -ae(f.)	preach
강론	sermō -ōnis(m.)	conversation
강석	adamās -antis(m.)	adamant
강안	rīpa -ae(f.)	river bank
강제	coactiō -ōnis(f.)	compulsion
강제하다	compellō -ere	force
강제하다	subigō -ere	compel
강하게 하다	confirmō -āre	strengthen
강하다	polleō -ēre	be strong
강하다	valeō -ēre	be strong
강한	firmus -a -um	firm
강한	validus -a -um	strong
같게	similiter	similarly
같은	aequus -a -um	equal
같은	aequālis -is -e	equal
같은	par paris	pair
같은	similis -is -e	like

한국어	라틴어	영어
같은 모양으로	aeque	in same manner
같은 번수로	totiēs	so many times
같이	aequaliter	together
같이	aeque	together
같지 않은	dispār -aris	different
같지 않은	inaequālis -is -e	uneven
개	canis -is(m.)	dog
개구리	rāna -ae(f.)	frog
개념론	conceptualismus -ī(m.)	conceptualism
개두포(蓋頭布)	amictus -ūs(m.)	cloak
개똥벌레	cicindela -ae(f.)	glow worm
개미	formīca -ae(f.)	ant
개방하다	aperiō -īre	open
개방한	līber -era -erum	open
개봉하다	incidō -ere	cut open
개봉하다	patefaciō -ere	open up
개봉하다	retegō -ere	uncover
개선	ovātiō -ōnis(f.)	ovation
개선	triumphus -ī(m.)	triumph
개선식	triumphus -ī(m.)	triumph
개암	avellana -ae(f.)	hazel nut
개암나무	corylus -ī(f.)	hazel tree
개울	rīvus -ī(m.)	brook
개인적으로	prīvātim	in private
개인적인	prīvātus -a -um	private
개인주의	Individualismus -ī(m.)	Individualism
개입	interventus -us(m.)	intervene
개정	derogatiō -ōnis(f.)	renovation
개정	obrogatiō -ōnis(f.)	revision
개조하다	recreō -āre	remake
개종	conversiō -ōnis(f.)	conversion
객차	carrus -us(m.)	passenger train

한국어	라틴어	영어
갱신하다	instaurō -āre	renew
거룩한	sacer -cra -crum	sacred
거리	via -ae(f.)	way
거미	arānea -ae(f.)	spider
거부하다	abnuō -ere	reject
거북이	testūdō -inis(f.)	tortoise
거스르는	adversus -a -um	opposite
거슬러	contrā	in the opposite way
거위	ānser -eris(m.)	goose
거의	ferē	nearlly
거의	paene	almost
거의 ~ 않다	vix	hardly
거절하다	recusō -āre	refuse
거절하다	repudiō -āre	reject
거주	commoratiō -onis(f.)	dwelling
거주	domicilium -(i)ī	abode
거주	habitatiō -ōnis(f.)	habitation
거주자	advena -ae(m.)	inhabitant
거짓	falso	false
거짓 맹세	periūrium -ī(n.)	perjury
거짓된	falsus -a –um	untrue
거짓말	medacium -ī(n.)	lie
거짓말하다	mentior -rī	lie
거짓의	fallāx -ācis	deceptive
거짓의	falsus –a -um	false
거짓의	medax -acis	false
거친	asper -era -erum	rough
거품을 내다	spumō -āre	froth
거행	celebratiō -ōnis(f.)	performance
걱정	anxietās -atis(f.)	anxiety
걱정	cura -ae(m.)	anxiety stress
걱정	metus -ūs(m.)	fear

한국어	라틴어	영어
걱정	sollicitūdo -inis(f.)	worry
걱정	trīstitia -ae(f.)	gloom
걱정스런	anxius -a -um	concerned
걱정하는	moestus -a -um	anxious
걱정하다	timeō -ēre	be afraid
건강	sanatiō -ōnis(f.)	healing
건강	sānitās -atis(f.)	health
건강	valetūdō -inis(f.)	state of health
건강에 좋은	salūber -bris -bre	healthy
건너다	transeō (irregular)	cross
건너다	transgredior -i	cross over
건네주다	transferō (irregular)	bring across
건드리다	contingō -ere	touch
건드리다	tangv -ere	touch
건조시키다	siccō -āre	dry
건조한	siccus -a -um	dry
건조한	āridus -a -um	dry
걷다	ambulō -āre	walk
걷다	incedō -ere	walk
걸상	scamnum -ī(n.)	bench
걸상	subsellium -ī(n.)	seat
걸상	sēdēs -dis	chair
걸음	gressus -ūs(m.)	step
걸음	incessus -ūs(m.)	walk
걸음	pāssus -ūs(m.)	step
검	gladium -ī(n.)	sword
검사하다	personō -āre	examine
검색하다	reparō -āre	retrieve
검약한	parcus -a -um	saving
검은	niger -gra -grum	black
겁을 먹다	pertimescō -ere	be very afraid
겁을 주다	perterreō -ēre	frighten

한국어	라틴어	영어
겁주다	deterreō -ēre	scare away
겉	superficiēs -ēi(f.)	surface
게걸스럽게 먹다	devorō -āre	devour
게걸스레 먹다	dēvorō -āre	devour
게다가	caeterum	besides
게으른	ignāvus -a -um	lazy
게으른	sēgnis -is -e	lazy
게으름	ignāvia -ae(f.)	laziness
겨	apluda -ae(f.)	chaff
겨	frufur -uris(m.)	hulls
겨누다	intendō -ere	aim
겨우	vix	scarcely
겨울	hiems hiemis(f.)	winter
겨울을 보내다	hiemō -āre	spend the winter
겨울의	hibernus -a -um	in winter
겨자	sināpis -is(f.)	mustard
격노	furor -ōris(m.)	madness
격노하다	saeviō -īre	rage
격류	torrēns -etis(m.)	seething
격분해서	furiose	furiously
격식	formula -ae(f.)	formula
견고치 않은	instabilis -is -e	unsteady
견고하게	dure	durable
견고하게	firme	firmly
견고한	firmus -ae -um	firm
견고한	stabilis -is -e	firm
견고히 하다(요새)	muniō -īre	fortify
견디다	perferō (irregular)	endure
견디다	perpetior -i	endure
견딜만한	tolerābilis -is -e	tolerable
견직물	bombycinum -ī(n.)	silk fabrics
견책	correptiō -ōnis(f.)	admonish

한국어	라틴어	영어
견해	animadversiō -ōnis(f.)	perspective
결국	dēmum	finally
결단코	profectō	really
결백한	integer -gra -grum	intact
결백한	mundus -ae -um	innocent
결석	absentia -ae(f.)	absent
결석하다	absum (irregular)	be away absent
결석하다	absum -esse	absent
결실	fructus -us(m.)	fruit
결실이 없는	abortīvus -a -um	abortive
결실하지 않은	sterilis -is -e	barren
결연	ligamen -īnis(n.)	connect
결정론	Determinismus -ī(m.)	determinism
결정하다	constituō -ere	decide
결정하다	decernō -ere	decide
결정한	absēns -entis	absent
결코	certē	sure
결코	certō	for sure
결핍	egestās -atis(f.)	need
결핍된	expers -tis	having no part in
결핍된	inops -opis	needy
결핍하다	deficiō -ere	fall short
결함	defectus -us(m.)	defect
결합	coniunctiō -ōnis(f.)	confederation
결합시키다	coniungō -ere	join together
결합시키다	copulō -āre	join
결합하다	committō -ere	join
결합하다	conciliō -āre	unite
결합하다	iungō -ere	join
결혼	matrimonium -ī(n.)	marrage
결혼	nūptiae -arum(f.pl.)	marrage
결혼하다	nubō -āre	marry

한국어	라틴어	영어
겸손	humilitas -atis(f.)	modesty
겸손	modestia -ae(f.)	moderation
겸손	pudor -ōris(m.)	modesty
겸손하게	modeste	modestly
겸손한	humilis -is -e	low-lying
경계	fīnis -is(f.)	boundary
경계	linea -ae(f.)	border
경고	monitiō -ōnis(f.)	admonition
경고하다	moneō -ēre	warn
경매	adjudicatiō -onis(f.)	auction
경멸	dēspectus -ūs(m.)	contempt
경멸하다	contemnō -ere	despise
경멸하다	despiciō -ere	despise
경멸하다	spernō -ere	scorn
경멸할만한	contemptus -a -um	contemptible
경배	adoratiō -ōnis(f.)	worshipping
경배	cultus -us(m.)	admiration
경솔한	levis -is -e	light
경솔히	temere	carelessly
경시	contemptus -ūs(m.)	contempt
경작	arātiō -ōris(f.)	cultivation
경작인	colonus -ī(m.)	tenant
경작지	ager agrī(m.)	field
경쟁	contentiō -ōnis(f.)	competition
경쟁하다	peragō -ere	complete
경쟁하다	perficiō -ere	complete
경주	cursus -ūs(m.)	running
경지	arvum -ī(n.)	plowed land
경지	seges -etis(f.)	grain-field
경찰	securitatis urbanae custos	police
경첩	cardo -inis(m.)	pivot and socket
경탄	admīrātiō -ōnis(f.)	admiration

한국어	라틴어	영어
경판	tabella altaris	object plate
경험론	empirismus -ī(m.)	experimentalism
경험이 없는	īnscius -a -um	unaware
경험하다	patior -i	experience
곁에 두다	seponō -ere	set aside
계곡	vallis -is(f.)	valley
계관석	arsenicum -ī(n.)	realgar
계관화	geranion -ī(n.)	cockscomb flower
계급	classis -is(f.)	class
계란	ōvum -ī(n.)	egg
계모	noverca -ae(f.)	stepmother
계산	comes -itis(m.)	count
계산하다	computō -āre	reckon
계속 반복하다	decantō -āre	keep repeating
계속되는	continuus -a -um	continuous
계속하다	pergō -ere	continue
계속하여	subinde	immediately afterwards
계속해 서있다	subsistō -ere	stand still
계속해서 흐르다	profluō -ere	keep flowing
계약	contractus -us(m.)	contract
계약	foedus -eris(f.)	contract
계층	gradus -us(m.)	class
계획	consilium -ī(n.)	plan
계획하다	emineō -ēre	project
고기	carō carnis(f.)	meat
고기잡이	piscatio -ōnis(f.)	fishing
고깃국	iusculum -ī(n.)	meat soup
고난	crucifixus -ī(m.)	crucifixion
고르다	eligō -ere	pick out
고리	circulus -ī(m.)	ring
고리대금업자	fenerator -ōris(m.)	usurer
고린도서	Corinthi -orum(m.pl.)	Corinthians

한국어	라틴어	영어
고모	amita -ae(f.)	aunt
고문	consiliarius -ī(m.)	torture
고문	tormentum -ī(n.)	catapult
고문하다	cruciō -āre	torture
고물	puppis -is(f.)	stern
고백하다	confiteor -ēri	confess
고상한	eximius -a -um	special
고소	accusatiō -ōnis(f.)	accusation
고소	denuntiatiō -ōnis(f.)	denunciation
고스란히	conglobatim	just as it was
고안하다	excogitō -āre	contrive
고약	emplastrum -ī(n.)	plaster
고약	ungunentum -ī(n.)	patch
고양이	felis -is(f.)	cat
고요하다	regeō -ēre	be stiff
고적	monumentum -ī(m.)	monument
고집하는	contumāx -ācis	defiant
고집하다	perseverō -āre	persist
고추	piperitis -idis(f.)	red pepper
고치다	reficiō -ere	repair
고치다(병을)	medeor -ēri	heal
고통	afflictātiō -ōnis(f.)	affliction
고통	cruciātus -ūs(m.)	torture
고통	dolor -ōris(m.)	pain
고함소리	clāmor -ōris	yell
고함치다	mugiō -īre	bellow
고해실	crates confessionis	confessional
곡식	frūgēs -um(f.pl.)	crops
곡식	frūmentum -ī(n.)	grain
곤두서다	instruō -ere	erect
곤충	vermis -is(m.)	worm
곧	e vestigio	instantly

한국어	라틴어	영어
곧	ex tempore	promptly
곧	extemplō	right away
곧	nempe	of course
곧	nimīrum	no doubt
곧	statim	at once
곧	vidēlicet	namely
곧은	rectus -a -um	straight
골아 떨어지다	obdormiō -īre	fall asleep
곰	ursus -ī(m.)	bear
곱게	compte	nicely
곱게	ornate	ornately
곱게	speciose	gracefully
곱셈	multiplicatiō -ōnis(f.)	multiplication
곱하다	multiplicō -āre	multiple
곳곳에	ubicumque	here and there
곳곳이	ubique	here and there
공	follis -is(m.)	inflated ball
공	pila -ae(f.)	ball
공(작은)	globulus -ī(m.)	small ball
공간	spatium -ī(n.)	space
공개	notorietas -atis(f.)	public offering
공격	impetus -ūs(m.)	attack
공격	impugnatiō -ōnis(f.)	attack
공격하다	aggredior aggredī	attack
공격하다	invadō -ere	attack
공격하다	offendō -ere	hit against
공격하다	oppugnō -āre	attack
공경	cultus -us(m.)	admiration
공공연히	aperte	publicly
공공연히	palam	publicly
공공의	vulgāris -is -e	common
공급자	praebitor -ōris(m.)	provider

한국어	라틴어	영어
공급하다	adhibeō -ēre	furnish
공급하다	sufficiō -ere	supply
공기	aura -ae(f.)	air
공기	āēr aeris (m.)	air
공동의	commūnis -is -e	common
공동체	communitās -atis(f.)	community
공로	meritum -ī(n.)	merits
공로있는	dignus -a -um	deserving
공론적인	acadēmicus -a -um	academic
공명정대히	iure	rightfully
공모하다	cōnspīrō -āre	conspire
공무원	magistratus -us(m.)	officer
공범	particeps -itis	accomplice
공병	mūnītor -ōris(m.)	builder
공부	studium -ī(n.)	study
공사	lēgātus -ī(m.)	ambassador
공연한	notorius -a -um	useless vain
공연히	frustra	publicly
공연히	incassum	vainly
공연히	nequiquam	without reason
공익	bonum publicum	public interest
공작	pāvō -ōnis(m.)	peacock
공장	officina -ae(f.)	factory
공장	taberna -ae(f.)	factory
공적으로	publice	publicly
공적인	pūblicus -a -um	public
공증관	notarius -ī(m.)	notary
공짜로 주다	largior -i	give freely
공책	pugillares -ium(m.pl.)	notebook
공평	aequitas -atis(f.)	just
공평한	aequus -a -um	impartial
공평한	iustus -a -um	fair

한국어	라틴어	영어
공포	timor -ōris(m.)	fear
공포(公布)	notorietās -atis(f.)	promulgation
공포에 질리다	trepidō -āre	panic
공표 하다	praedicō -āre	proclaim
공허하게	incassum	vainly
공회(公會)	contatiō -ōnis(f.)	public meeting
과감	audācia -ae(f.)	boldness
과도한	immodicus -a -um	excessive
과실	fructus -us(m.)	fruit
과실	iniūria -ae(f.)	wrong
과연	equidem	truly
과연	profectō	certainly
과연	quidem	indeed
과연	sānē	sanely
과자	crustulum -ī(n.)	cookie
과자	crustum -ī(n.)	pastry cake
과자	pastillum -ī(n.)	pastry
과자 제조인	crūstularius -ī(m.)	confectioner
과히	nimis	very much
관계하는	particeps -cipis	sharing in
관념론	Idealismus -ī(m.)	Idealism
관대하게	benigne	generously
관대한	amplus -a -um	ample
관대한	vastus -a -um	vast
관목	frutex -icis(m.)	bush
관습	consuetudo -īnis(f.)	tradition
관습적인	ūsitātus -a -um	customary
관심	cūra -ae(f.)	care
관절	artus -ūs(m.pl.)	joint
관직	magistratus -ūs(m.)	magistracy
관찰하다	conspicor -ārī	observe
관찰하다	contemplor -ārī	observe

한국어	라틴어	영어
관찰하다	observō -āre	watch
관통하다	transfigō -ere	pierce
관하여	de[+abl.]	about
관할	competentia -ae(f.)	jurisdiction
관할권	iurisdictiō -ōnis(f.)	jurisdiction
관후(寬厚)히	humaniter	magnanimously
관후한	largus -a -um	generous
광(光)	lūx lūcis(f.)	light
광기	stultitia -ae(f.)	foolishness
광선	radius -ī(m.)	ray
광야	desertum -ī(n.)	plain
광채나는	nitidus -a -um	shinning
광채나는	pellucidus -a -um	very bright
괴로워하는	anxius -a -um	worried
괴롭히다	vexō -āre	distress
괴롭히다	sollicitō -āre	distress
괴이하게	prodigialiter	strangely
괴이하게	prodigiose	prodigiously
교각	pōns pōntis(m.)	bridge
교대하여	vicissim	alternately
교도소	carcer -eris(m.)	prison
교리	doctrina -ae(f.)	doctrine
교만	superbia -ae(f.)	arrogance
교만한	superbus -a -um	arrogant
교묘한	perītus -a -um	skillful in
교사	magister -trī(m.)	teacher
교사	praeceptor -ōris(m.)	tutor
교외	suburbium -ī(n.)	suburb
교육하다	erudiō -īre	educate
교육할 수 없는	indocilis -is -e	uneducable
교자	saracenus -ī(m.)	food set on a large table
교장	magister principalis	principal

한국어	라틴어	영어
교전	praelium -ī(n.)	battle
교차로	trivium -ī(n.)	crossroad
교칙	disciplīna -ae(f.)	intersection
교환	commutatiō -ōnis(f.)	exchange
교활	astūtia -ae(f.)	cunning
교활	calliditās -atis(f.)	dexterity
교활한	astūtus -a -um	cunning
교활한	sollers -ertis	skilled
교황	papa -ae(m.)	pope
교회	ecclesia -ae(f.)	church
구개	palātum -ī(n.)	palate
구걸하다	supplicō -āre	beg
구두	calceus -ī(m.)	shoes
구두	calceāmentum -ī(n.)	shoes
구둣가게	sutrina -ae(f.)	show store
구류	captivitās -atis(f.)	detention
구름	nimbus -ī(m.)	rain cloud
구름	nūbēs -is(f.)	cloud
구름 낀	nubilosus -a -um	cloudy
구름 지닌	nubilosus -a -um	cloudy
구름의	nubilus -a -um	cloudy
구리	cuprum -ī(n.)	copper
구리 그릇	aenea paropsis(f.)	copper bowl
구리공	faber aerarius	coppersmith
구매자(남)	emptor -ōris(m.)	purchaser
구매자(여)	emptrīix -īcis(f.)	purchaser
구별	dignitās -atis(f.)	distinction
구별하다	cernō -ere	distinguish
구별하다	distinguō -ere	distinguish
구부리다	curvō -āre	bend
구부리다	flectō -ere	bend
구부리다	inclinō -āre	bend

한국어	라틴어	영어
구석	angulus -ī(m.)	corner
구속하다	supprimō -ere	restrain
구입	emptiō -ōnis(f.)	buying
구입하다	emō -ere	buy
구전	memoria -ae(f.)	memory
구좌	ratiō -ōnis	account
구체	sphaera -ae(f.)	sphere
구토	nausea -ae(f.)	vomiting
구토제	vomitorium medicamentum(n.)	emetic
구하다	inveniō -īre	find
구하다	petō -ere	seek
구하다	quaerō -ere	seek
국	pulmentum -ī(n.)	relish
국가	cīvitās -ātis(f.)	state
국가	natiō -onis(f.)	country
국가에 관한	pūblicus -a -um	of the state
국고	aerarium -ī(n.)	state coffers
국고	thēsaurus -ī(m.)	storehouse
국민	cīvis -is(m.)	citizen
국민	nātiō -ōnis(f.)	nation
국민	populus -ī(m.)	people
국민투표	plēbiscītum -ī(n.)	decree of plebians
국제적	internationalis -īs	international
국화	chrysantemum -i(n.)	chrysanthemum
군기	vexillum -ī(n.)	flag
군단장	legionis praefectus -ī(m.)	comander
군대	cōpiae -arum(f.pl.)	troops
군대	exercitus -ūs(m.)	army
군대	legiō -ōnis(f.)	army
군대	militia -ae(f.)	military
군인	mīles -itis(m.)	soldier
군인이 되다	militō -āre	be a soldier

한국어	라틴어	영어
굳게 하다	durō -āre	harden
굳은	dūrus -a -um	hard
굳은	rigidus -a -um	rigid
굴	ostrea -ae(f.)	oyster
굴곡	sinus -ūs(m.)	curve
굴뚝	camīnus -ī(m.)	fireplace
굴러 넘어지다	volutō -āre	roll over
굴레	habēnae -arum(f.pl.)	bridle
굽	ungula -ae(f.)	hoof
궁금해하다	miror -āri	wonder
궁실	oedificium -ī(n.)	royal chamber
궁핍	inopia -ae(f.)	lack
궁핍한	egens -entis	needy
권고	exhortatiō -ōnis(f.)	exhortation
권력	auctōritās -ātis(f.)	power
권리	iura -ae(f.)	right
권리	ius iuris(n.)	right
권세	auctōritās -ātis(f.)	authority
권세	potentia -ae(f.)	power
권위	auctōritās -tātis	authority
궤주(潰走)시키다	fugō -āre	rout
귀	auris -is(f.)	ear
귀	statūra -ae(f.)	stature
귀 막힌	surdus -a -um	deaf
귀걸이	inaurēs -ium(f.pl.)	earrings
귀뚜라미	grillus -ī(m.)	cricket
귀리	avēna -ae(f.)	oats
귀리	holcus -i(m.)	oats
귀신	Daemon -ōnis(m.)	ghost
귀족의	nōbilis -is -e	noble
귀중한	pretiōsus -a -um	precious
귀찮은	molestus -a -um	distressing

한국어	라틴어	영어
규범	norma *-ae(f.)*	rule
규율	disciplina *-ae(f.)*	discipline
규율	disciplīna *-ae(f.)*	instruction
규칙	praeceptum *-ī(n.)*	instruction
균등한	pār *paris*	equal
균형을 맞추다	respondeō *-ēre*	balance
그 동안에	interdum	meanwhile
그 동안에	intereā	that while
그 동안에	interim	for the moment
그 외에	alioquī	otherwise
그 외에	ultra	further more
그 이상	ultra	more than that
그 자리에서	e vestigio	in that place
그 후에	posterius	at a last date
그 후에	postmodum	after a bit
그(녀)에게	cui *cuius*	to whom whose
그곳까지	eatenus	to there
그늘로 가리는	opācus *-a -um*	shady
그늘지다	umbrō *-āre*	shade
그늘진	umbrōsus *-a -um*	shady
그때	tum	then
그때(부터)	deinde	then next
그때부터	exinde	from that point
그래도	etiam	also
그램	gramma *-atis(n.)*	gram
그러나	sed	but
그러므로	perinde	equally
그러므로	subinde	from then on
그러므로	unde	thus
그런데	caeterum	however
그럴진대	quatenus	therefore
그렇게	ita	so

한국어	라틴어	영어
그릇	lānx *lancis(m.)*	dish
그릇	vāsa *-ōrum(n.pl.)*	vessel
그리고	atque	and
그리고	et	and
그리다	depingō *-ere*	depict
그리다	pingō *-ere*	paint
그리스	Graecia	Greece
그리스도	Christus *-ī(m.)*	Christ
그리스인	Graeci *-orum(m.pl.)*	Greek
그림	pictūra *-ae(f.)*	painting
그림 붓	pēnicillum *-ī(n.)*	paint brush
그만두다	sē abdicō *-āre*	abdicate
그만큼	tam	so much
그만큼	tantumdem	just as much
그물	rēte *-is(n.)*	net
그뿐	dumtaxat	at most
그슬리다	torreō *-ēre*	scorch
그와 같이	perinde	just at
그을음	fūlīgō *-inis(f.)*	soot
그저	gratis	still
그저께	nudius tertius	the day before yesterday
극(極)	polus *-ī(m.)*	pole
극단으로	maximē	most
극단의	immodicus *-a -um*	immoderate
근대	bēta *-ae(f.)*	beet
근본적으로	funditur	fundamentally
근본적으로	radicitus	fundamentally
근소하게	parum	too little
근실하게	assidue	dilligently
근실한	impiger *-gra -grum*	diligent
근심	angor *-ōris(m.)*	strangling
근심	anxietās *-ātis(f.)*	anxiety

한국어	라틴어	영어
근심	metus -ūs(m.)	fear
근심	morbus -ī(m.)	sickness
근심	sollicitūdō -inis(f.)	anxiety
근심	tristitia -ae(f.)	sadness
근심하는	moestus -a -um	worried
근원부터	aborīginēs -um(pl.)	aborigines
근일 중에	propediem	any day now
근채(류)	lepidium -ī(n.)	root vegetables
근처에	circa	near
근친살해	parricīdium -ī(n.)	parricide
근친살해범	parricīda -ae(m.)	parricide
글자	littera -ae(f.)	letter
긁다	scabō -ere	scratch
금	aurum -ī(n.)	gold
금공	faber aurarius	metalworker
금속	metallum -ī(n.)	metal
금욕	abstinentia -ae	abstinence
금욕	ascetica -ae(f.)	ascetic
금욕주의	ascetismus -ī(m.)	asceticism
금은 세공인	aurifex -icis(m.)	goldsmith
금을 입히다	inaurō -āre	gild
금전	aureus nummus	gold coin
금전출납부	ratio continuata accepti et expensi	cashbook
금주	abstinentia -ae	abstinence
금지	inhibitiō -ōnis(f.)	prohibition
금지	interdictum -ī(n.)	prohibition
금하다	interdicō -ere	forbid
금하다	vetō -āre	forbid
급료	stīpendium -ī(n.)	pay
급류	torrēns -entis(m.)	rushing
급한	citus -a -um	sooner
급행 열차	tractus citatus	express train

한국어	라틴어	영어
급히	cursim	hurriedly
급히	festinanter	hurriedly
급히	festine	hurriedly
급히	ociter	fastly
기	vexillum -ī(n.)	flag
기계	machina -ae(f.)	machine
기계 직공	textor -ōris(m.)	mechanic
기계 직공	textor -ōris(m.)	wearer
기관	machina -ae(f.)	machine
기구	precātiō -ōnis(f.)	prayer
기구	īnstrūmentum -ī(n.)	instrument
기금	fandatiō -onis(f.)	fund
기꺼이 ~ 않다	nolō (irregular)	be unwilling
기꺼이 ~ 하다	volō (irregular)	be willing
기껏해야	summum	at least
기념	memoria -ae(f.)	memorial
기념물	monumentum -ī(m.)	memorial
기념비	monumentum -ī(m.)	monument
기능	functiō -ōnis(f.)	function
기다	repō -ere	creep
기다	serpō -ere	crawl
기다리다	commoror -ārī	wait
기다리다	demoror -ārī	wait
기다리다	plorō -āre	wail for
기대게 하다	cubō -āre	recline
기대게 하다	recibō -āre	recline
기대다	innascor -ī	lean on
기대다	nitor -ī	lean on
기도	prēces -um(f.pl.)	prayer
기도	rogātiō -ōnis(f.)	proposal
기독교인	Christianus -ī(m.)	Christian
기둥	columna -ae(f.)	column

한국어	라틴어	영어
기득권	iura quaesita	election right
기러기	ānser -eris(m.)	goose
기력	nervus -ī(m.)	sinew
기력	vires -ium(f.pl.)	power
기름 항아리	olearium -ī(n.)	oil bottle
기름진	pinguis -is -e	fat
기만	obreptiō -ōnis(f.)	deception
기민한	alacer -cra -crum	quick
기병	eques -itis(m.)	rider
기병나팔	lituus -ī(m.)	cavalry trumpet
기병대	equestres copiae	cavalry
기병대	equitatus -ūs(m.)	cavalry
기병중대	truma –ae(f.)	cavalry squadron
기본 재산	dos dotis(f.)	property
기부	oblationes -um(f.pl.)	contribution
기부자	obligator -ōris(f.)	contributor
기뻐하는	hilaris -is –e	cheerful
기쁘게 하다	gaudeō -ēre	rejoice
기쁘다	ovō -āre	rejoice
기쁨	gaudium -ī(m.)	joy
기수	signifer -eri(m.)	flag bearer
기술	ars -tis(f.)	skill
기어오르다	conscendō -ere	climb
기억	memoria -ae(f.)	memory
기억 못하는	immemor -ōris	forgetting
기억하는	memor -ōris	mindful
기억하다	memini (irregular)	remember
기와	tēgula -ae(f.)	tile
기울게 하다	detrectō -āre	decline
기울다	detrectō -āre	decline
기울어진	oblīquus -a -um	slanting
기원하다	precor -āri	pray

한국어	라틴어	영어
기입	inscriptiō -ōnis(f.)	inscrip
기재	adnotatiō -ōnis(f.)	note
기적	miraculum -ī(n.)	miracle
기적적으로	prodigialiter	miraculously
기적적으로	prodigiose	miraculously
기절시키다	stupefaciō -ere	stun
기절하다	stupeō -ēre	be stunned
기하	geometria -ae(f.)	geometry
기하학자	geometra -ae(f.)	geometrician
기회	casus –us(m.)	chance
기회	occasiō -ōnis(f.)	chance
기후	temperiēs -ēī(f.)	climate
기후	tempestās -ātis(f.)	season
긴	longus -a -um	long
긴 칼	ēnsis -is(m.)	sword
길	iter itineris(n.)	journey
길	via -ae(f.)	way
길(吉)한	peroper -era -erum	lucky
길게	longe	for a long time
길게 짖다	ululō -āre	howl
길든	mānsuētus -a -um	tame
길들이다	domō -āre	tame
길들이다	mansuescō -ere	tame
길을 이끌다	praeeō (irregular)	lead the way
길이	longitūdō -inis(f.)	length
깃	penna -ae(f.)	feather
깃	plūma -ae(f.)	soft feather
깃발	vexillum -ī(n.)	flag
깃털	penna -ae(f.)	feather
깊은	altus -a -um	deep
깊은	intimus -a -um	deepest
깊은	profundus -a -um	deep

한국어	라틴어	영어
깊이 감동시키다	permoveō *-ēre*	move deeply
깊이 생각하다	consulō *-ere*	deliberate
까다로운	difficilis *-is -e*	hard
까마귀	cornīx *-īcis(f.)*	crow
까마귀	corvus *-ī(m.)*	raven
까지	usque	until
까치	pīca *-ae(f.)*	magpie
깨끗이 치우다	emungō *-ere*	clean out
깨끗이 하다	purgō *-ere*	clean
깨끗한	lautus *-a -um*	fine
꺾다	serō *-ere*	twist
껍질	cortex *corticis(f.)*	shell
꼭	profectō	really
꼭 맞게	modicē	moderately
꼭대기	cacūmen *-inis(n.)*	peak
꼴	pābulum *-ī(n.)*	feed
꼴	scalprum *-ī(n.)*	chisel
꽃	flamma *-ae(f.)*	flame
꽃이 피다	floreō *-ēre*	bloom
꽉 매다	religō *-āre*	tie up
꾀 있게	callide	cleverly
꾀 있는	callidus *-a -um*	adroit
꾀꼬리	chlorion *-ōnis(m.)*	nightingale
꾸미다	decorō *-āre*	adorn
꾸미다	dissimulō *-āre*	pretend
꾸짖다	compellō *-āre*	reproach
꿀	mel *mellis(n.)*	honey
꿀벌	apis *-is(f.)*	bee
꿈	somnium *-ī(n.)*	dream
꿈꾸다	somniō *-āre*	dream
꿍꿍거리다	gemō *-ere*	groan
꿰뚫다	perforō *-āre*	pierce

한국어	라틴어	영어
꿰매다	suō -ere	sew
끄다	exstinguō -ere	extinguish
끄덕이다	nutō -āre	nod
끈(대)	arx arcis(f.)	citadel
끈적끈적한	lentus -a -um	sticky
끊다	praerumpō -ere	break off
끊은	truncus -a -um	trimmed
끊이지 않고	perpetuo	constantly
끌다	stringō -ere	draw
끌다	trahō -ere	drag
끌어내리다	detrahō -ere	drag down
끓다	ferveō -ēre	boil
끓이다	ferveō -ēre	boil
끝내다	conficiō -ere	finish
끝내다	perficiō -ere	finish
끝마치다	conficiō -ere	finish
끝에	ultimum	finally
끝의	extrēmus -a -um	extreme
끝장을 내다	defungor -i	finish with

나

한국어	라틴어	영어
나가다	exeō (irregular)	go out
나날이	in diēs	everyday
나누다	commūnicō -āre	share
나누다	digerō -ere	divide
나누다	digredior -i	separate
나누다	discernō -ere	divide
나누다	dividō -ere	divide
나누다	imperō -āre	share
나누다	partiō -īre	share

한국어	라틴어	영어
나누다	secernō -ere	separate
나누다	separō -āre	separate
나누어주다	parcō -ere	spare
나눗셈	divisiō -ōnis(f.)	divide
나라	natiō -ōnis(f.)	country
나라로	regionatim	to the king
나르다	demō -ere	take away
나르다	portō -āre	carry
나맥	zea -ae(f.)	rye
나무	arbor -ōris(f.)	tree
나무	lignum -ī(n.)	wood
나무등걸	stirps stirpis(f.)	stem
나물	olus -eris(n.)	vegetable
나뭇가지	rāmus -ī(m.)	branch
나뭇가지(마른)	cremium -ī(n.)	dray branch
나뭇잎	folium -ī(n.)	leaf
나비	pāpiliō -ōnis(m.)	butterfly
나쁜	malus -a -um	bad
나아가게 하다	hortor -āri	urge
나오다	eveniō -īre	come out
나의	meus -a, -um	my
나이	aetās -ātis(f.)	age
나이 들다	senescō -ere	grow old
나이팅게일	luscinia -ae(f.)	nightingale
나이프	culter -trī(m.)	knife
나중에	denique	in the end
나중에	postrēmō	at last
나중에	tandem	at last
나중에	ultimō	finally
나타나다	coorior -i	appear
나타나다	emergō -ere	emerge
나팔	tuba -ae(f.)	trumpet

한국어	라틴어	영어
나팔수	tubicen -inis(f.)	trumpeter
낙타	camēlus -ī(m.)	camel
낙태	abortus -us(m.)	abortion
낚시	hāmus -ī(m.)	fish hook
낚시 줄	līnea -ae(f.)	fishing line
난간	cancellī -ōrum(m.pl.)	barrier
난간	maenianum -ī(n.)	railing
난도질하다	lacerō -āre	mangle
난로	focu -ī(m.)	fireplace
난폭	rabiēs -eī(f.)	madness
날(日)	dies -ei(m.)	day
날(日)	diēs -ēī(m.)	day
날개	āla -ae(f.)	wing
날다	volv -āre	fly
날씬한	gracilis -is -e	slim
날아 다니다	volitō -āre	fly around
날카로운	acūtus -a -um	sharp
날카롭게 하다	acuō -ere	sharpen
남	meridiēs -ēī(f.)	south
남겨두다	delinquō -ere	leave behind
남겨두다	linquō -ere	leave behind
남경	Nankium	Nanjing
남극	polus austrinus	south pole
남기다	restō -āre	remain
남색의	coeruleus -a -um	dark blue
남용	absus –us(m.)	abuse
남자	homō hominis(m.)	man
남자	vir virī(m.)	man
남자답게	viriliter	manly
남편	maritus -ī(m.)	husband
남풍	auster -trī(m.)	south wind
납	plumbum -ī(n.)	lead

한국어	라틴어	영어
낫	falx -cis(f.)	scythe
낫(작은)	falcula -ae(f.)	sickle
낭독인	recitātor -ōris(m.)	reader
낭비하는	prodigus -a -um	extravagant
낭비하여	prodige	wasting
낮에	interdiū	by day
낮은	humilis -is -e	low
낮의	diurnus -a -um	of the day
낮추다	dēprimō -ere	abase
낯선 사람	alienus -ī(m.)	stranger
내	rīvus -ī(m.)	stream
내던지다	abiciō -icere	throw away
내던지다	deiciō -ere	throw down
내던지다	eiciō -ere	throw out
내려가다	descendō -ere	descend
내리다	deferō (irregular)	bring down
내밀다	edō -ere	put forth
내밀다	porrigō -ere	hold out
내밀다	praebeō -ēre	hold out
내버리다	destituō -ere	forsake
내부에	intra	inside
내뻗치다	distendō -ere	stretch out
내의	subucula -ae(f.)	undertunic
내일	crās	tomorrow
내쫓다	excludō -ere	shut out
냄비	caccabus -ī(m.)	pot
냄비	cortīna -ae(f.)	kettle
냄비	sartāgo -inis(f.)	frying-pan
냄비 제조상	lebetum faber -bri(m.)	pot maker
냄새나다	odoror -ārī	smell
냄새나다	oleō -ēre	smell
냄새 맡다	redoleō -ēre	smell

한국어	라틴어	영어
너그러운	largus *-a -um*	generous
너그러운	liberalis *-is -e*	liberal
너그러이	large	generously
너그럽게	clementer	generously
너무	nimis	very
너무 적게	minus	less
널판	contabulariō *-ōnis(f.)*	big piece of board
넓이	lātītudō *-inis(f.)*	width
넓히다	pandō *-ere*	spread out
넘겨주다	dō *-āre*	give
넣다	indō *-ere*	put in
네덜란드	Batavia	Netherlands
네덜란드	Hollandia	Netherlands
네덜란드인	Batavus *-ī(m.)*	Dutch
네덜란드인	Hollandus *-ī(m.)*	Dutch
네모진	quadrātus *-a -um*	square
네발동물	quadrupēs *-edis(m.)*	four-footed
년	annus *-ī(m.)*	year
노	rēmus *-ī(m.)*	oar
노간주나무	juniperus excelsa	juniper tree
노끈상	restriarius *-ī(m.)*	string seller
노년시절	senecta *-ae(f.)*	declining years
노년시절	senectūs *-utis(f.)*	old age
노동	labor *-ōris(m.)*	labor
노동하다	labō *-āre*	labor
노래	canticum *-ī(n.)*	song
노래	cantus *-ūs(m.)*	song
노래	carmen *-inis(n.)*	song
노래하다	cantō *-āre*	sing
노래하다	canō *-ere*	sing
노략물	spolia *-orum(n.pl.)*	booty
노략물	exuviae *-ārum(f.pl.)*	souvenir

한국어	라틴어	영어
노력하다	elaborō -āre	exert oneself
노로 젓는 배	navis remis acta	boat
노복	servus -ī(m.)	slave
노새	iumentum -ī(n.)	mule
노새	mūlus -ī(m.)	mule
노새행렬	impedimenta -orum(n.pl.)	mule train
노앗나무	prūnum -ī(n.)	plum
노예	servitūs -ūtis(f.)	slavery
노예	servus -ī(m.)	slave
노예가 되다	inserviō -īre	be a slave
노예가 되다	serviō -īre	be a slave
노예적인	servus -a -um	slave
노인	senex senis(m.)	old man
노 젓는 사람	rēmex -igis(m.)	rower
노트	pugillares -ium(m.pl.)	notebook
노파	anus -ūs(f.)	old woman
노하여 날뛰는	furiōsus -a -um	furious
노획물	praeda -ae(f.)	plunder
녹	rubigo -inis(n.)	rust
녹다	liquescō -ere	melt
녹색의	viridis -is -e	green
녹음기	magnetophonium -ī(n.)	recorder
논	ager agrī(m.)	field
논쟁	controversia -ae(f.)	argument
논하면	quatenus	thus
놀다	illudō -ere	play
놀다	ludō -ere	play
놀다	modulor -āri	play
놀라게 하다	terreō -ēre	frighten
놀란	attonitus -a -um	astonished
놀이	lūdus -ī(m.)	play
농담하다	iocor -āri	joke

한국어	라틴어	영어
농부	agricola -ae(m.)	farmer
농부	arātor -ōris(m.)	farmer
농업	agricultūra -ae(f.)	agriculture
높은	altus -a -um	high
높이	altitūdō -inis(f.)	height
놓다	locō -āre	place
놓다	ponō -ere	put
놓다	sistō -ere	set
뇌	cerebrum -ī(n.)	brain
누구	quīs cuius	who
누에	bombyx -icis(m.)	silkworm
누적	cumulatiō -ōnis(f.)	accumulation
누추한	indecorus -a -um	humble
누추한	turpis -is -e	squalid
눈	dianthus -ī(f.)	small bird
눈	nix nivis(f.)	snow
눈	ocellus -ī(m.)	eye
눈(目)	oculus -ī(m.)	eye
눈꺼풀	cilia -orum(n.pl.)	eyelid
눈꺼풀	palpebra -ae(f.)	eyelid
눈동자	pūpilla -ae(f.)	pupil
눈먼	coecus -a -um	blind
눈물	lacrimae -arum(f.pl.)	teardrop
눈물을 흘리다	lacrimō -āre	weep for
눌러 놓다	opponō -ere	put against
눕다	iaceō -ēre	lie
눕다	incubō -āre	lie upon
눕다	incumbō -ere	lie upon
눕다	recumbō -ere	lie down
느끼다	sentiō -īre	feel
느린	sēgnis -is -e	slow
느슨하게 하다	solvō -ere	loosen

한국어	라틴어	영어
늑대	lupus -ī(m.)	wolf
늘	plerumque	usually
늘	umquam	ever
늙은	vetus -eris	aged
능가하다	excellō -ere	excel
능력	capacitas -atis(f.)	capacity
능력	potentia -ae(f.)	force
능력	potestās -tātis	ability
능변	ēloquentia -ae(f.)	eloquence
능욕	miseriae -arum(f.pl.)	insult
늦게	sērō	late
늦게	tardē	late

다

한국어	라틴어	영어
다가가다	adeō -īre	approach
다갈색의	fulvus -a -um	yellow
다람쥐	mustēla -ae(f.)	weasel
다람쥐	sciūrus -ī(m.)	squirrel
다루다	tractō -āre	handle
다른	alius -a –um	some other
다른	ceterus -a -um	other
다른	disimilis -is -e	different
다른	impār -aris	unlike
다른 곳에서	alia	by another way
다른 곳에서	alibi	elsewhere
다른 곳에서	alicubi	somewhere
다른 데서	aliunde	from elsewhere
다른 방향으로 도망가다	diffugiō -ere	flee in different directions
다른 방향으로 뛰다	discurrō -ere	run in different directions
다른 장소로	alio	to other area

한국어	라틴어	영어
다른 장소로	aliorsum	to other area
다른 장소로	alioversum	to other area
다리	crūs *crūris(n.)*	leg
다리	femur *-ŏris(n.)*	thigh
다리	poples *-itis(m.)*	knee
다리	pēs *pedis(m.)*	foot
다리	pōns *pōntis(f.)*	bridge
다리를 저는	claudus *-a -um*	lame
다만	solummodo	however
다만	sōlum	merely
다만	tantummodo	only
다방	thermopolium *-ī(n.)*	teahouse
다방 주인	thermopola *-ae(f.)*	host
다수	maioritas *-atis(f.)*	majority
다수의	numerose	many
다시	amplius	besides
다시	dēnuō	anew
다시	iterum	again
다시 일어나다	resurgō *-ere*	stand back up
다시 죄다	resumō *-ere*	take up again
다시 태어나다	renascor *-i*	be born again
다음 날	postrīdiē	on the day after
다투어서	certatim	in competition
다행한	fortūnatus *-a -um*	fortunate
다행히	feliciter	thankfully
닥치다	impendeō *-ēre*	overhang
닦다	lavō *-āre*	wash
닦아 내다	tergeō *-ēre*	wipe
단	dulcis *-is -e*	sweet
단	mītis *-is -e*	mellow
단 것	bellāria *-ōrum(n.pl.)*	sweets
단 한번	semel	but once

한국어	라틴어	영어
단계를 밟다	gradior *(irregular)*	step
단단히 붙이다	defigō *-ere*	attach firmly
단도	pūgiō *-ōnis(m.)*	dagger
단도	sīca *-ae(f.)*	dagger
단수의	singulāris *-is -e*	singular
단순	simplicitās *-atis(f.)*	simplicity
단순한	simplex *-icis*	simple
단언하다	perhibeō *-ēre*	assert
단일한	simplex *-icis*	simple
단정한	modestus *-a -um*	modest
단정한	sēcūrus *-a -um*	secure
단정히	compte	neatly
단정히	modeste	neatly
단체	associatiō *-ōnis(f.)*	association
단체	consociatiō *-ōnis(f.)*	corporation
단추	globulus *-ī(m.)*	button
단추 구멍	rimula *-ae(f.)*	button hole
단화	soccus *-ī(m.)*	slipper
닫다	claudō *-ere*	close
닫다	operiō *-īre*	close
달	lūna *-ae(f.)*	moon
달	mēnsis *-is(f.)*	month
달걀	ōvum *-ī(n.)*	egg
달구지	plaustrum *-ī(n.)*	wagon
달리	aliter	otherwise
달리기	cursus *-ūs(m.)*	running
달리다	currō *-āre*	run
달아나다	fugiō *-ere*	flee
달아매다	suspendō *-ere*	hang
달아서 나누다	pensō *-āre*	weigh out
닭장	gallinarium *-ī(n.)*	henhouse
담	moenia *-ium(n.pl.)*	town walls

한국어	라틴어	영어
담	mūrus -ī(m.)	wall
담그다	imbuō -ere	dip
담그다	tingō -ere	dip
담보	cautiō -ōnis(f.)	security
담보	pignus -oris(n.)	guarantee
담보	vadimōnium -ī(n.)	promise
담요	tapētum -ī(n.)	carpet
담즙	bīlis -is(f.)	bile
담화	alloquium -ī(n.)	address
답	respōnsum -ī(n.)	answer
답장하다	rescrībō -ere	write back
당(黨)	factiō -ōnis(f.)	party
당근	carota -ae(f.)	carrot
당나귀	asinus -ī(m.)	ass
당시	tum	at the time
당연히	merito	surely
당장	comminus	right away
당장	in praesentiā	soon
당황케 하다	perturbō -āre	abash
당황하다	turbō -āre	throw into confusion
닻	ancora -ae(f.)	anchor
대개	circa	most
대개	circiter	approximately
대개	fermē	approximately
대개	generāliter	in general
대개	quippe	of course
대까치	pīcus -ī(m.)	griffin
대단히	admodum	to the limit
대단히	appido	excessively
대단히	multum	greatly
대단히	valde	greatly
대담한	audāx -ācis	daring

한국어	라틴어	영어
대답	respōnsiō -ōnis(f.)	response
대답하다	respondeō -ēre	answer
대도시	urbs urbis(f.)	big city
대략	fermē	about
대략	paene	nearly
대례(大禮)	solemnitās -atis(f.)	grand ceremony
대리석	marmor -ōris(m.)	marble
대리자	delegatus -ī(m.)	delegate
대모	matrina -ae(f.)	godmother
대목	māteriarius -ī(m.)	lumber merchant
대문	porta -ae(f.)	gate
대부	mutuum -ī(n.)	godfather
대부분	plerique	nearly all
대사	lēgātus -ī(m.)	deputy
대사제	pontifex -icis(m.)	pontiff
대성당	basilica -ae(f.)	basilica
대소(大笑)	cachinnus -ī(m.)	loud laugh
대수	algebra -ae(f.)	algebra
대수녀원장	abbātissa -ae(f.)	abbess
대수도원장	abbas -atis(f.)	abbot
대수도원장	Abbatissa -ae(f.)	abess
대야	malluvium -ī(n.)	basin
대여자	commodatorius -ī(m.)	lender
대저	quippe	of course
대죄	facinus -oris(m.)	crime
대죄의	scelestus -a -um	deadly
대죄인	scelestus -ī(m.)	great offender
대주교	archiepiscopus -ī(m.)	archbishop
대중교통	autorheda publica	public transportation
대지	humus -ī(f.)	ground
대지	terra -ae(f.)	land
대지	terra -ae(f.)	earth

한국어	라틴어	영어
대천사	archangelus -ī(m.)	archangel
대체로 며칠 지나서	muto die	some days after
대체하다	reponō -ere	replace
대체하다	suppōnō -ere	substitute
대추나무	zizyphus -ī(f.)	jujube tree
대출	mutuum -ī(n.)	loan
대충 읽다	perlegō -ere	read through
대치하는	adversus -a -um	facing
대침	subula -ae(f.)	big needle
대통령	reipublicae praeses	President
대패	runcina -ae(f.)	crushing
대포	aes fulmineum	artillery
대포	tormentum -ī(n.)	windlass
대하여	ergā[+acc]	about
대학의	acadēmicus -a, -um	academic
대한민국	Corea -ae(f.)	Korea
대한민국사람	Coreanus -ī(m.)	Korean
대만민국의	Coreanus -a -um	Korean
대화	colloquium -ī(n.)	conversation
더	amplius	any further
더	magis	more
더	plūs	more
더 낮은	īnferior -or -us	lower
더 높은	superior -or -us	higher
더 속히	ocius	more speedy
더 적게	minus	less
더딘	tardus -a -um	slow
더러운	impūrus -a -um	impure
더러운	maculōsus -a -um	spotted
더러운	obscoenus -a -um	dirty
더러운	profanus -a -um	unconsecrated
더러운	turpis -is -e	dirty

한국어	라틴어	영어
더럽다	sordeō *-ēre*	be dirty
더럽히다	foedō *-āre*	defile
더럽히다	linō *-ere*	smear
더럽히다	maculō *-āre*	stain
더블린	Dublinium	Dublin
더욱	amplius	any more
더욱	immo	or rather
더욱	magis	to a greater extent
더위	aestus *-ūs(m.)*	heat
더위	calor *-ōris(m.)*	heat
더하다	addō *-ere*	add
덕행	virtūs *-ūtis(f.)*	manliness
던지다	abiciō *-icere*	throw
던지다	coniciō *-ere*	throw
던지다	iaciō *-ere*	throw
던지다	obiciō *-ere*	throw against
덥다	velō *-āre*	cover up
덧붙여 생기다	accrēscō *-ere*	accrue
덧셈	additiō *-onis(f.)*	addition
덮다	includō *-ere*	enclose
덮다	obdūcō *-ere*	cover over
덮다	tegō *-ere*	cover
데리고 가다	sedūcō *-ere*	take away
데우다	caleō *-ēre*	be warm
데이지	bellis *–idis(f.)*	daisy
덴마크	Dania	Denmark
덴마크사람	Danus *-ī(m.)*	Dane
덴마크인	Dani *-orum(m.pl.)*	Dane
도(역시)	etiam	and also
도공	faber vascularius	swordsmith
도공	figulus *-ī(m.)*	potter
도금공	inaurator *-ōris(m.)*	plater

한국어	라틴어	영어
도끼	secūris -is(f.)	ax
도는 길	circuitiō -ōnis(f.)	circulation
도덕	moralitas -atis(f.)	morality
도덕주의	Moralismus -ī(m.)	moralism
도둑	fūr fūris(m.)	thief
도둑질	fūrtum -ī(n.)	robbery
도랑	colliciae -arum(f.pl.)	ditch
도로	iter itineris(n.)	road
도로 사다	redimō -ere	buy back
도리께	flagellum -ī(n.)	whip
도리어	contrāriē	in opposite directions
도마뱀	lacertus -ī(m.)	lizard
도망	fuga -ae(f.)	flight
도망가다	confugiō -ere	flee
도망가다	defugiō -ere	run away from
도망가다	excidō -ere	escape
도망가다	fugiō -ere	flee
도망가다	perfugiō -ere	flee for refuge
도망가다	refugiō -ere	run away from
도망치다	fugiō -ere	flee
도살	coedes -is(f.)	slaughter
도살업	laniena -ae(f.)	butcher shop
도살업자	lanius -ī(m.)	butcher
도서관	bibliotheca -ae(f.)	library
도섭장	vadum -ī(n.)	shallow
도시	Alba -ae(f.)	town
도시	cīvitās -ātis(f.)	city
도시	oppidum -ī(n.)	town
도시의	urbānus -a -um	of the city
도약	saltus -ūs(m.)	pass
도우러 가다	succurrō -ere	run to the aid of
도우러 오다	subveniō -īre	come to the aid of

한국어	라틴어	영어
도움	auxilium -ī(n.)	help
도전하다	provocō -āre	challenge
도지사	procurator -ōris(m.)	provincial governor
도착하다	perveniō -īre	arrive
도토리	glāns glandis(f.)	acorn
독립된	independens -entis	independent
독사	coluber -brī(m.)	snake
독살자	veneficus -ī(m.)	poisoner
독서	lectiō -ōnis(f.)	reading
독서인	lēctor -ōris(m.)	reader
독성	sacrilegium -ī(n.)	sacrilege
독수리	aquila -ae(f.)	eagle
독수리	vultur -uris(m.)	vulture
독약	venēnum -ī(n.)	poison
독일	Germania	Germany
독일인	Gemanicus -ī(m.)	German
독자	lēctor -ōris(m.)	reader
독점	monopolium -ī(n.)	monopoly
돈	moneta -ae(f.)	money
돈을 갚다	remunērō -āre	reward
돈주머니	crumēna -ae(f.)	purse
돌	lapis -idis(m.)	stone
돌	saxum -ī(n.)	rock
돌(작은)	calculus -ī(m.)	stone
돌다	versō -āre	whirl
돌다	volvō -ere	roll
돌려놓다	revehō -ere	carry back
돌려보내다	remittō -ere	send back
돌리다	conversō -āre	turn around
돌리다	deprecor -āri	avert(by prayer)
돌발하다	erumpō -ere	break out
돌보다	cūrō -āre	care for

한국어	라틴어	영어
돌보다	procurō -āre	take care of
돌아다니다	ambiō -īre	go around
돌아가다	remeō -āre	return
돌아다니다	errō -āre	wander
돌연히	subitō	unexpectedly
돌진하다	immergō -ere	plunge
돌쩌귀	cardō -inis(m.)	hinge
돕다	iuvō -āre	help
동	oriēns -entis(m.)	land of the rising sun
동[금속]	aes aeris(n.)	bronze
동거	cohabitatiō -ōnis(f.)	cohabitation
동굴	antrum -ī(n.)	cave
동기	motivum -ī(n.)	motive
동녹	rubigo -inis(n.)	copper rust
동녹	scolecia -ae(f.)	verdigris
동등으로	aequaliter	equally
동등으로	pariter	equally
동력	motorium -ī(n.)	motor
동료	collaga -ae(m.)	colleague
동리	vīcus -ī(m.)	village
동맥	artēria -ae(f.)	artery
동맹국	foederati -orum(m.pl.)	ally
동맹자	socii -orum(m.pl.)	ally
동물	animal -is(n.)	animal
동반하다	comitō -āre	accompany
동반하다	prosequor -i	accompany
동상	signum -ī(n.)	statue
동상	statua -ae(f.)	statue
동상 제작자	statuarius -ī(m.)	statue maker
동서남북	caeli regiones quatuor	cardinal points
동서남북	mundi cardines	cardinal points
동의	consensus -us(m.)	consensus

한국어	라틴어	영어
동의하다	assentiō -*íre*[+dat.]	accede
동의하다	consentiō -*īre*	agree
동의하다	constō -*āre*	agree
동의하다	paciscor -*i*	agree
동일한	aequālis -*is* -*e*	even
동작	mōtus -*ūs(m.)*	motion
동전	aes signatum	coin
동전	as *assis(m.)*	pound
동정	miseratiō -*ōnis(f.)*	pity
동족의 사람	cognatus -*ī(m.)*	kinsman
동풍	eurus -*ī(m.)*	east wind
동행하다	comitor -*āri*	accompany
동화	fābula -*ae(f.)*	story
돼지	porcus -*ī(m.)*	pig
돼지	sūs *suis(m.)*	pig
돼지고기	caro suilla	pork
돼지고기	porcina -*ae(f.)*	pork
돼지고기 상인	porcinarius -*ī(m.)*	butcher
되(斗)	modius -*ī(m.)*	modius
되돌려놓다	revertō -*ere*	turn back
되돌려보내다	reiciō -*ere*	send back
되돌려주다	reddō -*ere*	give back
되돌리다	recurrō -*ere*	return
되돌리다	redigō -*ere*	bring back
되돌리다	referō *(irregular)*	bring back
되돌아오다	revisō -*ere*	come back to
되튀다	resultō -*āre*	rebound
되튀다	recidō -*ere*	recoil
두 곱으로 하다	ingeminō -*āre*	redouble
두 번째	secundō	secondly
두개골	calva -*ae(f.)*	skull
두건	cucullus -*ī(m.)*	hood

한국어	라틴어	영어
두꺼비	būfō -ōnis(m.)	toad
두꺼운	crassus -a -um	thick
두꺼운	densus -a -um	thick
두레박	situla -ae(f.)	bucket
두레박	situla -ae(f.)	bucket
두려움	metus -ūs(m.)	fear
두려움	timor -ōris(m.)	fear
두려워하다	metuō -ere	fear
두려워하다	paveō -ēre	be frightened
두려워하다	timeō -ēre	fear
두려워하다	vereor -ēri	fear
두루	circiter	nearly
둔각	angulus obtusus	obtuse
둘러	circum	around
둘러싸다	cingō -ere	encircle
둘러싸다	concludō -ere	enclose
둘러싸다	saepiō -īre	fence in
둘러싸여 있다	intersum (irregular)	be amongst
둘째로	secundō	secondly
둥근	rotundus -a -um	round
뒤돌아보다	respiciō -ere	look back at
뒤로	retro	behind
뒤로 기대다	reclinō -āre	lean back
뒤에 남겨두다	relinquō -ere	leave behind
뒤에서	retro	behind
뒤의	posterior -or -us	later
뒤집다	evertō -ere	overturn
뒤집다	pervertō -ere	overturn
뒤집다	subvertō -ere	overturn
뒤집어엎다	commoveō -ēre	upset
뒤쫓다	fugō -āre	chase
뒤흔들다	quatiō -ere	shake

한국어	라틴어	영어
드러나게	aperte	openly
드러나게	manifesto	obviously
드러나게	palam	openly
드러나게	publice	publicly
드러난	manifestus -a -um	exposed
드레스	tunica –ae(f.)	dress
드문	rārus -a -um	wide apart
드물게	rārō	rarely
든든히	tute	securely
듣다	audiō -īre	hear
들	ager agrī(m.)	field
들	campus -ī(m.)	field
들어가다	ineō (irregular)	enter
들어가다	introeō (irregular)	enter
들어가다	intrō -āre	enter
들어오다	ingredior -i	enter
들어올리다	elevō -āre	raise
들어올리다	tollō -ere	lift
들여오다	inferō (irregular)	bring in
들여오다	ingerō -ere	bring in
등	tergum -ī(n.)	back
등록	adscriptiō -ōnis(f.)	registration
등불	lampas -adis(f.)	lamplight
등뼈	vertebra -ae(f.)	backbone
등심(지)	ellychnium -ī(n.)	sirloin
등자(鐙子)	stapia –ae(f.)	stirrups
등잔	lucerna -ae(f.)	oil lamp
등잔화	caltha -ae(f.)	marigold
등장하다	subeō (irregular)	come up to
등한히 하는	negligens -entis	neglected
디스크	discus -ī(m.)	disc
따뜻하게 하다	foveō -ēre	warm

한국어	라틴어	영어
따뜻하다	tepeō *-ēre*	be warm
따뜻한	calidus *-a -um*	warm
따라가며	cursim	following
따라잡다	superveniō *-īre*	overtake
따로	prīvātim	privately
따로	secreto	separately
따로	seorsum	apart
따로	sēparātim	apart
따로 하나씩	singillātim	singly
따르다	obsequor *-i*	comply with
따르다	sequor *-i*	follow
딸	fīlia *-ae(f.)*	daughter
땀흘리다	sudō *-āre*	sweat
땅	solum *-ī(n.)*	ground
땅	terra *-ae(f.)*	ground
땋다	plectō *-ere*	braid
때	tempus *-poris(n.)*	time
때때로	aliquando	sometimes
때려눕히다	percellō *-ere*	knock down
때려부수다	conflīgō *-ere*	smash together
때를 맞춰	in tempore	at the right moment
때리다	lacessō *-ere*	strike
때리다	pellō *-ere*	strike
때리다	percutiō *-ere*	strike
때리다	plangō *-ere*	beat
때리다	tundō *-ere*	beat
때리다	verberō *-āre*	beat
때리다(손으로)	iactō *-āre*	buffet
때마침	mature	on time
때마침	numerō	just now
때묻은	maculōsus *-a -um*	stained
떠나다	egredior *-i*	leave

한국어	라틴어	영어
떠나다	excedō -ere	leave
떠들다	obstrepō -ere	make a noise
떨리다	micō -āre	quiver
떨어뜨리다	occidō -ere	fall
떨어지다	cadō -ere	fall
떫은	acerbus -a -um	bitter
떼	grex gregis (m.)	herd
떼지어	gregātim	in flocks
뗏목	ratis -is (f.)	raft
또	imo	also
또 다른	alter -a -um	another
또는	an	or
또는	aut	or
또 다른 시간에	alias	at another time
또한	item	besides
또한	partiter	as well
또한	quoque	also
또한	quoque	too
뚫다	penetrō -āre	penetrate
뚫다	pungō -ere	pierce
뚫다	traiciō -ere	pierce
뛰어 나가다	evolō -āre	fly out
뛰어 내려가다	decurrō -ere	run down
뛰어 내리다	desiliō -īre	jump down
뛰어 내리다	submergō -ere	plunge under
뛰어 들어가다	irruō -ere	rush in
뛰어들어가다	incurrō -ere	run into
뜨거운	aestuosus -a -um	hot
뜨거운	calidus -a -um	hot
뜨거운	fervidus -a -um	hot
뜨거워지다	aestuō -āre	be hot
뜨다	nectō -ere	weave

한국어	라틴어	영어
뜯어내다	decerpō *-ere*	pluck off
뜰	ārea *-ae(f.)*	open space
띠	cinctura *-ae(f.)*	belt

라-

한국어	라틴어	영어
라일락	lecoion *-ī(n.)*	lilac
러시아	Russia	Russia
러시아인	Russus *-ī(m.)*	Russian
런던	Londinum	London
레코드 판	orbis phonographicus	phono-record
로(향하여)	ad	to towards
로마	Roma	Rome
리라	lyra *-ae(f.)*	lyre
리스본	Olisippo	Lisbon
리스트에 넣다	conscribō *-ere*	enlist
리용	Lugdunum	Lyons
리터	litra *-ae(m.)*	liter

마-

한국어	라틴어	영어
마귀	Diabolus *-ī(m.)*	devil
마늘	allium *-ī(n.)*	garlic
마늘	ascalonia *-ae(f.)*	garlic
마루	contabulātiō *-ōnis(f.)*	flooring
마루	pavīmentum *-ī(n.)*	floor
마루	tabulātum *-ī(n.)*	floor
마비되다	torpeō *-ēre*	be numb
마술	ars magica	magic
마시다	bibō *-ere*	drink

한국어	라틴어	영어
마시다	potō -āre	drink
마약	potiō -ōnis(f.)	magic potion
마을	vīcus -ī(m.)	village
마음	animus -ī(m.)	mind
마음	cor -dis	heart
마음의 상처	aegritūdō -inis(f.)	sickness
마음좋은	benevolus -a -um	kind
마주보고	adversum	opposite
마주보고	e contrario	facing
마지막의	imus -a -um	last
마지못해 하는	invītus -a -um	unwilling
마차	raeda -ae(f.)	carriage
마차 제조인	rhedarum artifex	carriage manufacturer
마차꾼	rhedarius -ī(m.)	groom
마치다	perficiō -ere	finish
마침 좋은 때에	in tempore	just in time
마침내	dēmum	at last
마침내	tandem	finally
막	vēlum -ī(n.)	veil
막다	obstruō -ere	block
막대기	virga -ae(f.)	rod
막대하게	maxim	maximally
막사	castra -ōrum(n.pl.)	camp
만	sinus -ūs(m.)	indentation
만	sōlum	only
만(10,000)	decem mīllia	ten thousand
만나다	coeō coīre	meet
만나다	obeō (irregular)	meet
만나다	occurrō -ere	meet
만들다	faciō -ere	make
만월(滿月)	luna plena	full moon
만족시키다	placeō -ēre	please

한국어	라틴어	영어
만족시키다	satō -āre	satisfy
만족하는	contentus -a -um	satisfied
만족하는	libēns -entis	glad
만족히	affatim	enough
많은	multi -ae -a	many
많이	cōnfertim	shoulder to shoulder
많이	multum	a lot
많이	numerose	numerously
많이	plūrimum	very much
많이	procul	many
말	caballus -ī(m.)	horse
말	equus -ī(m.)	horse
말	verbus -ī(n.)	words
말 못하는	mūtus -a -um	mute
말많은	garrulus -a -um	garrulous
말많은	loquāx -acis	talkative
말벌	vespa -ae(f.)	wasp
말빗	strigilis -is(f.)	scraper
말살	coedes -is(f.)	strike out
말안장	ephippium -iī(n.)	saddle
말없는	taciturnus -a -um	silent
말없이	tacito	without speaking
말을 걸다	affor affārī	address
말을 걸다	appellō -āre	accost
말을 더듬는	balbus -a -um	stammering
말을 타다	equitō -āre	ride a horse
말하다	dicō -ere	say
말하다	eloquor -i	speak
말하다	for (irregular)	speak
말하다	inquam (irregular)	say
말하다	nūntiō -āre	announce
말하다	āiō	say

Vergil's Aeneid Vocabulary 367

한국어	라틴어	영어
맑은	clarus -a -um	clear
맑은	serenus -a -um	clear
맛	gustus -ūs(m.)	tasting
맛보다	sapiō -ere	taste
맛있는	suavis -is -e	nice
망각	obliviō -ōnis(f.)	oblivion
망명	exsilium -ī(n.)	exile
망치	malleus -ī(m.)	hammer
망하다	intereō (irregular)	perish
맞는	aptus -a –um	tied
맞은	congruēns -entis	corresponding
맡기다	commendō -āre	entrust
맡기다	mandō -āre	entrust
맡다	suscipiō -ere	undertake
매	accipiter -tris(m.)	hawk
매	ardea -ae(f.)	heron
매	flagellum -ī(n.)	whip
매	flagrum -ī(n.)	whip
매국노	parricīda -ae(m.)	parricide
매국죄	parricīdium -ī(n.)	parricide
매년	in anno	every year
매년	quotannīs	every year
매다	vinciō -īre	bind
매달다	pendeō -ēre	hang
매달리다	haereō -ēre	cling
매달리다	inhaereō -ēre	cling to
매미	cicāda -ae(f.)	cicada
매복	insidiae -arum(f.pl.)	ambush
매우	admodum	very
매우	valde	very
매우 가까운	citimus -a -um	nearest
매우 오랫동안	perdiu	for a very long time

한국어	라틴어	영어
매우 자주	persaepe	very often
매우 자주	crebro	often
매우 힘이 있다	praevaleō -ēre	be very powerful
매운	acer -cra -crum	sharp
매운	austērus -a -um	austere
매월	singulis mensibus	every month
매일	diem de diē	day after day
매일	diem ex diē	from day to day
매일	in diēs	everyday
매일	quotīdiē	daily
매일의	quotidianus -a -um	daily
매장	humātiō -ōnis(f.)	burial
매장	sepultūra -ae(f.)	burial
매장하다	humō -āre	bury
매장하다	sepeliō -īre	bury
매질 당하다	vapulō -āre	be flogged
매표소	tabellarum portula	ticket office
매형	levir -iri(m.)	brother-in-law
매혹하다	delectō -āre	charm
맥주	zythum -ī(n.)	beer
맨밑에 있는	infimus -a -um	lowest
맹렬한	furiōsus -a -um	furious
맹렬히	violente	fiercely
맹렬히 떨어지다	ruō -ere	fall violently
맹목적인	coecus -a -um	unconditional
맹세	iusiurandum -ī(n.)	oath
맹세를 서약하다	devoveō -ēre	vow
맹세를 하다	voveō -ēre	vow
맹세하다	coniurō -āre	swear
맹세하다	iurō -āre	swear
맹약	foedus -eris(n.)	treaty
맹인	caecus -ī(m.)	blind

한국어	라틴어	영어
머리	caput *-itis(n.)*	head
머리	caput *capitis(n.)*	head capital
머리카락	coma *–ae(f.)*	hair
머리카락	crīnis *-is(m.)*	hair
머리털	capillus *-ī(m.)*	hair
머무르다	maneō *-ēre*	stay
머무르다	remaneō *-ēre*	stay
먹	ātrāmentum *-ī(n.)*	ink
먹다	dēvorō *-āre*	eat
먹다	edō *(irregular)*	eat
먹어치우다	comedō *-esse*	eat up
먹이를 주다	pascō *-ere*	feed
먹이를 주다	vescor *-ere*	feed
먼	longinquus *–a –um*	long
먼	remōtus *-a -um*	far off
먼저	prius	before
멀리	longe	faraway
멀리	procul	faraway
멀리 떨어진	ulterior *-or -us*	farther
멀리 있는	longinquus *–a -um*	long
멀리 있다	distō *-āre*	be distant
멀리서	eminus	from a distance
멀미	nausea *-ae(f.)*	seasickness
멀어진	remotus *-a -um*	distant
멈추다	desinō *-ere*	stop
멈추다	desistō *-ere*	stop
멈춰 서다	consistō *-ere*	pause
멍에	iugum *-ī(n.)*	yoke
멍청한	stultus *-a -um*	foolish
멍청해지다	desipiō *-ere*	be stupid
메뚜기	lōcusta *-ae(f.)*	locust
메추라기	coturnīx *-īcis(f.)*	quail

한국어	라틴어	영어
며느리	nurus -ūs(f.)	daughter-in-law
면도	novācula -ae(f.)	razer
면목 없는	turpis -e	disgraceful
면밀히 조사하다	scrutor -āri	probe into
면사	vellutum -ī(n.)	cotton yarn
면적	superficies -ei(f.)	area
면제	exemptiō -ōnis(f.)	exemption
면직	xylinum -ī(n.)	cotton fabric
면직 공업	textrina xylina	cotton industry
명단	elenchus -ī(m.)	list
명령	dēcrētum -ī(n.)	to grow less
명령	imperium -ī(n.)	commanding
명령	praeceptum -ī(n.)	instruction
명령하다	imperitō -āre	command
명령하다	iubeō -ēre	order
명망하다	depereō (irregular)	perish
명명하다	appellō -āre	name
명명하다	nominō -āre	name
명반	alumen -inis(n.)	alum
명백하게	explanate	clearly
명백하게	planē	clearly
명백한	manifestus -a -um	clear
명백히	manifesto	undeniably
명상	meditatiō -ōnis(f.)	meditation
명성	fāma -ae(f.)	reputation
명수	bellua -ae(f.)	beast
명예	fama -ae(f.)	fame
명예	honor -ōris(m.)	honor
명예를 주다	honorō -āre	honor
명확히 가르치다	edoceō -ēre	teach clearly
명확히 듣다	exaudiō -īre	hear clearly
몇 번이나	totiēs	so many times

한국어	라틴어	영어
모과나무	mespilus -ī(f.)	Chinese quince
모기	culex -icis(m.)	gnat
모독	blasphemia -ae(f.)	blasphemy
모독	sacrilegium -ī(n.)	sacrilege
모두	omnis -e	all
모든	cuncti -ae -a	all
모란	poeonia -ae(f.)	peony
모레	perendiē	the day after tomorrow
모루	incūs -udis(f.)	forged
모르는	ignōtus -a -um	unnoticed
모르는	inarus -a -um	unknown
모르는	incognitus -a -um	unrecognized
모르는	īnscius -a -um	ignorant
모르다	ignorō -āre	not know
모를 만한	ignobilis -is -e	unknown
모반자	prōditor -ōris(m.)	betrayer
모범	exemplum -ī(n.)	example
모스크바	Moscovia	Moskva
모시	līnum -ī(n.)	flax
모양 없이	incompte	dishelved
모욕	contemptus -us(m.)	insult
모욕	contumelĭa -ae(f.)	mistreatment
모욕	iniuria -ae(f.)	insult
모욕	iniūria -ae(f.)	unjust
모욕적으로	iniuria	insultingly
모욕적으로	iniuriose	insultingly
모으다	componō -ere	put together
모으다	comportō -āre	collect
모이다	conducō -ere	assemble
모이다	congredior -i	assemble
모자	petasus -ī(m.)	hat
모퉁이	angulus -ī(m.)	corner

한국어	라틴어	영어
모퉁이각	angulus -ī(m.)	angle
모필	pēnicillus -ī(m.)	brush
모호한	abstrūsus -a -um	abstruse
목	cervīx -icis(f.)	neck
목	collum -ī(n.)	neck
목걸이	torquēs -is(m.)	necklace
목공	faber lignarius	carpenter
목록	inventarium -ī(n.)	list
목사	antistēs -itis(m.)	high-priest
목소리	vōx vicis(f.)	voice
목욕	ablutio -ōnis	ablution
목욕탕	balneae -arum(f.pl.)	bath tub
목욕탕	balnearia -orum(n.pl.)	bath tub
목욕탕 주인	balneator -ōris(m.)	bathhouse owner
목이 마르다	sitiō -īre	be thirsty
목자	pāstor -ōris(m.)	shepherd
목장	baculus -ī(m.)	pasture
목장	prātum -ī(n.)	meadow
목장	pāscua -orum(n.pl.)	pasture
목전의	praesēns -entis	face to face
목초	pābulum -ī(n.)	grass
몰고 들어오다	pangō -ere	drive in
몰래	clam	secretly
몰래	furtive	secretly
몰래	occulte	secretly
몰수하다	publicō -āre	confiscate
몰인정하게	inhumane	inhumanely
몸	corpus -ōris(n.)	body
몸통	gruncus -ī(m.)	body
몹시	appido	very
몹시 놀라다	obstipescō -ere	be astounded
몹시 싫어하다	abōminor -ārī	abominate

Vergil's Aeneid Vocabulary 373

한국어	라틴어	영어
못	palūs -udis(f.)	swamp
못	stāgnum -ī(n.)	lake
못가게 붙들다	retardō -āre	detain
못미처	citra	be short of
몽고	Tartaria	Mongol
몽고인	Tartari -orum(m.pl.)	Mongolian
묘	sepulcrum -ī(n.)	grave
묘소	limina -um(n.pl.)	graveyard
묘지	agger -eris(m.)	mound
묘지	coemeterium -ī(n.)	grave
묘지	tumulus -ī(m.)	mound
무	nāpus -ī(m.)	turnip
무거운	gravis -is -e	heavy
무게	pondus -eris(n.)	weight
무게를 달다	pendō -ere	weigh
무관심	acedia –ae(f.)	indifference
무기	arma -ōrum(n.pl.)	armor
무기를 갖추다	armō -āre	arm
무너뜨리다	afflīgō -ere	ruin
무너뜨리다	destruō -ere	tear down
무능한	iners -tis	incompetent
무대	scena –ae(f.)	stage
무대	theātrum -ī(n.)	theater
무더기로	acervātim	in heaps
무덤	sepulcrum -ī(n.)	grave
무덤	tumulus -ī(m.)	mound
무두질 직공	coriarius -ī(m.)	grinder
무딘	hebes -etis	dull
무례	impudentia -ae(f.)	impoliteness
무례한	imprūdēns -entis	inconsiderate
무례한	inurbānus -a -um	impolite
무료로	gratis	free charge

한국어	라틴어	영어
무릎	genū -ūs(n.)	knee
무리	grex gregis(m.)	flock
무리지어	gregātim	in flocks
무보수로	gratis	without payment
무서움	timor -ōris(m.)	fear
무서워하게 하다	terreō -ēre	frighten
무서워하다	timeō -ēre	fear
무수히	frequenter	in large numbers
무수히	numerose	numerously
무식	ignoratiō -ōnis(f.)	ignorance
무식한	indoctus -a -um	ignorant
무식한	inūtilis -is -e	ignorant
무식한	rudis -is -e	ignorant
무신론	atheismus -ī(m.)	atheism
무엇	quid cuius	what
무연화약	pulvis sulfureus sine fumo	non-smoking gunpowder
무염치	impudentia -ae(f.)	shamelessness
무용	saltatiō -ōnis(f.)	dance
무용수	saltator -ōris(m.)	dancer
무용한	inūsitātus -a -um	useless
무자격	inhabilitās -atis(f.)	inability
무자격	irregularitās -atis(f.)	irregularity
무정하게	inhumane	inhumanely
무정하게	inhumaniter	inhumanely
무정한	inclēmēns -entis	unmerciful
무죄	inocentia -ae(f.)	innocence
무죄자	insons insontis(m.)	guiltless person
무죄한	innocuus -a -um	innocent
무지	ignorantia -ae(f.)	ignorance
무한한	immensus -a -um	immense
무한한	infinitus -a -um	infinite
무한히	maxim	boundlessly

한국어	라틴어	영어
무해한	innocuus -a -um	harmless
무화과나무	ficus -ī(f.)	fig tree
무효	invaldiditas -atis(f.)	invalify
무효	irritatiō -ōnis(f.)	invalid
무효	nullitias -atis(f.)	unavailing inefficacious
묵묵한	taciturnus -a -um	taciturn
묵묵히	tacite	quietly
묵상	meditatiō -ōnis(f.)	meditation
묶다	liceō -ēre	bind
문	fores -ium(f.pl.)	door
문	ianua -ae(f.)	door
문	ostium -ī(n.)	gate
문서	documentum -ī(n.)	document
문서	scriptura -ae(f.)	scripture
문서고	archivum -ī(m.)	archives
문제	quaestriō -ōnis(f.)	question
문지기	ianitor -ōris(m.)	gatekeeper
문지르다	radō -ere	scrape
문지방	limen -īnis(n.)	threshold
문지방	limes -ītis(m.)	threshold
묻다	defodiō -ere	bury
묻다	inquirō -ere	ask
묻다	interrogō -āre	ask
묻다	quaesō -āre	ask
묻다	rogō -āre	ask
묻다	rotō -āre	ask
묻다	sciscitor -āri	inquire
묻다	sepeliō -īre	bury
물	aqua -ae(f.)	water
물 표면	aequor -is(n.)	water surface
물 항아리	amphora -ae(f.)	pitcher
물감	color -oris(m.)	paint

한국어	라틴어	영어
물결	fluctus -us(m.)	wave
물결	unda -ae(f.)	wave
물고기	piscis -is(m.)	fish
물다	mordeō -ēre	bite
물러나다	decedō -ere	withdraw
물론	utique	anyhow
물리치다	repellō -ere	drive back
물망초	hemerocalles -is(n.)	forget-me-not
물병	aqualis -is(m.)	water basin
물병	hydria -ae(f.)	water pot
물어보다	rogō -āre	ask
물에 담그다	demergō -ere	submerge
물오리	querquedula -ae(f.)	wild duck
물을 주다	rigō -āre	water
물을 주다	spectō -āre	watch
물주전자	amphora -ae(f.)	jug
물총새	alcedo -inis(f.)	kingfisher
미구(未久)에	brevī	shortly
미구(未久)에	mox	next
미국	America -ae	America
미끄러져 넘어지다	delabor -i	slip down
미끄러지다	labor -i	slip
미래에	in futūrum	for the future
미련	stultitia -ae(f.)	folly
미련한	ineptus -a -um	foolish
미련한	stultus -a -um	foolish
미련한	īnsipiēns -entis	foolish
미리 언급하다	praedicō -ere	mention beforehand
미사	Missa -ae(f.)	mass
미사 경본	liber missalis (m.)	missal
미사 경본	massale -is(n.)	missal
미성년자	minor -ōris(m.)	minor

한국어	라틴어	영어
미성숙한	immātūrus -a -um	immature
미소한	exiguus -a -um	small
미술가	artifex -īcis(m.)	artist
미운	odiōsus -a -um	odious
미적 예술	elegantiora artificia	art
미정이다	iaceō -ēre	be in abeyance
미지의	inarus -a -um	unknown
미천한	ignōtus -a -um	low-born
미쳐 날뛰는	furiōsus -a -um	furious
미치도록	furiose	madly
미친	demēns -entis	demented
미터	metrum -ī(n.)	meter
미풍	aura -ae(f.)	breeze
민족	natiō -ōnis(f.)	race
민첩한	rapidus -a -um	swift
믿다	credō -ere	believe
믿다	credō -ere[+dat.]	believe
믿다	fidō -ere	trust
믿을 수 없는	incrēdibilis -is -e	incredible
믿을만한	crēdibilis -is -e	trustworthy
밀	frumentum -ī(n.)	grain
밀	triticum -ī(n.)	grain
밀고 나가다	urgeō -ēre	push forward
밀기울	apluda -ae(f.)	bran
밀라노	Mediolanum	Milano
밀리그램	milligramma -atis(n.)	miligram
밀리미터	millimetrum -ī(n.)	milimeter
밀접한	intimus -a -um	intimate
밀집하여	confertim	shoulder to shoulder
밀초(蜜)	cereus -ī(m.)	beeswax candle
밀치	postilena -ae(f.)	strap
밀크커피	cafaeum cum lacte	milk coffee

한국어	라틴어	영어
밀통	proditiō -ī(f.)	adultery
밀통자	proditor -ōris(m.)	adulterer
밑에 놓다	subiciō -ere	put under
밑에 눕다	subiaceō -ēre	lie under
밑으로 누르다	deprimō -ere	press down
밑으로 옮기다	deportō -āre	carry down

바

한국어	라틴어	영어
바구니	corbis -īs(f.)	basket
바구니	sporta -ae(f.)	basket
바깥으로	forīs	abroad
바꾸다	commutō -āre	change
바꾸다	mutō -āre	change
바꾸다	vergō -ere	turn
바꾸다	vertō -ere	turn
바꾸어 타다	transmittō -ere	transfer
바나나	ariena -ae(f.)	banana
바늘(대)	subula -ae(f.)	garlic
바다	mare -īs(n.)	sea
바다	pelagus -ī(m.)	sea
바다	pontus -ī(m.)	sea
바라는 만큼	ex sententia	as one wants
바라다	concupiscō -ere	desire
바라다	cupiō -ere	desire
바라다	desiderō -āre	desire
바라다	optō -āre	wish for
바람	ventus -ī(m.)	wind
바로	e regione	straight
바로	prōrsus	straight
바로	recte	right away
바르샤바	Varsovia	Warszawa

Vergil's Aeneid Vocabulary 379

한국어	라틴어	영어
바르셀로나	Barcino	Barcelona
바른	directus *-a -um*	righteous
바른	rectus *-a -um*	correct
바보의	stultus *-a -um*	foolish
바쁘게	festinanter	busily
바쁘게 하다	fungor *(irregular)*	busy oneself
바쁘다	satagō *-ere*	be busy
바쁜	festinus *-a -um*	busy
바쁜	properus *-a -um*	busy
바위	rupes *-īs(f.)*	rock
바이킹족	Danus *-ī(m.)*	Dane Viking
바지	femoralia *-ium(n.pl.)*	pants
바치다	sacrv *-āre*	consecrate
바퀴	rota *-ae(f.)*	wheel
박공	fastigium *-ī(n.)*	gable
박사	doctor *-oris(m.)*	doctor
박수갈채	clāmor *-ōris*	acclamation
박수를 치다	plaudō *-ere*	clap
박식한	doctus *-a -um*	skilled
박정(薄情)하게	inhumaniter	mercilessly
박쥐	vespertilio *-ōnis(m.)*	bat
박차	calcar *-aris(n.)*	spur
박학한	doctus *-a -um*	learned
밖에	extrinsecus	outside
밖에	foris	outside
밖으로	extrinsecus	to the outside
밖으로	foris	to the outside
밖을 쳐다보다	prospiciō *-ere*	look out
밖의	exterior *-or -us*	exterior
반감	fastidium *-ī(n.)*	disgust
반경	semidiametros *-ī(f.)*	radius
반대로	contrāriē	in opposite directions

한국어	라틴어	영어
반대편에	contrā	in opposition
반대하다	obsum *(irregular)*	be against
반도	peninsula *-ae(f.)*	peninsula
반복하다	iterō *-āre*	repeat
반석	lapis *-idis(m.)*	milestone
반시간	semi-hora	thirty minutes
반역	proditiō *-ī(f.)*	treason
반영하다	cōgitō *-āre*	reflect
반죽하다	depsō *-ere*	knead
반항하여	gravatim	rebelliously
반환하다	redeō *(irregular)*	return
반환하다	regredior *-i*	return
받다	accipiō *-ere*	receive
받다	sufferō *(irregular)*	undergo
받아들이다	accipiō *-ere*	accept
받을 가치가 있다	emereō *-ēre*	deserve
받을 가치가 있다	mereō *-ēre*	deserve
발광	furor *-ōris(m.)*	fury
발광	stultitia *-ae(f.)*	insanity
발꿈치	calx calcis *(f.)*	heel
발동기	motorium *-ī(n.)*	motor
발명하다	machinor *-āri*	devise
발버둥치다	certō *-āre*	struggle
발산하다	diffundō *-ere*	diffuse
발생하다	accidō *-ere*	happen
발송하다	emittō *-ere*	send out
발전기	machina dynamo-electrica	generator
발판	scabellum *-ī(n.)*	footing
발표	ostentus *-us(m.)*	presentation
발하다	radiō *-āre*	radiate
발현	apparitiō *-ōnis(f.)*	revelation
밝게 하다	illuminō *-āre*	light up

한국어	라틴어	영어
밝은	clarus *-a -um*	bright
밝은	clarus *-a -um*	bright
밝히다	denuntiō *-āre*	declare
밝히다	detegō *-ere*	uncover
밝히다	indicō *-ere*	declare
밤	nox *noctis(f.)*	night
밤나무	castanea *-ae(f.)*	chestnut tree
밤낮으로	die et nocte	day and night
밤낮으로	die noctuque	day and night
밤낮으로	nocte dieque	day and night
밤낮으로	noctu diuque	day and night
밤샘	excubiae *-arum(f.pl.)*	watching over night
밤에	noctū	at night
밤의	nocturnus *-a -um*	of night
밥	oryza *-ae(f.)*	rice
밧줄	funis *-is(m.)*	rope
방	cella *-ae(f.)*	cell room
방귀를 끼다	pedō *-ere*	break wind
방랑하다	vagor *-āri*	wander
방바닥	pavimentum *-ī(n.)*	floor
방송하다	vulgō *-āre*	broadcast
방어	defensiō *-onis(f.)*	defense
방어하다	defendō *-ere*	defend
방어하다	intercludō *-ere*	block
방울	tintinnabulum *-ī(n.)*	bell
방울(작은)	campanula *-ae(f.)*	small bell
방정식	qeauatiō *-ōnis(f.)*	equation
방종스럽게	licenter	riotous
방종한	libīdinōsus *-a -um*	arbitrary
방직공	xylinorum textor	textile manufacturer
방패	clipeus *-ī(m.)*	shield
방패	scutum *-ī(n.)*	shield

한국어	라틴어	영어
방해하다	impediō -īre	hinder
방해하다	intermittō -ere	interrupt
방해하다	interponō -ere	interrupt
방해하다	prohibeō -ēre	hinder
방해하다	tardō -āre	impede
방향을 전환하다	convertō -ere	turn around
밭	ager agrī(m.)	field
밭	campus -ī(m.)	plain
밭고랑	sulcus -ī(m.)	furrow
배	pirum -ī(n.)	pear
배	venter -tris(m.)	stomach
배(船)	navis -īs(f.)	ship
배(작은)	alve -ī(m.)	small boat
배(작은)	linter –tris(m.)	small boat
배(작은)	navicula -ae(f.)	small boat
배(작은)	scapha -ae(f.)	small boat
배게	cervical -alis(n.)	pillow
배고프다	esuriō -īre	be hungry
배고픔	fam -īs(f.)	hunger
배교	apostasia -ae(f.)	apostasy
배교자	apostata -ae(m.)	apostate
배급하다	dispensō -āre	distribute
배나무	piru -ī(f.)	pear tree
배반하다	prodō -ere	betray
배반하다	tradō -ere	betray
배부름	satietās -atis(f.)	satiety
배상	indemnitās -atis(f.)	Indemnity
배수하다	hauriō -īre	drain
배신하는	perfidus -a -um	infidel
배심관	assessor -ōnis(m.)	jury
배우다	comperiō -īre	learn
배우다	discō -ere	learn

한국어	라틴어	영어
배우다	noscō -ere	learn
배우자	coniux -ugis(m.)	mate
배은 망덕한	ingrātus -a -um	unpleasant
배추	brassica -ae(f.)	cabbage
백(100)	centum	one hundred
백련	lotus -ī(m.)	lotus
백만(1,000,000)	deciēns centēna mīlia	one million
백묵	creta -ae(f.)	chalk
백부장	centurio -ōnis(m.)	centurion
백색의	candidu -a -um	white
백성	populus -ī(m.)	populace
백십(110)	centum decem	one hundred and ten
백연	cerussa -ae(f.)	white lead
백조	cycnus -ī(m.)	swan
백합화	lilium -ī(n.)	lilly
백화점	receptaculum novitatum	department store
뱀	anguis -īs(m.f.)	snake
뱀	serpens -entis(m.)	serpent
뱃사람	nauta -ae(m.)	sailor
버드나무	salix -īcis(f.)	willow-tree
버려둔	desertus -a -um	deserted
버리다	abiciō -ere	throw away
버리다	derelinquō -ere	abandon
버리다	desolō -āre	abandon
버섯	fungus -ī(n.)	mushroom
버클	fibula -ae(f.)	joint
버터	butyrum -ī(n.)	butter
번개	fulgur -uris(n.)	lightning
번개	fulmen -īnis(n.)	lighting
번영하다	proveniō -īre	prosper
번쩍이는	fulgens -entis	flashing
번창하다	vegeō -ēre	thrive

한국어	라틴어	영어
번호	numerus -ī(m.)	number
벌	apis -is	bee
벌	poena -ae(f.)	punishment
벌금	mulcta -ae(f.)	fine
벌금	multa pecuniaria	penalty
벌벌 떨다	tremō -ere	tremble
벌써	iam	already
벌써	iamiam	already
벌써 전에	iamdiu	previously
벌써부터	dūdum	just now
벌써부터	iamdudum	long ago
벌써부터	iampridem	already
벌써부터	prīdem	formerly
벌을 주다	puniō -īre	punish
범	velum -ī(n.)	sail
범법자	delinquens -entis(m.)	convicted
범상한	vulgāris -is -e	general
범선	navis promota ventis	sailing boat
범의	dolus -ī(m.)	ill-intended
범죄	crimen -inis(n.)	charge crime
범죄	crimen -īnis(n.)	crime
범죄	delictum -ī(n.)	crime
법	ius iuris(n.)	law
법	lex legis(f.)	law
법대로	rite	by law
법령	populiscitum -ī(n.)	statute
법률	ius iuris(n.)	law
법률	lex legis(f.)	law
법무장관	tribunalis civilis praeses	minister of justice
법정	forum -ī(n.)	court
법정대리	curatela -ae(f.)	legal representative
벗어나다	elabor -i	slip out

한국어	라틴어	영어
벙어리	mutus -ī(m.)	mute
벙어리의	mutus -a -um	mute
베니스	Venetiae	Venice
베를린	Berolinum	Berline
베어 넘어뜨리다	decidō -ere	cut off
벨기에	Belgium	Belgium
벨기에인	Belgae -arum(m.pl.)	Belgian
벼룩	pulex -īcis(f.)	flea
벽	paries -etis(m.)	wall
벽돌	later –eris(m.)	brick
변경할 만한	mutābilis -is -e	fickle
변론	discussiō -ōnis(f.)	discussion
변장하다	praetexō -ere	disguise
변질되게 하다	corrumpō -ere	break up
변하게 하다	variō -āre	vary
변하기 쉬운	mutābilis -is -e	changeable
변하지 않는	immūtablis -is -e	immutable
변함없는	constans -antis	constant
변함없이	assidue	faithfully
변호사	patronus -ī(m.)	lawyer
변호인	advocatus -ī(m.)	attorney
별	astrum -ī(n.)	star
별개로	sēparate	apart
별장	villa -ae(f.)	villa
별장 관리인	villicus -ī(m.)	estate manager
볏짚	palea -ae(f.)	straw
병	infirmitās -atis(f.)	disease
병	morbus -ī(m.)	disease
병(술)	latena –ae(f.)	bottle
병기 공장	armorum fabrica	arsenal
병기 제조인	armifactor -ōris(m.)	weapon manufacturer
병기창고	armamentarium -ī(n.)	amory

한국어	라틴어	영어
병사	miles -ītis(m.)	soldier
병사	militia -ae(f.)	soldier
병역	militia -ae(f.)	military service
병자	infirmus -ī(m.)	patient
병참관	annonae curator	supervisor
병폐	vitium -ī(n.)	defect
병환	aegrotatiō -ōnis(f.)	afflicted
보고하다	afferō -erre	report
보고하다	enuntiō -āre	report
보고하다	renuntiō -āre	report
보고하다	reportō -āre	bring back
보내다	mittō -ere	send
보다	conspiciō -ere	see
보다	intueor -ēri	look at
보다	tueor -ēri	watch
보다	videō -ēre	see
보다	visō -ere	look at
보다 낫다	superō -āre	surpass
보답하다	rependō -ere	repay
보따리 장사	cap sarcinaria(f.)	packman
보름달	luna plena	full moon
보름스	Wormatia	Worms
보리	hordeum -ī(n.)	barley
보리 이삭	arista -ae(f.)	ear of barley
보물	thesaurus -ī(m.)	treasure
보배로운	pretiōsus -a -um	valuable
보병	pedes -ītis(m.)	foot soldier
보병대	cohors -ortis(f.)	infantry
보병대	pedestres copiae	infantry
보병대(100명)	centuria -a(f.)	infantry(100 soldiers)
보병부대	peditatus -ūs(m.)	infantry
보복하다	ulciscor -i	avenge

한국어	라틴어	영어
보살피다	cūrō -āre	care for
보석	gemma -ae(f.)	gem
보수	emolumentum -ī(n.)	remuneration
보여주다	dēmonstrō -āre	show
보여주다	monstrō -āre	show
보여주다	osculor -āri	show
보여주다	proponō -ere	display
보이지 않는	invīsus -a -um	unseen
보조의	adiunctus -a -um	accessory
보조자	assistens -entis(m.)	assistant
보존	asservatiō -ōnis(f.)	preservation
보존	custodia -ae(f.)	preservation
보존하다	conservō -āre	save
보증	fideiussiō -ōnis(f.)	guarantee
보증	vadimonium -ī(n.)	gurantee
보증서다	por aliquo spondēre vouch	guarantee
보증인	sponsor -ōris(m.)	guarantor
보충하다	repleō -ēre	refill
보통	generātim	in general
보통	vulgō	generally
보통으로	generāliter	in general
보통의	ūsitātus -a -um	usual
보트	cymba -ae(f.)	boat
보행	gradus -ūs(m.)	walk
보험금	assecuratiō -ōnis(f.)	insurance money
보호자	custos -dis(m.f.)	guardian
보호하다	arceō -ēre	protect
보호하다	protegō -ere	shield
복되게	feliciter	happily
복된	beātus -a -um	wealthy
복리	anatocismus -ī(m.)	compound interest
복병	insidiae -arum(f.pl.)	ambush

한국어	라틴어	영어
복사하다	exscrībō -ere	copy
복사하다	imitor -ārī	copy
복숭아	persicum -ī(n.)	peach
복숭아나무	persicus -ī(f.)	peach tree
복음	evangelium -ī(n.)	evangelion
복음화	evangelizatiō -ōnis(f.)	evagelization
복잡하게	turbate	make ~ complex
복장	habitus -us(m.)	clothes
복제하다	imitor -ārī	copy
복종	oboedientia -ae(f.)	obedience
복종하는	servus -a -um	servant
복종하다	oboediō -īre	obey
본당 신부	parochus -ī(m.)	commissary
본당 신부	vicarius -ī(m.)	commissary
본분	munia -ium(n.pl.)	duty
본성	natura -ae(f.)	nature
본전	sors -sortis(m.)	lot
볼록면	superficies convexa	convex plane
볼모	obses -ĭdis(m.)	hostage
봄	ver veris(n.)	spring
봄	vēr -ēris	spring
부(유)한	prodigus -a -um	rich
부과	irrogatiō -onis(f.)	impose
부과하다	imponō -ere	impose
부국(父國)	patria -ae(f.)	fatherland
부끄러워지다	pudeō -ēre	it causes shame
부당하게	iniuria	unjustly
부도덕한	pravus -a -um	immoral
부동(不同)의	inaequālis -is -e	unequal
부둥켜안다	complector -ctī	embrace
부드러운	tener -era -erum	soft
부드러운	mollis -īs -e	soft

한국어	라틴어	영어
부드럽게 하다	leniō -īre	soften
부드럽게 하다	maceō -āre	soften
부드럽게 하다	molliō -īre	soften
부르다	vocv -āre	call
부리	rostrum -ī(n.)	beak
부모	parentes -um(m.pl.)	parents
부모	parēns -ntis	parent(s)
부백부장	subcenturio maior	centurion
부부	coniunx -gis(m.f.)	husband; wife
부부	coniux -ugis(m.)	married couple
부분적으로	minutatim	partly
부분적으로	particulatim	partially
부분적으로	partim	partly
부삽(불의)	rutabulum -ī(n.)	fire shovel
부상 입히다	vulnerō -āre	wound
부속의	adiunctus -a, -um	accessory
부수고 들어가다	irrumpō -ere	break in
부수다	afflīgō -ere	strike
부수다	confringō -ere	break
부수적인 것	affinis -is	accessory
부싯돌	silex -īcis(m.)	flint
부엌	culina –ae(f.)	kitchen
부엌	culina –ae(f.)	kitchen
부용	hibiscus mutabilis	hibiscus
부유	facultates -um(f.pl.)	affluent
부유	opulentia -ae(f.)	affluent
부유하게	abunde	richly
부유하게 하다	ditv -āre	enrich
부유한	dives -itis	rich
부유한	opulens -entis	rich
부유한	refertus -a -um	rich
부인	mulier -eris(f.)	wife

한국어	라틴어	영어
부자들	divitiae -arum(f.pl.)	riches
부재	absentia -ae(f.)	absent
부재중이다	absum –esse	be away
부적당한	incongruens -entis	noneffective
부적당한	ineptus -a -um	unsuitable
부정	contumelia -ae(f.)	injustice
부정	iniuria –ae(f.)	injustice
부정직한	improbus -a -um	dishonest
부정하다	abnuō -ere	uncertain
부정하다	negō -āre	deny
부정한	iniustus -a -um	unfaithful
부제	diaconus -ī(m.)	deacon
부조화	discordia -ae	disharmony
부족	tribus -ūs(f.)	tribe
부족하다	egeō -ēre	be in need
부주의	inadvertencia -ae(f.)	inadvertence
부주의한	incautus -a -um	inconsiderate
부주의한	negligens -entis	careless
부지런한	dīligēns -entis	industrious
부지런한	impiger -gra -grum	diligent
부채	aes alienum	debt
부채	flabellum -ī(n.)	fan
부채(負債)	debitum -ī(n.)	debt
부천부장	chiliarchus	minor battalion commander
부패하게	corrupte	corruptly
부패한	pravus -a -um	decayed
부풀게 하다	inflō -āre	inflate
부풀다	tumeō -ēre	swell
부함장	navis classiariae	minor commander
부호	nota -ae(f.)	sign
북	septentrio -onis(m.)	north
북	tympanum -ī(n.)	drum

한국어	라틴어	영어
북경	Pekinum	Beijing
북극	polu boreus	north pole
북풍	aquilo -ōnis(f.)	north wind
분	minuta -ae(f.)	minute
분노	indignatiō -ōnis(f.)	anger
분노	ira -ae(f.)	wrath
분리하다	carpō -ere	pluck
분명하게	articulātim	piecemeal
분명하게	explanate	obviously
분명히 아는	cōnscius -a -um	aware
분배	distributiō -ōnis(f.)	division
분배하다	distribuō -ere	distribute
분별력	discretiō -ōnis(f.)	discreet
분쇄하다	proterō -ere	crush
분수(分數)	numeri pars	fraction
분할	divisiō -onis(f.)	division
불	ignis -is(m.)	fire
불	ignis -īs(m.)	fire
불결한	immundus -a -um	dirty
불결한	maculatus -a -um	filth
불경한	impius -a -um	impious
불공존	incompatibilitas -atis(f.)	incompatibility
불길한	infortunatus -a -um	unfortunate
불면	insomnium -ī(n.)	insomnia
불면	vigilia -ae(f.)	insomnia
불멸하는	immortālis -is -e	immortal
불명예	infamia -ae(f.)	dishonor
불명예스러운	turpis -e	disgraceful
불목	discordia -ae(f.)	discordant
불목의	disconcors -cordis	disagreeable
불미스런	indecorus -a -um	disreputable
불분명한	incertus -a -um	vague

한국어	라틴어	영어
불붙은 마른 가지	cremia ignifera	flamed branch
불순한	adversus -a -um	hostile
불순한	inclēmēns -entis	harsh
불순한	indocilis -is -e	impure
불시의	insolitus -a -um	inexperienced
불신의	perfidus -a -um	dishonest
불쌍하게	misere	pitifully
불쌍한	miser -era -erum	pitiful
불안	metus -ūs(m.)	fear
불안정한	instabilis -is -e	unstable
불안정한	mōbilis -is -e	nimble
불안한	inquiētus -a -um	unsettled
불을 끄다	restinguō -ere	extinguish
불을 붙이다	incendō -ere	set on fire
불을 지피다	succendō -ere	set on fire
불의의	iniustus -a -um	incidental
불의하게	iniuriose	wrongfully
불쾌한	iniūcundus -a -um	unpleasant
불쾌해 하다	displiceō -ēre	displease
불타는	ardens —entis	burning
불편	incommodum -ī(n.)	inconvenience
불편한	importunus -a -um	inconvenient
불편한	incommodus -a -um	inconvenient
불편한 마음으로	gravate	uncomfortably
불평하다	queror -i	complain
불합당한	importunus -a -um	unsuitable
불행	casus -ūs(m.)	misfortune
불행	Infelicitās -atis(f.)	misfortune
불행	miseriae -arum(f.pl.)	misfortune
불행한	infortunatus -a -um	unfortunate
불행한	infēlīx -īcis	unhappy
불화	dissensiō -ōnis(f.)	quarrel

한국어	라틴어	영어
불화의	disconcors -cordis	discordant
불효한	Impius -a -um	impious
붉다	rubeō -ēre	be red
붉어지다	rubescō -ēre	blush
붉은	ruber -bra -brum	red
붓다	fundō -ere	pour
붓다	infundō -ere	pour in
붓대	calamus -ī(m.)	brush handle
붕괴하다	concidō -ere	collapse
붕괴하다	corruō -ere	collapse
붙들다	detineō -ēre	detain
붙이다	figō -ere	attach
붙이다	iniungō -ere	attach
붙잡다	occupō -āre	seize
붙잡다	prehendō -ere	catch
브로치	fibula -ae(f.)	brooch
브뤼셀	Bruxellae	Brussels
비	pluvia -ae(f.)	rain
비겁	ignavia -ae(f.)	cowardly
비극	tragoedia -ae(f.)	tragedy
비난하다	condemnō -āre	condemn
비난하다	damnō -āre	condemn
비늘	squama -ae(f.)	scale
비단	bombycinum -ī(n.)	silk
비단 옷	bombycina -orum(n.pl.)	silk clothes
비단공	bombycinator -oris(m.)	silk weaver
비단공장	textrina sericaria	silk factory
비단장사	sericarius mercans	silk seller
비대한	corpulentus -a -um	corpulent
비대한	obesus -a -um	fat
비대한	pinguis -īs -e	fat
비둘기	columba -ae(f.)	pigeon

한국어	라틴어	영어
비명	clamor -is(m.)	shout cry
비명지르다	strideō -ēre	shriek
비밀스럽게	arcane	secretly
비밀스럽게	arcano	secretly
비밀스럽게	furtim	arcanely
비밀스럽게	furtive	secretly
비밀인	occultus -a -um	secret
비밀히	clanculo	secretly
비밀히	ex occulto	secretly
비밀히	occulte	secretly
비밀히	secreto	secretly
비방	calumnia -ae(f.)	defamation
비범한	eximius -a -um	exceptional
비비다	terō -ere	rub
비상한	incrēdibilis -is -e	incredible
비수	pugiō -ōnis(m.)	dagger
비수	sica -ae(f.)	dagger
비슷하게	perinde	in the same manner
비슷하게	similiter	similarly
비슷한	similis -is -e	similar
비어있다	vacō -āre	be empty
비엔나	Vienna	Vienna
비열한	contemptus -a -um	contemptible
비옥하지 않은	sterilis -is -e	sterile
비옥한	fēcundus -a -um	fertile
비용	expensa -ae(f.)	cost
비용	sumptus -ūs(m.)	cost
비종교적	profanus -a -um	unconsecrated
비천한	abjectus -a -um	low
비추다	illustrō -āre	illuminate
비추다	luceō -ēre	shine
비추다	splendeō -ēre	shine

한국어	라틴어	영어
비탄하다	defleō *-ēre*	weep bitterly
비틀거리다	titubō *-āre*	stagger
비틀다	convellō *-ere*	wrench
비틀다	depravō *-āre*	distort
비틀어 돌리다	torqueō *-ēre*	twist
비파	cithara *-ae(f.)*	lute
비행	aviatio *-ōnis(f.)*	flight
비행기	aeroplanum *-ī(m.)*	pilot
비행사	aeronauta *-ae(m.)*	pilot
비행사	aviator *-ōris(m.)*	pilot
비행장	palaestra aeronautica *(f.)*	airport
비행장	statio aeronautica *(f.)*	airport
비행정	aerium navigium *-ī(n.)*	flying boat
비행정	aerobaticum *-ī(n.)*	flying boat
빈	inanis *-īs –e*	empty
빈	vacuus *-a -um*	vacant
빈궁	egestās *-atis(f.)*	poverty
빈궁	paupertās *-atis(f.)*	poverty
빈궁한	egēns *-eris*	poor
빈궁한	pauper *-eris*	scanty
빈대	cimex *-īcis(m.)*	bed bug
빈둥거리다	cessō *-āre*	loiter
빈틈없는	exāctus *-a -um*	accurate
빈틈없이	accurrate	irreproachable
빗나가다	declinō *-āre*	deflect
빗장	pessulus *-ī(m.)*	bolt
빗장을 벗기다	reserō *-āre*	unbar
빗질하다	comō *-ere*	comb
빗질하다	pectō *-ere*	comb
빚	aes alienum	debt
빚이 있다	debeō *-ēre*	owe
빛	lumen *-īnis(n.)*	light

한국어	라틴어	영어
빛	lux *lucis(f.)*	light
빛나는	fulgens *-entis*	shining
빛나는	splendidus *-a -um*	shining
빛을 비추다	fulgeō *-ēre*	flash
빛을 비추다	niteō *-ēre*	shine
빠르게	celeriter	quickly
빠른	celer *-eris -ere*	fast
빠른	citus *-a –um*	quick
빠른	rapidus *-a -um*	fast
빠른	velox *-ocis*	fast
빠름	celeritās *-tātis*	fastness
빨다	sugō *-ere*	suck
빨리	cito	rapidly
빵	pānis *–is(m.)*	bread
빻다	condundō *-ere*	pound
빼다	recedō *-ere*	withdraw
빼다	subdūcō *-ere*	substract
빽빽하다	horreō *-ēre*	bristle
빽빽한	densus *-a -um*	dense
빽빽한	spissus *-a -um*	dense
뺄셈	deductiō *-ōnis(f.)*	substraction
뺨	genae *-arum(f.pl.)*	cheeks
뺨	tempora *-um(n.pl.)*	cheeks
뻐꾸기	cuculus *-ī(m.)*	cuckoo
뻗어 나가다	protendō *-ere*	stretch out
뻣뻣한	rigidus *-a -um*	rigid
뼈	os *ossis(n.)*	bone
뽕나무	morus *-ī(f.)*	black mulberry tree
뾰족하게	punctim	sharply
뿌리	redix *-īcis(f.)*	rot
뿌리까지	radicitus	utterly
뿌리째 뽑다	eruō *-ere*	uproot

한국어	라틴어	영어
뿐만	sōlum	only
뿐만 아니라 또	et... et	both... and
뿔	cornu -u(n.)	horn

사

한국어	라틴어	영어
사각형	quadratum -ī(n.)	rectangle
사각형의	quadratus -a -um	square
사과	malum -ī(m.)	apple
사과나무	malus -ī(f.)	apple tree
사과하다	ignoscō -ere	pardon
사기	dolus -ī(m.)	deceit
사기	fraus -audis(f.)	fraud
사기	fraus fraudis(f.)	fraud
사나운	ferus -a -um	fierce
사나운	ferōx - ōcis	ferocious
사냥하다	venor -ārī	hunt
사다리	scalae -arum(f.pl.)	ladder
사단장	semilegionis praefectus	divisional commander
사도	apostolus -ī(m.)	apostle
사도직	apostolatus -us(m.)	apolstleship
사라지다	evanescō -ere	vanish
사람	homo hominis(m.)	human
사람	vir viri(m.)	human
사람답게	humanitus	humanely
사랑	amor -īs(m.)	love
사랑	caritās -atis(f.)	love
사랑	pietās -atis(f.)	love
사랑스러운	amābilis -is -e	lovely
사랑스러운	cārus -a -um	dear
사랑스러운	grātus -a -um	pleasing

한국어	라틴어	영어
사랑스럽게	amanter	lovely
사랑하는	amicus -a -um	lovely
사랑하다	amō -āre	love
사랑하다	diligō -ere	love
사례비	honorarium -ī(n.)	honorarium
사로잡다	capiō -ere	capture
사망	mors -tis(f.)	death
사망	obitus -us(m.)	death
사명	missiō -onis(f.)	mission
사모	desiderium -ī(n.)	longing
사무처	cancellaria -ae(f.)	chancery
사무처장	cancellarius -ī(m.)	chancelor
사발	scutella -ae(f.)	saucer
사방	caeli regiones quatuor	everywhere
사방	mundi cardines	everywhere
사방에	passim	everywhere
사방에	ubivis	everywhere
사방에서	undique	from everywhere
사방으로	circumcirca	everywhere
사방으로	quaquaversum	to everywhere
사생활	intimitās -atis(f.)	private
사슬	catena -ae(f.)	chain
사슴	cervus -ī(m.)	deer
사슴(흰반점)	dama -a(f.)	fallow deer
사신	legatiō -ōnis(f.)	embassy
사실	vidēlicet	clearly
사십오(45)분	dodrans horae	45minutes
사악한	malignus -a -um	evil
사용치 않는	inūsitātus -a -um	useless
사용하다	usurpō -āre	make use of
사용하다	utor -i	use
사원	aedes -īs(f.)	temple

한국어	라틴어	영어
사원	templum -*ī(n.)*	temple
사위	gener -*eri(m.)*	son-in-law
사이	intervallum -*ī(n.)*	interval
사이에	apud[+acc.]	among
사자	leō -*nis(m.)*	lion
사절	legatiō -*ōnis(f.)*	embassy
사절	legatus -*ī(m.)*	embassy
사제	antistes -*ītis(m.)*	priest
사제	presbyter -*teri(m.)*	priest
사제	sacerdos -*ōtis(m.)*	priest
사제용 관모	biretum -*ī(n.)*	clergy hat
사죄	absolutiō -*onis(f.)*	pardon
사주하다	adiuvō -*āre*	abet
사진	photographia -*ae(f.)*	photo
사진	photopictura -*ae(f.)*	photo
사진 필름	bractea photographia	film
사진기	camera photographia	camera
사진기 렌즈	orbiculus photographicus	camera lense
사진사	photographus -*ī(m.)*	photographer
사진사	photopictor -*ōris(m.)*	photophragher
사진을 찍다	photopingō -*ēre*	take a picture
사촌형제들	consobrini -*orum(m.pl.)*	cousin
사치	luxus -*ūs(m.)*	luxury
사치스러운	luxuriōsus -*a -um*	luxuriant
사탕과자	dulcia -*īum(n.pl.)*	sweets
사탕수수	arund indica	sugar cane
사회보장	assistentia socialis	social security
사회적 신분	condiciō -*ōnis(f.)*	status
산	mons *montis(m.)*	mountain
산닭	rusticula -*ae(f.)*	mountain chicken
산돼지	aper *apri(m.)*	mountain pig
산비둘기	turtur -*uris(m.)*	mountain pigeon

한국어	라틴어	영어
산성의	acidus -a -um	acidic
산술	arithmatica -ae(f.)	calculation
산양	capella -ae(f.)	goat
산양	capra -ae(f.)	goat
산양	capreolus -ī(m.)	goat
산양	hircus -ī(m.)	goat
산양(山羊)	haedus -ī(m.)	goat
산정	cacumen -īnis(n.)	zenith
산정	vertex -īcis(m.)	zenith
산책하다	deambulō -āre	take a walk
살	caro carnis(f.)	flesh
살다	vivō -ere	live
살리다	servō -āre	save
살아남다	supersum (irregular)	survive
살인	homicidium -ī(n.)	murder
살인자	sicarius -ī(m.)	muderer
살찐	crassus -a -um	fat
살찐	obesus -a -um	fat
살찐	pinguis -īs -e	fat
삶	vita -ae(f.)	life
삼가	caute	avoiding
삼각형	triangulum -ī(n.)	triangle
삼나무	cupressus -ī(f.)	cypress-tree
삼림	silva -ae(f.)	forest
삼베	cannabis -īs(f.)	hemp cloth
삼일 전에	nudius tertius	3 days ago
삼촌	avunculus -ī(m.)	uncle
삼촌	partruus -ī(m.)	uncle
삼키다	sorbeō -ēre	swallow
상	effigies -ei(f.)	image
상	imago -īnis(f.)	image
상	lectus -ī(m.)	the top

한국어	라틴어	영어
상례의	solitus -a -um	customary
상선	navis oneraria	merchant ship
상소	appellatiō -ōnis(f.)	appeal
상속인	heres -edis(m.f.)	inheritor
상속인	heres heredis(m.)	heir
상실	amissiō -ōnis(f.)	loss
상아	ebur -ōris(n.)	ivory
상업	negotia -orum(n.pl.)	commerce
상인	mercator -ōris(m.)	merchant
상자	capsa -ae(f.)	box
상점	receptaculum -ī(n.)	store
상점	taberna -ae(f.)	shop
상처	vulnus -eris(n.)	wound
상치	lactūca -ae(f.)	lettuce
상행위	mercatura -ī(m.)	commercial transaction
상현(달)	lun crescens	waxing moon
상호	invicem	mutually
새	avis -īs(f.)	bird
새	volucris -īs(f.)	bird
새둥지	nidus -ī(m.)	nest
새로운	novus -a -um	new
새롭게 하다	refoveō -ēre	refresh
새롭게하다	renovō -āre	renew
새벽	aurora -ae(f.)	dawn
새벽에	diluculo	at dawn
새알	ovum -ī(n.)	bird's egg
새털	penna -ae(f.)	feather
새털	pluma -ae(f.)	feather
색	color -ōris(m.)	color
샘	fons fontis(m.)	fountain
생각나게 하다	commemorō -āre	remind
생각지 아니한	fortuītō	by chance

한국어	라틴어	영어
생각하다	cēnseō -ēre	think
생각하다	cōgitō -āre	think
생각하다	existimō -āre	think
생각하다	putō -āre	think
생각하다	reor -ērī	think
생각하다	reputō -āre	think over
생각하여	cogitate	thinking
생강	zingiber -eris(n.)	ginger
생기 없는	ignāvus -a -um	inactive
생기없는	iners -tis	inactive
생략하다	imminuō -ere	abbreviate
생명	vita -ae(f.)	life
생산하다	promō -ere	produce
생쥐	sorex -īcis(m.)	mouse
서	occidens -entis(m.)	west
서가(書架)	missalis pulpitum	bookshelf
서기	actuarius -ī(m.)	clerck
서다	surgō -ere	stand up
서두르는	properu -a -um	hurriedly
서두르다	maturō -āre	hurry
서두르다	properō -āre	hurry
서로	invicem	mutually
서로	mutuo	mutually
서로 번갈아	vicissim	alternately
서리	gelu -ūs(n.)	frost
서법	scriptura -ae(f.)	penmanship
서서히	lente	gradually
서서히	pedetentim	gradually
서신	epistola -ae(f.)	epistle
서약	foedus -eris(f.)	agreement
서약	iusiurandum -andi(n.)	oath
서양 삼나무	cedrus -ī(f.)	cedar wood

한국어	라틴어	영어
서양 소귀나무	arbutus -ī(f.)	arbutus
서양 소귀나무 열	arbutum -ī(n.)	arbutus fruit
서있다	resistō -ere	stand still
서재	bibliotheca -ae(f.)	library
서적상인	bibliopola -ae(f.)	bookseller
서적상인	librarius -ī(m.)	bookseller
서투른	immātūrus -a -um	unripe
서판	codex -ĭcis(m.)	table
서풍	zephyrus -ī(m.)	west wind
석공	faber lapidarius -brī(m.)	stonecutter
석공	lapicida -ae(m.)	stonecutter
석관(石棺)	solium -ī(n.)	stone coffin
석류	granatum -ī(n.)	pomegranate
석류나무	punica malus	pomegranate tree
석상	signum -ī(n.)	stone statue
석상	statua –ae(f.)	stone statue
석유	petroleum -ī(n.)	petroleum
석학	doctus -ī(m.)	learned man
섞다	confundō -ere	mix
섞다	misceō -ēre	mix
섞다	permisceō -ēre	mingle
섞이다	confundō -ere	mix
선	linea -ae(f.)	line
선	radius -ī(m.)	line
선거	electiō -ōnis(f.)	election
선고	iudicium -ī(n.)	pronouncement
선교	missiō -ōnis(f.)	mission
선교사	minister -tri(m.)	missionary
선동하다	incitō -āre	incite
선량	bonitās -atis(f.)	kind
선량한	mansuetus -a -um	kind
선물	dōnum -ī(n.)	gift

한국어	라틴어	영어
선물	mūnus -eris(n.)	gift
선언	declaratiō -ōnis(f.)	declaration
선언하다	profiteor -ērī	declare
선원	nauta -ae(f.)	sailor
선장	navarchus -ī(m.)	captain
선택하다	deligō -ere	select
선택하다	excerpō -ere	select
선택하다	legō -ere	choose
선호하다	malō (irregular)	prefer
선호하다	praeferō (irregular)	prefer
설교	homilia -ae(f.)	preach
설교	sermo -ōnis(m.)	sermon
설교하다	invocō -āre	summon
설득하다	persuadeō -ēre	persuade
설립	erectiō -ōnis(f.)	foundation
설립하다	condō -ere	establish
설립하다	instituō -ere	establish
설비	accommodātiō -ōnis	accommodation
설사약	purgatorium -ī(n.)	diarrhea remedy
설탕	ccharum -ī(n.)	sugar
설탕 상인	dulciarius -ī(m.)	sugar merchant
섬	īnsula -ae(f.)	island
성	urbs urbis(f.)	castle
성(城)	castellum -ī(n.)	castle
성(性)	sexus -ūs(m.)	sex
성가대	sanctuarium -ī(n.)	choir
성가대석	chorus -ī(m.)	choir loft
성가신	molestus -a -um	troublesome
성격차이	incompatibilitas -atis(f.)	incompatibility
성경	Biblia Sacra	Bible
성곽	moenia -ium(n.pl.)	citadel
성광(聖光)	ostensorium -ī(n.)	holy light

한국어	라틴어	영어
성급한	impatiēns *-entis*	impatient
성기(聖器)	vasa sacra *(n.pl.)*	consecrated vessel
성년자	maior *-oris(m.)*	major
성당	aedes *-īs(f.)*	church
성당	ecclesia *-ae(f.)*	church
성당	templum *-ī(n.)*	church
성당지기	aedituus *-ī(m.)*	sacristan
성대(聖帶)	manipulus *-ī(m.)*	maniple
성덕	sanctitās *-atis(f.)*	sanctity
성반(聖盤)	patena *-ae(f.)*	paten
성서	Biblia Sacra	Bible
성석(聖石)	lapis sacer*(m.)*	sacred stone
성소	sacrarium *-ī(n.)*	sanctum
성수	aqua benedicta	sacred water
성수 그릇	vas aquae benedictae	stoup
성숙한	mātūrus *-a -um*	mature
성스러운	sānctus *-a -um*	consecrated
성스럽게 만들다	sanciō *-īre*	make sacred
성실	diligentia *-ae(f.)*	diligence
성유 그릇	ampulla *-ae(f.)*	chrismatory
성유 그릇	urceolus *-ī(m.)*	chrismatory
성유(聖油)	olea sacra *(n.pl.)*	chrism
성유를 바르다	ungō *-ere*	anoint
성유함(聖油含)	cistula extremae unctionis	chrism container
성작 덮개	palla *-ae(f.)*	chalice covering
성작 수건	purificatorium *-ī(n.)*	chalice
성작(聖爵)	calix *-īcis(m.)*	purificator
성작보	velum calicis	chalice covering
성작포 덮개	velum *-ī(n.)*	covering
성장하다	adolescō *-ere*	grow up
성전	basilica *-ae(f.)*	holy temple
성좌	sidus *-deris(n.)*	constellation

한국어	라틴어	영어
성직자	clericus -ī(m.)	clergy
성질	idoles -īs(f.)	nature
성체 감실	tabernaculum -ī(n.)	tabernacle
성체 포낭	bursa -ae(f.)	bursary
성체실 휘장	conopeum -ī(n.)	canopy
성체포	corporale -īs(n.)	corporal
성체함	pyxis -ĭdis(f.)	box for
성체함 덮개	tentoriolum -ī(n.)	a pyx's lid
성취하다	imperitiō -īre	achieve
성탄일	Nativitas -atis(f.)	Christmas
성해(聖骸)	reliquiae -arum(f.pl.)	relic
섶	cremium -ī(n.)	brushwoord
세 번째	tertiō	the third time
세게	fortiter	strongly
세계	orbis -īs(m.)	world
세계주의	cosmopolitanismus -ī(m.)	cosmopolitanism
세기	saeculum -ī(n.)	century
세납	vectigal -alis(n.)	tax
세든 사람	inquilinus -ī(m.)	inhabitant
세상	mundus -ī(m.)	world
세우다	statuō -ere	set up
세우다	stō -āre	stand
세탁부	lavatrix -īcis(f.)	washwoman
센티미터	centimetrum -ī(n.)	centimeter
소	bos bovis(m.)	cow
소각된	combustus -a -um	incinerated
소개하다	introducō -ere	introduce
소금	sal salis(m.)	salt
소금그릇	salinum -ī(n.)	salt-cellar
소나기	imber -bri(f.)	shower
소나무	pinus -ī(f.)	pine tree
소녀	puella -ae(f.)	girl

한국어	라틴어	영어
소년	puer *pueri(m.)*	boy
소년	puer puerī*(m.)*	boy
소란스럽게	turbate	disturbing
소량	aliquantulum	somewhat
소로	angiportus *-ūs(m.)*	lane
소리가 안 들리	surdus *-a -um*	deaf
소리를 내다	sonō *-āre*	sound
소리를 지르다	clamō *-āre*	shout
소리지르다	conclamō *-āre*	shout
소리지르다	exclamō *-āre*	shout
소맥	triticum *-ī(n.)*	wheat
소멸	exstinctiō *-ōnis(f.)*	extinction
소모는 사람	bubulcus *-ī(m.)*	teamster
소목	rhus *rhois(f.)*	joiner
소비하다	consumō *-ere*	consume
소성당	sacellum *-ī(n.)*	shrine
소송	causa *–ae(f.)*	lawsuit
소송	lis *litis(f.)*	lawsuit
소송대리인	cellerarius *-ī(m.)*	procurator
소송사건	causa *-ae(f.)* l	awsuit
소시지	tomacina *-ae(f.)*	sausage
소식	nuntius *-ī(m.)*	news
소용없는	inūtilis *-is –e*	useless
소원	votum *-ī(n.)*	wish
소원대로	ex sententia	as one's wish
소위	subcenturio minor	lieutenant
소유	dominium *-ī(n.)*	prepherty
소유하다	habeō *-ēre*	have
소유하다	habeō *-ēre*	have
소유하다	possideō *-ēre*	possess
소유하다	teneō *-ēre*	hold
소음을 내다	crepō *-āre*	make a noise

한국어	라틴어	영어
소음을 만들다	increpō -ere	make a noise
소음을 만들다	strepō -ere	make a noise
소작인	colonus -ī(m.)	tenant
소작인	locator -ōris(m.)	tenant
소집	convocatiō -ōnis(f.)	gathering
소집하다	evocō -āre	summon
소홀히	temere	carelessly
소홀히 하다	neglegō -ere	neglect
소환하다	adhibeō -ēre	summon
소환하다	convocō -ere	summon
소환하다	exciēō -ēre	summon
속된	profanus -a -um	unconsecrated
속에	intus	inside
속여서	falso	deceiving
속으로	intrinsecus	to the inside
속이는	fallāx -ācis	deceitful
속이는	medax -acis	credulous
속이다	decipiō -ere	deceive
속이다	fallō -ere	deceive
속죄	expiatiō -ōnis(f.)	expiation
속행하다	gerō -ere	carry on
손	manus -ūs(f.)	hand
손녀	neptis -is(f.)	granddaughter
손목시계	manuale horarium -in.)	wristwatch
손바닥	palma -ae(f.)	palm
손상	iniuria -ae(f.)	Injury
손수건	mantergium -i(n.)	handkerchief
손실	iactura -ae(f.)	loss
손자	nepos -otis(m.)	grandson
손톱	unguis -is(m.)	nail
손해	damnum -i(n.)	damage
손해	detrimentum -i(n.)	damage

한국어	라틴어	영어
손해	gravamen -inis(f.)	loss
손해	iniuria -ae(f.)	Injury
손해되는	damnōsus -a -um	destructive
손해배상을 청구하다	vindicō -āre	claim
솔개(매)	accipiter -tris	hawk
솔직	ingenuitās -atis(f.)	honesty
솔직	simplicitās -atis(f.)	honesty
솔직한	ingenuus -a -um	frank
솔직한	simplex –icis	frank
솜씨있는	callidus -a -um	skillful
솜틀공	carminator -ōris(m.)	willower
송아지	vitulus -ī(m.)	calf
송진	resina –ae(f.)	pine resin
송충이	campe -ea(f.)	pine-eating caterpillar
송화기	microphonium -ī(n.)	sender
솥	caldaria -ae(f.)	cauldron
쇠고기	caro bubula	beef
쇠귀나물	sagitta -ae(f.)	arrowhead
쇠똥구리	scarabeus -ī(m.)	dung beetle
쇠새	alcedo -inis(f.)	halcyon
쇠스랑	furca -ae(f.)	rake
쇠스랑	occa -ae(f.)	rake
쇠약한	infirmus -a -um	weak
쇠약한	invalidus -a -um	weak
수(數)	numerus -ī(m.)	number
수건	mappa -ae(f.)	towel
수건	muccinium -ī(n.)	towel
수건	mantile -is(n.)	towel
수그러뜨리다	marceō -ēre	droop
수금을 켜다	psallō -ere	play the lyre
수녀	monacha -ae(f.)	nun
수녀원	conventus monasteri	monastery

한국어	라틴어	영어
수다스런	loquax *-acis*	loquacious
수다한	frequens *-entis*	numerous
수달	lutra *-ae(f.)*	otter
수대	manipulus *-ī(m.)*	maniple
수도승	monachus *-ī(m.)*	monk
수도원	claustrum *-ī(n.)*	cloister
수도원	Conventus *-us(m.)*	monastery
수도원	domus religiosa	monastery
수도원장	abbas *-atis(m.)*	abbot
수도회	congregatiō *-ōnis(f.)*	congregation
수락	acceptatiō *-ōnis(f.)*	acception
수레	currus *-us(m.)*	chariot
수레	rheda *–ae(f.)*	chariot
수레	vehiculum *-ī(n.)*	chariot
수련	nymphaea *-arum(f.)*	water lily
수련원	novitaiatus *-ī(m.)*	novitiate
수련자	novitgius *-ī(m.)*	neophyte
수렵	venatio *-ōnis(f.)*	hunting
수림	nemus *-ōris(n.)*	forest
수립하다	condō *-ere*	establish
수면	sopor *-ōris(m.)*	sleep
수목	arbor *-ōris(f.)*	woods
수사	monachus *-ī(m.)*	monk
수상기(水上機)	hydroplanum *-ī(n.)*	seaplane
수염	barba *–ae(f.)*	beard
수영하다	natō *-āre*	swim
수영하다	nō *-āre*	swim
수영해 건너다	tranō *-āre*	swim across
수요	necessitās *-atis(f.)*	demand
수은	hydrargyrus *(m.)*	mercury
수정하다	corrigō *-ere*	correct
수줍은	timidus *-a -um*	timid

Vergil's Aeneid Vocabulary 411

한국어	라틴어	영어
수증기	vapor -ōris(m.)	vapor
수집	collectio -ōnis(f.)	collection
수집하다	comportō -āre	collect
수집하다	cōgō -ere	collect
수첩	libellus -ī(m.)	diary
수축시키다	contrahō -ere	pull together
수치스러운	turpis -e	disgraceful
수탁인	mandatorius -i(m.)	consignee
수탉	gallus -i(m.)	ruster
수통	situla -ae(f.)	bucket
수평으로 만들다	aequō -āre	make equal
수풀	dumus -i(m.)	thicket
수풀	dūmus -i(m.)	bush
수하물	impedimenta -orum(n.pl.)	luggage
수하물	sarcinae -arum(f.pl.)	baggage
수학	mathematica -orum(n.pl.)	math
수행하다	efferō (irregular)	carry out
수행하다	evehō -ere	carry out
수행하다	perpetrō -āre	perform
수화기	megalophonium -ī(n.)	receiver
수확하는 사람	messor -ōris(m.)	harvester
수확하다	metō -ere	reap
숙고하다	consulō -ere	deliberate
숙고하다	deliberō -āre	consider
숙녀	domina -ae	lady
숙박시설	commoditas -tatis	accommodation
순결	castitas -tatis(f.)	chastity
순결	inocentia -ae(f.)	innocence
순결한	honestus -a -um	moral
순결한	purus -a -um	pure
순교	martyrium -i(n.)	martyrdom
순교자	martyr -yris(m.f.)	martyrology

한국어	라틴어	영어
순량한	comis *-is -e*	kind
순명	oboedientia *-ae(f.)*	obedience
순박한	integer *-gra -grum*	pure
순서 없이	passim	randomly
순서대로 배열하다	disserō *-ere*	arrange in order
순종하는	docilis *-is -e*	docile
순종하는	obediens *-entis*	obedient
순진	ingenuitas *-atis(f.)*	innocent
순진한	ingenuus *-a -um*	naive
순진한	simpex *-icis*	naive
순한	mitis *-is -e*	mild
순환 길	circuitiō *-ōnis(f.)*	circulation
숟가락	cochlear *-aris(n.)*	spoon
술	pōtiō *-nis(f.)*	drink
술상인	vinarius *-i(m.)*	drink seller
술잔	pocillum *-ī(n.)*	liquor glass
술집	caupona *-ae(f.)*	tavern
술집 주인	caupo *-ōnis(m.)*	host
숨겨놓다	lateō *-ēre*	lie hidden
숨기다	amiciō *-īre*	conceal
숨기다	cēlō *-āre*	hide
숨기다	occulō *-ere*	hide
숨기다	ocuultō *-āre*	hide
숨다	recondō *-ere*	hide away
숨쉬다	respirō *-āre*	revive
숨쉬다	spirō *-āre*	breathe
숨은	invisus *-a -um*	detested
숫송아지	juvencus *-ī(m.)*	young bull
숫자	numerus *-ī(m.)*	number
숫자를 세다	comes *-itis*	count
숫자를 세다	numerō *-āre*	count
숭배하다	veneror *-ari*	worship

한국어	라틴어	영어
숯	carbo coctus	charcoal
숯	pruna –ae(f.)	charcoal
숯의 빛	lux carbonaria	light of charcoal
숯장사	carbonarius -i(m.)	charcoal dealer
숲	silva -ae(f.)	forest
쉬다	quiescō -ere	rest
쉬다	requiescō -ere	rest
쉬운	facilis -e	easy
쉬운	facilis -is -e	easy
스승	praeceptor -ōris(m.)	teacher
스승	praeceptor -ōris	teacher, master
스위스	Helvetia -ae(m.)	Swiss
스위스인	Helvetii -orum(m.pl.)	Swiss
스팀	spriritus naturalis	steam
스팀 열	vaporarium -ī(n.)	steam heat
스페인	Hispania	Spain
스페인사람	Hispanus -ī(m.)	Spanish
슬기로운	prudens -entis	conscious
슬퍼하다	doleō -ēre	grieve
슬퍼하다	lugeō -ēre	mourn
슬프게 하다	constristō -āre	sadden
슬프게 하다	doleō -ēre	grieve
슬프다	constristō -āre	sadden
슬픈	fūnestus -a -um	funereal
슬픈	tristis -is -e	sad
습관을 들이다	assuēfaciō -ere	accustom
습한	madidus -a -um	humid
승객	vector -oris(m.)	passenger
승객 열차	viatorum tractus	passenger train
승낙하다	annuō -ere	give assent
승리	victoria -ae(f.)	victory
승리하다	triumphō -āre	triumph

한국어	라틴어	영어
승부날 때까지 싸우다	decertō -āre	fight it out
승인	approbatio -ōnis(f.)	approbation
시	poesia -is(f.)	poem
시	versus -us(m.)	poem
시(10)월	October	October
시가	carmen -inis(m.)	poem
시각	hora -ae(f.)	hour
시각	visus -us(m.)	hour
시간	hora -ae(f.)	time
시간	tempus -ōris(n.)	time
시간을 보내다	degō -ere	spend time
시금치	spinacia -ae(f.)	spinach
시기	aevum -ī(n.)	season
시끄러운 소리를 내다	rudō -ere	bray
시끄럽게 하다	crepitō -āre	make a noise
시내	rivulus -ī(m.)	brook
시대	aestas -tatis	age
시대	aetas -atis(f.)	generation
시도	attentatio -ōnis(f.)	attempt
시도하다	conor -ari	try
시도하다	experior (irregular)	try
시도하다	temptv -āre	try
시신	cadaver -eris(n.)	corpse
시실리	Sicilia	Sicily
시실리아인	Sicilus -ī(m.)	Sicilian
시아버지	socer -eri(m.)	father-in-law
시인	poeta -ae(m.)	poet
시작하다	concipiō -ere	begin
시작하다	incipiō -ere	begin
시작하다	incohō -āre	begin
시작하다	proficiscor -ī	set out
시작했다	coepi coepisse	began

한국어	라틴어	영어
시장	forum -*ī(f.)*	market
시장(市長)	syndicus municipalis	mayor
시종	acolythus -*ī(m.)*	servant
시중들다	sector -*ari*	attend
시체	cadaver -*eris(n.)*	corpse
식당	coenaculum -*ī(n.)*	restaurant
식당차	currus coenatorius	dining car
식도	guttur -*uris(n.)*	gullet
식도	iugulum -*ī(n.)*	gullet
식량 창고	penaria cella -*ae(f.)*	food storehouse
식민	colonus -*ī(m.)*	colonization
식욕부진	taedium -*ī(n.)*	inappetence
식용수탉	capus -*ī(m.)*	capon
식초	acetum -*i(n.)*	vinegar
식초그릇	acetabulum -*ī(n.)*	cup for vinegar
식탁보	mappa -*ae(f.)*	tablecloth
신	acer -*cra -crum*	sour
신	acidus -*a -um*	sour
신	deus -*ī(m.)*	god
신	divus -*ī(m.)*	god
신(유일)	Deus -*ī(m.)*	God
신경	nervus -*ī(m.)*	nerve
신뢰	fiducia -*ae(f.)*	faith
신뢰하다	confidō -*ere*	trust
신맛이 있는	acutus -*a -um*	sour
신문	diarium -*i(n.)*	newspaper
신문	nuntius -*ī(m.)*	newspaper
신문 판매인	diarium venditor	newspaper seller
신발	calceamentum -*i(n.)*	shoes
신발	calceus -*i(m.)*	shoes
신발	crepida -*ae(f.)*	shoes
신병	tiro -*ōnis(m.)*	new recruit

한국어	라틴어	영어
신부	antistes -itis(m.)	priest
신부	presbyter -teri(m.)	priest
신부	sacerdos -otis(m.)	priest
신빙성	credibilitas -atis(f.)	credibility
신성 능력으로	divine	by divine power
신성을 더럽히다	scelerō -āre	desecrate
신성하게 하다	consector -ari	consecrate
신성한	divinus -a -um	divine
신속한	celer -eris -ere	quick
신속한	velox -ocis	quick
신속함	celeritas -tatis	fastness
신속히	raptim	rapidly
신심	devotio -ōnis(f.)	devotion
신심 많은	pius -a -um	conscientious
신앙	fides -ei(f.)	fiducial
신앙	fides -ei(f.)	religious belief
신앙심	pietas -atis(f.)	piety
신용하다	imputō -āre	credit
신용할 만한	credibilis -is -e	credible
신용할만한	locuples -etis	reliable
신월(新月)	luna nova	new moon
신음소리	gemitus -us(m.)	groan
신음하다	gemō -ere	groan
신음하다	ingemiscō -ere	groan
신음하다	gemō -ere	groan
신임	fiducia -ae(f.)	trust
신임된	aestimatus -a -um	accredited
신임하다	credō -ere[+dat.]	trust
신자석	navis -is(f.)	tribune
신장	statura -ae(f.)	height
신중	cautela -ae(f.)	cautious
신중	gravitas -atis(f.)	prudence

한국어	라틴어	영어
신중한	exactus *-a -um*	accurate
신출내기	advena *-ae(f.)*	newcomer
신탁	fiducia *-ae(f.)*	fiducial
신화	mythos *-i(m.)*	myth
실로	sane	reasonably
실수를 하다	peccō *-āre*	err
실패의	abortivus *-a, -um*	abortive
실패하다	desum *(irregular)*	fail
싫어하다	abhorreō *-ēre[+ ab]*	abhor
싫어하다	invideō *-ēre*	hate
싫어하다	odi *(irregular)*	hate
심문	examen *-inis(n.)*	examination
심문	interrogatio *-ōnis(f.)*	interrogation
심문	quaestio *-ōnis(f.)*	inquiry
심벌즈	clavicymbalum *-i(n.)*	symbols
심사	examen *-inis(n.)*	examination
심사숙고하다	deputō *-āre*	consider
심상	aegritudo *-inis(f.)*	mental image
심오한	abstrusus *-a -um*	abstruse
심장	cor *-ris(n.)*	heart
심장	cor *-dis*	heart
심장	cor *cordis(n.)*	heart
심판	iudicium *-i(n.)*	judge
심판	iudicium *-i(n.)*	judgement
심한	intolerabilis *-is -e*	intolerable
십(10)	decem	ten
십구(19)	undeviginti	nineteen
십만(100,000)	centum mīllia	one hundred thousand
십사(14)	quattuordecim	fourteen
십삼(13)	tredecim	thirteen
십삼(13)일 [로마력]	idus iduum *(f.pl.)*	thirteenth
십억(1,000,000,000)	billio	one billion

한국어	라틴어	영어
십오(15)	quindecim	fifteen
십오(15)분	quadrans horae	fifteen minutes
십오(15)분	quadrante	a quarter of an hour
십오(15)일 [로마력]	idus iduum *(f.pl.)*	fifteenth
십육(16)	sedecim	sixteen
십이(12)	duodecim	twelve
십이(12)월	December	December
십일(11)	undecim	eleven
십일(11)월	November	November
십자가	crux *crucis(f.)*	cross
십자로	trivium *-ī(n.)*	crossroad
십칠(17)	septendecim	seventeen
십팔(18)	duodeviginti	eighteen
싯구	versus *-us(m.)*	line of poem
싱거운	insalsus *-a -um*	insipid
싸우다	dimicō *-āre*	fight
싸우다	pugnō *-āre*	fight
싸움에 끼다	proelior *-ari*	join battle
싹	dianthus *-ī(f.)*	bud
싹	ocellus *-ī(m.)*	bud
싼	vīlis *-is -e*	cheap
쌀	oryza *-ae(f.)*	rice
쌓다	congerō *-ere*	accumulate
쌓다	cumulō *-āre*	heap up
쌓아서	cumulatim	accumulatively
쏟다	effundō *-ere*	pour out
쏟아 내다	profundō *-ere*	pour out
쓰다	scribō *-ere*	write
쓰러뜨리다	decidō *-ere*	fall down
쓴	amarus *-a -um*	bitter
쓴 쑥	absinthium *-ī(n.)*	bitter soup
쓴 호박	cucurbita amara	bitter pumpkin

한국어	라틴어	영어
쓸개즙	bilis *-is(f.)*	bile
씨름	luctatiō *-ōnis(f.)*	wrestling
씨뿌리다	serō *-ere*	sow
씻은	lautus *-a -um*	washed

아-

아궁이	caminus *-ī(m.)*	fireplace
아궁이	furnus *-ī(m.)*	fireplace
아기	infans *-antis(m.f.)*	baby
아내	uxor *-ōris(f.)*	wife
아네테	Athenae *-arum(m.pl)*	Athene
아는	nōtus *-a –um*	customary
아들	filius *-ī(m.)*	son
아라비아	Arabia	Arabia
아라비아인	Arabus *-ī(m.)*	Arabian
아래로	deorsum	below
아래로	infra	to below
아름다운	bellus *-a -um*	beautiful
아름다운	decorus *-a -um*	beautiful
아름다운	pulcher *-chra -chrum*	beautiful
아름다운	pulcher *-chra chrum*	beautiful
아름다운	venustus *-a -um*	beautiful
아마	linum *-ī(n.)*	flax
아메리카	America *-ae(m.)*	America
아메리카인	Americanus *-ī(m.)*	American
아무 때도 ~않다	numquam	never
아무것도 아니	nequiquam	in vain
아무데도 아니	nusquam	nowhere
아무렴	quidem	at any rate
아무렴	utique	at any rate
아버지	pater *-tris*	father

한국어	라틴어	영어
아버지	pater *patris(m.)*	father
아비뇽	Avenio	Avignon
아이	infans *-antis(m.)*	child
아일랜드	Hibernia *-ae(m.)*	Ireland
아주	omnino	wholly
아주 가까이	propediem	very soon
아주 적은	paululum	somewhat a little
아주 조금	minime	least
아직	adhuc	ago
아직 아니	nondum	not yet
아침	mane	morning
아침식사	prandium *-ī(n.)*	breakfast
아침에	mane	in the morning
아침의	matutinus *-a -um*	morning
아카시아나무	acacia *-ae(f.)*	acacia tree
아편	papaver *-eris(n.)*	opium
아프다	doleō *-ēre*	ache
아프다	doleō *-ēre*	be in pain
아프리카	Africa	Africa
아프리카인	Africanus *-ī(m.)*	African
악	malum *-ī(n.)*	sin
악마	Diabolus *-ī(m.)*	devil
악마	diabolus *-ī(m.)*	devil
악습	vitium *-ī(n.)*	vice
악어	crocodilus *-ī(m.)*	crocodile
악한	malus *-a -um*	evil
악한 마음의	malevous *-a -um*	wicked
안개	caligo *-inis(f.)*	fog
안경	ocularia *-orum(n.pl.)*	glass
안내하다	perducō *-ere*	guide
안내하다	praesideō *-ēre*	guard
안녕하다	salveō *-ēre*	be well

한국어	라틴어	영어
안뜰	atrium -ī(n.)	courtyard
안마당	atrium -ī(n.)	courtyard
안색이 안 좋다	vireō -ēre	be green
안에	in [+abl.]	in
안에	intro	inside
안에	intus	inside
안에 있다	insum (irregular)	be in
안으로	in [+acc.]	into
안으로	intrinsecus	to the inside
안으로	introsum	to the inside
안으로 운반하다	invehō -ere	carry in
안의	interior -or -us	interior
안전등	laterna -ae(f.)	lantern
안전히	tute	safely
안주인	domina -ae(f.)	lady mistress
안주인	domina -ae(f.)	mistress
안테나	antenna -ae(f.)	antenna
안티몬	stibium -ī(n.)	antimony
앉다	considō -ere	sit down
앉다	residō -ere	sit down
앉다	sedeō -ēre	sit
알	ovum -ī(n.)	egg
알다	scio -ire	know
알렉산드리아	Alexandria	Alexandria
알려진	cognitus -a -um	well-known
알려진	gnarus -a -um	known
알맞게	mature	fittingly
알지 못하다	nescio -ire	not know
암노새	mula -ae(f.)	mule
암늑대	lupa -ae(f.)	she-wolf
암말	equa -ae(f.)	mare
암석	saxum -ī(n.)	rock

한국어	라틴어	영어
암소	vacca –ae(f.)	cow
암송아지	juvenca -ae(f.)	calf
암송하다	recipiō -ere	recite
암스테르담	Amstelodamum	Amsterdam
암실	camera obscura	darkroom
암초	scopulus -ī(m.)	reef
암탉	gallina -ae(f.)	hen
암흑	obscuritas -atis(f.)	darkness
암흑	tenebrae -arum(f.pl.)	darkness
압도하다	obruō -ere	overwhelm
압박하다	imprimō -ere	press upon
압박하다	premō -ere	press
앞니	dentes primores	front tooth
앞에	ante(a)	before(hand)
앞에서 던지다	prosternō -ere	throw in front
앞으로	prorsus	forward
앞으로 가다	procedō -ere	go forward
앞으로 가다	prodeo	go forward
앞으로 내달리다	prorumpō -ere	rush forward
앞으로 뛰다	procurrō -ere	rush forward
앞으로 미끄러지다	prolabor -i	slip forward
앞의	anterior -or -us	frontier
앞장서다	praecedō -ere	precede
앞쪽으로 던지다	proiciō -ere	throw forward
앞쪽으로 떨어지다	procidō -ere	fall forward
앞쪽으로 뻗어나가다	praetendō -ere	spread out in front
애곡	luctus -us(m.)	wailing
애덕	caritas -atis(f.)	charity
애도하다	maereō -ēre	mourn
애를 낳다	pariō -ere	give birth
애벌레	campe –es(f.)	caterpillar
애쓰다	conitor -i	strive

아

한국어	라틴어	영어
애쓰다	enitor -i	strive
애원하는	supplex –licis	kneeling
애정있게	amatorie	affectionately
앵두	cerasum -ī(n.)	cherry
앵두나무	cerasus -ī(f.)	cherry tree
앵무새	psittacus -ī(m.)	parrot
야경	exucubiae -arum(f.pl.)	night view
야만의	ferus -a –um	primitive
야비하게	incompte	vulgarly
야비한	vīlis -is -e	common
야생닭	phasianus -ī(m.)	wild chicken
야생소	urus -ī(m.)	wild ox
야수	fera -ae(f.)	wild beast
야심	ambitiō -ōnis(f.)	ambition
야채	olus -eris(n.)	vegetable
야채 상(인)	olitor -ōris(m.)	greengrocer
약	medicina -ae(f.)	medicine
약국	pharmacia -ae(f.)	pharmacy
약국	pharmacopolium -ī(n.)	pharmacy
약방	pharmacopolium -ī(n.)	pharmacy
약사	pharmacopola -ae(f.)	pharmacist
약속하다	despondeō -ēre	promise
약속하다	polliceor -ēre	promise
약속하다	promittō -ere	promise
약속하다	spondeō -ēre	promise
약쑥	absinthium -ī(n.)	wormwood
약제사	pharmacopola -ae(f.)	pharmacist
약탈하다	praedor -ari	plunder
약탈하다	spoliō -āre	plunder
약품	pharmacum -ī(n.)	medicine
약하게하다	infirmō -āre	weaken
약한	debillis -is -e	weak

한국어	라틴어	영어
약혼(식)	sponsalia -ium(n.pl.)	engagement
약혼녀	coniux -iugis(f.)	betrothed
약혼자	coniux -iugis(m.)	betrothed
얇은	exilis -is -e	thin
양(羊)	ovis -is(m.)	sheep
양각기	circinus -ī(m.)	compasses
양고기	caro agnina	sheep meat
양말	pedulia -ium(n.pl.)	socks
양모상	lanarius mercans	wool merchant
양모직공	lanarius -ī(m.)	wool weaver
양보하다	concedō -ere	yield
양보하다	cēdō -ere	yield
양성	formatio -onis(f.)	training
양순하게	comiter	courteous
양순한	lenis -is -e	docile
양식	commeatus -uum(m.pl.)	form
양식	forma -ae(f.)	form
양식	formula -ae(f.)	formula
양심	conscientia -ae(f.)	conscience
양육하다	colō -ere	cherish
양전류	cursus positivus	postitive current
양쪽 다	et... et	both... and
양쪽에서	utrimque	from both side
양쪽의	ambo	both
양쪽의	ambo	both
양치식물	filix -icis(f.)	fern
양털	lana -ae(f.)	wool
양파	caepa -ae(f.)	onion
양편에	utrobique	both side
양편에서	utroque	from both side
어금니	dentes maxillares	molar
어깨	humerus -ī(m.)	shoulder

아

한국어	라틴어	영어
어깨걸이	velu humerale -ī(n.)	shawl
어느 모양으로	qua	unspecified shape
어느 방법으로	qua	unspecified way
어느 정도까지	aliquatenus	to some degree
어느 편에든지	quacumque	anyhow
어두운	obscurus -a -um	dark
어두운	obscūrus -a -um	dark
어두움	caligo -inis(f.)	darkness
어두움	obscuritas -atis(f.)	darkness
어둡게	obscure	darkly
어디든지	ubicumque	to anywhere
어디든지	ubivis	to anywhere
어디로	quo	to where
어디로 해서든지	qualibet	anywhere
어디로 향하든지	quoquoversum	anywhere
어디로든지	quocumque	anywhere
어디로든지	quolibet	anywhere
어디서	unde	from where
어디서든지	quacumque	anywhere
어디서든지	undecumque	from anywhere
어떤 곳에	uspiam	somewhere
어떤 곳을 지나서	aliqua	pass some place
어떤 때	non numquam	sometimes
어떤 때	quandocumque	someday
어떤 때	quandoque	at some time
어떤 때에	aliquando	sometime or other
어떤 방향으로	aliquo	to some place
어떤 사람	aliquis –cuius	someone
어떤 장소에서	alicunde	from somewhere
어떻게	adeo	to such a degree
어떻게 해서	quo	by how
어려운	difficilis -e	difficult

한국어	라틴어	영어
어려운	difficilis -is -e	difficult
어려운	superbus -a -um	haughty
어렵게	aegre	difficultly
어뢰	torpedo -dinis(f.)	torpedo
어뢰정	navis torpedinaria	torpedo boat
어른	adultus -ī(m.)	adult
어리석은	stultus -a -um	foolish
어린 양	agnus -ī(m.)	lamb
어머니	mater matris(f.)	mother
어머니	māter -tris	mother
어부	piscator -ōris(m.)	fisher
어선	navis piscatoria	fish boat
어여쁜	decorus -a -um	charming
어제	heri	yesterday
어지간히	satis	adequately
어지럽게	turbulente	turbulently
어진	benignus -a -um	generous
어질게	benigne	mercifully
어치	graculus -ī(m.)	jay
억누르다	opprimō -ere	oppress
억압하다	compescō -ere	suppress
억제하다	constringō -ere	restrain
억제하다	inhibeō -ēre	restrain
억제하다	moderor -ari	restrain
억제하다	reprehendō -ere	restrain
억제하다	reprimō -ere	keep back
억제하다	reservō -āre	keep back
억지로	aegre	forcibly
억지로 하는	invitus -a -um	reluctant
언급하다	nuntiō -āre	announce
언급하다	nūntiō -āre	announce
언급하다	pronuntiō -āre	announce

한국어	라틴어	영어
언덕	agger -eris(m.)	hill
언덕	clivus -ī(m.)	hill
언덕	collis -is(m.)	hill
언덕	tumulus -ī(m.)	hilll
언변	eloquentia -ae(f.)	eloquence
언어	lingua -ae(f.)	language
언어	verbus -ī(n.)	language
언제	quando	when
언제나	semper	always
언제든지	quandocumque	at some time
얻다	obtineō -ēre	obtain
얼게 하다	concrescō -ere	congeal
얼굴	facies -ei(f.)	face
얼굴	vultus -us(m.)	face
얼굴을 붉히다	erubescō -ere	blush
얼다	concrescō -ere	congeal
얼마	aliquantulum	somewhat
얼마 전에	aliquanto ante	a few days ago
얼마 전에	dudum	a short time ago
얼마 후에	aliquanto post	somewhat later
얼마나	quantopere	how much
얼마동안	aliquandiu	for a while
얼마큼	aliquantum	somewhat
얼어붙은	gelidus -a -um	frozen
얼음	glacies -ei(f.)	ice
엄밀히	stricte	strictly
엄정하게	stricte	sternly
엄하게	duriter	strictly
엄한	austerus -a -um	severe
업적	peractio -ōnis	accomplishment
없는	absens -entis	absent
없는	expers -tis	having no share in

한국어	라틴어	영어
없는	inops -opis	destitute
없애다	subvehō -ere	remove
없이 지내다	careō -ēre	do without
에 의하여	a, ab [+abl.]	by
에워싸다	circu(m)eō -īre	encircle
에워싸다	redimiō -īre	encircle
에티오피아	Aethiopa -ae(m.)	Ethiopia
여관	diversorium -ī(m.)	inn
여관	diversorium -ī(n.)	inn
여관주인	hospitator -ōris(m.)	host
여기까지	hactenus	to here
여기저기	passim	here and there
여러 가지	dispar -aris	various
여러 가지의	multiples -icis	various
여러 번	identidem	over and over again
여러 번	multoties	frequently
여러 색의	versicolor -ōris -e	colorful
여러 번	saepenumero	on many occasions
여름	aestas -tatis(f.)	summer
여름	aestās -atis(f.)	summer
여름	aestās -tatis	summer
여름의	aestivus -a -um	summer
여린	tener -era -erum	tender
여명	diluculum -ī(n.)	dawn
여성복	tunica -ae(f.)	dress
여신	dea -ae(f.)	goddess
여왕	regina -ae(f.)	queen
여우	vulpes -is(f.)	fox
여인	femina -ae(f.)	woman
여자	mulier -eris(f.)	woman
여주인	domina -ae(f.)	landlady
역	statio -ōnis(f.)	station

한국어	라틴어	영어
역겹다	pigeteō -ere	it disgusts
역사	historia -ae(f.)	history
역시	etiam	also
역시	pariter	as well
역의 주막	stationis caupona	tavern
연(年)	annus -ī(m.)	year
연결시키다	coniungō -ere	join together
연결하다	conectō -ere	join
연관	conexiō -ōnis(f.)	connection
연기	dilatio -ōnis(f.)	postponing
연기	fumus -ī(m.)	smoke
연기하다	cunctor -ari	delay
연꽃	nymphaea(f.)	lotus flower
연대	regimentum -ī(n.)	regiment
연대기	fasti -orum(m.pl.)	chronicle
연도	annus -ī(m.)	year
연령	aetas –atis(f.)	age
연령초	arum -ī(n.)	wake-robin
연맹	confoederatio -ōnis(f.)	confederation
연사	orator -ōris(m.)	orator
연설	oratio -ōnis(f.)	oration
연설가	orator -ōris	orator
연설하다	eloquor -i	speak
연습을 하다	acuo -ere	practice
연애적으로	amatorie	amourously
연약한	mollis -is –e	weak
연주	scena –ae(f.)	play
연중 행사력	fasti -orum(m.pl.)	control
연필 붓	graphis -idis(m.)	stilus
연합	coniunctio -ōnis(f.)	confederation
연합회	foederatio -ōnis(f.)	federation
연회	convivium -ī(n.)	feast

한국어	라틴어	영어
연회	epulae *-arum(f.pl.)*	feast
연회를 베풀다	epulor *-ari*	be at a feast
열	aestus *-us(m.)*	heat
열	calor *-ōris(m.)*	heat
열다	recludō *-ere*	open up
열려있다	pateō *-ēre*	be open
열매	fructus *-us(m.)*	fruit
열매	pomum *-ī(n.)*	fruit
열병	febris *-is(f.)*	fever
열쇠	clavis *-is(f.)*	key
열심히 찾다	rogitō *-āre*	ask for eagerly
열정을 보이다	studeō *-ēre*	be eager
염색업자	infector *-ōris(m.)*	dyer
염색인	infector *-ōris(m.)*	dyer
염소	capra *-ae(f.)*	goat
염소	haedus *-ī(m.)*	goat
염소	hircus *-ī(m.)*	goat
염증	fastidium *-ī(n.)*	loathing
염치	pudor *-ōris(m.)*	bashfulness
염치없는	imprudens *-entis*	imprudent
염치없는	impudicus *-a -um*	immodest
영(0)	nihil	zero
영광	gloria *-ae(f.)*	glory
영구적인	perennis *-is -e*	eternal
영구히	perpetuum	perpetual
영구히	perpetuo	forever
영국	Anglia	United Kingdom
영국인	Angulus *-ī(m.)*	English
영대(領帶)	stola *-ae(f.)*	pallium
영사	consul *-ulis(m.)*	consul
영사기	cinematographium *-ī(n.)*	projector
영사직	cunsulatus *-us(m.)*	consul

한국어	라틴어	영어
영세소	baptisterium -ī(n.)	place for baptism
영속하는	stabilis -is -e	steady
영양을 주다	alō -ere	nourish
영업	negotiatio -ōnis(f.)	negotiation
영원한	aeternus -a -um	eternal
영원한	perpetuus -a -um	eternal
영원히	in perpetuum	forever
영원히	perpetuum	perpetual
영혼	anima -ae(f.)	spirit
영혼	animus -ī(m.)	spirit
영혼	spiritus -us(m.)	spirit
영화필름	picta fascia	movie film
옆구리	latus -eris(n.)	flank
옆에 두다	deponō -ere	put aside
예	exemplum -ī(n.)	example
예각	angulus acutus	acute angle
예견하다	praesumō -ere	anticipate
예견하다	praeveniō -ire	anticipate
예기치 않은	improvidus -a -um	not foreseeing
예루살렘	Hierosolyma	Jerusalem
예모있는	comis -is -e	polite
예물	donum -ī(n.)	gift
예배	cultus -us(m.)	pray
예복	toga -ae(f.)	formal dress
예비군	territoriales copiae	reserve army
예쁜	pulcher -chra -chrum	pretty
예상하다	praecipio -ere	anticipate
예수님	Christus -ī(m.)	Christ
예술	ars -tis(f.)	art
예술가	artifex -icis(m.)	artist
예시	exemplum -ī(n.)	example
예시하다	provideō -ēre	foresee

한국어	라틴어	영어
예언하다	portendō -ere	predict
예외	exceptio -ōnis(f.)	exception
예의 있는	urbanus -a -um	polite
예의바른	modestus -a -um	moderate
예의있게	civiliter	politely
옛날에	antiquus -a -um	ancient
옛적부터	antiquitus	from ancient times
옛적에	olim	once upon a time
오늘	hodie	today
오다	deveniō -īre	come
오다	venio -īre	come
오디새	upupa -ae(f.)	hoopoe
오락장	aula recreationis(f.)	recreation center
오래	diu	long
오래	longe	for a long time
오래	procul	for a long time
오래 걸리는	diuturnus -a -u	enduring
오래 전에	iamiam	long ago
오래 전에	longe ante	long before
오래 전에	multo ante	long time before
오래 후에	multo post	long after
오래 후에	post multo	after long time
오래지 않아	brevi	briefly
오래지 않아	mox	soon
오래지 않아	post non multo	at once
오랜	vetus -eris	old
오랫동안	diu	for a long time
오르다	ascendō -ere	rise
오르다	insurgō -ere	rise up
오르다	ordior -i	rise
오르다	scandō -ere	climb
오르다(언덕을)	transcendō -ere	surmount

한국어	라틴어	영어
오른손	dextera -ae(f.)	right hand
오른쪽의	dexter -era -erum	right
오리	anas -atis(f.)	duck
오명	infamia -ae(f.)	dishonor
오목면	superficies concava	concave plane
오븐	furnus -ī(m.)	oven
오스트리아	Austria	Austria
오스트리아인	Austriacus -ī(m.)	Austrian
오얏	prunus -ī(f.)	plum
오욕	ignominia -ae(f.)	disgrace
오이	cucumis -is(f.)	cucumber
오일 전에	nundius quintus	5 days ago
오전	antemeridiem	AM
오후	postmeridiem	PM
오히려	magis	rather
옥수수밭	seges –etis(f.)	cornfield
온난한	tepens –entis	warm
온난한	tepidus -a -um	warm
온순한	docilis -is -e	docile
온전한	commodus -a -um	fitsuitable
온전히	funditur	wholly
온전히	prorsus	absolutely
온화한	lenis -is -e	kind
온화한	mitis -is -e	kind
올라오다	incidō -ere	come upon
올려 보내다	submittō -ere	send up
올리다	attollō -ere	raise
올리브 기름	oleum -ī(n.)	olive oil
올빼미	bubo -onis(m.)	owl
올빼미	noctua -ae(f.)	owl
옮기다	traducō -ere	bring across
옳게	commode	rightly

한국어	라틴어	영어
옷	vestis -is(f.)	clothing
옷 상자	arca vestiaria	chest
옷을 벗다	nudō -āre	strip
옷을 입다	sumō -ere	wear
옷장	arca -ae(f.)	closet
옷장	armarium -ī(n.)	closet
옹기장이	figulus -ī(m.)	potter
옻나무	rhus rhois(f.)	lacquer tree
완결	consummatio -ōnis(f.)	completion
완고한	contumax -acis	insubordinate
완두	cicer -eris(m.)	pea
완성하다	consummō -āre	complete
완성하다	transigō -ere	complete
완전성	integritas -atis(f.)	integrity
완전한	incorruptus -a -um	intact
완전히	omnino	entirely
완전히 배수되다	exhauriō -īre	drain completely
완쾌	sanatio -ōnis(f.)	recovery
완행 열차	tractus vulgaris	local train
왕	rex regis(m.)	king
왕관을 수여하다	coronō -āre	crown
왕궁	palatium -ī(n.)	palace
왕복표	tabella -ae(f.)	return-tip ticket
왕위	principatus -us(m.)	throne
왕후	regina -ae(f.)	queen
왜	Cur	why
외과의사	chirurgus -ī(m.)	surgeon
외국인	peregrinus -ī(m.)	foreigner
외국인의	alienus -a -um	foreign
외삼촌	avunculus -ī(m.)	uncle
외양간	stabulum -ī(n.)	stable
외친	affines -ium(m.pl.)	neighbor

Vergil's Aeneid Vocabulary 435

한국어	라틴어	영어
외투	pallium -ī(n.)	coat
외형	figura -ae(f.)	figure
외형	species -ei(f.)	figure
왼손	laeva -ae(f.)	left hand
왼손	sinistra -ae(f.)	left hand
왼쪽의	sinister -tra -trum	left
왼편으로	sinistrorsum	to the left
요	tapetum -ī(n.)	mat
요강	matula -ae(f.)	stool
요강	trulla -ae(f.)	stool
요구하다	deposcō -ere	demand
요구하다	poscō -ere	demand
요구하다	postulō -āre	demand
요대	balteus -ī(m.)	belt
요대	cingulum -ī(n.)	belt
요동하는	inquietus -a -um	restless
요람	cunabula -orum(n.)	cradle
요람	cunae -arum(f.)	cradle
요리 조달자	obsonator -ōris(m.)	caterer
요리사	coquus -ī(m.)	cook
요리하다	coquō -ere	cook
요사이	nuper	lately
요술	veneficium -ī(n.)	magic
요즈음	modo	lately
욕보이다	infamō -āre	disgrace
욕심 많은	gulosus -a -um	greedy
용감한	fortis -e	brave
용기	fortitudo -inis(f.)	courage
용기 있는	audax -acis	bold
용기 있는	fortis -is -e	brave
용기를 주다	acuō -ere	encourage
용기있게	fortiter	courageously

한국어	라틴어	영어
용맹하게	viriliter	courageously
용모	vultus -us(m.)	countenance
용서하다	excusō -āre	excuse
용서하다	ignōscō -ere	forgive
용한	peritus -a -um	expert in
우둔	stupiditās -atis(f.)	stupid
우둔한	rudis -is -e	unskilled
우뢰	tonitru -u(n.)	thunder
우매	stupiditās -atis(f.)	stupid
우물	puteus -i(m.)	well
우박	grando -inis(f.)	hail
우산	pluvial manuale (n.)	umbrella
우산	umbella -ae(f.)	umbrella
우상숭배	idololatria -ae(f.)	idolatry
우선	praecipue	chiefly
우수한	egregius -a -um	exceptional
우아하게	composite	elegantly
우아한	gracilis -e	elegant
우연히	fortuitu	accidentally
우연히	fortuito	fortuitously
우연히	temere	by chance
우울	maeror -ōris(m.)	depressed
우울	maestitia -ae(f.)	depressed
우유	lac lactis(n.)	milk
우의	lacerna -ae(f.)	raincoat
우정	amicitia -ae(f.)	friendship
우주	orbis -is(m.)	universe
우주론	cosmologia -ae(f.)	cosmology
우차(牛車)	plaustrum -ī(n.)	oxcart
우편배달부	litterarum distributor	mailman
우편배달부	tabellarius -ī(m.)	mailman
우편에	dextrorsum	to the left

한국어	라틴어	영어
우편으로	dextrorsum	to the left
우표	tessera epistolaris	postage stamp
우화	allegoria -ae(f.)	allegory
우화	fabula -ae(f.)	fable
운	fortuna -ae(f.)	fortune
운동하다	exercitō -āre	exercise
운명	fatum -ī(n.)	fate
운명	fortuna -ae(f.)	fate
운명	sors sortis(f.)	fate
운반	vectura -ae(f.)	transfer
운반인	rhedarius -ī(m.)	carrier
운반하다	portō -āre	carry
운반하다	vehō -ere	carry
운송하다	transportō -āre	transport
운임	vecturae pretium	portage
울다	fleō -ēre	weep
울다[나귀 등]	rudō -ere	bray
울려 퍼지다	consonō -āre	resound
울려 퍼지다	rebō -āre	resound
울리다	resonō -āre	resound
울리다[나팔]	rudō -ere	bray
울타리 담	septum -ī(n.)	hedge
움직이다	migrō -āre	move
움직이다	moveō -ēre	move
웃다	redeō -ēre	laugh
웃다	subrideō -ēre	smile
웃음	risus -us(m.)	laughter
웅변	eloquentia -ae(f.)	eloquence
웅변	facundia -ae(f.)	eloquence
웅변가	orator -ōris(m.)	orator
원고	accusator -ōris(m.)	accuser
원고	actor -ōris(m.)	plaintiff

한국어	라틴어	영어
원로원	senatus -us(m.)	senator
원반	discus -ī(m.)	disk
원방의	remotus -a -um	remote
원본	autographum -ī(n.)	original
원수의	inimicus -a -um	unfriendly
원숭이	simius -ī(m.)	monkey
원인	causa -ae(f.)	cause
원인이 되다	efficiō -ere	cause
원주	cylindrus -ī(m.)	circumference
원천정(圓天井)	camera -ae(f.)	vaulted opening
원천정(圓天井)	fornix -icis(m.)	vaulted opening
원탁	orbis -is(m.)	round table
원통	cylindrus -ī(m.)	cylinder
원하는	avidus -a -um	eager
원형	circulus -ī(m.)	circle
원형경기장	amphitheātrum -ī(n.)	amphitheater
원형극장	amphitheatrum -ī(n.)	amphitheatre
월	mensis -is(m.)	month
월(月)	mesis -is(m.)	month
월계수	laurus -ī(f.)	laurel tree
월내에	in mense	in month
월등하다	praestō -āre	be superior
월식	eclipsis -is(f.)	eclipse
위	stomachus -ī(m.)	stomach
위로	consolativ -nis(f.)	consolation
위생적인	saluber -bris -bre	healthful
위안하다	consolor -ari	comfort
위에 걸치다	immineō -ēre	overhang
위임	delegatio -ōnis(f.)	delegation
위임	mandatum -ī(n.)	trust
위임자	mandans -antis(m.)	mandator
위임하다	commendō -āre	entrust

한국어	라틴어	영어
위조 지폐	adulterini nummi	forged bill
위탁	depositum -ī(n.)	depository
위험	periculum -ī(n.)	danger
위협하는	minax -acis	menacing
위협하다	minitor -āre	threaten
유교	Confucianismus -ī(m.)	Confucianism
유년시기	pueritia -ae(f.)	childhood
유대	Judaea -ae(m.)	Judea
유대인	Judaea -ae(m.)	Jews
유럽	Europa	Europe
유럽인	Europaeus -ī(m.)	European
유리공	vitrearius -ī(m.)	glass artisan
유리판	lamina vitrea	glass pane
유명론	Nomminalismus -ī(m.)	Nominalism
유명한	celeber -bris -bre	famous
유명한	cognitus -a -um	famous
유물론	Materialismus -ī(n.)	Materialism
유배	exsilium -ī(n.)	banishment
유배	exsilium -ī(n.)	exile
유사하게	similiter	similarly
유사한	similis -is -e	resembling
유산상속	hereditās -atis(f.)	inheritance
유서	testamentum -ī(n.)	testament
유성	stella vaga	shooting star
유식한	gnarus -a -um	expert
유아	infans -antis(m.f.)	infant
유아	liberi -orum(m.pl.)	child
유아시대	infantia -ae(f.)	childhood
유연한	flexibilis -is -e	flexible
유용하나 필수적이 아닌 것	affinis -is	accessory
유용하다	prosum (irregular)	be useful
유익한	utilis -is -e	profitable

한국어	라틴어	영어
유죄를 인정하다	convincō -ere	refute
유죄자	sons sontis(m.)	guilty person
유채	brassica olearia campestris	rape
유쾌한	iucundus -a -um	delightful
유혹하다	eliciō -ere	entice
유황	sulfurata ramenta	sulfur
유황	sulphur -uris(n.)	sulphur
육계(肉桂)	casia -ae(f.)	cinnamon
육성	institutio -ōnis(f.)	upbringing
육신	corpus -ōris(n.)	body
육지의	terrestris -is -e	of the earth
육체	corpus -ōris(n.)	body
윤리	moralia -ae(f.)	morality
율법	lex legis(f.)	law
융합	fusio -ōnis(f.)	fusion
으로부터	de [+abl.]	from about
으로부터	a, ab [+abl.]	from
으르렁대다	fermō -ere	roar
은	argentum -ī(n.)	silver
은밀	occultum -ī(n.)	secrecy
은밀한	occultus -a -um	hidden
은밀히	clanculo	secretly
은전	argenteus nummus	silver coin
은전	pecunia -ae(f.)	silver coin
은전(銀錢)	opes opum(f.pl.)	silver coin
은폐하다	contegō -ere	cover up
은하수	orbis lacteus(m.)	milky way
은행	argentaria -ae(f.)	bank
은행	armeniacum -ī(n.)	gingko nut
은행가	argentarius -ī(m.)	banker
은행가	mensarius -ī(m.)	banker
은행나무	armeniaca -ae(f.)	gingko tree

한국어	라틴어	영어
은혜	beneficium -ī(n.)	mercy
은혜로운	gratus -a -um	thankful
음란한	obscoenus -a -um	lewd
음료수	potio -ōnis(f.)	drink
음모	machinatio -ōnis(f.)	conspiracy
음모를 꾸미다	cōnspirō -āre	conspire
음식	cibus -ī(m.)	food
음식	esca -ae(f.)	food
음식점	popina -ae(f.)	restaurant
음악	musica -ae(f.)	music
음악	musice -es(f.)	music
음악가	musicus -ī(m.)	musician
음전류	cursus negativus	negative current
음탕한	libidinosus -a -um	lustful
읍	oppidum -ī(n.)	town
응시하다	meditor -ari	contemplate
의견	consilia -ae(f.)	opinion
의견	opinio -ōnis(f.)	opinion
의견을 달리하다	dissentiō -fire	disagree
의논	consultatio -ōnis(f.)	consultation
의당히	merito	deservedly
의로운	iustus -a -um	righteous
의무	obligatio -ōnis(f.)	obligation
의무	oboedientia -ae(f.)	duty
의문	dubium -ī(n.)	doubt
의복	vestis -is(f.)	garment
의사	medicus -ī(m.)	doctor
의식	functio -ōnis(f.)	consiousness
의심스럽게	dubie	doubtfully
의심하다	diffidō -ere	distrust
의심하다	suspiciō -ere	mistrust
의심하다	suspicor -āri	suspect

한국어	라틴어	영어
의원	patres -um(m.pl.)	assembly man
의자	scamnum -ī(n.)	chair
의자	sella -ae(f.)	chair
의자	subsellium -ī(n.)	chair
의자	sedes -dis	chair
의지	voluntās -atis(f.)	will
의학	medicina -ae(f.)	medicine
의해서	a(b)	by
의화(義化)	iustificatio -ōnis(f.)	justification
이	pediculus -ī(m.)	lice
이 모양으로	sic	in this way
이것이 ~하다	ita est	of course
이관	advocatio -ōnis(f.)	legal assistance
이기주의	egoismus -ī(m.)	egotism
이끌고 돌아가다	reducō -ere	lead back
이끌다	ducō -ere	lead
이다	sum (irregular)	be
이다(직.현.1.단)	sum	am
이다(직.현.1.복)	sumus	are
이다(직.현.2.단)	est	are
이다(직.현.2.복)	estis	are
이다(직.현.3.단)	es	is
이다(직.현.3.복)	sunt	are
이단	haeresis -is(f.)	heresy
이단	superstitio -ōnis(f.)	heresy
이단자	haereticus -ī(m.)	heretic
이대로	sic	as follows
이동성의	mobilis -is -e	movable
이득	lucrum -ī(n.)	profit
이따금	non numquam	sometimes
이때까지	hactenus	thus far
이렇게	adeo	so

한국어	라틴어	영어
이렇게	ita	thus
이렇게	sic	thus
이렇게	tam	so
이렇게	tantundem	to the same extent
이렇게 많이	tantopere	so much
이렇게 오래	tamdiu	so long
이름 불러	nominatim	by name
이름을 부르다	nuncupō -āre	call by name
이마	frons frontis(m.)	forehead
이물	prora -ae(f.)	prow
이미	iam	already
이민	migrantes -ium(m.pl.)	migration
이발사	tonsor -ōris(m.)	barber
이발소	tonstirina -ae(f.)	barber shop
이방인	gentes -ium(n.pl.)	foreigner
이방인	gentiles -ium(m.pl.)	stragner
이불	stragulum -ī(n.)	bedspread
이빨	dens dentis(m.)	tooth
이삭	spica -ae(f.)	ear (of grain)
이상한	insolitus -a -um	unaccustomed
이슬	ros roris(m.)	dew
이야기를 하다	narrō -āre	tell a story
이야기하다	loquor -i	talk
이어서	deinceps	one after another
이어서	postmodum	afterwards
이유	causa –ae(f.)	reason
이유	motivum -ī(n.)	motive
이유없이	frustra	without reason
이익	lucrum -ī(n.)	profit
이익	quaestus -us(m.)	profit
이익이 되다	oportet -ēre	it behooves
이자	faenus -ōris(m.)	Interest

한국어	라틴어	영어
이전에	iamdiu	formerly
이전에	iamdudum	before
이전에	iampridem	long ago
이집트인	Aegyptious -ī(m.)	Egyptian
이쪽	citerior -or -us	near this side
이쪽으로	cia	to this side
이탈리아	Italia	Italy
이탈리아인	Italicus -ī(m.)	Italian
이편에	cia	this side
이편에	citra	this side
이해하기 힘든	abstrusus -a -um	abstruse
이해하다	intellegō -ere	understand
이혼	divortium -ī(n.)	divorce
이후부터	posthac	hereafter
이후에	posthac	in the future
익숙해지다	suescō -ere	be accustomed
익숙해지다	soleō -ēre	be accustomed
익은	maturus -a -um	ripe
익일	postridie	on the following day
익히다	consuescō -ere	accustom
인가	admissio -ōnis(f.)	admission
인간	homo -inis(m.)	human
인근의	propinquus -a -um	nearby
인근의	propinquus -a -um	neighboring
인내하는	patiens -entis	patient
인내하다	tolerō -āre	endure
인도	India	India
인도인	Indi -orum(m.pl.)	Indian
인력거꾼	cisiarius -ī(m.)	rickshaw man
인사하다	salutō -āre	greet
인색	avaritia -ae(f.)	stinginess
인색한	avarus -a -um	greedy

한국어	라틴어	영어
인색한	cupidus *-a -um*	lecherous
인성으로	humanitus	humanely
인쇄소	officina typographia *(f.)*	printing office
인쇄소	officina typographica	printshop
인쇄업자	typographus *-ī(m.)*	printer
인쇄직공	typographus *-ī(m.)*	pressman
인식론	Epistemologia *-ae(f.)*	epistemology
인식하는	conscius *-a -um*	conscious
인자	misericordia *-ae(f.)*	merciful
인자롭게	clementer	generously
인자한	benignus *-a -um*	merciful
인정되는	acceptus *-a -um*	acceptable
인정된	aestimatus *-a -um*	accredited
인정있게	humane	humanely
인정있는	humanus *-a -um*	generous
인정있는	humanus *-a -um*	humane
인정하다	cognoscō *-ere*	recognize
인정하다	fateor *(irregular)*	admit
인정하다	intromittō *-ere*	admit
인지하다	arbitror *arbitrari*	perceive
인질	obses *-idis(m.)*	hostage
인척	affinitas *-atis(f.)*	relative
인후	bonitas *-atis(f.)*	good
인후	fauces *-ium(f.pl.)*	good
일	labor *-ōris*	work
일(1)	unus *-a –um*	one
일(日)	dies *-ei(m.)*	day
일년간	in annum	for a year
일반으로	generaliter	in general
일반적으로	universatim	universally
일반적으로	vulgo	generally
일반적으로	universe	generally

한국어	라틴어	경어
일본	Japonia	Japan
일본의	Jaonicus -a -um	Japanese
일본인	Japo -ōnis(m.)	Japanese
일시로	in tempus	temporarily
일식	eclipsis -is(f.)	eclipse
일신론	monotheismus -ī(m.)	monotheism
일어서다	consurgō -ere	stand up
일정치 않은	incertus -a -um	uncertain
일정한	certus -a -um	regular
일주로	circuitio -ōnis(f.)	patrol
일주일	hebdomada -ae(f.)	week
일찍	mature	early
일찍이 언제	unquam	ever
일차	semel	one time
일치	consensus -us	accord
일치하다	competō -ere	coincide
일치하다	conveniō -frīre	assemble
일하다	laborō -āre	work
일하다	labō -āre	labor
일하다	molior -i	work at
일하다	operor -āri	work
임대	locatio -ōnis(f.)	rent
임대 계약	conductio -ōnis(f.)	least contract
임대 계약서	syngrapha locationis	lease agreement
임대료	locatio -ōnis(f.)	rent
임명	nominatio -ōnis(f.)	nomination
임무	munus -eris(n.)	duty
임무	munus -eris(n.)	mission
임용	institutio -ōnis(f.)	appointment
입	os ōris(n.)	mouth
입다	inducō -ere	put on
입다(옷을)	gerō -ere	wear

한국어	라틴어	영어
입방체	cubus -*ī(m.)*	cube
입법자	legistator -*ōris(m.)*	legislator
입술	labrum -*ī(n.)*	lips
입양	adoptio -*ōnis(f.)*	adoption
입장하다	intrō -*āre*	enter
입천장	palatum -*ī(n.)*	palate
입회허가	admissio -*ōnis(f.)*	entrance admission
있다(직.현.1.단)	sum	am
있다(직.현.1.복)	sumus	are
있다(직.현.2.단)	est	are
있다(직.현.2.복)	estis	are
있다(직.현.3.단)	es	is
있다(직.현.3.복)	sunt	are
잉크	atramentum -*ī(n.)*	ink
잉크병	atramentarium -*ī(n.)*	ink bottle
잊다	obliviscor -*ī*	forget
잊어버린	immemor -*ōris*	forgetful
잎	frons *frondis(f.)*	leaf

자

한국어	라틴어	영어
자(尺)	regula -*ae(f.)*	ruler
자갈	frenum -*ī(n.)*	peddle
자객	sicarius -*ī(m.)*	assassin
자격	habilitas -*atis(f.)*	qualification
자격없는	indignus -*a -um*	unworthy
자격있는	dignus -*a -um*	worthy
자고새	perdix -*icis(f.)*	partridge
자극하다	irritō -*ere*	provoke
자극하다	stimulō -*āre*	goad
자극하다	suscitō -*āre*	incite
자다	dormiō -*īre*	sleep

한국어	라틴어	영어
자동차	automobile -is(n.)	vehicle
자동차	motorcurrus -us(m.)	vehicle
자두	prunus -ī(f.)	plum
자두나무	prunum -ī(n.)	plum tree
자랑	decus -ōris(n.)	boast
자랑하다	ostentō -āre	show off
자르다	caedō -ere	cut
자르다	secō -āre	cut
자르다(가위로)	tondeō -ēre	shear
자리	matta –ae(f.)	seat
자리	storea –ae(f.)	seat
자리에서 이끌어내다	educō -ere	lead out
자매	soror -ōris(f.)	sister
자물쇠	sera -ae(f.)	lock
자백하다	confiteor -eri	confess
자비	benignitās -atis(f.)	mercy
자비	miseratio -ōnis(f.)	mercy
자비로운	clemens -entis	gentle
자석	magnes -etis(m.)	magnet
자석	magnes -etis(m.)	magnet
자선	eleemosynae -arum(f.pl.)	volunteering
자세를 잡다	cieo ciere	set in motion
자세히	accommodate	precisely
자손	posteri -orum(m.pl.)	posterity
자애	pietās -atis(f.)	affection
자연	natura –ae(f.)	nature
자연적으로	sponte	spontaneously
자유	libertās -atis(f.)	liberty
자유 노예	libertus -ī(m.)	freed-man
자유로운	liber -a -um	free
자유로운	liber -era -erum	free
자유롭게	libere	freely

한국어	라틴어	영어
자유롭게	licenter	freely
자유롭게 하다	liberō -āre	set free
자유롭게 해주다	līberō -āre	free
자유주의	Liberalismus -i(m.)	Liberalism
자전거	birota -ae(f.)	bicycle
자제하는[술 따위]	abstemius -a -um	abstemious
자제하다	retineō -ēre	hold back
자주	frequenter	frequently
자주	identidem	again and again
자주	multoties	often
자주	saepenumerō	oftentime
자지 않고 있다	evigilō -āre	be wide awake
자체의	cuncti -ae -a	of oneself
자치	autonomia -ae(f.)	autonomy
작게 찢다	laniō -āre	tear to pieces
작렬탄	pyrobola -ae(f.)	flak
작은	parvus -a -um	small
작은	pusillus -a -um	small
작은 가마	cucumella -ae(f.)	small vessel
작은 방	conclave -is(n.)	small room
작은 방울	globulus -ī(m.)	small bell
작은 염소	capella -ae(f.)	small goat
작은 의복	vesticula -ae(f.)	small garment
작은 쥐	sorex -icis(m.)	small mouse
작은 통	cupella -ae(f.)	small vat
작은동물	catulus -ī(m.)	small animal
잔	gabata -ae(f.)	cup
잔	poculum -ī(n.)	cup
잔	scyphus -ī(m.)	cup
잔(큰)	phiala -ae(f.)	big cup
잔뜩	plene	plenty
잔인	crudelitas -atis(f.)	cruel

한국어	라틴어	영어
잔인한	crudelis *-e*	cruel
잔인한	saevus *-a -um*	cruel
잔치	convivium *-ī(n.)*	party
잔치	epulae *-arum(f.pl.)*	party
잔혹한	crudelis *-is -e*	cruel
잘	bene	well
잘	probe	well
잘 배우다	ediscō *-ere*	learn well
잘라내다	excidō *-ere*	cut out
잘라서 열다	scindō *-ere*	cut open
잘못	iniuria *–ae(f.)*	wrong
잠	somnus *-ī(m.)*	sleep
잠깐	obiter	in passing
잠깐	parumper	just for a moment
잠깐 동안	paulisper	for a little while
잠두	faba *-ae(f.)*	broad bean
잠들다	obdormiō *-īre*	fall asleep
잠수함	navis subnatalis	submarine
잠시	in tempus	for a time
잠이 들다	obdormiō *-īre*	fall asleep
잠이 들다	sopiō *-īre*	put to sleep
잠잠히	tacite	quietly
잡다	capiō *-ere*	seize
잡다	corripiō *-ere*	seize
잡다	deprehendō *-ere*	catch
잡다	percipiō *-ere*	hold
잡다	rapiō *-ere*	seize
잡색의	versicolor *-ōris -e*	variegation
잡아 당기다	retrahō *-ere*	pull back
잡아 찢다	diripiō *-ere*	rend
잡아내리다	demittō *-ere*	let down
잡아늘이다	tendō *-ere*	stretch

한국어	라틴어	영어
잡아당기다	contendō -ere	strain
잡아뜯다	vellō -ere	pluck
잡아채다	eripiō -ere	snatch away
잡초	lolium -ī(n.)	weed
잡화상	condimentarius -ae(m.)	grocer
장	pagina -ae(f.)	page
장갑	chirotheca -ae(f.)	glove
장갑	digitalia -ium(n.pl.)	glove
장관	ministri publici	minister
장관	praefectus -ī(m.)	commander
장교	imperator -ōris(m.)	general
장군	dux ducis(m.)	general
장군	magister militiae	general
장군	praetor -ōris(m.)	general
장기	latrunculi -orum(m.pl.)	bandit
장기판	abacus -ī(m.)	abacus
장래에	in posterum	for the future
장례	exsequiae -arum(f.pl.)	funeral
장례	funera -um(n.pl.)	funeral
장례	funus –eris(n.)	funeral
장례식	exequiae -arum(f.pl.)	funeral
장마	imber -bris(f.)	rainy season
장면	theatrum -ī(n.)	scene
장미	rosa -ae(f.)	rose
장미나무	rosetum -ī(n.)	rose tree
장부	scheda -ae(f.)	accountant book
장소	locus -ī(m.)	location
장소	spatium -ī(n.)	location
장식하여	ornate	ornated
장애	impedimentum -ī(n.)	impediment
장인	socer –eri(m.)	father-ın-law
장치하다	ornō -āre	equip

한국어	라틴어	영어
장화	ocrea -ae(f.)	boots
잦은	frequens -entis	frequent
재	cinis -neris(m.)	ash
재단	ara -ae(f.)	altar
재료	materia -ae(f.)	material
재미없는	iniucundus -a -um	unpleasant
재미있는	iucundus -a -um	pleasant
재방문하다	repetō -ere	revisit
재봉사	sartor -ōris(m.)	tailor
재봉사	vestiarius -ī(m.)	tailor
재봉사	vestifex -īcis(m.)	tailor
재빠른	alacer -cra -crum	quick
재산	bona -orum(n.pl.)	property
재산	divitiae -arum(f.pl.)	property
재산	fortunae -arum(f.pl.)	property
재소환하다	revocō -āre	call back
재앙	clades -īs(f.)	catastrophe
재어서 나누다	emetior -i	measure out
재채기하다	sternuō -ere	sneeze
재촉하다	suadeō -ēre	urge
재판	iudicium -ī(n.)	court
재판관	Iudex -īcis(m.)	judge
재판소	tribunal -alis(n.)	law-court
재해	clades -īs(f.)	disaster
쟁기	aratrum -ī(n.)	plow
쟁기질하다	sulcō -āre	plough
쟁반	magis -īdis(m.)	plate
저녁	vesper -eris(m.)	evening
저녁때	sero	late
저녁때에	vespere	in the evening
저녁식사	cena -ae(f.)	dinner
저녁식사	cena -ae(f.)	supper

한국어	라틴어	영어
저녁식사	cena -ae(f.)	dinner
저녁의	vespertinus -a -um	evening
저당	hypotheca -ae(f.)	morgage
저당	pignus -ōris(n.)	mortgage
저명한	celeber -bris -bre	well-known
저울	libra -ae(f.)	balance
저자	auctor -ōris(m.)	author
저장하다	restituō -ere	restore
저절로	sponte	spontaneously
저주하다	maledicō -ere	curse
저항하다	repugnō -āre	resist
적갈색의	rufus -a -um	red
적게	partim	in part
적격성	idoneitās -atis(f.)	competence
적군	hostis -īs(m.)	enemy
적당하게	commode	properly
적당한	abstinens -entis	temperate
적당한	abstinens -entis	suitable
적당한	opportunus -a -um	suitable
적어도	dumtaxat	not exceeding
적어도	saltem	at least
적은	exiguus -a -um	few
적은	pauci -ae -a	few
적은	paucus -a -um	few
적은 가축	pecus -ōris(n.)	few animals
적응	accomodatio -ōnis(f.)	fitness
적응시키다	commodō -āre	adapt
적응시키다	consuescō -ere	accustom
적응하다	insuescō -ere	accustom
적의	inimicus -a -um	hostile
적절하다	decet -ēre	it is proper
적합시키다	commodō -āre	adapt

한국어	라틴어	영어
적합한	aptus *-a -um*	suitable
적합한	congruens *-entis*	suitable
전구	ampulla *-ae(f.)*	light bulb
전기	vis electrica	electricity
전기 계량기	index impensae electricae	voltameter
전나무	abies *-etis(f.)*	fir tree
전날	vigilia *-ae(f.)*	previous day
전날(日)	pridie	day before
전답	praedium *-ī(n.)*	farm
전등	lucerna electrica	headlight
전등 빛	illustratio electrica	electric light
전령	legatus *-ī(m.)*	messenger
전리품	tropaeum *-ī(n.)*	war trophy
전매	monopolium *-ī(n.)*	monopoly
전보	telegramma *-ī(n.)*	telegram
전선	filum electricum	electric wire
전시	ostentus *-us(m.)*	exhibition
전시비행하다	pervolō *-āre*	fly over
전신기	telegraphum *-ī(n.)*	telegraph
전신학	telegraphia *-ae(f.)*	telegraphy
전에	antehac	formerly
전에	ante[+acc.]	before
전에	antea	previously
전에	antique	in former times
전에	prius	previously
전에	quondam	once
전에	olim	once
전일에	pridie	the day before
전쟁	bellum *-ī(n.)*	war
전쟁	certamen *-inis(n.)*	war
전쟁없는	imbellis *-is -e*	anti-war
전쟁하다	pulsō *-āre*	battle

한국어	라틴어	영어
전지	arvum -ī(n.)	cultivated land
전지전능한	omnipotens -tentis	almighty
전진하다	progredior -i	go forward
전진하다	promoveō -ēre	advance
전진하다	succedō -ere	advance
전체의	totus -a -um	total
전축	phonographum -ī(n.)	phonography
전투	pugna -ae(f.)	battle
전투함	longa navis	impavida battleship
전혀	omnino	no doubt
전화 통화	telephonium -ī(n.)	phonecall
절구	mortarium -ī(n.)	mortar
절단된	truncus -a -um	lopped
절대 -않다	numquam	never
절대적	absolutus -a -um	absolute
절묘한	formosus -a -um	exquisite
절약하는	parcus -a -um	saving
절약하는	sobrius -a -um	sober
절제	abstinentia -ae(f.)	abstinence
절제	moderatio -ōnis(f.)	moderate
절제	temperantia -ae(f.)	moderate
절제 있는	abstemius -a -um	abstemious
절제하는	temperans -antis	self-controlled
절제하다	temperō -āre	moderate
젊은이	iuvenis -is	young man
젊은이	iuvenis -īs(m.)	youth
점심을 먹다	prandeō -ēre	eat lunch
점점	paulatim	gradually
점점	sensim	gradually
점프하다	saliō -īre	jump
접근하다	accidō -ere	approach
접근하다	accedō -ere	approach

한국어	라틴어	영어
접근하다	adeō -*īre*	approach
접시	lanx *lancis(m.)*	plate
접시	paropsis -*īdis(f.)*	plate
접시(대형)	magis -*īdis(m.)*	large plate
접시(소형)	catillus -*ī(f.)*	small plate
접합하다	comparō -*āre*	bring together
접합하다	confero *(irregular)*	bring together
정결	castitās -*atis(f.)*	chastity
정결한	castus -*a -um*	pure
정결한	pudicus -*a -um*	pure
정권	imperium -*ī(n.)*	government
정녕코	certe	sure
정답게	amice	friendly
정답게	humane	humanely
정덕	castitās -*atis(f.)*	chastity
정도를 벗어남	error -*ōris*	aberration
정돈하게	ordinatim	in order
정돈하다	comō -*ere*	arrange
정리하다	ordinō -*āre*	arrange
정맥	vena -*ae(f.)*	vein
정면	frons -*tis(f.)*	front
정면에	e contrario	in front
정밀한	exactus -*a -um*	accurate
정보	informatio -*ōnis(f.)*	information
정복하다	edomō -*āre*	conquer
정복하다	subdō -*ere*	subdue
정복하다	vincv -*ere*	conquer
정부	administratio -*ōnis(f.)*	government
정식으로	rite	formally
정신	anima -*ae(f.)*	soul
정신	mens *mentis(f.)*	mind
정신 이상	dementia -*ae(f.)*	mental problem

한국어	라틴어	영어
정신병자	amens -tis(m.)	insane
정오	meridies -ei(m.)	noon
정오에	meridie	at noon
정욕	concupiscentia -ae(f.)	lust
정원	area -ae(f.)	courtyard
정원	hortus -us(m.)	courtyard
정원	hortus -ī(m.)	garden
정육점	taberna porcina	meat shop
정의	iustitia -ae(f.)	justice
정전	indutiae -arum(f.pl.)	armistice
정절	continentia -ae(f.)	fidelity
정정	correctio -ōnis(f.)	correction
정정	emendatio -ōnis(f.)	correction
정정하다	emendō -āre	correct
정직	honestās -atis(f.)	honesty
정직한	honestus -a -um	honest
정직한	probus -a -um	honest
정직한	pudicus -a -um	chaste
정치	administratio -ōnis(f.)	administration
정하다돈	disponō -ere	arrange
정화하다	lustrō -āre	purify
정확	subtilitās -tātis	accuracy
정확하게	accurrate	accurately
정확한	exactus -a -um	accurate
정확히	accommodate	exactly
정확히	apprime	exactly
정확히	iure	justly
젖다	madeō -ere	be wet
젖은	madidus -a -um	wet
제거하다	adimō -ere	deprive
제거하다	excipiō -ere	remove
제거하다	privō -āre	deprive

한국어	라틴어	영어
제거하다	submoveō -ēre	remove
제거하다	subtrahō -ere	remove
제공하다	offero (irregular)	offer
제네바	Geneva	Geneva
제단	altare -īs(n.)	altar
제대	ara -ae(f.)	echelon
제라늄	amarantus -ī(m.)	geranium
제명	dimissio -ōnis(f.)	dismissal
제물	hostia -ae(f.)	sacrifice
제물	victima -ae(f.)	sacrifice
제복	toga -ae(f.)	uniform
제분소	pistrina -ae(f.)	flour mill
제분소 직공	pistor -ōris(m.)	miller
제분업자	molitor -ōris(m.)	miller
제비	hirundo -īnis(f.)	swallow
제비꽃	viola -ae(f.)	violet
제비를 뽑다	sortior -i	draw lots
제사	sacrificium -ī(n.)	sacrifice
제수	fratria -ae(f.)	young brother's wife
제외	exceptio -ōnis(f.)	exception
제의	planeta -ae(f.)	proposal
제의	sacrificium -ī(n.)	proposal
제의(祭衣)	casula -ae(f.)	robe
제의소	sacrarium -ī(n.)	sanctuary
제자(남)	discipulus -ī(m.)	discipline
제자(여)	discipula -ae(f.)	discipline
제재	interdictum -ī(n.)	intermediate
제적	excardinatio -ōnis(f.)	expulsion
제조소	officina -ae(f.)	factory
제조소	taberna -ae(f.)	manufactory
제조인	opifex -ĭcis(m.)	maker
제철공	faber ferrarius -brī(m.)	iron manufacturer

한국어	라틴어	영어
제출하다	immittō -ere	send in
제출하다	producō -ere	bring forward
제출하다	profero (irregular)	bring forward
제출하다	succumbō -ere	submit
제한하다	finiō -īre	limit
제화공	sutor -ōris(m.)	shoemaker
제휴자	consocius -ī(m.)	associate
조	milium -ī(m.)	millet
조각	sculptura -ae(f.)	sculpture
조각 내버리다	discutiō -ere	smash to pieces
조각가	sculptor -ōris(m.)	sculptor
조각으로 자르다	concidō -ere	cut to pieces
조각을 내다	frangō -ere	break in pieces
조각하다	scalpō -ere	carve
조개	testa -ae(f.)	clam
조건	conditio -ōnis(f.)	condition
조국	patria -ae(f.)	fatherland
조금	parum	a little
조금	parumper	for a little while
조금	paulum	a little
조금 전부터	pridem	previously
조금 전에	paullo ante	a little earlier
조금 후에	paullo post	a little later
조금 후에	post aliquanto	after a few days
조금 후에	post paullo	a few days after
조금씩 마시다	libō -āre	sip
조도	lux lucis(f.)	intensity of light
조류	volucris -is(f.)	birds
조리개	diaphragma -atis(n.)	iris
조립하다	concieō -ēre	assemble
조립하다	conducō -ere	assemble
조립하다	congredior -i	assemble

한국어	라틴어	영어
조밀한	densus -a -um	dense
조사	investigatio -ōnis(f.)	reserach
조사하다	conquirō -ere	search for
조사하다	inspiciō -ere	examine
조사해서	explorate	after searching
조산원	obstetrix -icis(f.)	maternity hospital
조상	maiores -um(m.pl.)	ancestor
조세	tributum -ī(n.)	tax
조세	vectigal -alis(n.)	tax
조심	cautela -ae(f.)	cautious
조심스런	cautus -a -um	cautious
조심스럽게	modice	only slightly
조심스럽게 무게를 달다	perpendō -ere	weigh carefully
조심없는	incautus -a -um	incautious
조심하다	caveo -ēre	be careful
조심히	caute	carefully
조언하다	moneō -ēre	advise
조용한	quietus -a -um	quiet
조용히	tacito	quietly
조용히 있다	sileō -ēre	be quiet
조용히 하다	taceō -ēre	be quiet
조정	coordinatio -ōnis(f.)	coordination
조종하다	agō -ere	drive
조카	nepos -otis(m.)	nephew
조화된	congruens -entis	coinciding
조화시키다	concinō -ere	harmonize
족하게	sat	sufficiently
존경받는	honoratus -a -um	honored
존경하다	revereor -ēri	respect
존귀한	nobilis -is -e	noble
존재	ens entis(f.)	existence
좀 떨어져	procul	far

한국어	라틴어	영어
좀 있다가	posterius	later
좁쌀	milium -ī(m.)	millet
좁은	artus -a -um	narrow
종	servus -ī(m.)	servant
종(鐘)	campana -ae(f.)	bell
종교	religio -ōnis(f.)	religion
종달새	alauda -ae(f.)	skylark
종려 가지	verbena -ae(f.)	palm branch
종려나무	palma -ae(f.)	palm tree
종루	campanile -īs(n.)	belfry
종이	papyrus -ī(m.)	paper
종족	gens gentis(f.)	clan
종종 만나다	visitō -āre	see often
좋게	bene	well
좋은	bonus -a -um	good
좋은	bonus -a -um	good
좋은	bonus -a -um	good
좋은	venustus -a -um	good
좌측으로	sinistrorsum	leftside
좌편에	sinistre	to the left
죄	culpa -ae(f.)	crime
죄	culpa -ae(f.)	sin
죄 있는	astutus -a -um	astute
죄를 용서하다	veniam dō -āre	absolve
죄수	captivus -ī(m.)	prisoner
죄악	flagitium -ī(n.)	sin
죄악	nefas(n.)[격변화 없음]	sin
죄있는	nocens -entis	guilty
죄책	imputabilitās -atis(f.)	guilty
주간	hebdomada -ae(f.)	weekly
주간에	interdiu	in the daytime
주거	penates -um(f.pl.)	home

한국어	라틴어	영어
주교	episcopus -ī(m.)	bishop
주권	dominatio -ōnis(f.)	domination
주님	Dominus -ī(m.)	God
주다	donō -āre	give
주다	dō -āre	give
주둥이	rostrum -ī(n.)	beak
주랑	xystus -ī(m.)	parvis
주민	incola -ae(f.)	inhabitant
주방	vinaria cella -ae(f.)	kitchen
주사위	talus -ī(m.)	dice
주사위	tessera -ae(f.)	dice
주석	columna -ae(f.)	pillar
주석	plumbum candidum	pillar
주소	domicilium -ī(n.)	address
주위	circumductio -ōnis(f.)	paremeter
주위에	circum	around
주의 깊게 관찰하다	considerō -āre	examine
주의하는	cautus -a -um	careful
주의하는	providus -a -um	prudent
주인	dominus -ī(m.)	owner
주인	hospes -ītis(m.)	owner
주인이 되다	dominor -ārī	be master
주일	dies dominica	Sunday
주입하다	inserō -ere	implant
주장	sententia -ae(f.)	opinion
주장하다	orō -āre	plead
주저하다	dubitō -āre	hesitate
주저하여	dubie	hesitately
주지주의	Intellectualismus -ī(m.)	Intellectualism
주황의	rubicundus -a -um	orange
죽	puls pultis(f.)	porridge
죽는	mortalis -is -e	mortal

한국어	라틴어	영어
죽다	morior *-i*	die
죽다	pereo *(irregular)*	perish
죽은	mortuus *-a -um*	dead
죽음	mors *-tis(f.)*	death
죽음	mors *mortis*	death
죽이다	caedō *-ere*	kill
죽이다	exanimō *-āre*	kill
죽이다	interficiō *-ere*	kill
죽이다	necō *-āre*	kill
죽이다	occidō *-ere*	kill
죽지 않는	immortalis *-is -e*	immortal
준비하다	parō *-āre*	prepare
준수	observantia *-ae(f.)*	observation
준수하다	pareō *-ēre*	obey
줄	lima *-ae(f.)*	file
줄기	truncus *-ī(m.)*	trunk
줄이다	minuō *-ere*	lessen
중국	Sina	China
중국인	Sinae *-arum(m.pl.)*	Chinese
중국제국	Sinarum imperium	Chinese empire
중단	interrumptio *-ōnis(f.)*	interruption
중단하다	interpellō *-ere*	interrupt
중대	manus *-ūs(f.)*	mportant
중독	veneficium *-ī(n.)*	addict
중량	pondus *-eris(n.)*	weight
중복적	multiples *-īcis*	overlapping
중상	calumnia *-ae(f.)*	defamation
중상	ictus *-ūs(m.)*	serious wound
중심	centrum *-ī(n.)*	center
중얼거리다	murmurō *-āre*	murmur
중요한	supremus *-a -um*	important
중재	arbitrale iudicium	arbitration

한국어	라틴어	영어
중재	mediatio -ōnis(f.)	arbitration
중재자	mediator -ōris(m.)	arbitrator
중죄	facinus -ōris(m.)	felony
중죄	scelus -eris(n.)	felony
중지하다	iaceō -ēre	be in abeyance
쥐	mus muris(m.)	mouse
쥐다	comprehendō -ere	grasp
쥐어 짜다	comprimō -ere	squeeze
즉	nempe	of course
즉	nimirum	no doubt
즉	scilicet	evidently
즉시	continuo	immediately
즉시	confestim	immediately
즉시	extemplo	right away
즉시	illico	immediately
즉시	numero	at the right time
즉시	statim	at once
즉시	subinde	promptly
즐거운	laetus -a –um	glad
즐거움	gaudium -ī(i)	joy
즐거움	laetitia -ae	joyfulness
즐거움	laetitia -ae(f.)	joy
즐거워하는	hilaris -is –e	merry
즐겁게	gratanter	joyfully
즐겁게	grate	joyfully
즐겁다	libet -ēre	it is pleasing
즐겨하는	libens -entis	willing
즐기다	fruor (irregular)	enjoy
증가시키다	multiplicō -āre	multiply
증가하다	augeō -ēre	increase
증거	testimonium -ī(n.)	evidence
증거를 제시하다	testor -āri	give evidence

한국어	라틴어	영어
증거자	confessor -ōris(m.)	confessor
증명된	manifestus -a -um	manifest
증명하다	comprobō -āre	prove
증명하다	experior (irregular)	prove
증명하다	probō -āre	prove
증언	depositio -ōnis(f.)	testimony
증여	donatio -ōnis(f.)	donation
증오	odium -ī(n.)	hatred
증오하다	abhorreō -ēre[+ ab]	abhor
증인	testis -īs(m.)	witness
증인	vas vadis(m.)	witness
증조모	proavia -ae(f.)	great grandmother
증조부	proavus -ī(m.)	great grandfather
지구	orbis -īs(m.)	earth
지구	terra -ae(f.)	earth
지구(地區)	decanatus -ī(m.)	land
지구의	terrestris -is -e	of the earth
지극히 가까운	proximus -a -um	next
지극히 적게	minime	least of all
지극히 적어도	slatem	at least
지극히 큰	summus -a -um	enormous
지금	in praesentia	at present
지금	nunc	now
지금까지	adhuc	still
지금까지	antehac	before now
지금까지	eatenus	so far
지금까지	hactenus	up to now
지금까지	hactenus	until now
지금으로부터	abhinc	ago
지나가게 하다	praetermittō -ere	let pass
지나는 길에	obiter	on the way
지나치다	praetereo (irregular)	pass by

한국어	라틴어	영어
지네	milipeda *-ae(f.)*	centipede
지능	ingenim *-ī(n.)*	intelligence
지도서	Directorium *-ī(n.)*	textbook
지도하다	dirigō *-ere*	direct
지렁이	lumbricus *-ī(m.)*	worm
지루한	lentus *-a -um*	boring
지명하다	destinō *-āre*	appoint
지명하여	nominatim	nominated
지방	regio *-ōnis(f.)*	fat
지방으로	regionatim	to the district
지방질의	pinguis *-īs -e*	fat
지불	solutio *-ōnis(f.)*	payment
지불	solutio *-ōnis(f.)*	payment
지불금	merces annua	payment
지불금	pensio *-ōnis(f.)*	payment
지불하다	luō *-ere*	pay
지불하다	persolvō *-ere*	pay
지붕	tectum *-ī(n.)*	roof
지붕 꼭대기	fastigium *-ī(n.)*	roof
지속하다	permaneō *-ēre*	last
지시하다	praescribō *-ere*	direct
지식	scientia *-ae(f.)*	knowledge
지연하다	moror *-āri*	delay
지옥	infernus *-ī(m.)*	hell
지원하다	sublevō *-āre*	support
지원하다	sustentō *-āre*	support
지적하다	designō *-āre*	indicate
지적하다	indicō *-āre*	point out
지적하다	significō *-āre*	indicate
지정하다	inscribō *-ere*	assign
지주	fultura *–ae(f.)*	support
지지하다	sustineō *-ēre*	support

한국어	라틴어	영어
지참금	dos *dotis(f.)*	dowry
지체	membra *-orum(n.pl.)*	limb
지체하는	lentus *-a -um*	sluggish
지체하는	tardus *-a -um*	sluggish
지치게 하다	taedet *-ēre*	it wearies
지침서	Directorium *-ī(n.)*	directory
지키다	custodiō *-īre*	guard
지팡이	arundo *-ĭnis(f.)*	cane
지팡이	baculus *-ī(m.)*	cane
지폐	nummus *-ī(m.)*	currency
지폐	schedula argentaria	currency
지하도	subterraneus transitus	underpass
지하의 석탄	carbo subterraneus	coal
지향	intentio *-ōnis(f.)*	intention
지혜	prudentia *-ae(f.)*	wisdom
지혜	sapientia *-ae(f.)*	wisdom
지혜로운	prudens *-entis*	foreseeing
지혜로운	sapiens *-entis*	wise
지혜롭게	consulte	wisely
지휘자	moderator *-ōris(m.)*	director
직경	diametros *-ī(f.)*	diameter
직공	opifex *-ĭcis(m.)*	workman
직립하다	erigō *-ere*	make upright
직무	officium *-ī(n.)*	duty
직물	textum *-ī(n.)*	texture
직선으로	e regione	directly
직접	comminus	direct
직접	recte	directly
직접의	directus *-a -um*	direct
직접의	praesens *-entis*	face to face
직책	officium *-ī(n.)*	duty
진	castra *-orum(n.pl.)*	camp

한국어	라틴어	영어
진리	veritas -tātis(f.)	truth
진리의	verus -a –um	true
진리의	verax -acis	truthful
진실	veritas -tātis(f.)	truth
진실로	vere	truly
진실한	verax -acis	truthful
진실히	quidem	in fact
진저리내다	abominor -ārī	abominate
진정시키다	placō -āre	calm
진정시키다	mulceō -ēre	soothe
진정제	lenimentum -ī(n.)	sedative
진주	margarita -ae(f.)	pear
진행하다	proficiō -ere	make progress
진홍의	purpureus -a -um	crimson
진화론	evolutionismus -ī(m.)	evolutionism
질료	materia -ae(f.)	material
질문	interrogatio -ōnis(f.)	question
질서있게	ordinate	regularly
질투	invidia –ae(f.)	envy
질투	invidia –ae(f.)	jealousy
짐꾼	baiulus -ī(m.)	porter
짐마차	plaustrum -ī(n.)	cart
짐수레	plaustrum -ī(n.)	cart
짐승	bestia –ae(f.)	beast
짐승	bestia –ae(f.)	animal
짐승	fera -ae(f.)	beast
짐승의 털	seta -ae(f.)	bristle
짐을 지우다	onerō -āre	burden
집	aedes -ium(f.pl.)	house
집	cuniculus -ī(m.)	house
집	domus -ī(f.)	house
집	domus -ūs(f.)	house

한국어	라틴어	영어
집	penates *-um(f.pl.)*	house
집게	forceps *-pis(f.)*	forceps
집단	coetus *-us(m.)*	crowd
집세	locatio aedium	house rent
집안	familia *-ae(f.)*	family
집으로 향하여	domum	homewards
집행	exsecutio *-ōnis(f.)*	execution
집행자	exsecutor *-ōris(m.)*	executor
짓다[건물]	aedificō *-āre*	build
짓밟다	conculcō *-āre*	trample
짓밟다	obterō *-ere*	trample on
짖다	construō *-ere*	build
짖다	latrō *-āre*	bark
짖다	struō *-ere*	build
짜 맞추다	texō *-ere*	weave
짜다	nectō *-ere*	weave
짠	salsus *-a -um*	salty
짧게 자르다	praecidō *-ere*	cut short
짧게 자르다	recidō *-ere*	cut back
짧은	brevis *-is -e*	short
쫓다	consequor *-i*	pursue
쫓다	impellō *-ere*	drive
쫓아내다	depellō *-ere*	expel
쫓아내다	exigō *-ere*	drive out
쫓아내다	expellō *-ere*	drive out
찢다	revellō *-ere*	tear off
찢어 나누다	descerpō *-ere*	tear apart
찢어 열다	rimor *-āri*	tear open
찢어내다	decerpō *-ere*	pluck off
찢어내다	evellō *-ere*	tear out
찧다	conterō *-ere*	grind

한국어	라틴어	영어

차

한국어	라틴어	영어
차	currus -ūs(m.)	vehicle
차	raeda -ae(f.)	carriage
차	vehiculum -ī(n.)	vehicle
차가운	frigidus -a -um	cold
차가운	gelidus -a -um	cold
차고	custodiarium -ī(n.)	garage
차꼬	compedes -um(m.pl.)	shackle
차돌	silex -icis(m.)	silicate
차례로	composite	in orderly way
차례로	compositio	by prearrangement
차례로	composite	in an orderly manner
차부제	subdiaconus -ī(m.)	subdeacon
차분해지다	sedō -āre	calm
차용	commodatum -ī(n.)	loan
차용자	inquilinus -ī(m.)	borrower
차용증서	syngrapha -ae(f.)	bond of debt
차차	sensim	gradually
차표	tessera -ae(f.)	ticket
착오	error -ōris(m.)	error
착오	error -ōris(m.)	error
착오	menda -ae(f.)	error
착한	probus -a -um	docile
참관인	observator -ōris(m.)	observer
참깨	sesamum -ī(n.)	sesame
참나무	quercus -us(f.)	oak
참다	fero (irregular)	bear
참다	insistō -ere	stand firm
참다	tolerō -āre	endure
참된	verus -a -um	genuine
참새	passer -eris(m.)	sparrow

한국어	라틴어	영어
참석하다	ministrō -āre	attend to
참여하는	particeps -cipis	taking part in
참으로	sane	truly
참으로	vere	really
참을 만한	tolerabilis -is -e	patient
참지 못하는	impatiens -entis	impatient
창	cuspis -īdis(f.)	lance
창	hasta -ae(f.)	lance
창	lance -ae(f.)	lance
창	sclopetum -ī(n.)	lance
창문	fenestra -ae(f.)	window
창문	horreum -ī(n.)	window
창백하다	palleō -ēre	be pale
창백한	pallens -entis	pale
창백한	pallidus -a -um	pale
창백해지다	pallescō -ere	turn pale
창살	cancelli -orum(m.pl.)	bars
창설자	fundator -ōris(m.)	founder
창자	viscera -um(n.pl.)	intestines
창조	creatio -ōnis(f.)	creation
창조자	creator -ī(m.)	creator
창조주	Creator -ōris(m.)	Creator
창조하다	creō -āre	creat
창피를 주다	deprimō -ere	abase
찾다	conquirō -ere	search for
찾다	inveniō -īre	find
찾다	reperiō -īre	find out
찾다	requirō -ere	search for
채권	creditum -ī(n.)	bond
채권 보상	crediti compensatio	redemption
채권자	creditor -ōris(m.)	creditor
채무 보상	debiti compensatio	redemption

한국어	라틴어	영어
채무자	debitor -ōris(m.)	debtor
채우다	impleō -ēre	fill
채우다	stipō -āre	stuff
채찍	flagellum -ī(n.)	whip
채찍	flagrum -ī(n.)	whip
채찍	verber -eris(n.)	whip
책	liber -brī(m.)	book
책 제본상	glutinator -ōris(m.)	bookbinder
책략을 쓰다	eludō -ere	outmaneuver
책략을 쓰다	evadō -ere	maneuver
책망하다	damnō -āre	condemn
책방	taberna libraria	book store
책임을 지다	praeficiō -ere	put in charge
책임을 지우다	accusō -āre	accuse
책임이 있다	praesum (irregular)	be in charge
책장수	bibliopola -ae(f.)	bookseller
처남	levir -īri(m.)	brother-in-law
처녀	virgo -īnis(f.)	virgin
처방	remedium -ī(n.)	remedy
처음에	primo	at first
척추	vertebra -ae(f.)	vertebrae
천(1,000)	mille	one thousand
천구백(1900)	mille nongenti	nineteen hundred
천구백구십(1990)	mille nongenti nonaginta	nineteen ninety
천구백일(1901)	mille nongenti unus	nineteen hundred and one
천국	coelum -ī(m.)	heaven
천국같이	caeleste	heavenly
천기	temperies -ei(f.)	weather
천기	tempestas -atis(f.)	weather
천둥치다	tonō -āre	thunder
천막	aulaeum -ī(n.)	tent
천막 제조인	aulaeorum opifex	tent manufacturer

한국어	라틴어	영어
천부장	chiliarchus -ī(m.)	officer
천사	angelus -ī(m.)	angel
천주의	divinus -a -um	heavenly
천천히	lente	slowly
천천히	tarde	slowly
천축(天軸)	cardo coeli	axle of heaven
천한	ignobilis -is -e	low-born
천한	sordidus -a -um	humble
천한	vilis -is -e	worthless
철	ferrum -ī(n.)	iron
철갑선	navis loricata	ironclad
철궤도	via ferrata	iron covered road
철로	linea ferrea	railroad
철수하다	decedō -ere	withdraw
철저히	penitus	thoroughly
철침	incus –udis(f.)	anvil
철학	philosophia -ae(f.)	philosophy
철학자	philosophus -ī(m.)	philosophy
첨형	pyramis -īdis(f.)	pyramid
첫 번으로	primum	for the first time
첫 번째	primus -a -um	first
청각	auditus -ūs(m.)	hearing
청결한	immaculatus -a -um	clean
청결한	purus -a -um	clean
청구	rogatio -ōnis(f.)	demand
청구인	actor -ōris(m.)	demander
청년	iuvenes -īum(m.pl)	juvenile
청년시대	iuventa -ae(f.)	youth
청년시절	iuventus -utis(f.)	youth
청명한	serenus -a -um	fine
청부업자	conductor -ōris(m.)	contractor
청부인	locator -ōris(m.)	contractor

한국어	라틴어	영어
청소년	adolescens -entis(m.)	adolescent
청소년시대	adolescentia -ae(f.)	adolescence
청옥	sapphirus -ī(f.)	sapphire
청하다	obsecrō -āre	beg
청하다	verrō -ere	sweep
체육관	gymnasium -ī(n.)	gymnasium
체하다	dissimulō -āre	pretend
쳐부수다	devincō -ere	defeat
초	candela -ae(f.)	candle
초	secunda -ae(f.)	Second
초가집	casa -ae(f.)	thatched cottage
초대하다	invitō -āre	invite
초래하다	gignō -ere	beget
초벌 원고	adversaria -orum(n.)	first manuscript
초상	effigies -ei(f.)	portrait
초상	exsequiae -arum(f.pl.)	funeral
초상	imago -īnis(f.)	image
초석	salnitrum -ī(n.)	nitrate
초승달	luna nova	crescent
초원	pratum -ī(n.)	meadow
초인종	tinnitus electricus	bell
초하루[로마력]	calendae -arum(f.pl.)	calendar
촉감	tactus -ūs(m.)	touch
촌사람	rusticus -ī(m.)	rustic
촛대	candelabrum -ī(n.)	candlestick
총명	ingenim -ī(n.)	innate quality
총명한	sollers -ertis	clever
최고의	supremus -a -um	greatest
최근	modo	just recently
최근의	citimus -a -um	nearest
최초부터	aborigines -um(pl.)	aborigines
최후에	postremum	last of all last

차

한국어	라틴어	영어
최후에	ultimum	for the last time
최후의	extremus -a -um	extreme
최후의	postremus -a -um	last
추(鞦)	postilena -ae(f.)	rump
추격하다	fugō -āre	chase
추구하다	consequor -i	pursue
추구하다	persequor -i	pursue
추기경	cardinalis -īs(m.)	cardinal
추방되다	exsulō -āre	be banished
추상적인	mente perceptus -a -um	abstract
추수	messis -is(f.)	harvest
추위	frigus -ōris(n.)	cold
추적하다	fugō -āre	chase
추한	deformis -is -e	ugly
추한	foedus -a -um	foul
추한	turpis -is -e	ugly
축일	festum -ī(n.)	holiday
축적	congestus -ūs	accumulation
축제	festum -ī(n.)	holiday
축축하게하다	rorō -āre	moisten
축축하다	umeō -ēre	be damp
축축한	humidus -a -um	moist
출발하다	discedō -ere	depart
출생	ortus -ūs(m.)	birth
출석하다	adsum –esse	be present
출석하다	adsum -esse	present
출입장부	codex accepti et expensi	accountant book
출자인	commodator -ī(n.)	lender
출판	editio -ōnis(f.)	publishment
춤	saltatio -ōnis(f.)	dance
충고하다	moneō -ēre	advise
충만하게	plene	plenty

한국어	라틴어	영어
충만히	cumulate	completely
충분히	satis	enough
충성스러운	ficelis -is –e	faithful
충실	fidelitās -atis(f.)	fidelity
충족한	refertus -a -um	full
취득하다	potior -i	acquire
취한	ebrius -a -um	drunk
측정하다	metior -i	measure
층	gradus -ūs(m.)	step
층계	scalae -arum(f.pl.)	ladder
치료	cura -ae(f.)	care
치료하다	sanō -āre	cure
치료하다	sarciō -īre	mend
치밀	subtilitās -tātis	accuracy
치열한	ardens -entis	eager
치욕	dedecus -oris(n.)	disgrace
치욕	flagitium -ī(n.)	disgrace
치우다	adimō -ere	take away
치우다	auferō -erre	take away
치즈	caseus -ī(m.)	cheese
친구(남)	amicus -ī(m.)	friend
친구(여)	amica –ae(f.)	friend
친구[남성]	amicus -ī(m.)	friend
친구[여성]	amica –ae(f.)	friend
친근한	proximus -a -um	nearest
친절하게	amice	kindly
친절하게	civiliter	kindly
친절하게	humaniter	kindly
친절한	amicus -a -um	friendly
친절한	amabilis -is -e	lovable
친절한	benevolus -a -um	kind
친절한	benignus -a -um	kind

한국어	라틴어	영어
친절한	humanus *-a -um*	kind
친절히	liberaliter	kindly
친족	cognati *-orum(m.pl.)*	relatives of the same name
친족	cognatio *-ōnis(f.)*	relatives
친척	propinqui *-orum(m.pl.)*	relatives
칠면조	pavō *-nis*	turkey
칠현금	fides *-ium(f.pl.)*	string
칠현금연주자	fidicen *-inis(m.)*	lyre player
침	acus *-ūs(f.)*	needle
침 뱉다	spuō *-ere*	spit
침대	cubile *-is(n.)*	bed
침묵	silentium *-ī(n.)*	silence
침묵하는	tacitus *-a -um*	silent
침실	cubile *-is(n.)*	bed
칭찬	laus *ludis(f.)*	praise
칭찬하다	laudō *-āre*	praise

카

한국어	라틴어	영어
칸막이	cratis *-īs(f.)*	partitioning
칼	culter *-tri(m.)*	knife
캐스터네츠	crotalum *-ī(n.)*	cast-net
커피	cafaeum *-ī(n.)*	coffee
컴컴한	opacus *-a -um*	dark
컴퍼스	circinus *-ī(m.)*	compass
케이크	crustum *-ī(n.)*	cake
코	nasus *-ī(m.)*	nose
코	odoratus *-ūs(m.)*	smell
코끼리	elephantus *-ī(m.)*	elephant
코끼리	elephas *-antis(m.)*	elephant
코러스	chorus *-ī(m.)*	choir

한국어	라틴어	영어
코를 골다	stertō -ere	snore
콘스탄티노플	Constantinopolis	Constantinople
콧구멍	nares -ium(f.pl.)	nostrils
콩	pisum -ī(n.)	pea
콩새	turdus -ī(m.)	thrush
쾌락	voluptas -atis(f.)	pleasure
쾌활한	laetus -a -um	cheerful
쾌활한	laetus -a -um	cheerful
쾌히	ociter	agreeably
큐피드	Cupido -inis(m.)	Cupid
크게	magnopere	greatly
크게 힘써	magnopere	heartily
크리스마스	Nativitas -atis(f.)	Christmas
큰	magnus -a -um	great
큰	magnus -a -um	big
큰 가축떼	armentum -ī(n.)	herd
큰 강	amnis -is(m.)	river
큰 강	fluvius -ī(m.)	river
키	gubernaculum -ī(n.)	rudder
키	ventilabrum -ī(n.)	fan
키스	basium -ī(n.)	kiss

타

한국어	라틴어	영어
타	gubernaculum -ī(n.)	rudder
타격	ictus -ūs(m.)	hit
타락한	corruptus -a -um	spoiled
타박상을 주다	pinsō -ere	bruise
타오르다	ardeō -ēre	blaze
타인의	alienus -a -um	another
타협	compromissum -ī(n.)	compromise

한국어	라틴어	영어
탁월한	egregius *-a -um*	uncommon
탁자	mensa *-ae(f.)*	table
탁자에 기대다	discumbō *-ere*	recline at a table
탁출한	eximius *-a -um*	exceptional
탄원하는	supplex *-licis*	kneeling
탄환	glans *glandis(f.)*	bullet
탄환	plumbea glans	leaden bullet
탄환	plumbum *-ī(n.)*	leaden
탈것	raeda *–ae(f.)*	carriage
탈출하다	effugiō *-ere*	escape
탈취물	spolia *-orum(n.pl.)*	spoils
탈취물	exuviae *-ārum(f.pl.)*	spoil
탐도	gula *-ae(f.)*	greed
탐문	percontatio *-ōnis(f.)*	investigation
탐식하다	devorō *-āre*	devour
탐욕	cupiditas *-ātis(f.)*	eagerness
탐욕	gula *-ae(f.)*	greed
탐욕스런	gulosus *-a -um*	greedy
탐하는	avidus *-a -um*	covetous
탐하는	cupidus *-a -um*	ambitious
탑	turris *-is(f.)*	tower
탑	turris *-is(f.)*	tower
태(胎)	fetus *-us(m.)*	fetus
태도	habitus *-ūs(m.)*	condition
태만	neglectus *-us(m.)*	negligence
태만	neglegentia *-ae(f.)*	negligence
태양	sol *sōlis(m.)*	sun
태어나다	nascor *-i*	be born
태우다	cremō *-āre*	burn
태우다	urō *-ere*	burn
태평한	securus *-a -um*	carefree
터	basis *-is(f.)*	base

한국어	라틴어	영어
터뜨리다	rumpō -ere	burst
터어키	Turcarum regio	Turkey
터어키인	Turcae -arum(m.pl.)	Turk
턱	genae -arum(f.pl.)	projection
턱	maxilla -ae(f.)	jaw
턱	mentum -ī(f.)	chin
턱뼈	maxilla -ae(f.)	jaw
털모자	galerus -ī(m.)	leather cap
털모자	pileum -ī(n.)	felt cap
털어 내다	excutiō -ere	shake out
토끼	cuniculus -ī(m.)	rabbit
토끼	lepus -ōris(m.)	hare
토대	basis -is(f.)	base
토란	colocaia -ae(f.)	lotus
토란	solanum tuberosum	taro
토론	dialectica -ae(f.)	discussion
토론	disputatio -ōnis(f.)	discussion
토막토막	acervatim	in heaps
토양	gleba -ae(f.)	lump of earth
토의	disceptatio -ōnis(f.)	debate
토지	solum -ī(n.)	soil
토지	terra -ae(f.)	land
토하다	evomō -ere	vomit
톱	serra -ae(f.)	saw
통고	intimatio -ōnis(f.)	intimation
통곡	fletus -ūs(m.)	crying
통보	notificatio -ōnis(f.)	notification
통속적	vulgaris -is -e	usual
통속적으로	vulgariter	traditionally
통역자	interpres -etis(m.f.)	interpreter
통역하다	interpretor -āri	interpret
통째로	conglobatim	totally

한국어	라틴어	영어
통치하다	regnō -āre	rule
통치하다	regō -ere	rule
통합하여	summatim	generally
퇴각	receptus -ūs(m.)	taking back
퇴각하다	deducō -ere l	ead away
퇴각하다	removeō -ēre	move back
퇴폐한	corruptus -a -um	corrupt
투구	galea -ae(f.)	helmet
투명한	pellucidus -a -um	transparent
투병기	missile -ī(n.)	missile
투자	collocatio pecuniae	investment
투쟁	luctatio -ōnis(f.)	wrestling
투창	iaculum -ī(n.)	dart
투철히	penitus	thoroughly
투표	suffragium -ī(n.)	vote
퉁소	fistula -ae(f.)	flute
특급 열차	tractus citatissimus	special express train
특별히	apprime	especially
특별히	particulatim	particularly
특별히	praecipue	especially
특별히	specialiter	especially
특별히	speciatim	especially
특히	confertim	shoulder to shoulder
특히	plurimum	especially
특히	praesertim	especially
틀리는	impar -aris	uneven
티티새	merula -ae(f.)	blackbird

파·

파	cepula -ae(f.)	leek

한국어	라틴어	영어
파견	missio *-ōnis(f.)*	mission
파괴하다	deleō *-ēre*	destroy
파괴하다	diruō *-ere*	demolish
파괴하다	dissolvō *-ere*	destroy
파괴하다	interimō *-ere*	destroy
파괴하다	perdō *-ere*	destroy
파괴하다	perimō *-ere*	destroy
파괴하다	populō *-āre*	ravage
파괴하다	vastō *-āre*	ravage
파다	fodiō *-ere*	dig
파다	sepeliō *-īre*	bury
파도	fluctus *-us(m.)*	wave
파도	unda *-ae(f.)*	wave
파리	musca *-ae(f.)*	fly
파리	Parisii *-orum(m.pl.)*	Paris
파문	excommunicatio *-ōnis(f.)*	excommunication
파묻다	sepeliō *-īre*	bury
파선	naufragium *-ī(n.)*	shipwreck
파슬리류	coerefolium *-ī(n.)*	parsley
파종자	sator *-ōris(m.)*	sower
판	charta *-ae(f.)*	chart
판결	iudicium *-ī(n.)*	judgment
판매	venditio *-ōnis(f.)*	sale
판매자(남)	venditor *-ōris(m.)*	vender
판매자(여)	venditrix *-icis(f.)*	vender
판매중이다	veneo *(irregular)*	be for sale
판정하다	iudicō *-āre*	judge
팔	brachium *-ī(n.)*	arm
팔꿈치	cubitus *-ī(m.)*	elbow
팔다	vendō *-ere*	sell
팔레스타인	Palaestina	Palestine
팔레스타인 사람	Palaestinus *-ī(m.)*	Palestinian

한국어	라틴어	영어
팔찌	armilla *-ae(f.)*	armlet
팥	lens *lentis(f.)*	lentil
패주	fuga *-ae(f.)*	escape
팽이	turbo *-inis(m.)*	spindle
팽팽하게 하다	contendō *-ere*	strain
페이지	pagina *-ae(f.)*	page
펜	penna *-ae(f.)*	pen
펠리칸	pelicanus *-ī(m.)*	pelican
펴다	distendō *-ere*	stretch out
편리하게	commodo	easily
편리한	commodus *-a -um*	convenient
편리한	utilis *-is -e*	useful
편안하게 하다	solor *-ārī*	comfort
편안한	quietus *-a -um*	resting
편지	charta *-ae(f.)*	paper
편지	epistula *-ae (f.)*	letter
펼치다	pertineō *-ēre*	extend
펼치다	revolvō *-ere*	unroll
평각	angulus normalis	straight angle
평면	superficies *-ei(f.)*	plane
평민	plebs *plebis(f.)*	common people
평범하게	vulgariter	normally
평소에	plerumque	usually
평소의	solitus *-a -um*	usual
평야	planities *-ei(f.)*	flat surface
평의회	consilium *-ī(m.)*	council
평이한	facilis *-is –e*	easy
평일	feria *-ae(f.)*	weekday
평판	fama *-ae(f.)*	fame
평화	pax *pacis(f.)*	peace
평화로운	imbellis *-is -e*	peaceful
평화롭게 하다	pacō *-āre*	pacify

한국어	라틴어	영어
폐	lien -ēnis(m.)	spleen
폐	pulmo -ōnis(m.)	lung
폐지	abrogatio -arum(f.pl.)	prohibition
폐지된	inusitatus -a -um	eliminated
폐지하다	abrogō -āre	abrogate
포고	decretum -ī(n.)	decree
포고하다	decipiō -ere	proclaim
포구	portus -ūs(m.)	port
포기하다	dedō -āre	surrender
포기하다	deserō -ere	abandon
포기하다	se abdicō -āre	abdicate
포대	tormentoria arma	armor
포도나무	vitis -is(f.)	vine
포도주	vinum -ī(n.)	wine
포로	captivus -ī(m.)	captured
포르투갈	Lusitania	Portugal
포르투갈인	Lusitanus -ī(m.)	Portugese
포수	venator -ōris(m.)	hunter
포악한	ferōx -ōcis	fierce
포옹하다	complector -i	embrace
포위하다	obsideō -ēre	beseige
포장	fascis -īs(m.)	wrapping
포장	fascisulus -ī(m.)	wrapping
포크	fuscinula -ae(f.)	fork
포크	fuscina -ae(f.)	trident
포탄	ferreus globus	iron ball
포탄 상자	capsula -ae	small box
포플라	populus -ī(f.)	paper tree
포함하다	contineō -ēre	contain
포획하다	capiō -ere	capture
폭군	tyrannus -ī(m.)	monarch
폭력을 행사하다	violō -āre	do violence to

한국어	라틴어	영어
폭악한	crudelis -is -e	cruel
폭풍우	procella -ae(f.)	violent wind
폴란드	Polonia	Poland
표	signum -ī(n.)	sign
표를 던지다	adiciō -ere	throw toward
표면	superficies -ei(f.)	surface
표명	manifestatio -ōnis(f.)	expression
표범	panthera -ae(f.)	panther
표시하다	exhibeō -ēre	display
표시하다	notō -āre	mark
표시하다	signō -āre	mark
푯말	paxillus -ī(m.)	signpost
푸르게	viride	freshly
풀	gramen -inis(n.)	grass
풀	herba -ae(f.)	grass
풀	palea -ae(f.)	chaff
풀다	resolvō -ere	unfasten
풀무	follis -is(m.)	bellows
품다	contineō -ēre	contain
품위	dignitās -atis(f.)	dignity
품위 있는	gracilis -e	elegant
품행	mores -um(m.pl.)	conduct
풍금	harmonium -ī(n.)	organ
풍금	organum -ī(n.)	organ
풍부	abundantia -ae	abundance
풍부	facultates -um(f.pl.)	richness
풍부	opulentia -ae(f.)	opulence
풍부하게	abundanter	abundantly
풍부하게	abunde	abundantly
풍부한	abundans -antis	abundant
풍부한	fecundus -a -um	abundant
풍부한	opulentus -a -um	opulent

한국어	라틴어	영어
풍부히	large	abundantly
풍성	copia -ae(f.pl.)	abundance
풍성한	luxuriosus -a -um	exuberant
풍성한	opulens -entis	opulent
풍성히	affatim	sufficiently
프랑스	Francia	France
프랑스	Gallia	France
프랑스인	Francus -ī(m.)	France
프랑스인	Gallus -ī(m.)	France
피	sanguis -inis(m.)	blood
피(皮)장	sutor -ōris(m.)	shoemaker
피고	reus rei(m.)	the accused
피고소인	accusatus -ī(m.)	accused
피곤하다	langueō -ēre	be tired
피리	tibia -ae(f.)	flute
피리부는 사람	tibicen -inis(m.)	flutist
피부	cutis -is(f.)	skin
피스타치오 열매	pistacium -ī(n.)	pistachio
필요	necessitās -ātis(f.)	necessity
필요로 하다	indigeō -ēre	need
필통	calamaria theca -ae(f.)	box

하

한국어	라틴어	영어
하구	ostium -ī(n.)	door
하나	unus -a -um	one
하나님	Deus -ī(m.)	God
하나님 능력에 의해	divinitus	by God's power
하나님의 능력으로	divine	by God's power
하나로 하다	conciliō -āre	unite
하나씩	singulariter	particularly

한국어	라틴어	영어
하나의	singularis *-is -e*	single
하나의	singuli *-ae -a*	single
하녀	ancilla *-ae(f.)*	slave girl
하녀	famula *-ae(f.)*	slave girl
하늘	caelum *-ī(n.)*	heaven sky
하늘	coelum *-ī(n.)*	sky
하늘에 속한 듯	caeleste	heavenly
하늘의	caelestis *-is -e*	heavenly
하다	faciō *-ere*	do
하다	faciō *-ere*	make
하루	dies *-iei(m.)*	day
하루	dies *-ēi(m.)*	day
하루 동안	in diem	for a future day
하상	alveus *-ī(m.)*	hollow
하수구	colliciae *-arum(f.pl.)*	water spout
하안	ripa *-ae(f.)*	river bank
하인	famulus *-ī(m.)*	servant
하지만	autem	however
하품하다	hiō *-āre*	yawn
하현(달)	luna decrescens	moon
학	grus *-is(f.)*	crane
학과목	disciplina *-ae(f.)*	subject
학교	schola *-ae(f.)*	school
학구적인	academicus *-a -um*	academic
학살	nex *necis(f.)*	violent death
학살하다	trucido *-āre*	laughter
학생	discipulus *-ī(m.)*	student
학생(남)	discipulus *-ī(m.)*	pupil
학생(여)	discipula *-ae(f.)*	pupil
학위	academicus gradus	degree
학자	doctor *-oris(m.)*	scholar
학질	febris *-is(f.)*	fever

한국어	라틴어	영어
한 모양으로	item	likewise
한(1)시 반	hora prima cum dimidi	one thirty
한(1)시 십(10)분	hora prima cum decem	ten past one
한(1)시 십오(15)분	hora prima cum quadrante	quarter past one
한(1)시 이십(20)분	hora prima cum viginti	twenty past one
한(1)시 이십오(25)분	hora prima cum viginti quinque	twenty five past one
한(恨)	odium -ī(n.)	nuisance
한가지로	simul	together
한가지로	una	together
한국	Corea	Korea
한국인	Coreanus -ī(m.)	Korean
한마음 한뜻으로	uniter	jointly
한번	semel	once
한번도 -않다	unquam	ever
한숨쉬다	suspirō -āre	sigh
할 때	cum (Relative)	when since
할 수 없다	nequeo (irregular)	be unable
할 수 있다	possum (irregular)	be able
할 수 있다	possum posse	can
할 수 있다	queo (irregular)	be able
할당하다	tribuō -ere	assign
할머니	avia -ae(f.)	grandmother
할아버지	avus -ī(m.)	grandfather
함께	coniuncte	at the same time
함께	cum[+abl.]	with
함께	simul	together
함께 뛰다	concurrō -ere	rush together
함대	classis -is(f.)	fleet
함대 제독	classis praefectus	fleet supervisor
함장	navis classiariae maior	navel greater
합당하게	probe	satisfactorily
합당하지 않은	indignus -a -um	undeserving

한국어	라틴어	영어
합류하다	confluō -ere	flow together
합병	aggregatio -onis(f.)	aggregation
합주	concentus -ūs(m.)	concert
합창	chorus -ī(m.)	chorus
합창	concentus -ūs(m.)	concert
합창단	chorus -ī(m.)	choir
합창하다	concinō -ere	sing together
합체	incorporatio -ōnis(f.)	incorporation
합치다	sociō -āre	unite
합하여	coniuncte	conjointly
항공	aviatio -ōnis(f.)	flight
항구	portus -ūs(m.)	port
항로 안내인	gubernator -oris(m.)	navigator
항명	contumacia -ae(f.)	resist
항상	semper	always
항상	umquam	ever
항성	stella -ae(f.)	star
항의하다	conqueror -i	complain
항해자	navigans -antis(m.)	navigator
항해하다	navigō -āre	sail
해(害)를 입히다	noceō -ēre	harm
해군 소위	subcenturio classiarius	subcenturion naval
해군 중위	centurio classiarius	centurion naval
해로운	damnosus -a -um	damaging
해로운	nocens -entis	harmful
해를 입히다	laedō -ere	harm
해바라기	heliotropium -ī(n.)	sunflower
해방하다	liberō -āre	free
해변	aequor -oris(m.)	sea
해변	litus, litoris	seashore
해변	ora -ae(f.)	coastline
해산	dissolutio -ōnis(f.)	dissolution

한국어	라틴어	영어
해산하다	dimittō -ere	dismiss
해석	interpretatio -ōnis(f.)	interpretation
해설자	commentator -ōris(m.)	commentator
해소	dissolutio -ōnis(f.)	dissolution
해안	littus -ōris(n.)	seashore
해외로	peregre	abroad
해임	amotio ab officio	dismissal
해저	alveus -ī(m.)	hollow
해협	fretum -ī(n.)	channel
햄	petaso -ōnis(m.)	ham
행복	felicitas -ātis(f.)	happiness
행복하다	laetor -āri	be happy
행복한	felix -īcis	happy
행복한	peroper -era -erum	happy
행사	exercituium -ī(n.)	exercise
행성	planeta -ae(f.)	planet
행운의	fortunatus -a -um	lucky
행위	actus -us(m.)	action
행위자	auctor -ōris(m.)	author
행하다	faciō -ere	do
향	incensum -ī(n.)	scent
향	thus thuris(n.)	incense
향기	odor -ōris	fragrance
향하여	adversus	facing
향하여	quaquaversum	to somewhere
향해서	versus	facing
허가	licentia -ae(f.)	license
허락하다	permittō -ere	allow
허락하다	sinō -ēre	allow
허리	renes -enis(m.pl.)	waist
허무주의	Nihilismus -ī(m.)	Nihilism
허무한	inanis -is -e	empty

한국어	라틴어	영어
허영	fastus -ūs(m.)	contempt
허위	falsum -ī(n.)	false
헌책방 주인	libellio -ōnis(f.)	secondhand bookseller
헐다	diruō -ere	demolish
헛되이	cassum	in vain
헛된	inanis -is -e	worthless
헤아려	consulte	considerately
혀	lingua -ae(f.)	tongue
현재에	in praesenti	at present
현재의	praesens -entis	present
협곡	saltus -ūs(m.)	defile
협력	cooperatio -ōnis(f.)	cooperation
협로	angiportus -ūs(m.)	alley
협박하는	minax -ācis	threatening
협박하다	minor -āre	threaten
협소한	angustus -a -um	narrow
협약	conventio -ōnis(f.)	convention
협의	convocatio -nis(f.)	conference
협의회	conferentia -ae(f.)	conference
협지	campus -ī(m.)	open field
형벌	cruciatus -ūs(m.)	torture
형벌	supplicium -ī(n.)	execution
형벌	tormentum -ī(n.)	windlass
형식	forma –ae(f.)	format
형제	fraer -tris(m.)	brother
형제	frater -tris	brother
형제	frater –tris(m.)	brother
형태를 이루다	fingō -ere	shape
혜성	cometes -ae(m.)	comet
혜택	beneficium -ī(n.)	benefit
혜택	favor -ōris(m.)	favor
호기의	opportunus -a -um	opportune

한국어	라틴어	영어
호두	nux *nucis(f.)*	nut
호랑이	tigris *-is, -idis(m.f.)*	tiger
호미	pala *-ae(f.)*	spade
호미	vomer *-eris(m.)*	plow-share
호박	cucurbita *-ae(f.)*	pumpkin
호수	lacus *-ūs(m.)*	lake
호수	stagnum *-ī(n.)*	lake
호의를 베풀다	faveō *-ēre*	favor
호전적인	bellicus *-a -um*	warlike
호화	fastus *-ūs(m.)*	contempt
혹시	quandoque	at one time
혼란스럽게	turbulenter	confusingly
혼란에 빠뜨리다	perturbō *-āre*	throw into confusion
혼란하게	turbide	confusingly
혼인	matrimonium *-ī(n.)*	marriage
홀로	solus *-a –um*	alone
연	repente	unexpectedly
홍보	communicatio *-ōnis(f.)*	advertisement
홍옥	anthracitis *-īdis(f.)*	ruby
화가	pictor *-ōris(m.)*	painter
화가나다	irascor *-i*	be angry
화난	furiosus *-a -um*	furious
화난	iratus *-a -um*	angry
화내다	indignor *-āri*	be angry at
화려하게	speciose	sophisticated
화려한	formosus *-a -um*	shapely
화려한	magnificus *-a -um*	magnificent
화로	foculus *-ī(m.)*	brazier
화로	focus *-ī(m.)*	fireplace
화로	fornax *-acis(f.)*	brazier
화목	concordia *-ae(f.)*	harmony
화목한	concors *-cordis*	harmonious

한국어	라틴어	영어
화물	merx *mercis(f.)*	merchandise
화물	sarcinae *-arum(f.pl.)*	freight
화물 열차	mercium tractus	freight train
화물선	corbita *-ae(f.)*	merchandise ship
화살	sagitta *-ae(f.)*	arrow
화살통	pharetra *-ae(f.)*	quiver
화염	flamma *-ae(f.)*	flame
화원	floralia *-ium(n.pl.)*	festival of flora
화장(火葬)	crematio *-ōnis(f.)*	cremation
화장실	latrinae *-arum(f.pl.)*	washroom
화판	tabula *-ae(f.)*	board
화폐	moneta *-ae(f.)*	money
화필	penicillus *-ī(m.)*	paintbrush
화합	concordia *-ae*	harmony
화합하는	concors *-cordis*	reconciliatory
화해	conciliatio *-ōnis(f.)*	reconciliation
확대하다	laxō *-are*	extend
확대하다	sternō *-ere*	spread
확실한	certus *-a -um*	sure
확실한	certus *-a -um*	sure
확실한	notus *-a -um*	well-known
확실해지다	patescō *-ere*	become evident
확실히	certe	certainly
확인된	confirmatus *-a -um*	confirmed
확장하다	dilatō *-āre*	expand
확증	attestatio *-ōnis(f.)*	attestation
환경	circmstantia *-ae(f.)*	environment
환난	calamitas *-ātis(f.)*	calamity
환전	collybus *-ī(m.)*	exchange
환희	gaudium *-ī(n.)*	exubillience
활	arcus *-ūs(m.)*	bow
활발하게	fortiter	actively

한국어	라틴어	영어
활발히	viriliter	energetically
황량한	desertus *-a -um*	uninhabited
황새	ciconia *-ae(f.)*	stork
황색의	flavus *-a -um*	yellow
황소	bos *–vis(m.f.)*	ox
황소	bos *bovis(m.)*	bull
황소	taurus *-ī(m.)*	bull
황제	imperator *-ōris*	emperor
황제	imperator *-ōris(m.)*	emperor
황폐한	vastus *-a -um*	desolate
회담	colloquium *-ī(n.)*	conversation
회랑	ambulacrum *-ī(n.)*	walk
회륜선	pyroscapha *-ae(f.)*	*special* ship
회복하다	recuperō *-āre*	recover
회상하다	memorō *-āre*	recall
회상하다	recordor *-āri*	recall
회초리	virga *-ae(f.)*	twig
회피하다	caveō *-ēre*	avoid
회피하다	evitō *-āre*	avoid
회피하다	vitō *-āre*	avoid
회합	Comitium *-ī(n.)*	commitee
획득하다	adipiscor *adipiscī*	obtain
획득하다	nanciscor *-i*	obtain
횡으로 놓인	transversus *-a -um*	lying across
효과	effectus *-us(m.)*	effect
효심	pietas *-ātis(f.)*	sense of responsibility
후계자	heres *heredis(m.)*	heir
후렴	antiphona *-ae(f.)*	refrain
후보자	candidatus *-ī(m.)*	candidate
후에	deinceps	in succession
후에	postea	afterwards
후에	quondam	someday

한국어	라틴어	영어
후추	piper -eris(n.)	pepper
후회하게 되다	paenitet -ēre	it causes regret
훈련하다	exerceō -ēre	train
훈화	allocutio -ōnis(f.)	percept
훔치다	subducō -ere	steal
휘두르다	corruscō -āre	brandish
휘장	signum -ī(n.)	sign
휘장	velum -ī(n.)	veil
휘추리	frutex -icis(m.)	shrub
휴가	commeatus -uum(m.pl.)	vacation
휴게실	cubiculum -ī(n.)	bedroom
휴식	quies -ētis(f.)	quite
휴식	requies -ētis(f.)	rest
흉갑	thorax -ētis(m.)	beast-plate
흉내내다	simuō -āre	imitate
흉악무도한	scelestus -a -um	brutal
흉악범	nefarius -ī(m.)	evil criminal
흉악한	malignus -a -um	spiteful
흉한	ater -tra -trum	flat back
흐르다	fluō -ere	flow
흐르다	manō -āre	flow
흐리게	turbide	cloudy
흑사병	pestilentia -ae(f.)	pestilence
흑오리	fulica -ae(f.)	waterfowl
흑청의	lividus -a -um	leaden
흑판	tabula nigra (f.)	blackboard
흔달다	concutiō -ere	shake
흔들다	quassō -āre	shake
흔들다	vibrō -āre	shake
흔히	generatim	in general
흘러나오다	effluō -ere	flow out
흘러내리다	defluō -ere	flow down

한국어	라틴어	영어
흙	humus -ī(f.)	soil
흙덩이	gleba -ae(f.)	clod
흠뻑 적시다	perfundō -ere	drench
흥겨운	laetus -a -um	cheerful
흥분시키다	concitō -āre	excite
흥분시키다	excitō -āre	excite
흥분시키다	inebriō -āre	intoxicate
흩다	differo (irregular)	disperse
흩다	dispergō -ere	disperse
흩뿌리다	aspergō -ere	scatter
흩뿌리다	circumferō -ere	disseminate
흩뿌리다	spargō -ere	scatter
흩어 뿌리다	disiciō -ere	scatter
희극	comoedia -ae(f.)	comedy
희극배우	historio -ōnis(m.)	actor
희롱하다	lascīviō -īre	frolic
희망	spes speī(f.)	hope
희망	votum -ī(n.)	desire
희망을 버리다	desperō -āre	give up hope
희망하다	sperō -āre	hope
희미하게	obscure	obscurely
희미한	obscurus -a -um	obscure
희생물	hostia -ae(f.)	victim
희생물	victima -ae(f.)	sacrifice
희생으로 하다	mactō -āre	sacrifice
희생하다	immolō -ēre	sacrifice
희생하다	sacrificō -āre	sacrifice
희소한	rarus -a -um	few
흰	albus -a -um	white
힐난하다	damnō -āre	condemn

부록
APPENDIX

신화 등장인물 (그리스-라틴) 병렬 표기

그리스식 명칭	로마식 명칭
Gaia	Tellus, Terra
Gigantes	Gigantes
Nike	Victoria
Demeter	Ceres
Dionysos	Dionysus
Bakchos	Bacchus
Musai	Musae
Satyros	Faunus
Seiren	Siren
Selene	Luna
Ares	Mars
Artemis	Diana
Achilleus	Achilles
Athena	Minerva
Apollon	Apollo
Aphrodite	Venus
Eros	Amor, Cupido
Erinyes	Furiae
Erinyes	Pax
Odysseus	Uliexs
Zeus	Jupiter
Kronos	Saturnus
Pan	Faunus
Poseidon	Neptunus
Priamos	Priamus
Hades	Pluto
Hera	Juno
Hercules	Hercules
Hermes	Mercuris
Hestia	Vesta
Hephaistos	Vulcanus
Helene	Helena
Helios	Sol

인 물 설 명

<인 간>

Acestēs: 시칠리아 서부 드레파눔의 왕. 아에네아스 일행에게 피난처를 제공한다.
Achaemenidēs: 오디세우스의 동료. 시칠리아에서 아에네아스 일행과 만난다.
Achatēs: Fides Achatēs(충성스런 아카테스)라 불린다. 아에네아스의 동료.
Aeneas: 아에네이드의 주인공. 아프로디테의 아들로 트로이에서 로마로 이주한다. 아우구스투스 황제의 조상으로 여겨진다.
Amata: 라티누스의 아내. 아에네아스와 라비니아의 결혼에 반대한다.
Anchises: 아에네아스의 아버지.
Andromachē: 헥토르의 미망인. 후에 헬레누스와 결혼한다.
Anna: 디도의 동생.
Ascanius: 아에네아스와 첫째 아내 크레우사의 아들.
Camilla: 투르누스 편에 선 볼스치아인 여전사.
Creusa: 아에네아스의 첫 아내. 아에네아스가 트로이를 떠날 때 남겨진다.
Dido: 카르타고를 건국한 여성. 아에네아스의 라이벌 같은 존재.
Diomedes: 그리스 영웅. 투르누스와 동맹을 거절한다.
Drances: 라틴 귀족. 라티누스와 아에네아스 사이에 중재자.
Euryalus: 젊은 트로이 전사. 투르누스의 공격을 아에네아스에게 알린다.
Evander: 팔란테움의 왕자이자 팔라스의 아버지. 트로이인들을 지원해준다.
Hector: 트로이왕 프리암의 아들. 그의 영혼이 아에네아스에게 나타나 트로이를 떠나라 경고한다.
Hecuba: 프리암의 아내이자 트로이의 여왕.
Helenus: 부스로툼에 살던 트로이 난민들의 지도자. 안드로마체의 둘째 남편으로 아에네아스에게 뱃길을 경고한다.
Laocoōn: 트로이 인들에게 목마를 들이지 말라 경고하다가 포세이돈의 뱀에 물려 죽는다.
Latinus: 라틴민족의 왕이자 라비니아의 아버지. 트로이인과 라틴인의 화합으로 로마가 탄생함을 상징하는 존재.
Lausus: 메젠티우스의 아들. 아에네아스에 의해 죽는다.
Lavinia: 후에 아에네아스의 둘째 아내가 된다. 아에네아스와 투르누스가 대결하는 원인.
Mezentius: 에투르스칸의 전왕. 백성들에 의해 왕의 자리에서 쫓겨난다.
Nisus: 전사이자, 유리아루스의 절친한 친구. 친구를 구하려던 중 전사함.
Palinurus: 아이네이스의 배 선장. 신의 단순한 변덕에 의해 죽음에 이르게 된다.
Pallas: 에반데르의 아들. 용맹하고, 아름답고, 전사다운 인물로 묘사됨.
Pandarus: 트로이 전사. 트로이 캠프를 지킬려던 중 전사함.
Priam: 트로이의 늙은 왕. 그리스군들에 의해 살해당함.
Pyrrhus: 트로이 목마내에 숨는 트로이 군들 중 한명. 프리암과 그 아들, 폴리테스를 죽인다.
Sinon: 트로이 목마를 도시내에 들여보낼것을 설득한 그리스 병사
Sychaeus: 디도의 남편이자, 티레의 왕자.
Tarchon: 아이네아스의 에투르스칸 연합의 리더.
Turnus: 루투리안 부족의 왕자이자, 라틴 연합의 리더. 아이네이드 내에서 유일하게 아이네아스와 버금되는 인물로 묘사됨.

<신 또는 인간 외의 종족>

Aeolus: 바람의 신. 제우스의 부탁에 의해 트로이군들에게 태풍을 보냄.
Allecto: 분노의 3 여신 중 한명.
Apollo: 예언과 문화의 신. 트로이군을 편든다. 황제 아우구스투스는 아폴로를 그의 보호자로 받아들였다.
Celaeno: 하르피스, 인간과 새의 모습을 한 괴물,의 리더.
Charon: 사자를 아케론강을 넘어 저승 세계로 보내주는 뱃사공.
Cupid: 사랑의 신. 비너스의 아들이다.
Cymodocea: 바다 님프들의 리더.
Deiphobe: 큐메의 여제사. 아폴로의 예언자이도 하다. 아이네아스와 그 일행의 운명을 예언한다.
Diana: 사냥과 순결의 여신. 여전사 카밀라를 아끼며, 그녀의 죽음을 복수한다.
Janus: 시작, 문과 관계가 있는 신. 주노가 트로이군과 라틴군 사이의 전쟁을 공표하기 위해 자누스와 위대한 화성의 문을 보냄.
Juno: 신들의 여왕이자 주피터의 아내. 트로이군의 강력한 적으로 트로이군들이 이탈리아에서 정착하는 것을 막으려 드나, 후에 운명을 받아들이게 된다.
Jupiter: 조브라고도 알려져 있다. 주노의 남편이자, 신들의 왕. 절대적인 힘을 자랑하나, 운명을 바꾸지는 못한다.
Juturna: 강의 님프. 투르누스를 돕기 위해 애쓴다.
Mercury: 신들의 사자. 주피터의 명령을 전달하기 아이네아스를 찾으러 간다.
Minerva: 주피터의 딸이자, 지혜의 여신. 대체적으로 그리스 군 편이다.
Neptune: 바다의 신. 트로이군에게 그들의 선장, 팔리누루스를 희생시킬 것을 요구함.
Polyphemus: 싸이클롭.(외눈박이 괴물)
Venus: 아이네아스의 어머니. 주노를 대항해 아이네아스의 편을 든다.
Vulcan: 불과 대장간의 신. 비너스의 설득에 의해 아이네아스의 갑옷을 만들어줌.